DER NATURALISMUS

KOMMENTAR ZU EINER EPOCHE

von Roy C. Cowen

WINKLER VERLAG MÜNCHEN

INHALT

Der Naturalismus als ästhetischer und historischer Begriff   7

Vorbemerkungen 7
Die nichtliterarischen Voraussetzungen des Naturalismus . . 11
Die literarischen Vorgänger der Naturalisten 32
Die Entfaltung des deutschen Naturalismus 68
Themen, Darbietungsformen und -arten der naturalistischen
    Dichtung in Deutschland 97

Zeittafel 111

Kommentare 133

   Kretzer,   Meister Timpe 133
   Hauptmann,   Bahnwärter Thiel 142
   Holz/Schlaf,   Papa Hamlet 147
   Hauptmann,   Vor Sonnenaufgang 156
   Sudermann,   Die Ehre 164
   Holz/Schlaf,   Die Familie Selicke 172
   Schlaf,   Meister Oelze 183
   Hauptmann,   De Waber/Die Weber 189
   Halbe,   Jugend 198
   Hauptmann,   Der Biberpelz und Der rote Hahn 206
   Polenz,   Der Büttnerbauer 214
   Holz,   Phantasus 223

Bibliographie 235

Abkürzungen 287

Namenregister 288

Werkregister 294

DER NATURALISMUS ALS ÄSTHETISCHER
UND HISTORISCHER BEGRIFF

Vorbemerkungen

In vielen Darstellungen des sogenannten »Naturalismus«
scheint Unklarheit darüber zu herrschen, inwiefern man es mit
einem ästhetischen Begriff zu tun hat und inwiefern mit einer
lediglich historischen Epoche. Demnach empfiehlt es sich, zunächst einige Bemerkungen zu dem Verhältnis zwischen dem
zeitlosen künstlerischen Gestaltungsprinzip und der zeitbedingten Herrschaft dieses Prinzips vorauszuschicken.

Man räumt allgemein ein, daß es z. B. einen »Naturalismus«
des frühen 15. Jahrhunderts gibt. In der Tat findet sich eine
Fülle von »naturalistischen« Stoffen und Stilmitteln, die im
Lauf der Jahrhunderte immer wieder vorkommen. Außerdem
berufen sich die Naturalisten selbst auf viele Vorbilder, nennen
sich oft das »Jüngste Deutschland« oder den »Sturm und Drang«
und bekunden damit, daß sie eine schon länger vorhandene Stilrichtung vertreten. Man denke auch an Arno Holz' »An die
Autoritätsklauber« im *Buch der Zeit*:

> Schon immer hat uns der Magen gebellt,
> auch ohne den modischen Materialismus,
> so alt wie diese alte Welt
> ist ergo auch Zolas »Zolaismus«.

> Drum poltert nur, poltert: Bezuckerter Mist!
> Er fürchtet nicht eure kritischen Besen,
> ist doch der erste »Naturalist«
> schon der alte Vater Homer gewesen!
> (Auch: *Gesellschaft* 1 [1885] 717)

Wiederum nennen die hier zu besprechenden »Naturalisten« sich
selber meist nur »Realisten«, weil sie sich als Teilnehmer an einer
überzeitlichen Bewegung sehen.

Da das Naturalistische ein überzeitliches, ästhetisches Phänomen bezeichnet, erwartet man mit Recht, daß die Grenzen des

historischen Naturalismus nicht mit eindeutiger Klarheit abzustecken sind. Letzten Endes gibt es nicht einmal einen idealtypischen Naturalisten, in dessen Schaffen wir die vollkommene Überlagerung vom ästhetischen und historischen Naturalismus finden können. In vielen Literaturgeschichten wird allerdings eine solche Rolle einigen Dichtern zugesprochen, die aber durch ihr Werk nur vergegenwärtigen, wieweit das Ästhetische und das Historische im Naturalismus auseinanderklaffen können. Zwei Beispiele mögen dies verdeutlichen.

Zunächst fällt einem die Schlüsselrolle Gerhart Hauptmanns auf. Die Aufführung von seinem Drama *Vor Sonnenaufgang* im Jahre 1889 erobert die Bühne für die deutschen Naturalisten. Hauptmann hat weitere Musterbeispiele naturalistischer Dramatik geliefert: *Das Friedensfest* (1890), *Einsame Menschen* (1890—91), *Kollege Crampton* (1891), *De Waber / Die Weber* (1892) und *Der Biberpelz* (1893). Dann scheint er auf einmal das Naturalistische aufgegeben zu haben, wenn 1893 *Hanneles Himmelfahrt* auf der Bühne erscheint. Doch sollen noch *Florian Geyer* (1896), *Fuhrmann Henschel* (1898), *Der rote Hahn* (1901), *Rose Bernd* (1903) und *Die Ratten* (1911) geschrieben werden, die nicht nur Hauptmanns persönliche Vielseitigkeit beweisen, sondern auch die Probleme der Epochenbestimmung. Immer wieder kehrt Hauptmann zu naturalistischen Formen, Stilmitteln und Ideen zurück — noch lange nach dem Ausklang der eigentlichen Epoche. Und mit Erfolg, denn seine späteren Dramen bezeugen mehr als eine bloße Wiederaufnahme seiner bewährten Techniken; sie stellen alle eine Bereicherung der naturalistischen Dramatik dar. Das Schaffen Gerhart Hauptmanns bietet ein schöpferisches Testament dafür, daß vieles am Naturalismus ihm als zeitlose, künstlerische Möglichkeit diente, daß sich unsere Überlegungen also nicht auf eine bestimmte Zeitspanne beschränken dürfen.

Der noch eingehender zu erörternde Fall Arno Holz darf hier auch kurz erwähnt werden. Während Hauptmann als der größte Praktiker naturalistischer Ideen berühmt wird, zollt man Holz heute im allgemeinen die Ehre, deren größter Theoretiker gewesen zu sein. Er ist zwar zunächst in die Literaturgeschichte eingegangen als Verfechter des »konsequenten Realismus«. Zugleich muß ihm aber der Rang des konsequentesten Realisten nicht nur in der Praxis, wie es Hauptmann tat, sondern auch in der Theorie zugeschrieben werden. Holz bleibt zeit seines Lebens seinen eigenen Einsichten treu. Nichts, was er dichtet, führt ihn dazu, sein während der Blütezeit des Naturalismus proklamiertes Kunstgesetz zu widerrufen, gerade das Gesetz also, das man als theoretische Grundlage des Naturalismus begrüßte. Dennoch werden seine späteren Werke als Hinwendung zum Romantischen, Impressionistischen, Symbolistischen oder gar zum Expressionistischen ausgelegt. Wie wir sehen werden, läßt man sich also bei der Interpretation des Holzschen Spätwerkes von der geschichtlichen Situation verleiten, d. h. man scheint aus historischen Gründen — wer würde noch 1926 als Naturalist schreiben? — die Abwandlungsmöglichkeiten des Naturalismus als Stilkategorie viel zu eng aufzufassen. Im Fall Holz müssen wir uns wieder einmal vor Augen halten, daß der Naturalismus nicht lediglich als eine zeitbedingte Erscheinung verstanden werden darf.

In der Tat stellt es sich heraus, daß es fast so viele Naturalismen gibt wie Naturalisten, daß kaum mehr Ähnlichkeit besteht zwischen einigen zeitgenössischen Naturalisten als zwischen ihnen und vielen naturalistisch geneigten Dichtern früherer Epochen, daß zum Beispiel Karl Bleibtreu manchmal Grabbe und Büchner näher steht als Hauptmann und Holz. Als künstlerisches Prinzip bleibt der reine Naturalismus praktisch immer nur eine Möglichkeit, was einerseits seine Existenzberechtigung als Prinzip bestätigt, was jedoch andererseits eine komplementäre historische Untersuchung der Versuche unter diesem Prinzip erfordert. Denn es bleibt eine geschichtliche Tatsache, daß etwa zwischen 1880 und 1900 solche Versuche trotz ihrer im einzelnen divergierenden Richtungen in einer bis dahin nie gekannten Anzahl unternommen werden. Bestimmte Techniken — zum Teil erlernte, zum Teil neu entwickelte — werden verwendet, und so divers, wie sie auch sind, implizieren sie alle ein neues ästhetisches Ziel: die Aspekte der Kunst, die eine getreue Wiedergabe der Natur fordern, möglichst weit zu entwickeln. Schon an der Intensität, mit der die Künstler und Dichter der Zeit dieses Ziel anstreben, erkennen wir den Unterschied zwischen dem historischen Naturalismus und früheren, realistisch geneigten Epochen.

Als selbständige Epoche kristallisiert sich der Naturalismus nicht weniger in einer spezifischen Thematik, die geschichtlich sowie ästhetisch begründet ist. Nur zu dieser Zeit können alle formalen und gehaltlichen Aspekte des radikalen Realismus sich verdichten, woraus der Naturalismus als einmalige Bewegung dann hervorgeht. Trotzdem wird immer noch überraschend oft versucht, den Naturalismus als eine eigenwertige, historische Erscheinung zu leugnen. Solchen Bemühungen entspricht die in Literaturgeschichten häufig vorkommende Verwendung von Umschreibungen wie »Hochrealismus«, »konsequenter Realismus«, »Sozialdichtung« und so fort. Doch läßt man so den ganzen Komplex der politischen, philosophischen, wissenschaftlichen und ökonomischen Entwicklungen außer acht, ohne die es offensichtlich keinen Naturalismus gegeben hätte und die auch selber künstlerisch kaum einen Eindruck hinterlassen hätten, wären sie nicht durch naturalistische Mittel zum Ausdruck gebracht worden. Überhaupt gibt es kaum eine andere Periode, die in solch starkem Maße aus den Werken ausländischer sowie bisher vernachlässigter, einheimischer Vorgänger schöpft, sich also zugleich als historisch bedingt und total erneuernd erweist. Die überwältigende Koinzidenz so vieler Strömungen beansprucht eine geschichtliche Sonderstellung und entsprechende Benennung (auf das Problem des »Naturalismus« als Benennung werden wir allerdings erst im Zusammenhang mit Zola kommen, dem und dessen Schule diese Bezeichnung zunächst gilt). Abgesehen vom Drama wäre es in einer Gattungsgeschichte vielleicht möglich, ohne eine historische Epochenbezeichnung auszukommen — vor allen Dingen wieder einmal wegen der verschwommenen Abgrenzungsmöglichkeiten —, aber während vieles im Naturalismus freilich als Fortsetzung und Wiederholung früherer Ansichten erscheint, widerspricht die Totalität der kulturellen, politischen und sozialen Umwälzung zwischen 1880 und 1900 jedem formalistisch angedeuteten Kontinuum.

Wir werden sehen, wie der Naturalismus entstehen mußte: einmal weil der Mensch immer wieder versucht — allerdings mit historisch bedingten Mitteln und Erkenntnissen —, der realistischen Seite der Kunst auf den Grund zu kommen. Formal gesehen, mußte es also den Naturalismus — gleichviel unter welcher Bezeichnung — als solch ein bis zum Letzten verfolgtes Experiment früher oder später geben. Zweitens begünstigt das soziale, politische, philosophische Klima dieses Experiment, ja liefert selbst die Mittel dazu und bestimmt den eigentlichen Gegenstand. Sieht der Naturalismus die Welt als historisch determiniert, dann liegt diese Auffassung nicht zuletzt darin begründet, daß er selbst so entstanden ist. Im Folgenden sollen sich die historischen Voraussetzungen des Naturalismus verdeutlichen, denn es müssen zunächst die Fragen beantwortet werden: Warum kommt man in Deutschland gerade um die Zeit von 1880 bis 1900 dazu, im radikalen Realismus seine Welt zu gestalten, was für Mittel werden ihm durch seine Vorgänger im Aus- und Inland in die Hand gelegt, und in welcher Richtung verläuft das Experiment? Danach obliegt es uns, den Gewinn durch die Naturalisten zu ermitteln, d. h., welche neuen Möglichkeiten werden in ihrer Theorie und Dichtung erschlossen? Die Antwort auf die letzte Frage führt uns wiederum zu einem weiteren Problem, dem der Wertung. Gerade an diesem Problem scheitern einige sonst wertvolle Untersuchungen, die die Epoche auf deren Blütezeit 1889—1893 beschränken möchten. Statt dessen wollen wir uns hier mit allem befassen, was als naturalistisch in die Literaturgeschichte eingegangen ist, was auch als ungelungenes oder halbvollzogenes Experiment gleichsam das Erbe bildet, das diese gemeinhin als erste Phase der »Moderne« anerkannte Epoche uns hinterließ.

Die nichtliterarischen Voraussetzungen des Naturalismus

Daß der Naturalismus Deutschland als fast das letzte europäische Land erobert, spricht nicht nur dafür, daß der ausländische Einfluß entsprechend wichtig werden kann, sondern auch dafür, daß die geistige und soziale Atmosphäre Deutschlands eine Stimmung hervorruft, die die Entstehung des Naturalismus verhindert. Diese Stimmung ist weitgehend auf die einmalige politische Situation der Deutschen zurückzuführen. Am 18. Januar 1871 wird das Reich ausgerufen, am 27. Februar marschieren die siegreichen deutschen Truppen in Paris ein (um allerdings am nächsten Tag wieder abzumarschieren), und am 10. Mai wird der endgültige Friedensvertrag zwischen dem neuen Reich und dem geschlagenen Frankreich unterzeichnet. Die jüngste Weltmacht berauscht sich an ihrer wiedergefundenen Identität und ihren Siegen. Sie ist allzu bereit, die Probleme zu übersehen, die den Naturalismus in anderen Ländern ins Leben rufen.

Deutschlands neue Machtstellung, sein selbstentwickelter Reichtum und die Beute des Krieges, überhaupt die nationale und individuelle Selbstgefälligkeit des »Selfmademan« überdeckt für viele, was sich eigentlich als kommende soziale Strömung anbahnt. Wie Jost Hermand zeigt (»Gründerzeit und

bürgerlicher Realismus« in: »Realism: A Symposium«, H. H. H.
Remak, E. Schwarz, J. Hermand u. a., *MDU* 59 [1967], und
»Zur Literatur der Gründerzeit«, *DVjs 41* [1967]), deutet sich
eine Stimmung an, die sich klar abhebt von der des bürgerlichen
Realismus. In der Literatur führt die gründerzeitliche Atmosphäre zu einer Heroisierung des großen Individuums, zu einer
Verherrlichung des Krieges und zu einer entsprechenden Verachtung der Massen. Sei es bei Nietzsche, Meyer oder Dichtern
minderen Ranges, das Tragische tritt in den Vordergrund, und
zwar erscheint es stets als Ausdruck der persönlichen Größe,
der fast asozialen Schicksalshaftigkeit des Helden oder einer oft
»oberlehrerhaften Teutomanie«. Am liebsten stellt der Dichter
seinen Helden, der ohnehin geschichtlich bedeutungsvoll sein
muß, in einen der großen Augenblicke der Geschichte hinein
(die Blütezeit oder den »tragischen« Untergang des römischen
Reiches, die Zeit der Kämpfe zwischen dem Papst und den
Hohenstaufen, oder das biblische Ereignis). Oder der Held erscheint in der Natur, wo er sich als ein Mensch starken, übermenschlichen Willens erweisen kann. Ähnliches läßt sich in der
Kunst und der Musik nachweisen. Aus dem historischen Moment der Reichsgründung schöpfend, von der nationalen und
individuellen Kraft des Emporkömmlings beseelt, von dem Bedürfnis erfüllt, der Erhabenheit der Zeit gleiche Erhabenheit
in der Geschichte entgegenzusetzen oder selbst zu schaffen –, so
gestaltet der Künstler der Gründerzeit, so denkt sein Publikum.
Mit dem Blick nach oben gerichtet, und dann meist nach hinten,
kann der gründerzeitliche Mensch kaum hoffen, die vorwärts-
strebenden, vor Hitze überschäumenden Gärungen unter der
Oberfläche zu erkennen. Dennoch sind sie da, und vielleicht
gerade weil die neuen Töne aus dem verachteten Pöbel immer
stärker werden, besingen die »anständigen« Menschen ihre Helden um so lauter.

Es soll jedoch kein Mißverständnis entstehen: Nicht weniger
patriotisch zeigen sich die Frühnaturalisten wie die Brüder Hart,
M. G. Conrad und Hermann Conradi, nur daß ihr Deutschtum
sich in einer ganz anderen Richtung abspielt. Bereit, sogar innerhalb des Systems zu arbeiten, sind die Brüder Hart, die in ihrem
»Offenen Brief an den Fürsten Bismarck« (*Kritische Waffengänge*, 2. Heft, 1882) schreiben: »Soll Deutschlands Kultur jene
Höhe erreichen, welche dem Streben seiner besten Söhne ge-
bührt und welche es erreichen muß, um seine Stellung im Rathe

der Nationen zu behaupten, so ist es nöthig, ein besonderes Reichsamt für Literatur, Theater, Wissenschaft und Künste zu kreiren« (S. 7). Einen sehr wichtigen Einblick in die naturalistische Einstellung zum Nationalen bietet ihr Artikel »Das ›Deutsche Theater‹ des Herrn L'Arronge« *(Kritische Waffengänge,* 4. Heft, 1882). Die Harts sehen in der Klassik Goethes und Schillers einen Irrweg, lehnen alle ausländischen Einflüsse ab, die nicht eingedeutscht werden können, und verlangen, daß das Theater den »Nationalgeist« verkörpere. Es heißt schlechtweg: »National und modern — das müssen zwei Stichworte für die aufstrebende Literatur werden« (S. 46). Dennoch: Obwohl sie ein »Sedan des Geistes« verlangen, sind die Harts weit davon entfernt, eine »oberlehrerhafte Teutomanie« zu fordern: »Das Theater soll in lebendiger Wechselwirkung zu dem Volke stehen« (S. 31). Nicht als Fanatiker eines blinden Germanentums lehnen sie das Hellenische von Goethe und Schiller ab, sondern als Fürsprecher einer Kunst für das Volk: »Goethe und Schiller wurden ihrer Nation untreu und schrieben Dramen für den kleinen Kreis akademisch Gebildeter ... wir bekamen eine Gelehrtenliteratur, keine, die aus dem Herzen des Volkes hervorwuchs und auf das Volk wiederum befruchtend wirkte« (S. 29 f.). Was die Brüder Hart fordern, leitet eine Art »Deutschtum« ein, die zur *Familie Selicke* führen wird, die Holz und Schlaf als das »deutscheste Stück« der deutschen Literatur kennzeichnen. Für den Naturalisten äußert sich das Gefühl für das Deutsche hauptsächlich in einem sprachlichen, nicht kostümierten, modernen, nicht archaisierenden, volkstümlichen, nicht gelehrten Deutschtum. Überhaupt lehnt Bleibtreu in seiner *Revolution der Litteratur«* (1886) alle geschichtlichen Stoffe ab, die in der Zeit vor der Französischen Revolution stattfinden. Und wo man dagegen verstößt, so etwa bei Hauptmann und Weigand in ihren Dramen um Florian Geyer, geht es um einen volkstümlicheren Stoff wie den Bauernkrieg.

Mit der Reichsgründung erreicht der Großkapitalismus einen gewaltigen Sieg in der Heimat. Man hat in Frankreich gezeigt, was »die deutsche Tüchtigkeit« vollbringen kann, und jetzt blüht die Industrie zu Hause, ernährt von den Investitionen eines vom neuen Wohlstand und Fortschritt berauschten Volkes. In Max Kretzers *Meister Timpe* lesen wir: »Man schrieb das Jahr 1873. Ein industrieller Schwindel hatte die gesammte Gesellschaft erfaßt; die Gründungen auf Aktien schossen wie Pilze aus der Erde.« Aber als immer mehr Geld zum Fließen gebracht wird, als der Mittelstand immer mehr in eine finanzielle Intoxikation gerät, als er sich immer mehr Allüren aneignet und sich dadurch im geldlichen sowie im gesellschaftlichen Sinne weiter von der Arbeiterklasse distanziert, wird die Kluft zunehmend größer zwischen den Kapitalisten und dem Proletariat. Kretzer schreibt weiter: »Kapital und Arbeit standen sich schroff gegenüber. Die Koalitionsfreiheit der Arbeiter feierte Triumphe, denn eine seltene Einigkeit beseelte die unteren Massen. Die Ansprüche der Niederen und Enterbten steigerten sich mit dem Golddurst der Reichen und Begüterten.« Diese Worte entstehen 1888. Bis in die achtziger Jahre hinein nimmt der Schriftsteller wenig Notiz von der wachsenden Unzufriedenheit der vom Wohlstand Vernachlässigten, denn auch er fährt in seiner Sänfte seinen Helden entgegen, ohne sich um die Träger zu kümmern, ja ohne den Boden zu berühren. Aber die Armen lassen sich nicht mehr aus der Welt denken, und daß dem Naturalismus trotz seiner frühen Begeisterung für das Deutsche ein Erfolg beschieden ist, liegt darin, daß er sich darum bemüht, die Kunst dem Volk zu widmen und wiederzugeben.

1863 wird der »Allgemeine Deutsche Arbeiterverein« gegründet, der den Politiker-Schriftsteller-Redner Ferdinand Lassalle zu seinem ersten Präsidenten wählt. Obwohl Lassalle sich in vielem von Marx distanziert und sich eher unmittelbar auf Hegel beruft, teilt er mit dem Begründer des Kommunismus die Ansicht, die Produktionsmittel müssen in die Hände der Arbeiter gelangen, d. h. die Industrie muß sozialisiert werden. Lassalle unterscheidet sich von Marx aber insofern, als er am Staat mitwirken und eine nationale Gemeinschaft erzielen will, während dieser den Umsturz des Staates und die Errichtung der Internationale bezweckt. Nach Lassalles Tod werden beide Richtungen mehr oder weniger vereinigt durch die Bemühungen seiner Nachfolger August Bebel und Wilhelm Liebknecht, die 1869 die Sozialdemokratische Partei gründen und diese der Internationale anschließen. Als die Kommune in Paris ausgerufen wird, kämpfen die Sozialdemokraten im Reichstag gegen eine Weiterführung des Krieges gegen Frankreich. Daraufhin geraten sie in den Ruf von Hochverrätern, und ihre Führer Bebel und Liebknecht werden sogar zu schweren Strafen verurteilt. Nichtsdestoweniger — und hieran erkennen wir die Unzufriedenheit der Unbegüterten mit der hohlen Fassade der gründerzeitlichen

Konjunktur — gewinnen die Sozialdemokraten 1874 6,4% der Stimmen und dadurch 9 Sitze im Reichstag; 1877, nunmehr als die Soziale Deutsche Arbeiterpartei, 9,1% und 12 Sitze. Trotz Bismarcks Sozialistengesetzen, die zwischen 1878 und 1890 den Vertrieb aller sozialistischen Schriften sowie die Sozialistenvereine und -versammlungen verbieten, erlangen die Sozialdemokraten, die immerhin nicht als Partei verboten sind, 24 Sitze bei den Wahlen von 1884.

Der ständige Aufstieg der sozialistischen Kräfte in Deutschland bietet den Naturalisten am Anfang der achtziger Jahre eines ihrer Lieblingsthemen, vor allem im Roman; aber auch auf der Bühne sind angehende Sozialisten nicht selten vertreten. Ursula Münchow behauptet im Nachwort zu ihrer zweibändigen Anthologie (Berlin 1970): »Fragt man sich, woher Schriftsteller wie Holz, Henckell, Mackay, Conradi, Dehmel, Hauptmann, Halbe in ihrer Frühzeit den Mut aufbrachten, an eine weltbeeinflussende Mission ihrer Literatur zu glauben, stößt man auf die Arbeiterbewegung. Der Arbeiter war vor der Jahrhundertwende zum aufmerksamen Leser geworden, durch das bildungshungrige revolutionäre Proletariat veränderte sich die Literaturgesellschaft. Die ›Jüngstdeutschen‹ als kleine Gruppe bürgerlicher Künstler hätten, auf sich allein gestellt, in der nach 1848 einsetzenden geistigen Stagnation ihrer Klasse niemals die Schwungkraft gehabt, sich derart in Opposition zur wilhelminischen Ordnung zu stellen. Gewiß war der Einfluß groß, der von der modernen Literatur Frankreichs, Englands, Rußlands und Skandinaviens ausging. . . . Jedoch wäre die ganz besondere Leistung des deutschen Naturalismus, der ›Griff in die proletarische Substanz‹, um ein Wort Bertolt Brechts zu verwenden, nicht in dem Maße möglich geworden, wenn die jungen aufbegehrenden bürgerlichen Intellektuellen nicht eine Alternative im Kampf des aufsteigenden Proletariats gesehen hätten. . . . Nach der Aufhebung des Sozialistengesetzes ging die Orientierung aufs Proletariat wieder verloren, gerieten die Naturalisten immer mehr auf ihre individualistischen Wege« (S. 705 bis 707). Aber so wichtig wie das Sozialistische auch immer ist, endet der Naturalismus nicht mit seiner Hinwendung an andere Themen. Abgesehen von der schmalen Produktion sozialistischer, an das Junge Deutschland erinnernder Lyrik erscheint der Sozialismus hauptsächlich nur als Übergangsstadium oder als eine wegen ihrer Unzulänglichkeit rigoros abgelehnte Lösung gesellschaftlicher Probleme, stehen doch die meisten Naturalisten von Anfang an jeder Parteipolitik etwas mißtrauisch gegenüber. Und häufig weiß man nicht, wie ernst man die erdichteten Verkünder sozialistischer Gedanken nehmen darf: Überzeugt wirken solche Gestalten in Drama und Roman, bloß nicht überzeugend. Eine Ausnahme bildet das seit 1847 vorhandene, von Knilli und Münchow dokumentierte *Frühe deutsche Arbeitertheater* (München 1970). Zu dessen Vertretern sind diejenigen zu rechnen, die wie Rosenow *(Die im Schatten leben,* 1899) weitgehend auf einem revolutionären Klassenkampf bestehen. In diesem Zusammenhang bemerken die Herausgeber auch, daß das Arbeitertheater nicht nur an das naturalistische Drama und Ibsen anknüpft, sondern »letztlich thematisch und stilistisch über Hauptmann und Ibsen hinausgeht«. Aber das Arbeitertheater bleibt nur ein Vorläufer des viel breiter fundierten Naturalismus, der durch die spätere Gründung der Freien Volksbühne eine Teilfunktion des Arbeitertheaters übernimmt.

Die Aktualität der sozialdemokritischen Politik eröffnet aber auch den anderen Schriftstellern des Naturalismus die Möglichkeit, auf viele Entwicklungen im öffentlichen Leben aufmerksam zu machen, die direkt oder indirekt zum Aufstieg der Arbeiterparteien beigetragen haben. So folgt auf die zunehmende Industrialisierung Deutschlands eine Art Völkerwanderung, die bis heute noch nicht aufgehört hat: Immer mehr Menschen verlassen das Land und ziehen in die Stadt, um Arbeit in den scheinbar aus dem Boden geschossenen Fabriken zu suchen. Gleichzeitig vollzieht sich auf dem Lande eine wirtschaftliche Änderung; die technische Entwicklung ermöglicht wenigen Spekulanten und Großbauern, das an sich zu reißen, was früher vielen Kleinbauern gehörte. Den verlorenen Kampf des alteingesessenen Bauern gegen die Technisierung der Landwirtschaft zeigt unter anderem der später zu besprechende Roman *Der Büttnerbauer* von Polenz. Zu den freiwillig in die Stadt Gewanderten gesellen sich die vom Lande Vertriebenen, und die Stadt enthüllt sich bald als Unruheherd. Die Entstehung der Großstädte trägt zwar viel zur Entwicklung der sozialistischen Parteien bei, sie bietet aber den Naturalisten hauptsächlich ein Bild menschlichen Elends. Und es ist letzten Endes nicht der Parteimensch, sondern der Elendsmensch, dem die naturalistische Kunst eigentlich zum Ausdruck verhilft.

Menschenunwürdig wird die Lage der Armen und Ausgebeuteten auch noch durch die oft von den Sozialdemokraten und Naturalisten angeprangerte Dekadenz der neureichen Opportunisten der Großindustrie. Durch ihre offensichtliche Genußsucht scheint die finanziell begünstigte Klasse die Armut des vierten Standes zu verhöhnen. Wohl hätte die Ungerechtigkeit im Gefolge des technischen Fortschritts eine genügende Angriffsfläche geboten, hätte aber kaum allein das im Naturalismus hervortretende, empörte Engagement evozieren können. Habgier, Rücksichtslosigkeit und das fast lächerliche Nachäffen des Adels kennzeichnen die Emporkömmlinge der neuen Gesellschaft. Alte Freunde werden als nicht mehr standesgemäß abgeworfen, und neue, gleichsituierte werden umworben. Dieses Bild spielt immer wieder in der naturalistischen Literatur eine Hauptrolle. Weil der Neureiche seine erhöhte Stellung zum Ausdruck bringen möchte, baut er möglichst große Häuser, und es ist kein Zufall, daß der Naturalist im Haus eines seiner Lieblingssymbole findet, z. B. in Kretzers *Meister Timpe*.

Solche Erscheinungsformen der Dekadenz entstammen einer Geltungssucht, die im Materiellen wurzelt. Dazu kommt noch eine zweite Art der persönlichen Entartung, die praktisch nur durch den Reichtum möglich wird, die sich jedoch auf einem anderen, angeblich nichtmateriellen Gebiet abspielt: die Verweiblichung. In seiner »Einführung« zur *Gesellschaft* (1. Jg. 1885, S. 1), jener von ihm herausgegebenen »realistischen Wochenschrift für Litteratur, Kunst und öffentliches Leben«, schreibt M. G. Conrad:

Unsere »Gesellschaft« bezweckt zunächst die Emanzipation der periodischen schöngeistigen Litteratur und Kritik von der Tyrannei der »höheren Töchter« und der »alten Weiber beiderlei Geschlechts«; sie will mit jener geist- und freiheitmörderischen Verwechslung von Familie und Kinderstube aufräumen, wie solche durch den journalistischen Industrialismus, der nur auf Abonnentenfang ausgeht, zum größten Schaden unserer nationalen Litteratur und Kunst bei uns landläufig geworden.
Wir wollen die von der spekulativen Rücksichtnehmerei auf den schöngeistigen Dusel, auf die gefühlvollen Lieblingsthorheiten und moralischen Vorurteile der sogenannten »Familie« (im weibischen Sinne) arg gefährdete Mannhaftigkeit und Tapferkeit im Erkennen, Dichten und Kritisieren wieder zu Ehren bringen. Fort, ruft unsere »Gesellschaft«, mit der geheiligten Backfisch-Litteratur, mit der angestaunten phrasenseligen Altweiber-Kritik, mit der ver-

ehrten kastrierten Sozialwissenschaft! Wir brauchen ein Organ des
ganzen, freien, humanen Gedankens, des unbeirrten Wahrheits-
sinnes, der resolut realistischen Weltauffassung!

. . .

Unsere »Gesellschaft« wird keine Anstrengung scheuen, der herr-
schenden jammervollen Verflachung und Verwässerung des littera-
rischen, künstlerischen und sozialen Geistes starke, namhafte Leistungen entgegenzusetzen, um die entsittlichende Verlogenheit, die
romantische Flunkerei und entnervende Phantasterei durch das positive Gegenteil wirksam zu bekämpfen. Wir künden Fehde dem
Verlegenheits-Idealismus des Philistertums, der Moralitäts-Notlüge
der alten Parteien- und Cliquewirtschaft auf allen Gebieten des
modernen Lebens.

Unter den Vertretern der neuen, um 1885 zu Wort kommenden Generation herrscht also das Gefühl, nicht nur die Kunst,
sondern die ganze Gesellschaft ist morsch geworden. Die Verlogenheit des öffentlichen Lebens, in dem sie sich befinden, drückt
sich metaphorisch aus in der Verweiblichung, der die Jugend
ihre Mannhaftigkeit gegenüberstellen möchte.

Wenn Conrad von der Verflachung und Verwässerung des
sozialen Geistes spricht, meint er vor allem den Mittelstand,
das Philistertum (wobei der für den jugendlichen, ja burschikosen Ton kennzeichnende Studentenjargon anklingt). Die auf-
gezählten und angedeuteten Maßstäbe der philiströsen Welt,
die Conrad angreift, erinnern stark an die Werte des Biedermeiers: alle deuten auf einen konservativen Rückzug vom
öffentlichen Leben in das Familienleben, wo man ein beruhigen-
des Schönheitsideal sucht. Während der Emporkömmling der
neuen Geldklasse sich in seiner gesellschaftlichen Geltungssucht
als dekadent erweist, stellt das ältere Bürgertum durch seine
Hingabe an einen »Verlegenheits-Idealismus« und durch seine
Apathie den sozialen Problemen gegenüber eine andere, aber
artverwandte Dekadenz dar. An dieser Stelle soll die Bedeutung
von Max Nordaus (1849–1923) Schriften hervorgehoben werden, z. B. *Die konventionellen Lügen der Kulturmenschheit*
(1883) und *Paradoxe* (1885) – von der letzten Schrift erscheint
sogar ein Auszug in dem ersten Jahrgang der *Gesellschaft*.

Die alte »Parteiwirtschaft« wird von Conrad abgelehnt. Obwohl gerade die Entstehung der Arbeiterbewegung überhaupt
den Boden für das plötzlich sprießende Sozialbewußtsein der
achtziger Jahre bereitet hat, tritt die neue Generation so feurig
auf, weil sie glaubt, einen ganz neuen Ansatz machen zu müssen;

die bisherige Sozialwissenschaft scheint »kastriert« und die Parteien der Moralitäts-Notlüge zum Opfer gefallen zu sein. Hierin spricht sich, könnte man annehmen, eine fundamentale Ablehnung überlieferter Ideale aus. Doch sei es auf politischem, sozialem oder künstlerischem Gebiet, der Naturalist lehnt nicht allen Idealismus ab, sondern nur die Ideale, die »dekadent« erscheinen, weil sie lediglich Phrasen darstellen. Er fühlt sich gleichsam von den älteren Intellektuellen und Liberalen verraten. Die neuen Ideale müssen human, wahr und realistisch sein.

Die philosophische und wissenschaftliche Grundlage der naturalistischen Ideale und der Mittel zu deren Verwirklichung in der Kunst zeichnet sich ziemlich klar ab. Obwohl er sein Werk mit all dem Enthusiasmus eines frisch ordinierten Missionars unternimmt, beruft sich der Naturalist fast nie auf Gott. Das später im einzelnen zu besprechende Vorbild Zolas ist klar zu erkennen, denn der große französische Romancier schreibt in *Le Roman Expérimental:* »L'homme métaphysique est mort, tout notre terrain se transforme avec l'homme physiologique« (*Le Œuvres Completes,* XLI, Paris 1928, S. 50). Allerdings erscheint Christus verhältnismäßig oft in der naturalistischen Literatur und, wie Haman und Hermand in mehreren Abbildungen zeigen, in der Malerei der Zeit. Wir müssen uns jedoch daran erinnern, daß Christus der Menschensohn ist, daß er demzufolge als das Sinnbild des intensivsten menschlichen Leidens erscheinen kann, daß er letzten Endes das Faßbarste der Dreifaltigkeit darstellt. Eine populäre, wenn auch etwas bizarre Vorstellung der Zeit zeigt Christus als den ersten Sozialisten; Holz z. B. sagt: »Für mich ist jener Rabbi Jesus Christ nichts weiter, als — der erste Sozialist« (*Das Werk,* V, S. 14). Ähnliches begegnet uns in Peter Hilles *Die Sozialisten* (1886) und Felix Hollaenders *Jesus und Judas* (1891). Das philosophische bzw. theologische Fundament, auf dem die naturalistische Kunst beruht, läßt sich also über die Denker zurückverfolgen, die dem Atheismus den Weg bahnten, die den Heiland menschlich auslegten oder die den Materialismus als notwendige Basis menschlichen Denkens bezeichneten.

Die oft betonte Verwandtschaft des Naturalismus mit dem Jungen Deutschland bestätigt sich schon darin, daß beide Bewegungen David Friedrich Strauß vieles verdanken. 1835, also in demselben Jahr, als der Bundestagsbeschluß die Schriften Gutzkows, Heines, Laubes, Mundts und Wienbargs verbot, er-

schien Strauß' *Das Leben Jesu,* in dem der Verfasser den Sohn
Gottes historisch-kritischen Maßstäben unterwirft. Obwohl die
Kritik an Jesus als einer historischen Gestalt keineswegs neu ist
— man denke ewa an Hermann Samuel Reimarus (1694—1768)
und den Deismus der Aufklärung, mit der der Naturalismus
ohnehin vieles gemeinsam hat —, ist Strauß eine große Wirkung
auf das Denken seiner Zeit beschieden. Ja sogar noch Zola erwähnt *Das Leben Jesu* in seiner *Lettre à la Jeunesse.* Immerhin
verblaßt Strauß' Arbeit in ihrer Zielsetzung sowie in ihrer
Wirkung neben dem *Wesen des Christentums* (1841) von Ludwig Feuerbach, der Gott nur als psychologisch notwendig, als
eine Art Wunschbild auszulegen versucht. Von der Psychologie
des Menschen ausgehend, deutet Feuerbach vor allem auf die
Natur hin als das Fundament menschlichen Verhaltens anstelle des
Glaubens. Obwohl Feuerbach auch nicht ohne Vorgänger ist
— z. B. die später in einem anderen Zusammenhang zu erwäh-
nenden Franzosen Saint-Simon und Comte sowie die englischen
Empiriker wie Hume —, wirkt die Feuerbachsche »Offenbarung«
unmittelbar auf die deutsche Dichtung seiner Zeit. Die Wirkung
Feuerbachs ist sogar vergleichbar mit der Kants auf die frühere
Generation, etwa auf Schiller und Kleist; (überhaupt formt der
Kantsche Einfluß auf die Entwicklung des Realismus im 19. Jahrhundert ein noch nicht hinlänglich erforschtes Kapitel der Literaturgeschichte). Demnach spricht man jetzt z. B. von der
»Feuerbach-Krise« des jungen, in Heidelberg studierenden Gott-
fried Keller.

Wenn der Naturalist Zolas Satz nachspricht, der metaphysische Mensch sei tot, zeigt er sich geistesverwandt mit solchen
poetischen Realisten wie Keller, der ja schreibt: »Ich hab in
kalten Wintertagen, / In dunkler, hoffnungsarmer Zeit / Ganz
aus dem Sinne dich geschlagen, / O Trugbild der Unsterblichkeit«. In *Die naturwissenschaftlichen Grundlagen der Poesie*
(1887) widmet Wilhelm Bölsche ein ganzes Kapitel der »Unsterblichkeit«, in deren Ablehnung er gerade die Befreiung der
Poesie erblickt. Daß der Naturalismus sowie der poetische
Realismus der Jahrhundertmitte Gott entweder ganz verleugnet oder wenigstens als unwesentlich abtut, weist wohl auf eine
Ähnlichkeit der zwei Gruppen, die den Übergang vom früheren
Realismus zum späteren schwer erkennbar macht. Dennoch gibt
es einen unübersehbaren Unterschied, der durch andere Umstände zustande kommt. Bei Keller wird die neue, auf die Feuer-

bachsche Philosophie zurückzuführende Erkenntnis zum Grundstein einer durchaus optimistischen Lebensanschauung. Wenn wir auch noch auf andere Unterschiede zu sprechen kommen werden, muß hier bemerkt werden, daß Keller nach seiner Zeit in Feuerbachs Heidelberger Hörsaal nur noch das Schönste seiner diesseitigen Existenz sucht. Wie in seinem Gedicht »Abendlied« preist Keller die Schönheit der Natur, die mehr als einen bloßen Ersatz für den nunmehr verlorenen Glauben an Gott und die Unsterblichkeit darstellt. Für solche Schönheit zeigt der Naturalist nur allzu selten seine Begeisterung. Zum Teil läßt sich diese Umwandlung dadurch erklären, daß der Dichter der achtziger Jahre infolge der bereits skizzierten sozialen Veränderungen sich immer mehr der Großstadt zuwendet, daß man also noch wenig in Roman und Drama von der natürlichen Schönheit wahrnimmt und daß das Landleben nur als nie zu verwirklichende Rettung vor dem Stadtelend erwähnt wird, z. B. in der *Familie Selicke*. Darüber hinaus wirkt ein kaum unter den meisten poetischen Realisten zu findender Pessimismus. Viele Erzählungen der Jahrhundertmitte enden zwar tragisch, aber im großen und ganzen positiv, denn der Mensch kann immer noch einen Sinn in seinem Schicksal erkennen, d. h. er fühlt sich wenigstens in einem begrenzten Maße mitbestimmend und mitverantwortlich. Also schließt Raabes *Hungerpastor* mit des Geistlichen bescheidenem Sieg über das Leben und mit poetischer Gerechtigkeit für sein Gegenbild Moses Freudenstein. Hans' persönlicher Triumph trotz der Armut seiner Pfarre gründet sich nicht auf eine Art romantisierenden Himmelfahrtsmoments, sondern auf sein Gefühl, ein freier Mensch zu sein.

Mit dem zunehmenden Einfluß der materialistischen Philosophie im 19. Jahrhundert schwindet das Freiheitsbewußtsein des Menschen. Hier dürfte man Bölsche wieder anführen. In seinen *Grundlagen* schreibt er: »Für den Dichter aber scheint mir in der Thatsache der Willensunfreiheit der höchste Gewinn zu liegen. Ich wage es auszusprechen: wenn sie nicht bestände, wäre eine wahre realistische Dichtung überhaupt unmöglich« (S. 34). In dieser Hinsicht müßte man folglich in Ludwig Büchner und Karl Marx wichtige Bahnbrecher des Naturalismus erblicken. Immer stärker wird das Bewußtsein von der Ohnmacht des Individuums vor seiner physischen, ökonomischen und sozialen Umwelt. Nur als Kollektiv kann der Mensch noch etwas bewirken, was wiederum auf die bereits besprochene

Entwicklung von Kollektivbewegungen in der Politik hinweist.

Der Pessimismus des Naturalismus ist aber nicht allein durch
seine materialistische Auslegung der Zeit zu erklären, jedenfalls
nicht durch eine vereinfachende Bezugnahme auf die Betonung
der wirtschaftlichen Verhältnisse — sonst würden marxistische
Kritiker wie Ursula Münchow diesen Pessimismus nicht so scharf
verurteilen können. Was noch vom früheren Begriff der Individualität sich nunmehr fortsetzt, stützt sich nicht auf die Philo-
sophen des freien Geistes, sondern auf die Propheten des Trieb-
menschen: vor allem auf Schopenhauer und Nietzsche. Zwar
lehnt man eine persönliche Überwindung seines Selbst im Sinne
von Schopenhauers Nirwana oder Nietzsches Übermenschen weitgehend ab, aber man sieht sich immer mehr als Produkt seiner
Triebe, seiner Dränge, seines biologischen Willens. Nicht sein
freier Wille, sondern seine Triebe trennen den Menschen vom
Kollektiv, wodurch es häufig vorkommt, daß das Individuum
im Wahnsinn endet.

Obwohl Nietzsches Anhänger des ausgehenden Jahrhunderts
sehr oft zur Zielscheibe naturalistischer Satire werden — man sei
hier nur an Holz' *Sozialaristokraten* erinnert —, verkörpert
Nietzsche doch die wichtigsten philosophischen Gedanken in der
Entwicklung auf den Naturalismus hin. (Bibliographische Angaben zum Verhältnis der Naturalisten zu Nietzsche bietet
Peter Pütz, *Nietzsche*, Stuttgart 1967, Sammlung Metzler 62,
der jedoch dieses Verhältnis zu stark bagatellisiert.) In Nietzsche finden wir eine ausgeprägte Verachtung des verlogenen
Bürgertums und der den Naturalisten verhaßten Dekadenz, und
keine Stimme der Zeit ruft lauter als die Nietzsches nach den
männlichen Tugenden, mit denen solche Verlogenheit zu bekämpfen wäre. Nietzsches Rolle in der Geschichte des Atheismus
ist ebensowenig zu verkennen wie die von Strauß und Feuerbach. Wie noch im einzelnen zu erörtern ist, stellt der Naturalismus eine weitgehend psychologisierende Kunst dar. In Nietzsche erkennen wir einen der großen Psychologen der Zeit, dessen
tiefgreifende »Entlarvungspsychologie« überall zu spüren ist.
1886 erscheint *Jenseits von Gut und Böse*, in dem es heißt:
»Eine eigentliche Physio-Psychologie hat mit unbewußten Wi-
derständen im Herzen des Forschers zu kämpfen, sie hat ›das
Herz‹ gegen sich: schon eine Lehre von der gegenseitigen Be-
dingtheit der ›guten‹ und der ›schlimmen‹ Triebe macht, als

feinere Immoralität, einem noch kräftigen und herzhaften Gewissen Not und Überdruß —, noch mehr eine Lehre von der Ableitbarkeit aller guten Triebe aus den schlimmen« (*Werke in drei Bänden.* Hrsg. von Karl Schlechta, München 1954 ff., II, S. 587). Daß das Pessimistische der naturalistischen Welt so stark ausgeprägt erscheint, liegt nicht zuletzt darin beheimatet, daß auch hier gerade die angeblich guten Seiten des Menschen so oft von seinen schlimmen abgeleitet werden — und daß die schlimmen mit solcher Betonung hervorgehoben, d. h. »entlarvt« werden. Ja, die von Nietzsche erforderte männliche Tugend hängt auch damit zusammen, daß der Mensch die versteckten Triebe entlarven muß. Schon *Menschliches, Allzumenschliches* (1878) bringt den folgenden Satz: »... in dem gegenwärtigen Zustande einer bestimmten einzelnen Wissenschaft ist die Auferweckung der moralischen Beobachtung nötig geworden, und der grausame Anblick des psychologischen Seziertisches und seiner Messer und Zangen kann der Menschheit nicht erspart bleiben« (I, S. 477). Zola spricht davon, der »experimentelle Roman« könne die Leidenschaften ergründen und harmlos machen. Unter den deutschen Naturalisten schreibt Irma von Troll-Borostyani in ihrem Aufsatz über »Die Wahrheit im modernen Roman« (*Gesellschaft* 2, 1886): Der Realist »führt uns in die Höhlen des Lasters, des Verbrechens, des Wahnsinns; er zerlegt mit anatomischer Schärfe die Schwächen der menschlichen Natur und der sozialen Verhältnisse« (S. 216). Immer wieder wird Nietzsches Bild vom psychologischen »Seziertisch« in den theoretischen Schriften des Naturalismus variiert. Und Nietzsche spricht öfter von »der beinahe heiteren und neugierigen Kälte des Psychologen«. Wieweit wir berechtigt sind, diese von Nietzsche geforderte Kälte des Psychologen der von Zola und anderen Naturalisten verlangten Objektivität des Künstlers als Psychologen gleichzusetzen, bleibt dahingestellt. Man darf aber nicht vergessen, daß Thomas Mann unter anderen seine Anfänge im Naturalismus hat, daß er in solchen Werken wie *Tonio Kröger* die »Entlarvungspsychologie« nicht nur betreibt, sondern auch als wesentliches Merkmal der Kunst anpreist, und daß er durch Tonio eine gewisse »Kälte« im Künstler voraussetzt. Es erscheint also gänzlich falsch, den Naturalismus nur in der äußeren, milieubedingten Welt zu sehen, wie Pütz es tut, und ihn aus der von Nietzsche hervorgehobenen, inneren, psychologischen Welt auszuschließen: man denke etwa an Bahnwärter Thiels ständig wachsendes Bewußtsein in der Sexualität, die ihn an die zweite Frau bindet, und an die damit verbundene Tier-Symbolik. Zudem lesen wir in Nietzsches Brief vom 7. Dezember 1888 an Strindberg, einen wichtigen Vorläufer des deutschen Naturalismus: »Ich habe sofort nach der zweiten Lektüre des *Père* Ihnen geschrieben, tief ergriffen von diesem Meisterwerk harter Psychologie.« Gerade Strindbergs *Vater* zählt zu den naturalischen Vorbildern.

Zugegeben, Nietzsche hebt sich in vielem vom Naturalismus ab: Er bleibt Individualist im Gegensatz zu den naturalistischen Sozialisten. Nietzsche liebt den Helden, der durchschnittliche Naturalist den kleinen Mann, sogar den Anti-Helden. Und Nietzsche muß die Rolle zugesprochen werden, die Inspiration für diejenigen zu bieten, die den Naturalismus später bekämpfen. Dennoch suchen die von Holz verspotteten »Sozialaristokraten« des Friedrichshagener Kreises den Naturalismus mit dem Aristokratismus Nietzschescher Prägung zu verbinden, was eine unüberbrückbare Kluft zwischen dem großen Umwerter und den Jüngstdeutschen gewissermaßen in Abrede stellt. Zudem treten einige Naturalisten wie M. G. Conrad zunächst für Nietzsche ein, wenden sich allerdings später von ihm ab. Gleichviel, in welchem Maße man Nietzsche einen Einfluß auf den Naturalismus einräumen will — man kann ihn bei einer Betrachtung der Literatur dieser Epoche nicht außer acht lassen, hören wir doch unter anderem von Majut (Der deutsche Roman vom Biedermeier bis zur Gegenwart. In: *Deutsche Philologie im Aufriß*. Berlin 1960. II, Sp. 1576): »Es gibt in der Tat kaum einen bedeutenden Roman in dieser Mittelperiode des Hochrealismus, der sich nicht ausgesprochen oder unausgesprochen mit dem großen Umwerter auseinandersetzt« (vgl. auch Leo Berg, *Der Übermensch in der modernen Literatur, 1897*). Außerdem leistet der Prophet des Übermenschen — allerdings zusammen mit vielen anderen Intellektuellen der Zeit — einen weiteren, wichtigen Beitrag zum allgemeinen geistigen Klima, das den Naturalismus ermöglicht: er verwandelt die klassische Philosophie in eine anthropologische Philosophie. Nietzsche verbindet die Kulturkritik mit der Philosophie sowie die Kunst mit der Psychologie. Und hinter diesem ersten großen philosophischen Anthropologen steht der naturwissenschaftliche Geist, der nicht nur in der Lehre vom Übermenschen gipfelt, sondern auch das Fundament der in der entgegengesetzten

Richtung verlaufenden, naturalistischen Kunst formt: der Darwinismus.

Um den Naturalismus auf eine Formel zu bringen, könnte man behaupten, er sei letzten Endes der konsequente Realismus nur insofern, als er konsequent versucht, die Kunst nach natur- und sozialwissenschaftlichen Grundsätzen zu reformieren. Wohl spielt die Naturwissenschaft eine nicht übersehbare Rolle in der Dichtung der Romantiker, die vor allem in der Geologie ein wichtiges Symbol finden, wohl ergänzen sich Goethes Dichtung und seine naturwissenschaftlichen Schriften etwa von der Farbenlehre, wohl bezieht sich Stifter in seiner Vorrede zu den *Bunten Steinen* auf die naturwissenschaftlichen Leistungen des Menschen und Keller sich auf die Kenntnisse vom Kreislauf im *Grünen Heinrich* — aber nach der Veröffentlichung im Jahre 1859 von Charles Darwins *The Origin of Species by Means of Natural Selection; or, the Preservation of Favored Races in the Struggle for Life* soll die Kunst in einem ganz anderen Verhältnis zur Naturwissenschaft stehen. Es bleibt ein müßiges Unternehmen, auf alle Vorgänger Darwins hinzuweisen, denn es genügt schon zu wissen, daß Darwin Charles Lyells *Principles of Geology* (1830) während seiner Reise auf der »Beagle« 1831—1836 gelesen hat und daß Alfred Russel Wallace fast gleichzeitig zu denselben Ergebnissen wie Darwin gelangte. Wichtig bleibt hauptsächlich nur die Wirkung Darwins auf alle Momente des geistigen Lebens im späteren 19. Jahrhundert. Nicht nur Darwins wissenschaftliche Entdeckung, sondern auch die Art ihrer Präsentation erklärt ihren Einfluß, denn *The Origin of Species* ist in einer für jeden verständlichen Sprache geschrieben und kann deshalb eine fast unbegrenzte Wirkung auf die intellektuelle Gemeinschaft ausüben. Darüber hinaus behandelt seine Schrift Probleme, die bereits im Streitgespräch des Tages stehen — nicht nur der Naturwissenschaft, sondern auch vor allem der Theologie — sind doch die Werke von Strauß und Feuerbach kurz davor erschienen.

Man kann, praktisch gesehen, Darwins Theorie unterteilen in die sogenannte Entwicklungslehre und die Lehre von einer natürlichen Zuchtwahl. Jene bewirkt in erster Linie die Opposition von der kirchlichen Seite, wie sie droht, den Menschen endgültig aus seiner, schon seit Kopernikus auf die Erde beschränkten Zentralstellung zu vertreiben. Obwohl die Entwicklungstheorie bereits länger bekannt ist, mutet sie in der Darwinschen Form wegen ihrer Konsequenz revolutionär an, wird dennoch bald akzeptiert von fast allen nichtkirchlichen Seiten. Weil die konservative Theologie sich weiterhin weigert, die Entwicklungslehre anzuerkennen, wird sie wiederum zur Parole der antiklerikalen sowie atheistischen Faktionen. Demnach können solche entgegengesetzten, aber weitgehend kirchenfeindlichen Weltanschauungen wie die Nietzschesche und die naturalistische diese Grundlage teilen. 1871 erscheint aber Darwins zweite wichtige Schrift *The Descent of Man*, die sich als noch wichtiger für die Naturalisten erweist. Viele, die die Prinzipien der menschlichen Entwicklung im Körperlichen anerkennen, sträuben sich, dem Menschen seine geistige Sonderstellung zu nehmen. Das heißt, der Mensch soll sich, ungeachtet seiner tierischen Herkunft, vermöge seiner moralischen und intellektuellen Fähigkeiten vom Tier unterscheiden. In seiner Theorie über die Herkunft des Menschen behauptet Darwin dagegen, daß die menschliche Vernunft und das moralische Bewußtsein sich sehr wohl von ähnlichen, allerdings noch nicht ausgebildeten Fakultäten im niedrigen Lebewesen ableiten ließen. Wie weit verbreitet diese zweite Schrift unter den Naturalisten war, sei dahingestellt. Ausschlaggebend bleibt, daß sie die Bahn ebnet für eine Auffassung vom Menschen, wonach dieser eine bisher ungeahnte Verwandtschaft mit den Versuchstieren im Labor zeigt. Während Nietzsche dem Menschen eine geistige Möglichkeit eröffnen will, seine Triebe zu erkennen und zu verwerten, um den Übermenschen zu entwikkeln, sieht der Naturalist eher das von seinen Trieben gefangene und gequälte Wesen, das sich in ein künstlerisches Experiment fügt. Hieran knüpft bewußt oder unbewußt der später zu erörternde »experimentelle Roman« Zolas an.

Ein zweiter Aspekt der *Origin of Species* erweckt noch mehr Widerstand als die Entwicklungslehre, ist aber von ihr nicht zu trennen, weder naturwissenschaftlich noch geistesgeschichtlich. Das ist die Lehre von der natürlichen Zuchtwahl. Die Entwicklung der Tiere aus niedrigeren Gattungen läßt sich noch mit dem bisherigen Glauben an eine planvolle Welt vereinbaren. Eine mit dem Deismus der Aufklärung verwandte Auffassung von Gott kann man so lange beweisen, wie man sich daran festhält, daß alles sich nach einem ursprünglichen Plan abspielt. Die »natürliche« Zuchtwahl überläßt diese göttliche Funktion dem Zufall. In dieser Hinsicht wichtig — für die Theologie sowie für die anderen Seiten des geistigen Lebens — ist zunächst der Schluß, daß Gott nicht mehr wirksam ist, nicht einmal als der große »Uhrmacher«. Darüber hinaus erscheint das »Beste« im biologischen Sinne nicht mehr mit einem idealen Zweck verbunden zu sein, woraus man folgert, daß überhaupt das Starke bevorzugt wird. Demzufolge vermeidet der Naturalist geradezu jede Art von »poetischer Gerechtigkeit«, die schließlich im Widerspruch zu einer »natürlichen Zuchtwahl« stünde. Für den Naturalisten wird aus dem Leben schlechthin ein »Kampf ums Dasein«, in dem der Starke auch der Rücksichtslose, Brutale, aber Siegreiche ist. Man erinnere sich daran, daß der Apostel Paulus schreibt, er habe »einen guten Kampf gekämpft«, und Goethe behauptet im *Divan:* »Denn ich bin ein Mensch gewesen, / und das heißt ein Kämpfer sein«. Bei beiden wird um ein Ideal gekämpft, in der naturalistischen Dichtung dagegen oft nur um das nackte Leben. Ein Beispiel: Im *Biberpelz* kämpft Mutter Wolff — die Tiersymbolik hier wie sonst bei Hauptmann drängt sich auf — um das Leben in einem menschlichen Dschungel, wo nur der Stärkere siegt. Ähnlich verhält es sich in den *Webern,* wo selbst der Unschuldige mitgerissen oder getötet wird. Und wenn man um Ideale allein kämpft, erweist man sich oft als der von Anfang an Unterlegene, z. B. Johannes Vockerat, einer der *Einsamen Menschen.* Den Geist der Zeit symbolisiert allein der Titel von Albertis Roman *Wer ist der Stärkere?* Der auffällige Mangel an »poetischer Gerechtigkeit« in den naturalistischen Dichtungen entstammt zweierlei Gefühlen: Zugunsten des Realismus muß der Poet verschwinden, und der Begriff der Gerechtigkeit läßt sich nicht mehr auf die Welt anwenden, in der es nur um Stärke geht.

Es herrscht im Naturalismus ein Geist des Neuen, Modernen, Fortschrittlichen — im positiven wie im negativen Sinne. Anders als der in der Aufklärung auf der Vernunft basierende Geist des Fortschritts beruft der radikale Realismus sich auf die Wissenschaften, die Darwins Entdeckungen ergänzen und entwikkeln. In Deutschland ist selbstverständlich der Name von Ernst Haeckel (1834—1919) zu nennen, der schon 1862 zu den Vorkämpfern des Darwinismus gehört. Obwohl seine Schriften über seine neue Religion des Monismus erst nach der Blütezeit des Naturalismus erscheinen, wird er schon während der siebziger Jahre zum Verfechter der neuen, evolutionären Ideen für die junge Generation. In *Einsamen Menschen* hängt an der einen Wand ein Bild von Haeckel zusammen mit einem von Darwin und von »modernen« Gelehrten und Theologen, und alle funktionieren als Gegenstücke zu den biblischen Bildern nach Schnorr von Carolsfeld, die offensichtlich die Anschauungen der älteren Generation symbolisieren. Überhaupt muß »Evolution« als modisches Schlagwort die Bühne lediglich mit »Revolution« teilen, wobei die beiden Begriffe nicht selten ineinander übergehen, z. B. aus Arno Holz' *Revolution der Lyrik* (1899) wird für spätere Angaben eine *Evolution der Lyrik*. Darwins Entwicklungslehre symbolisiert schlechthin die sich bereits vollziehende Revolution der Natur- und Sozialwissenschaften sowie die von den jungen Dichtern geplante Revolution der Literatur.

Nietzsche verkörpert die Kombination von Psychologie und Philosophie. Die Psychologie und die naturwissenschaftliche Methode feiern eine Vereinigung, als Wilhelm Wundt sein Laboratorium für experimentelle Psychologie 1879 in Leipzig gründet. Es ist ein Zeichen der Zeit überhaupt, daß die seit der Romantik bekannte Psychologie nunmehr im Dienste der Naturwissenschaft steht, daß sie sich mehr um Verhalten als um die Seele der Subjekte kümmert, daß sie sich der unmittelbaren, meßbaren Wirklichkeit zuwendet. Im allgemeinen wird das Wirkliche, das Wahre dem Meßbaren gleichgesetzt.

Darüber hinaus wird der Mensch immer mehr danach verstanden, wie er sich seinen Mitmenschen gegenüber verhält. Den gemeinsamen Nenner sucht man, nicht das Individuelle, und wenn das Eigenartige interessiert, geschieht es in bezug auf eine vom Kollektiv abweichende, nicht auf eine universale Form. Obwohl der pathologische Sonderfall häufig im Mittelpunkt der naturalistischen Dichtung steht, weist er nur selten über seine gesellschaftliche Sonderstellung hinaus, denn er wird dem Vergleich ständig ausgesetzt. In Anlehnung an die populäre Einwirkung der Entwicklungslehre vollzieht sich der Vergleich auch mit der Vergangenheit als Vererbung. Die Erbsünde erscheint als das ererbte Laster.

Weil der Mensch in der zweiten Hälfte des Jahrhunderts zunehmend als gesellschaftlich passend oder nichtpassend aufgefaßt wird, bleibt es nicht aus, daß die Sozialwissenschaften einen kräftigen Impuls empfangen, wovon die Künste im Zeitalter des Naturalismus wiederum genährt werden. Obwohl sie aus ganz verschiedenen Traditionen schöpfen, entstehen überall in Europa neue Sozialdoktrinen. Vom rein Philosophischen her bietet die englische Tradition der Empiriker wichtige Anhaltspunkte zum Verständnis dieser Zeit. Die seit dem 17. Jahrhundert und John Locke (1632—1704) von englischen Empirikern besonders stark vertretene Auffassung von der menschlichen Intelligenz als einer *tabula rasa* mit der daraus zu folgernden Wichtigkeit von dem Milieu und der Erziehung bildet eine oft übersehene Grundlage für die Psychologie im 19. Jahrhundert, die die angedeutete Erkenntnistheorie vieler Naturalisten mit der Aufklärung verbindet. Man erinnere sich daran, daß der größte Philosoph der englischen Aufklärung, David Hume (1711—1776), den Ausgangspunkt für Kants Überlegungen bot. Die empirische Tradition, die sich fortsetzt in J. S. Mill, dem Vorkämpfer wichtiger Sozialgesetze und »unpopular causes«, vereinigt sich mit dem Darwinismus vor allem in Herbert Spencer (1820—1903), der den deutschen Naturalisten nicht unbekannt bleibt (er wird zum Beispiel von Arno Holz erwähnt). Für eine Art Entwicklungslehre spricht sich Spencer schon 1852 — sieben Jahre vor der Veröffentlichung von *The Origin of Species* — aus. In dieser Schrift, *The Development Hypothesis*, betont Spencer vor allem die Anpassung an die Umgebung als das grundlegende Gesetz für die Entwicklung aller Dinge aus einer gemeinsamen Substanz. Das Ziel der »unified science« kündigt er an in *First Principles* (1862), worin er jedes Wissen um die endgültige Realität der Welt abtut, und in den folgenden Jahren widmet er mehrere stattliche Bände gerade den »Wissenschaften«, die eine ausgeprägte Rolle im Denken der Naturalisten spielen: *Biology* (1864—1867), *Psychology* (1870—1872), *Sociology* (1877—1896) und *Ethics* (1892—1893). Stellvertretend für viele Denker der Zeit steht Spencer hier, weil er die Wechselbeziehungen der Sozial- und Naturwissenschaften und der Philosophie hervorhebt, weil er glaubt, eine für alle Wissenschaften anwendbare Perspektive gefunden zu haben, und weil er der Soziologie die Schlüsselstellung in diesem System zuerkennt. Vor allem behauptet er das, was man fast als soziologische Entwicklungslehre der moralischen Vorstellungen bezeichnen könnte: Moralische Begriffe unterliegen der Vererbung und dem Kampf ums Dasein, wobei die gesellschaftliche Nützlichkeit ausschlaggebend für ihre Fortpflanzung ist.

So wichtig die englische Tradition ist, wirken die französischen Entwicklungen in der Soziologie weitaus unmittelbarer auf die Deutschen. Ohne den Einfluß von Claude Henri de Rouvroy, Comte de Saint-Simon (1760—1825) wäre das Junge Deutschland kaum zu denken gewesen, denn solche Schriften wie sein

Le Nouveau Christianisme (1825) boten den jungen deutschen Dichtern eine »moderne« Religion, die ihrem Reformgeist entsprach. Viele seiner sozialen Ideen leben auch nach 1848 weiter und finden im Naturalismus eine neue Blütezeit, z. B. die Frauenemanzipation. Von noch größerem Belang für den Naturalismus ist sein Schüler Auguste Comte (1798–1857), der wiederum den oben erwähnten J. S. Mill zu seinen Anhängern zählt und als Vorläufer zu Spencer bezeichnet werden kann. Obwohl Comte zweifellos in vielem A. R. T. Turgot und Saint-Simon, mit dem er 1824 gebrochen hat, verpflichtet bleibt, gilt er als der Begründer des Positivismus, der das Geistesleben des ausgehenden 19. Jahrhunderts mitprägt. Zwischen 1830 und 1842 erscheint in sechs Bänden sein Meisterwerk *Cours de philosophie positive,* und 1851–1854 sein zweites großes Werk *Système de politique positive, ou Traité de sociologie instituant la religion de l'humanité.*

Kennzeichnend für den Positivismus ist das Comtesche Gesetz der drei Stadien, das die Entwicklung der Menschheit, des Individuums und der Wissenschaften erklärt: die erste, theologische Stufe zeichnet sich dadurch aus, daß man sich mit dem Fetischdienst abgibt. Auf die erste folgt die zweite, metaphysische Stufe, in der man das »Warum« der Ereignisse mit Abstrahierungen wie »Ideen« zu erklären versucht. Die dritte, positivistische Stufe ist dann erreicht, wenn das »Wie« das »Warum« verdrängt, wenn man nicht mehr nach den Ursachen sucht, sondern sich auf deren Wirkungen beschränkt. Das positivistische Stadium erweist sich also als ein Verfahren von Beobachtung und Klassifizierung der Dinge. Nach Comte befindet sich die Naturwissenschaft bereits auf der dritten Stufe der Entwicklung, es hinken aber die Sozialwissenschaften hinterher. Um dieses Versäumnis der Gesellschaft gegenüber aufzuholen, verlangt Comte eine »Sozialphysik«, die naturwissenschaftliche Exaktheit gewährleisten würde. Der Mensch soll als kleinste Einheit dem Atom gleich untersucht werden, und die Verhältnisse der menschlichen Einheiten untereinander sollen mit der gleichen Genauigkeit wiedergegeben werden, wie ein Astronom die Wechselbeziehungen der Planeten mathematisch exakt festlegt. Als Bezeichnung der neuen Wissenschaft der Gesellschaft prägt er den Begriff der »Soziologie«. Es versteht sich, daß Comtes Positivismus in seiner Grundlage sowie seiner Zielsetzung mit dem englischen Empirizismus viel Gemeinsames aufweist, daß Comte dem wachsenden Ansehen der Natur-wissenschaft als Erlösung der Menschheit einen weiteren Beitrag leistet, und daß seine Philosophie – wie die von Strauß und Feuerbach – auf »moderne« Menschen wirken soll.

Comtes Auffassung vom Menschen bringt eine klar zu er-kennende Gefahr für dessen geistige Freiheit mit sich. Die er-forderte Exaktheit kann nur auf Kosten des Individuellen er-reicht werden, und der Mensch als mathematisch manipulierbare Zahl unterscheidet sich nicht von allen anderen »Dingen« der Welt (überhaupt werden wir feststellen, wie das Quantitative das Denken und Dichten, die Ideen und Formen der Naturali-sten bestimmt). Diese Auffassung vom Menschen wird schließlich in den Formen der »Entmenschlichung« gipfeln, gegen die die Naturalisten selbst ins Feld ziehen werden – aber mit den Mit-teln des Positivismus. (Zum Problem der Entmenschlichung siehe vor allem die Ausführungen von Hamann und Hermand.)

Der einflußreichste unter den Denkern der neuen Philosophie in Frankreich ist ohne Zweifel Hippolyte Taine (1828–1893), der einerseits an Comte und die englischen Empiriker anknüpft und andererseits eine ausschlaggebende Wirkung auf Zola und über ihn hinaus auf die deutschen Naturalisten ausübt. Von Anfang an macht sich Taine als Literaturkritiker geltend, und schon hierin hebt er sich von denen ab, die primär als Sozial-philosophen Geltung erlangen. Nach seinen ersten Arbeiten über Livius (1856) und La Fontaine (1860) schreibt er über den englischen Idealismus (Thomas Carlyle) und den englischen Po-sitivismus von J. S. Mill (beide 1864). Die Vielseitigkeit seiner Interessen macht sich in den so heterogenen Gegenständen be-merkbar, aber sein Ruhm als Kritiker beruht hauptsächlich auf *L'Histoire de la littérature anglaise* (1864), in der er seine Theo-rie der Literaturkritik darlegt: wie jedes andere Produkt des menschlichen Geistes erweist sich die Dichtung auch als das Er-gebnis von drei Faktoren, »race«, »milieu« und dem »moment historique«, und es obliegt dem Literaturhistoriker, die Wechsel-beziehung dieser Faktoren zur vorherrschenden Anlage (»la fa-culté maitresse«) des Dichters zu erforschen. Hier und in seiner *Philosophie de l'art* (1865–67, dt. 1885–1893) wird er für viele zum Verkünder der berüchtigten »Milieu-Theorie« der Kunst. Wie Markwardt und andere bereits gezeigt haben, ist das Milieu nur ein Teilaspekt seiner Theorie der Kunst; außerdem hätten die Deutschen die Verbindung von Orts-Milieu und Zeit-

Milieu bereits bei Herder als fundamentalen Begriff finden können. Taine geht jedoch viel weiter in der Richtung der Naturwissenschaft, als Herder es sich überhaupt hätte träumen lassen.
Es ist bereits darauf hingewiesen worden, daß Taine sich
trotzdem nicht zum Realismus, geschweige denn zum radikalen
Realismus, bekennt. Wohl bietet er eine Brücke zwischen dem
Positivismus Comtes und der Naturwissenschaft und zeigt damit
die Anwendung der neuen, nichtliterarischen Strömungen auf
die Literaturgeschichte, aber nicht er, sondern Zola wird den
Weg zur naturalistischen Kunsttechnik anbahnen. Gerade am
Beispiel von Taine wird es wiederum deutlich, wie stark der
Einfluß der philosophischen, naturwissenschaftlichen und soziologischen Ansichten auf die Erfassung der Kunst sein konnte
und wie gehaltsbezogen folglich die neue Kunst sein müßte,
sollte sie sich einer derartigen Kritik zugänglich machen.

Die literarischen Vorgänger der Naturalisten

Die Techniken der neuen Kunst sind zum größten Teil auf
ganz andere Quellen zurückzuführen als die philosophischen und
soziologischen Ansichten. Selbstverständlich sind die Naturalisten der realistischen Tradition der eigenen Literatur verpflichtet, aber nicht ihr allein. Rein geistesgeschichtlich könnte man,
wie es bereits an einigen Stellen geschehen ist, auf die Aufklärung zurückgreifen als Entstehungszeit mehrerer unter den Naturalisten verbreiteter Kunsttheorien, was wiederum dazu führt,
daß die Revolutionäre des Jüngsten Deutschland einige Mittel
sowie Ansichten mit den Aufklärern teilen. Schon die Brüder
Hart führen Lessing in ihren *Kritischen Waffengängen* immer
wieder an, und man sei auch an Bleibtreus Mahnung erinnert,
jeder müsse jetzt »sein eigener Lessing sein«.
Obwohl einzelne Naturalisten sich gegen den Begriff der
Vernunft wehren — z. B. Leo Berg (s. Markwardt, S. 113) —,
merken wir ebenso oft — Arno Holz könnte hier als Beispiel
dienen —, daß die Naturalisten eine Gesetzmäßigkeit in der
Kunst anstreben. Holz rühmt sich geradezu seiner logisch exakten Denkart und fordert jeden heraus, ihm einen Denkfehler
nachzuweisen. Was Holz als Definition der Kunst aufstellt, soll
das Wesen jeder Kunst schlechthin bezeichnen, und darin zeigt
er seine geistige Verwandtschaft mit all den Aufklärern, die

nach universalen Gesetzen auf Grund logischer Prinzipien suchen. Zugleich schreibt Holz eine bewußt ungelehrte Prosa, also
eine für jeden verständliche Sprache. Wir werden bei der Lektüre
der Holzschen Theorie an die »common sense«-Perspektive der
englischen Empiriker des 18. Jahrhunderts erinnert oder an die
Klarheit der Sprache Lessings, an die Holz jedoch nicht heran-
kommt. Dem Naturalismus wie auch der Aufklärung liegt das
Bestreben zugrunde, der Kunst das Esoterische, Spekulative und
Rätselhafte zu nehmen. Es folgt eine in zweierlei Hinsicht gesellschaftliche Auslegung des Künstlerischen: Die Kunst wird
der Gesellschaft verständlich gemacht, und sie wird nach ihrer
gesellschaftlichen Funktion erläutert. Da alles also dafür spricht,
daß man das möglichst große Publikum ansprechen will, greift
der Naturalist wie der Aufklärer vor ihm nach den einfachsten
Organen zur Verbreitung seiner Ansichten. Es wird demzufolge
hauptsächlich in Zeitungen und Zeitschriften veröffentlicht, die
sich mit Zeitfragen beschäftigen. Gerade deshalb ist die spätere
Besprechung der wichtigsten Zeitschriften der Naturalisten unerläßlich, genauso unentbehrlich, wie es eine Untersuchung der
Publizistik im 18. Jahrhundert wäre.

Die Aufklärer haben uns im großen und ganzen wenig an
unsterblicher Lyrik hinterlassen. Ähnliches läßt sich vom Naturalismus behaupten. So schreibt Karl Bleibtreu in seiner *Revolution der Litteratur* (Leipzig 1886): »Ein rechter Kerl be-
lästigt die Welt überhaupt nur mit Lyrik nebenbei, neben seinen
größeren Arbeiten. . . . Die Lyrik für sich als Dichterberuf sollte
doch endlich überlebt sein. . . . Mögen die Jüngsten eine einzige
genießbare realistische Novelle bringen, welche das moderne
Leben wiederspiegelt: dann werden sie einem ernsten und strebenden Dichter das Zugeständnis abnötigen, daß sie zum Bau
am künftigen Tempel der Literatur mitberufen sind; eher nicht.«
(S. 69 f.) Beide Perioden haben in der Tat hauptsächlich Dramen
und Romane hervorgebracht, nicht zuletzt, weil man in diesen
Gattungen am leichtesten der Gefahr der Übertreibung und des
Uneigentlichen entgehen kann. Der Naturalist sowie der Aufklärer vermeiden in ihrer Kunst und in ihren theoretischen
Schriften nach Möglichkeit das uneigentliche Sprechen, denn es
herrscht hier wie dort das Prinzip der Klarheit. Die klar erkennbare Idee jeder Dichtung erfordert nicht nur eine weitgehend eindeutige Sprache, sondern auch eine übersichtliche
Form. Der Naturalismus ähnelt der Aufklärung in seiner Vor-

liebe für einfache Handlungen, die bewußt oder unbewußt den
Forderungen der sogenanten drei Einheiten nachkommen. Wohl
werden wir noch von solchen »offenen« Dramen sprechen wie
Hauptmanns *Webern* oder *Florian Geyer,* aber es kann nicht
geleugnet werden, daß die Mehrzahl der berühmten naturalistischen Dramen eine verhältnismäßig strikte Begrenzung von
Ort, Zeit und Handlung aufweist. Das große dramatische Vorbild der Naturalisten ist Henrik Ibsen, und gerade bei ihm
macht sich nach Markwardt eine grundsätzliche Verbindung mit
der Aufklärung bemerkbar. Hier wie dort gewinnt das Problem
des Individuums, dessen persönliche Freiheit eingeschränkt wird,
besonderen Belang. Darüber hinaus kennzeichnet das Ibsensche
Drama nicht weniger als das Lessingsche ein unerbittliches Streben nach der Wahrheit ohne teleologische Implikationen, wobei
auch die Kehrseite dieses absoluten Wahrheitsdranges als Gleichgewicht erscheint, z. B. in der *Wildente* und in *Nathan,* wo dem
Menschen die letzte Wahrheit zu seinem eigenen Heil vorent-
halten bleibt.

Auf die Unterschiede zwischen der Aufklärung und dem
Naturalismus braucht man kaum einzugehen, denn es sind dieselben, die zwischen den Aufklärern und deren Nachfolgern
existieren, welche wiederum in anderer Hinsicht als Vorläufer
des Naturalismus gelten dürfen. Man findet bei den Naturalisten
z. B. die gleiche Kraßheit wie bei den Stürmern und Drängern,
die sich bewußt gegen die »gepflegte« Kunst der Aufklärung
auflehnen. Obwohl ein gewisses Streben nach Realismus die
Dichtung der Aufklärung charakterisiert, bleibt es auf den Versuch beschränkt, alles vernünftig, d. h. glaubwürdig zu gestalten.
Da der Stürmer und Dränger von Anfang an den Maßstab der
Vernunft abwirft, bemüht er sich kaum um die Gestaltung einer
glaubwürdigen Situation — und auf eine solche Situation kommt
es dem Aufklärer so oft an. Statt dessen setzt der Stürmer und
Dränger alles daran, das Einfühlungsvermögen seines Publikums anzusprechen. Was uns von der »Echtheit« der Götz-Ge-
stalt überzeugt, besteht weniger in seiner Situation als in der
Sprache des Schauspiels. Wenn Goethe dem Ritter mit der eiser-
nen Hand die Bibelsprache Luthers in den Mund legt, zeigt er
sich als ein Vorläufer der Naturalisten, z. B. Hauptmanns in
Florian Geyer oder Holz' in *Dafnis.* Selbstverständlich liegt
Goethe die stenographische Genauigkeit fern, mit der die Naturalisten die sprachliche Wiedergabe anstreben. Wiederum soll

man das Anliegen der Naturalisten nicht unterschätzen, durch die Sprache eine Reaktion im Publikum hervorzurufen, denn wie die Stürmer und Dränger sind auch sie Reformer. Ja, durch nicht unähnliche Umstände verbunden, suchen beide Bewegungen eine Erneuerung der Gesellschaft, ein neues Bewußtsein des Menschen und eine bisher unbekannte, schockierende Schilderung sozialer Verhältnisse.

Während die Aufklärung größtenteils die überlieferten Formen und Gattungen übernimmt und verfeinert, sprengt der Sturm und Drang bewußt die traditionellen Gattungen und erfindet neue. Im Göttinger Hainbund werden die ersten Kunstballaden geschrieben, auf der Bühne wird das Tragikomische ausgebildet sowie das »offene« Drama, und es entstehen neue Romane wie der *Werther*. Ein ähnliches Bedürfnis, neue Darbietungsmöglichkeiten zu erschließen, prägt die Dichtung des Naturalismus. Gegen Konventionen wird bewußt verstoßen. Überhaupt findet man unter den Naturalisten mehr Drang nach künstlerischer Freiheit, als man gern zugibt. Ein Beispiel: Arno Holz beruft sich lediglich auf den Rhythmus als Bauelement der Lyrik. Leugnet Holz auch jede Verwandtschaft mit den herkömmlichen freien Rhythmen, so erkennen wir doch, daß er mit Klopstock und Bürger die Motivierung teilt, dem Dichter Freiheit und Ursprünglichkeit zu verschaffen. Außerdem merken wir, wie wichtig die gesprochene Sprache sowohl für Holz als auch für die Stürmer und Dränger geworden ist: Während die Balladen der Hainbündler für den Vortrag bestimmt sind und gleichsam auf der Percyschen Sammlung mündlich überlieferter Gedichte fußen, bestimmt sich die Form der Holzschen Lyrik nach der Sprechweise.

In einem noch nicht hinlänglich erforschten Maße wirkt J. M. R. Lenz als Vorbild für die Thematik und Sprache vieler Schauspiele des ausgehenden 19. Jahrhunderts (ganz abgesehen von seinem Einfluß als Lyriker auf Wilhelm Arent u. a.). Wenn man die Genealogie der modernen Dramatik aufstellt, verläuft eine Linie vom Naturalismus über Hebbel, Büchner, Grabbe, Kleist bis zu den Stürmern und Drängern zurück, unter denen Lenz in der vordersten Reihe steht. Da Lenz — abgesehen von Büchners Novelle über ihn — während des 19. Jahrhunderts zu den Verschollenen und Vergessenen gehört, überrascht es um so mehr, daß Karl Bleibtreu, der Verkünder der Revolution der Literatur, ihn und Grabbe über Kleist und Hebbel stellt. Ob-

wohl wir dem Urteil Bleibtreus heute keineswegs zustimmen
könnten, müssen wir ihm und anderen Naturalisten die hohe
Leistung zusprechen, mehrere bis dahin vernachlässigte Dichter
für die Moderne entdeckt zu haben. Denn es wird sich später
herausstellen, daß die Nachfolger des Naturalismus und sogar
dessen Gegner häufig auf gerade die Dichter zurückgreifen, die
ihre Renaissance während der achtziger Jahre feiern.

Ohne Zweifel wird Lenz von Bleibtreu so hoch gestellt, damit
das wirklich Revolutionäre der neuen Literatur als solches erkannt wird. Das Bekenntnis der »Modernen« zu Vorbildern wie
Lenz soll die ältere Generation offensichtlich schockieren. Darüber hinaus verkörpern die bekanntesten Dramen von Lenz
gleich revolutionäre Ziele wie die von den Naturalisten geforderten. Man denke etwa an Lenz' Komödien *Der Hofmeister
oder Vorteile der Privaterziehung* und *Die Soldaten*, in denen
das Berufsethos und -milieu im Vordergrund stehen, und zwar
in einem manchmal kritisch-satirischen Licht. In diesen Stücken
geht das Komische oft ins Tragische über, so daß die häufig bei
den Naturalisten vorkommende Tragikomödie entsteht. Obwohl viele Episoden — es sei nur beispielsweise an Läuffers
Selbstverstümmelung und seine anschließende Hochzeit mit der
dörflichen Schönheit erinnert — geradezu grotesk anmuten,
muß man den fast naturalistischen Mut anerkennen, mit dem
Lenz geschlechtliche Unschönheiten zu seinem Gegenstand macht.
Wenn auch nicht so pessimistisch wie seine Nachfolger Grabbe
und Büchner, zeigt Lenz überhaupt dieselbe Abneigung gegen
eine Verschönerung der Welt. Als ebenso wichtig erweist sich
Lenz' Theorie des Dramas. In solchen Schriften wie *Anmerkungen übers Theater* tritt er für den Charakter als Hauptanliegen
des Dramatikers ein. Ein Echo davon vernehmen wir später bei
Arno Holz: »... die Menschen auf der Bühne sind nicht der
Handlung wegen da, sondern die Handlung der Menschen auf
der Bühne wegen... Mit anderen Worten: nicht Handlung ist
also das Gesetz des Theaters, sondern Darstellung von Charakteren« (X, 224). Und wie wir später noch besprechen werden,
entsteht auf der »Freien Bühne« eine geradezu naturalistische
Schauspielkunst, die sich auf die Nuancen der Charakterdar-
stellung stützt. Allerdings ist der Sturm und Drang als die
»Geniezeit« in die Literaturgeschichte eingegangen, denn die
Betonung auf den Charakter mündet letzten Endes in eine Art
Heldenverehrung, die eine Reihe von Übermenschen wie Götz,

Prometheus und Faust ergibt. Dem Geniekult der Stürmer und Dränger geht nur die erste, in München beheimatete Gruppe nach; bei den späteren Naturalisten wie Hauptmann, Holz und Hartleben erscheint eher ein anderer, auch vom Sturm und Drang popularisierter Typus: der Übermensch *inversus* wie Werther oder Clavigo. Man denke etwa an den »Helden« von *Papa Hamlet* oder an viele Hauptmannsche Protagonisten zwischen zwei Frauen. In dieser Beziehung dürfte man auch Majuts Bemerkung zu Walter Siegfrieds *Tino Moralt* zitieren: »Wie im hochrealistischen Sturm und Drang vergleichsgeschichtlich Hauptmanns *Weber* dem *Götz* entsprechen, so *Tino Moralt,* auch dem Kern des Stoffes nach, den *Leiden des jungen Werhers*« (Sp. 1544).

Als Erbe der meisten naturalistischen Eigenschaften des Sturms und Drangs gestaltet sich das Junge Deutschland, und daraus folgt, daß dieses mit dem eigentlichen Naturalismus vieles gemeinsam hat, was bereits den Sturm und Drang mit ihm verband: die Kritik an der Kirche, den Reformgeist, das Gefühl der Modernität und eine Vorliebe für eine realistische, oft sensationelle, sentimentale Darbietungsweise. Außerdem zeigt das Junge Deutschland eine von Markwardt und anderen nachgewiesene Ähnlichkeit mit der Aufklärung: Wieder bedient man sich vor allem der Publizistik, um seinen Fortschrittsglauben zu verkünden. Was die Jungdeutschen aber von ihren Vorgängern absondert und sie wiederum zu den wahren Vorläufern des »Jüngsten Deutschland« stempelt, ist zunächst ihr politisches Engagement. Wohl streben die Aufklärer und die Stürmer und Dränger nach einer Reformierung der Gesellschaft, aber sie bleiben dabei weitgehend unpolitisch. Die durchgreifende Politisierung der Dichtung, die Jungdeutsche wie Karl Gutzkow, Georg Herwegh und Ferdinand Freiligrath erzwingen, läßt jedoch nach der vergeblichen Revolution von 1848 nach und lebt erst mit dem Naturalismus wieder auf.

Auch das zweite neue Merkmal der jungdeutschen Dichtung, das bei den Naturalisten wiederkehren soll, verdankt seine Entstehung den nichtliterarischen Entwicklungen. Gutzkow und andere bedienen sich der Sprache und Gegenstände der Technik in zunehmendem Maße. So lesen wir in Gutzkows *Wally* eine Liebesszene zwischen der Heldin und Cäsar: »Sie hielten ihre Hände ineinander und sprachen recht eifrig über Dinge, auf die gar nichts ankam in ihrer Situation. Sie sprachen von der

Erfindung des Schießpulvers, vom Gesetz der Schwere, vom
Kompaß und der Magnetnadel, worüber sie jedesmal schnell
abbrachen, um nur immer wieder auf Neues zu kommen. So
verrann die Zeit, aber die Liebe Cäsars stieg. Wallys Hand nahm
er, drückte, küßte sie ... Die langen Augenwimpern Wallys
senkten sich majestätisch sanft auf die bläulichen Ultramarin-
ringel, die unter dem Auge so viel Leidenschaft verraten. Dieses
Herablassen des Vorhangs, dieser Fenterladenschluß der Weib-
lichkeit, diese Verhüllung ist bekanntlich das reizende Gegenteil
dessen, was sie scheint.« Obgleich wir heute über solch ein Bild
wie das vom weiblichen Fensterladenschluß schmunzeln, erkennen wir in diesen Zeilen und in ähnlichen einen tapferen,
wenn auch tastenden, ersten Schritt in die Richtung, in die
später die Naturalisten sich Hals über Kopf stürzen werden.
Die konsequente Integrierung der Technik in die Dichtung soll
aber erst nach dem Erscheinen von Comtes und Taines Schriften
erfolgen, und zwar über den Weg der Naturwissenschaft und die
Soziologie. Zusammenfassend könnte man also sagen, die Jungdeutschen verwenden die Technik als Ausdruck ihrer Zeitge-
mäßheit, die Naturalisten die inzwischen in all ihrer Relevanz
für das Geistesleben erschlossene Naturwissenschaft, in der das
Technische eine dem Biologischen untergeordnete Rolle spielt.

Es bleibt noch zu erwähnen, daß der jungdeutsche »Roman des
Nebeneinanders«, wie Gutzkow ihn in den *Rittern vom Geiste*
zu schaffen versucht, eine Vorform der ersten naturalistischen
Romane der Münchener bildet — leider auch mit deren Mängeln.
Wieder einmal muß man Gutzkow die gebührende Anerkennung
zollen, seiner Zeit weit voraus gewesen zu sein, wenn auch zugleich betont werden soll, daß der Höhepunkt der naturalistischen Epik nach dem Einfluß ganz anderer Vorbilder erreicht
wird, z. B. in den Romanen von Polenz und Kretzer, die offensichtlich eher zum Zolaschen Romantypus gehören.

Was die jungdeutsche Dichtung und Politik von der des Naturalismus grundsätzlich unterscheidet, wird bereits von Georg
Büchner hervorgehoben. Büchner schreibt 1836 an Gutzkow:
»Die Gesellschaft mittelst der Idee, von der gebildeten Klasse
aus reformieren? Unmöglich! Unsere Zeit ist rein materiell;
wären Sie je direkter zu Werke gegangen, so wären Sie bald auf
den Punkt gekommen, wo die Reform von selbst aufgehört
hätte. Sie werden nie über den Riß zwischen der gebildeten und
ungebildeten Gesellschaft hinauskommen. ... Und die große

Klasse selbst? Für sie gibt es nur zwei Hebel: materielles Elend und religiöser Fanatismus. Jede Partei, welche diese Hebel anzusetzen versteht, wird siegen« *(Sämtliche Werke und Briefe.* Hrsg. von Werner R. Lehmann. Hamburg 1967. II, S. 455). Von allen Dichtern vor der Zeit des eigentlichen Naturalismus verdiente Büchner wohl zuerst die Bezeichnung eines »Naturalisten«, denn er vertritt fast alle Ansichten des »Jüngsten Deutschland« außer der des Darwinismus (es bleibt auch dabei die Möglichkeit, daß Büchner, ohnehin ein ausgezeichneter Mediziner mit überraschend modernen Kenntnissen von der Naturwissenschaft, für die Entwicklungen besonders empfindlich gewesen wäre, die der Darwinschen Entdeckung vorausgingen). In dem oben zitierten Brief spricht Büchner, als ob er von den sozialen Entwicklungen bis 1880 profitiert hätte: Nur im Volk selbst kann eine wahrhaft revolutionäre Bewegung wurzeln. Mit Recht zählt Büchner zu den Vorkämpfern der sozialen Bewegung im 19. Jahrhundert, denn in demselben Brief schreibt er: »Ich glaube, man muß in sozialen Dingen von einem absoluten Rechtsgrundsatz ausgehen, die Bildung eines neuen geistigen Lebens im Volke suchen und die abgelebte moderne Gesellschaft zum Teufel gehen lassen« (II, S. 455). Was den Naturalisten später als eine verweiblichte, dekadente Gesellschaft erscheint, erkennt Büchner schon als eine »abgelebte moderne«. Büchner wird nicht nur Mitherausgeber des *Hessischen Landboten,* bei dessen Erscheinen er und die anderen Teilnehmer von der Regierung steckbrieflich verfolgt werden, sondern auch einer der ersten Dichter des Proletariats: er arbeitet bis zu seinem Tode an *Woyzeck,* der erst 1879 veröffentlicht wird, aber bald zu den großen Vorbildern des Naturalismus zählt.

Leider muß Büchners Rezeption warten, bis andere Einflüsse ein günstiges Klima verschafft haben. Daß eine neue, Zola zu verdankende Atmosphäre Büchner günstig sein muß, geht aus dem Urteil des alten Gottfried Keller hervor: »Hast Du [Paul Heyse] den Band ›Werke von Georg Büchner‹ schon angesehen? Dieser germanische Idealjüngling, der übrigens im Frieden ruhen möge, weist denn doch in dem sogenannten Trauerspielfragment ›Wozzek‹ eine Art von Realistik auf, die den Zola und seine ›Nana‹ *jedenfalls* überbietet, nicht zu reden von dem nun vollständig erschienenen ›Danton‹, der von Unmöglichkeiten strotzt« (Brief vom 29. 3. 1880. *Gesammelte Briefe.* Hrsg. von Carl Helbing. Bern 1950 ff., III/1, S. 41). Wie Kellers anschließende

Bemerkungen erkennen lassen, herrscht aber noch eine ablehnende Haltung in den Kreisen der literarischen Größen. Der endgültige Durchbruch der Büchnerschen Dichtung in die literarische Tradition geschieht 1887, als Gerhart Hauptmann im Verein »Durch« aus den Werken des jungverstorbenen Darmstädters vorliest. Und um so tiefer man in die persönlichen Äußerungen Büchners vordringt, um so mehr findet man die »neue« Doktrin eines »radikalen Realismus« schon vorweggenommen. Wie die Naturalisten lehnt Büchner die idealistische Philosophie ab: »Ich werde ganz dumm in dem Studium der Philosophie, ich lerne die Armseligkeit des menschlichen Geistes wieder von einer neuen Seite kennen. Meinetwegen! Wenn man sich nur einbilden könnte, die Löcher in unsern Hosen seien Palastfenster, so könnte man schon wie ein König leben! So aber friert man erbärmlich« (Brief von Straßburg 1835, II, S. 455). Gerhart Hauptmann wird von mehreren Kritikern als »Dichter des Leids« bezeichnet — und dies trifft vor allem für seine naturalistischen Stücke zu —, aber hierin ist Büchner ihm und den Elendsmalern der achtziger Jahre vorausgegangen, denn in all seinen Werken — sei es *Dantons Tod, Lenz, Woyzeck* oder gar *Leonce und Lena* — gibt es nur die Maßstäbe des Schmerzes und der Freude. In seiner Novelle um den Stürmer und Dränger Lenz legt Büchner der Hauptgestalt folgende Worte in den Mund: »Dieser Idealismus ist die schmählichste Verachtung der menschlichen Natur. Man versuche es einmal und senke sich in das Leben des Geringsten und gebe es wieder in den Zuckungen, den Andeutungen, dem ganzen feinen, kaum bemerkten Mienenspiel. ... die Gefühlsader ist in fast allen Menschen gleich, nur ist die Hülle mehr oder weniger dicht, durch die sie brechen muß« (I, S. 87). Hier hören wir eine Beschreibung nicht nur der Thematik vieler naturalistischer Werke (der »Geringste«), sondern auch der naturalistischen Schauspielkunst (die »Zuckungen« und »Andeutungen«).

Schon lange vor Taine und Zola spricht sich Büchner für den Belang des Milieus aus: »Ich verachte Niemanden, am wenigsten wegen seines Verstandes oder seiner Bildung, weil es in Niemands Gewalt liegt, kein Dummkopf oder kein Verbrecher zu werden — weil wir durch gleiche Umstände wohl Alle gleich würden und weil die Umstände außer uns liegen« (An die Familie, Gießen im Februar 1835, II, S. 422). Also zieht er in einem Schreiben vom 10. März 1834 an seine Braut den gleichen

Schluß wie die Franzosen und viele Naturalisten: der Mensch unterliegt »dem gräßlichen Fatalismus der Geschichte«. Er schreibt weiter in demselben Brief: »Ich finde in der Menschennatur eine entsetzliche Gleichheit, in den menschlichen Verhältnissen eine unabwendbare Gewalt, allen und keinem verliehen. Der einzelne nur Schaum auf der Welle, die Größe ein bloßer Zufall, die Herrschaft des Genies ein Puppenspiel, ein lächerliches Ringen gegen ein ehernes Gesetz, es zu erkennen das Höchste, es zu beherrschen unmöglich« (II, S. 425 f.). In der naturalistischen Dichtung fünfzig Jahre später laufen viele Werke nur darauf hinaus, dieses eherne Gesetz zu zeigen. Auch kunsttechnisch schlußfolgert Büchner fast naturalistisch, daß der dramatische Dichter im Grunde genommen nur ein Geschichtsschreiber sei, der »uns die Geschichte zum zweitenmal erschafft und uns gleich unmittelbar, statt eine trockene Erzählung zu geben, in das Leben einer Zeit hinein versetzt, uns statt Charakteristiken Charaktere und statt Beschreibungen Gestalten gibt« (An die Familie, Straßburg, 28. Juli 1835, II, S. 443). Und ähnlich Zola und seinen deutschen Anhängern behauptet Büchner, das Kunstwerk dürfe »weder sittlicher noch unsittlicher sein als die Geschichte selbst«, denn »der Dichter ist kein Lehrer der Moral, er erfindet und schafft Gestalten, er macht vergangene Zeiten wieder aufleben, und die Leute mögen dann daraus lernen, so gut wie aus dem Studium der Geschichte und der Beobachtung dessen, was im menschlichen Leben um sie herum vorgeht« (II, S. 443 f.).

An Büchner hätten die deutschen Realisten schon von Anfang an anknüpfen können. Büchners Probleme sind jedoch größtenteils nicht die seiner Zeitgenossen und auch nicht die der nächsten Generation. Nur sein unmittelbarer Vorgänger Christian Dietrich Grabbe weist eine tiefgreifende Verwandtschaft mit Büchner auf, denn trotz der ganz anderen Voraussetzungen der Grabbeschen Dramen vernehmen wir vom Verfasser ähnliche Ansichten. Zum Beispiel: über seinen Napoleon äußert sich Grabbe in einem Brief folgendermaßen: »er ist kleiner als die Revolution, und im Grunde ist er nur das Fähnlein an deren Maste, — nicht Er, die Revolution lebt noch in Europa. . . . Nicht Er, seine Geschichte ist groß« (Brief an G. F. Kettembeil vom 14. 7. 1830, *Werke und Briefe*. Hrsg. von Alfred Bergmann. Emsdetten 1960 ff. V, S. 306). Büchners Spruch von dem einzelnen als »nur Schaum auf der Welle« klingt fast wie ein Echo der Grabbeschen Worte. Wohl schreibt Grabbe keinen *Woyzeck,* aber seine Darstellung des gemeinen Menschen und vor allem der Massen übertrifft manchmal sogar die Büchnersche, z. B. die Massenszenen in *Napoleon* oder *Hannibal* und im einzelnen die Charakterisierung von Jouve und dem Berliner. Auch sprachlich rebelliert Grabbe wie Büchner gegen das »schöne Wort« der Klassik (in *Napoleon* und *Hannibal* wird der »Telegrammstil« des Naturalismus bereits vorweggenommen), und wir sehen in deren gemeinsamem Kampf gegen die Sprache Goethes und Schillers die Vorläufer zu den naturalistischen Kämpfen gegen die epigonale Sprache der Münchener Dichterschule von Heyse, Geibel und anderen, die die hohen Ideale der Klassik in das späte 19. Jahrhundert hinüberretten möchten.

Es ist aufschlußreich, daß Grabbe wie Büchner erst auf den Einbruch des Naturalismus warten müssen, bis sie Anerkennung gewinnen. Zweifellos gehört auch Heinrich von Kleist zu den Vorbildern der »Jüngstdeutschen«. Aber unmittelbar an Grabbe und Büchner hätten sich die radikalen Realisten anschließen können, wenn es in deren Dichtung nur um die schon bei Büchner erörterten Punkte ginge. Die naturalistische Dichtung entsteht jedoch als Ergebnis gesellschaftlicher, naturwissenschaftlicher Entwicklungen, zu denen auch die kulturelle Lage der siebziger Jahre gehört, die bedingt, daß die Inspiration einer neuen Kunst vom Ausland kommen muß. Propheten wie Grabbe und Büchner gelten im eigenen Land nichts, werden aber später als Beweise dafür angeführt, daß der naturalistische Stil den Deutschen nicht artfremd ist.

In der dramatischen Tradition, die in den Naturalismus mündet, beansprucht Friedrich Hebbel einen zwar bescheideneren, aber nicht zu übersehenden Platz. Arthur Kutscher zeigt in *Hebbel und Grabbe* (1913), daß Hebbel den Grabbeschen Neuerungen stärker verpflichtet ist, als er zugibt, und sein Lob auf Büchner (als Grabbe überlegen!) dürfte bekannt sein. Dennoch lebt in der Dichtung Hebbels ein ganz anderer Geist als in der seiner beiden Vorgänger. Wieweit man berechtigt ist, diesen Geist einer Form des Hegelianismus gleichzusetzen, bleibt dahingestellt, denn der mögliche Einfluß Hegels erklärt kaum seine Leistung als Vorbote des Naturalismus, auf den Hegel nur mittelbar durch den Marxismus und die bereits erwähnten Sozialphilosophen wirkt.

Bieten Hebbels historische Dramen auch Massenszenen, z. B.

in *Agnes Bernauer*, so bleibt seine Gestaltung der Massen hinsichtlich des Naturalistischen weit hinter Grabbe und Büchner, denn es fehlen das Chaotische, Primitive sowie das fast brutal Sinnlose, denen wir in Hauptmanns *Webern* begegnen. An und für sich mutet Hebbels *Maria Magdalena* (1844) dagegen recht naturalistisch an, wenn auch in einem ganz anderen Sinne. Überhaupt wurzelt die naturalistische Dramatik zum guten Teil in der seit dem Engländer George Lillo (1693—1739) und Lessing wirksamen Gattung der bürgerlichen Tragödie, eine von Julius Hillebrand hervorgehobene Überlieferung: Hebbels *Maria Magdalena* »scheint mir in der dramatischen Litteratur unserer Zeit, was ›Miß Sara Sampson‹ im vorigen Jahrhundert war. Wie nämlich mit diesem Drama das bürgerliche Trauerspiel begründet wurde, so ist ›Maria Magdalena‹ als der erste Versuch des sozialen Dramas zu betrachten, welchem die nächste Zukunft gehört« (*Gesellschaft* 2 [1886] 236). Von Max Halbes *Ein Emporkömmling* (1889) meint Sigfrid Hoefert, die Hauptgestalt stehe »noch ganz im Schatten des Meisters Anton«, und Paul Fechter bezeichnet den Vater in Sudermanns *Heimat* (1893) als einen »Meister Anton zwischen Plüschmöbeln«. Nach Hebbels Vorwort zu *Maria Magdalena* soll sich die Tragödie auf die bürgerliche Moral selbst zurückführen lassen, worin er seine neue Leistung sieht (das »Bürgerliche« führe nach ihm zum Tragischen in *Emilia Galotti* und *Kabale und Liebe* nur insofern, als es durch einen Zusammenstoß mit dem obersten Stand gefährdet wird). Es fehlen dem Hebbelschen Drama zwar viele Motive der achtziger und neunziger Jahre, z B. die Vererbung, der Alkoholismus oder der Sozialismus, aber der Dramatiker legt die Gestalten auf einen »psychologischen Seziertisch« und enthüllt die entscheidende Wirkung des Standesbewußtseins und des Milieus auf ihre moralischen Vorstellungen. Nicht selten sind die Parallelen zwischen Meister Anton und Meister Timpe in Kretzers gleichnamigem Roman. Auch Klara erkennen wir wieder — nicht zuletzt an der sentimentalen Behandlung — in vielen naturalistischen Mädchen-Gestalten, die wie Toni Selicke wegen einer undankbaren Familie auf ihr Glück verzichten. Überhaupt interessiert sich der Naturalist nicht nur für die emanzipierte Frau der jungdeutschen Zeit, sondern auch für das schon von den Stürmern und Drängern in Schutz genommene, verführte, gefallene oder wenigstens gestolperte Mädchen.

Immerhin überrascht es, daß Hebbel als Dichter der *Maria*

Magdalena nur verhältnismäßig spät und dann in begrenztem Maße von den Naturalisten anerkannt wird, daß er auch noch zusätzlich diese Anerkennung weitgehend der Ibsen-Verehrung verdanken muß. Wohl das wichtigste Dokument dieses Verhältnisses ist Leo Bergs »Hebbel und Ibsen — eine Parallele« in *Zwischen zwei Jahrhunderten* (Frankfurt/M. 1896), worin der Ibsen-Enthusiast schreibt: »man könnte fast sagen: Ibsen ist ein Hebbel *redivivus* in vollkommener Gestalt. Er ist gleichsam seine Erfüllung. Beinahe alles, was Hebbel versucht, hat Ibsen erreicht; was jener gewollt, hat dieser durchgesetzt ... Man spricht heute zuweilen davon, unser Publikum sei noch nicht Ibsen-reif, aber Eines darf man jetzt sagen: durch Ibsen sind die Gebildetsten und am weitesten Fortgeschrittenen wenigstens Hebbel-reif geworden« (S. 260). Es ist schon seltsam genug, daß die Deutschen Hebbel über den Weg der Ibsenschen Dichtung wiederentdeckten, noch viel grotesker aber, daß die von Berg besprochene Parallelität erst von einem Ausländer, dem berühmten dänischen Literaturhistoriker Georg Brandes, herausgearbeitet wurde. Brandes, der große Vermittler der skandinavischen Dramatik, vermittelt gleichsam die deutsche Literatur an die Deutschen, denn, obwohl er Ibsens Unabhängigkeit von fremden Vorbildern betont, verweist Brandes auch auf seine »grundgermanischen« Beziehungen zu Schopenhauer, Goethe, dem Jungen Deutschland und Otto Ludwig. Die Hebbel-Rezeption dient also letzten Endes als weiteres Beispiel dafür, wieweit Deutschland des ausländischen Einflusses bedarf, aber nur weil die einheimischen Leistungen sonst übersehen würden.

Diese Bemerkungen sollen jedoch nicht dahin ausgelegt werden, daß der Realismus im 19. Jahrhundert ganz vernachlässigt wird. Es bildet sich bloß eine andere, abseits von Grabbe, Büchner und Hebbel dominante Tradition über das Biedermeier zum poetischen Realismus. Was sich noch rettet vom liberalen Roman des Jungen Deutschland, finden wir in den Werken von Freytag und Spielhagen, die jedoch als verflachende Typisierungen vor allen Dingen in der Charakterisierung von den Naturalisten abgelehnt werden. Wo ein Hebbel durch den Vergleich mit einem Ausländer an Ansehen gewinnt, erweisen sich die meisten zeitgenössischen »Realisten« als leblos. M. G. Conrad z. B. schreibt: »Unsere Dahn, Heyse, Freytag, Spielhagen und *tutti quanti* steckten keine Köpfe in Brand, revolutierten keine Artistenreiche, verblüfften nicht durch die Kühnheit neuer Weltbilder. Neben Turgenjew und Dostojewski und Tolstoi, neben Björnsson und Ibsen, selbst neben dem alten aufrührerischen Romantiker Victor Hugo, der in Frankreich durch den Ansturm der Naturalisten eben wieder in den Vordergrund gekommen war, konnten wir mit keinem Prosakünstler aufwarten, der als Zertrümmerer und Neubauer, als ästhetischer Um- und Neuwerter eine überragende Figur gemacht hätte« (Zitat nach A. Soergel, *Dichtung und Dichter der Zeit*. Leipzig 1911, S. 7). Selbstverständlich sind auch die Naturalisten als Kritiker keineswegs einig über den relativen Wert der früheren und zeitgenössischen Kunstwerke, aber gegen die hier ausgesprochene Ablehnung des gegenwärtigen liberalen Romans gibt es kaum eine ausgleichende Wertung. Aber wie könnte es auch anders sein? »Zertrümmerer und Neubauer«, »Um- und Neuwerter« werden verlangt zu einer Zeit, wo sie bestimmt zu den Mangelwaren zählen. Das Publikum des neuen Reiches will einfach keine »Zertrümmerung«.

Nur in bezug auf den von Ludwig, Keller, Fontane und Raabe vertretenen, freilich auch keineswegs »um- und neuwertenden« künstlerischen Realismus wird das Verhältnis undeutlicher — nicht zuletzt weil diese Dichter ein viel größeres Maß an Talent aufzuweisen haben. An der Frage der dichterischen Leistung scheitert fast jede doktrinäre Kritik; z. B. müssen die Naturalisten in Gegensatz zu vielen Jungdeutschen auch Goethes Größe anerkennen, wenn seine Werke auch aus ganz anderen Ansichten heraus entstanden sind. Überhaupt vernehmen wir hauptsächlich in der *Gesellschaft*, aber auch anderswo ein Lob auf Dichter, die — wie Platen (!) — fast gar nichts von den geforderten Maßstäben der künftigen Dichtung verwirklichen. An und für sich zeigen sich die Naturalisten nicht so engstirnig wie oft angenommen, wenn es um wirklich hervorragende Dichtung geht. Dagegen lassen ihre ästhetischen Kriterien etwas nach, vermuten sie in einem Dichter einen Gleichgesinnten; so setzt sich die *Gesellschaft* für die Lyrik Martin Greifs ein.

Was die Einstellung der Naturalisten gegenüber ihren noch lebenden Vorgängern anbelangt, muß man zunächst einräumen, daß die junge Generation manche Gemeinsamkeiten übersieht, daß sie sich auch manch ein Fehlurteil leistet. Man denke etwa an Albertis Kritik an Gottfried Keller, den er als »Philister« und dessen Erzählungen als »Dutzendgeschichten« bezeichnet. Dieses Urteil mutet ja geradezu komisch an, wenn man bedenkt,

daß Kellers einleitender Absatz zu *Romeo und Julia auf dem
Dorfe* in Albertis 3. Artikel des Realismus nachklingt, denn der
Vertreter einer »modernen« Literatur behauptet, »daß alle
poetischen Motive der Weltliteratur sich bereits in der ältesten
aller Litteraturen ... vorfinden ... und sich wiederholen, so daß
nur die Erscheinungsformen, die Fassungen sich verändern, die
Summe der poetischen Motive selbst sich aber nicht vermehrt«
(Die Gesellschaft 5 [1889], 4). Aber bevor man selbst übereilt
mit den Hitzköpfen des »Jüngsten Deutschland« ins Gericht
geht, soll man sich vor allem deren geschichtliche Lage vergegenwärtigen. Obwohl die Kritiker recht haben, wenn sie auf
die Überlagerung ästhetischer Ansichten zwischen den Naturalisten und poetischen Realisten verweisen, übersehen sie ihrerseits,
daß das rein Ästhetische kaum ausschlaggebend ist für solche
Feuerköpfe wie Alberti, der ja behauptet: »Der Tod des größten
Helden steht hinsichtlich der künstlerischen Verwendbarkeit auf
gleicher Stufe mit den Geburtswehen einer Kuh« (Zitat nach
Wolfgang Kayser: *Die Wahrheit der Dichter*, Hamburg 1959,
S. 43). Ein derartiger Satz will hauptsächlich das Publikum
schockieren, und zwar das bürgerliche Publikum. Die Naturalisten nennen sich »Realisten«. Keller, Storm, Ludwig und andere vertreten auch den Realismus, aber den bürgerlichen Realismus, denn in ihren Werken bestätigen sich immer wieder die
Maßstäbe der bürgerlichen Gesellschaft, gegen die eine »zornige«
junge Generation sich auflehnt. Im Grunde verkörpern viele
Naturalisten wie die Stürmer und Dränger und die Jungdeutschen eine Revolution gegen die vorangehenden, erfolgreichen
Schriftsteller, gegen die etablierte Autorität.

Künstlerische und weltanschauliche Unterschiede gibt es aber
auch. Unter all den Kellerschen Novellen kommt *Romeo und
Julia auf dem Dorfe* der naturalistischen Zielsetzung am nächsten, doch wenn auch eine ironische Kritik an der bürgerlichen
Auffassung der Situation in den Schlußzeilen anklingt, so muß
sich der Leser vor Augen halten, daß Sali und Vrenchen der
mittelständischen Moral nicht trotzen, sondern durch ihren Freitod geradezu einen Beweis ihrer Hingabe bringen wollen. Sie
scheiden aus dem Leben, weil sie sich dem Schwarzen Geiger
nicht anschließen können. Dem Zigeunertum nachzugeben, vermögen die meisten naturalistischen Helden ebenfalls nicht. Im
Gegensatz zu den Protagonisten der jüngstdeutschen Literatur
unterlassen Sali und Vrenchen dagegen auch die andere Mög-

lichkeit: Rebellion. Immer wieder wählt auch der naturalistische Rebell den Freitod, aber hauptsächlich, weil er keine Umwertung durchführen kann.

Ein noch grundsätzlicherer Unterschied offenbart sich durch einen Vergleich von dem Eingang zu Kellers *Romeo und Julia* mit den aus einem naturalistischen Kunstwerk zu ziehenden Schlüssen über das gleiche Thema: die Wahrheit. Keller rechtfertigt seine Erzählung als keine müßige Nachahmung, weil sie beweist, »wie tief im Menschenleben jede jener Fabeln wurzelt, auf welche die großen alten Werke gebaut sind«. In *Die Wahrheit der Dichter* betitelt Wolfgang Kayser sein Kapitel über Keller »Die alte Wahrheit«. Keller will ja auch gerade die überzeitliche Wahrheit zeigen, die »stets in neuem Gewande wieder in Erscheinung« tritt. Was wiederum besagt, die zeit- und ortsbedingten Aspekte werden einer überzeitlichen Fabel untergeordnet. Der Sinn der Geschichte liegt also jenseits des Milieus, eine Einstellung zum Geschehen, in der kein doktrinärer Naturalist nach Taine und Zola ihm zu folgen vermag. Die oben angedeutete Parallele zwischen Keller und Alberti beweist nicht Kellers fundamentale Ähnlichkeit mit den Naturalisten, sondern die Unsicherheit der ästhetischen Ziele bei Alberti und anderen. Darüber hinaus merken wir, wie eines der Lieblingsthemen der jüngstdeutschen Dichtung sich Keller bietet, wie der poetische Realist es aber gänzlich ausschließt: die Vererbung. Daß dem Schwarzen Geiger der Taufschein fehlt, spielt in der Kellerschen Novelle eine wichtige Rolle, aber eine ganz andere als in einer naturalistischen Behandlung des Stoffes. Zur Wesensbestimmung eines naturalistischen Werkes gehört nicht unbedingt jedes einzelne Motiv der Zeit, ist aber ein solches Motiv vorhanden, dann muß es in die Weltanschauung der Naturalisten hineinpassen. Kellers Schwarzer Geiger hat ohnehin etwas Unheimliches, Groteskes an sich, was ihn nicht nur der Gesellschaft entfremdet, sondern auch symbolisch in die Nähe des Dämonischen, geradezu Teuflischen rückt. Gerade ein Beweis der Taufe, wobei des Teufels Einfluß abgeschworen wird, läßt sich nicht finden, und es kommt dieser schrecklich-komischen Gestalt ein Anhauch von der alten Wahrheit des überzeitlichen Bösen an. Der Geiger vertritt die »Entsittlichung und Verwilderung der Leidenschaften«, mit denen er die Kinder wirklich in Versuchung führt, was die jungen Menschen wiederum durch ihre »gottverlassene« Hochzeit zurückweisen. Auf der einen

Seite bekennt Keller sich, wie wir bereits gesehen haben, zum
Atheismus, auf der anderen bezieht sich seine Bildlichkeit auf
das Übernatürliche — aber lediglich als das Dauernde, Überzeitliche. Wenn einer naturalistischen Gestalt genügende Infor-
mation über ihre Geburt fehlt, vermuten wir dagegen ein erb-
biologisches Geheimnis. Der naturalistische Dämon ist eher in
einem angeblich vererblichen Alkoholismus oder in einer Geschlechtskrankheit zu suchen (man denke dabei etwa an Ibsens
einflußreiche *Gespenster*). Wohl deutet sich das Dämonische
in *Meister Oelze* an, aber es bleibt in dem geschilderten Milieu
fest verankert.

In diesem Zusammenhang empfehlen sich einige Worte über
Fontanes Reaktion zu Ibsens *Gespenstern,* dem ersten Drama
der Freien Bühne. Vor allen poetischen Realisten erweist sich
Fontane der Jugend am meisten aufgeschlossen, und wiederum
erntet er oft deren Beifall. Überhaupt drohen im Falle Fontane
die Grenzen zwischen dem Naturalismus und dem poetischen
Realismus am ehesten zu verschwimmen, ist er doch der Verfasser von *L'Adultera* (1880), *Cécile* (1886), *Irrungen, Wirrungen* (1887), *Stine* (1890), *Unwiederbringlich* (1891), *Effi Briest*
(1894) und anderen, der jüngstdeutschen Dichtung thematisch
verwandten, zeitgenössischen Erzählungen und Romanen. Doch
gehört Fontane stilistisch und weltanschaulich noch zur Generation Kellers, wenn auch klarer in die Zukunft weisend. Eines
der wertvollsten Zeugnisse in einer Klärung von Fontanes Verhältnis zur »modernen« Kunst in der Nachfolge Ibsens ist seine
Rezension von der Aufführung der *Gespenster* am 29. September 1889 durch die Freie Bühne. Als Theaterkritiker der
Vossischen Zeitung schreibt Fontane:

Wir werden nicht hingerissen bzw. niedergeworfen durch die Wahrheit, die drin lebt, sondern einfach durch Ibsens Glauben, durch
den künstlerischen Ernst seines Schaffens. Was heißt Wahrheit? Der
Dichter, als er das Stück schrieb, war von einer Idee erfaßt, die
ihm Wahrheit war und die es ihn drängte als Wahrheit zu bekennen. Je mehr er Umschau hielt, je mehr befestigte sich ihm sein
Glaube, und aus diesem ehrlichen Glauben heraus ist das Stück
entstanden, nicht als ein Etwas, das nun für immer Gesetzestafel
oder Offenbarung sein soll, sondern einfach als Ausdruck einer
persönlichen und gut motivierten Überzeugung. Daß es möglicher-
weise noch eine schärfere Beobachtung und ein tieferes Eindringen
in das Wesen der Dinge gibt, ist eine Beobachtung, die morgen

wieder aufhebt, was heute diesem und jenem noch gelten darf, das nimmt dem Ibsenschen Stücke nicht von der Macht der *Überzeugung* (nicht der *Wahrheit;* die ist etwas andres), worauf seine Wirkung beruht, wie die Wirkung in Kunst und Leben überhaupt *(Vossische Zeitung* vom 30. 9. 1889).

Hierin bekennt sich Fontane zum Begriff einer »alten Wahrheit« im Sinne Kellers.

Fontanes Bemerkungen gehen gleichsam weit über die Grenzen seiner persönlichen Einstellung oder der der poetischen Realisten zur Kunst hinaus. Die Unterscheidung zwischen Überzeugung und Wahrheit ist eine für das Wesen des Naturalismus grundlegende, denn wie wir schon werden, läuft das naturalistische Kunstwerk grundsätzlich auf zwei sich ergänzende Ziele hinaus: den Eindruck im Publikum zu erwecken, der Dichter dichte aus Überzeugung, und das Publikum zu überzeugen, die im Kunstwerk dargestellte Welt müsse so und nicht anders sein, sie sei an der außerdichterischen Wirklichkeit nachzuprüfen, und was in ihr geschieht, verdankt seinen Verlauf denselben Gesetzen wie das wirkliche Geschehen. Auf die Mittel, mit denen die Naturalisten diese Ziele zu erreichen versuchen, kommen wir noch zurück; hier geht es um ihre »moderne«, neue Einstellung zur Kunst selbst. Wenn Fontane die Macht der Überzeugung bei Ibsen auf seinen Glauben zurückführt, erklärt er gleichzeitig, warum die junge Generation die Werke ihrer unmittelbaren Vorgänger ablehnt: Ihnen fehlt die Macht des Glaubens. Wir merken Holz' Lob auf Zolas »wunderbare Wärme seiner Überzeugung« als das, was ihn über den »trivialen Haufen emporragen ließ« (»Zola als Theoretiker«). Und bei den Brüdern Hart heißt es: »Ein ernsterer Geist hat das Volk erfaßt und auf die trunkene, evoëjauchzende Ausgelassenheit, die bacchantische Lust der siebziger Jahre ist eine männliche gefaßte Besonnenheit gefolgt« *(Kritische Waffengänge* 4, S. 46). Letzten Endes erkennen wir in der angeblichen »Verweiblichung« des öffentlichen Lebens, im Verschwinden von »tapferem«, »mannhaftem« Denken und Dichten sowie in der sozialen Dekadenz einen Ausdruck des jüngstdeutschen Gefühls, daß sich die gesellschaftliche Verflachung auf einen Verlust an Glauben gründet, daß dieser Glaube aber in neuen, ausländischen Dichtern zu finden ist. Jetzt möchten sie Zeugnisse ihres eigenen Glaubens, ihres tiefgreifenden Ernstes ablegen. Wie Bleibtreu schreibt: »Für jede Sorte Süßholzraspelei ist die Zeit zu ernst« *(Revolution der*

Litteratur, S. 13). Der Naturalist wird nie müde, seinen Ernst zu betonen.

Immerhin hat der neue »Glaube« weder mit den herkömmlichen christlichen, noch mit sonst einem Glauben an überzeitliche Ideale zu tun. Fontanes »Wahrheit« wird ersetzt durch eine andere, naturwissenschaftliche Wahrheit, die morgen nicht überleben will. Für Fontane muß die Wahrheit von Dauer sein, sonst ist es keine Wahrheit; für den Naturwissenschaftler hängt sie von wandelbaren Aspekten des Lebens ab, soll also nur begrenzte Anwendung finden. Es bleibt selbstverständlich nicht aus, daß der Naturalist nach überzeitlichen Gesetzen sucht, aber diese Gesetze bestätigen immer wieder die Relativität der darzustellenden Welt. Das Gesetz ist überzeitlich, nicht aber das durch das Gesetz erzielte Resultat.

Stellt der Naturalismus eine Weiterentwicklung des Realismus im 19. Jahrhundert dar, dann verläuft die Verbindung zu früheren Epochen über Fontane, der trotz seiner Sympathien für die neuen Dichter sich abseits hält. Abgesehen von Einzelfällen ist die naturalistische Dichtung eine Großstadtdichtung. Die Münchener schreiben den Münchener Roman, die Berliner den Berliner Roman. Besser als in vielen Werken Fontanes ist ihnen allen die Schilderung einer Großstadtkultur wohl nicht gelungen, aber Fontanes Menschen kommen zum größten Teil aus dem Mittelstand, sind also »bürgerlich« — auch von den Menschen aus bescheidenen Verhältnissen gilt dies. Was die Zeit des eigentlichen Naturalismus einleitet, kommt mit dem Einfluß ausländischer Dichter, die sich nicht auf das »Bürgerliche« beschränken, sondern sich geradezu für den vierten Stand einsetzen.

An der deutschen Rezeption von Emile Zolas (1840–1902) Romanen können wir die Entwicklung des Naturalismus zunächst verfolgen. Seinerseits weist Zola eine Reihe Vorläufer auf, die schon einen begrenzten Einfluß auf die deutsche Literatur früherer Jahrzehnte ausgeübt haben. Einen knappen, aber gut dokumentierten Überblick der deutschen Aufnahme von Balzac, Stendhal, der Brüder Goncourt, Flaubert und Zola bietet H. H. H. Remak (PMLA 69 [1954], 410–431), der drei Phasen feststellt: Die erste zeichnet sich durch die mäßige Parteinahme Gutzkows und seiner Zeitgenossen für Balzac aus; die zweite, noch weniger ergiebige setzt um die Jahrhundertmitte ein und dauert bis zu Zolas Einschlag während der siebziger Jahre; und die dritte, beherrscht von dem Kampf um Zola,

fängt 1879 an (daß die Wirkung des französischen Realismus
keineswegs mit dem Naturalismus auf immer verschwindet, läßt
sich an Remaks Darstellung eines wiedererwachenden Interesses
nach jedem Weltkrieg erkennen). Vereinzelt geblieben, tragen
die Bemühungen um einzelne Dichter und Werke vor Zola kaum
Früchte für die deutsche Dichtung, und besonders während der
zweiten Phase — also zur Blütezeit des poetischen Realismus —
flaut das Interesse merklich ab. Man dürfte behaupten, alle
französischen Realisten gewinnen an Ansehen vor allem durch
den regen Konflikt um die Zolasche Dichtung — manchmal sogar
dadurch, daß sie durch den Vergleich mit Zola für die konservative Kritik fast akzeptabel werden. Man könnte zum Beispiel
die Aufführung von *Henriette Maréchal* der Brüder Goncourt
für die Freie Bühne ohne weiteres auf den Streit um Zola zurückführen, denn die Freie Bühne rühmt sich, die für die Öffentlichkeit verbotenen Stücke zu präsentieren, aber dieses Drama
wirkt nach fast allen Maßstäben als veraltet und unterliegt sowieso der Zensur nicht mehr.

Die deutsche Aufnahme der Zolaschen Werke läßt sich
wiederum in drei Phasen einteilen, die W. H. Root in *German Criticism of Zola 1875–1893* (New York 1931) klar und
übersichtlich darstellt (seine Abhandlung reicht allerdings nur
bis zum Abschluß des Rougon-Macquart-Zyklus, aber darüber hinaus bietet sich sowieso wenig Ergiebiges für die
Naturalismus-Forschung). Die eigentliche Zola-Kritik in Deutschland entsteht 1877 bei der Veröffentlichung von *L'Assommoir*:
zwar erscheint schon 1875 ein Artikel und wieder einer 1876,
aber es folgen vier im Jahre 1877, drei 1878, elf 1879 und
zwanzig 1880. Danach gilt Zola als der wichtigste zeitgenössische Dichter. Die erste ab 1875 zu errechnende Phase dauert
bis etwa 1885 und weist praktisch keine über die ersten negativen Kritiken hinausgreifende Einsicht auf. Nach Root lassen
sich die ablehnenden Urteile der Zeit in zwei sich manchmal
überlagernde Gruppen aufteilen: die Kritik an Zolas Moral
(oder der Moral der Dichtung) und die Leugnung jedes ästhetischen Wertes im Rougon-Macquart-Zyklus, um den es hauptsächlich geht. Es erübrigt sich, die vielen Angriffe auf Zolas
angebliche Verdorbenheit anzuführen. Der konservativen Kritik
nach zeigt er eine fast perverse Freude an der Schilderung der
Unmoral und der erbärmlichen Lebensumstände der Armen,
und ein Hüter der öffentlichen Moral im Reich bezeichnet ihn

in der *Gartenlaube* als »Schmutzfink« (s. W. H. Root, *German Criticism of Zola 1875—1893*, S. 4).

Eine verwandte Kritik konzentriert sich auf Zolas Sprache in *L'Assommoir,* in dem der französische Romancier die Mundart des vierten Standes möglichst genau wiedergibt. Daß eine getreue Wiedergabe der Redensarten und des Wortschatzes dieser bis dahin künstlerisch sowie gesellschaftlich vernachlässigten Menschen den von Zola in seinem Vorwort beanspruchten philologischen Wert besitze, wird bestritten. Vor allen Dingen soll Zola durch die Miteinbeziehung des niedrigsten Sprachniveaus sowie in seiner eingehenden Beschreibung des Häßlichen gegen den guten Geschmack verstoßen. Unter den gelehrten Schutzengeln des deutschen Bürgertums bleibt es dem Autodidakten Zola selbstverständlich nicht erspart, dem Vorwurf ungenügender Bildung in der Naturwissenschaft und in der Ästhetik ausgesetzt zu werden. Diese Kritik verdient ebensowenig Beachtung wie die, die Kunst solle nicht Häßlichkeit, sondern Schönheit bieten. Von größerem Belang erscheint dagegen der ebenfalls auf ästhetischer Basis beruhende Einwand gegen den Zolaschen Materialismus und angeblichen Fatalismus (wie wir später sehen, unterscheidet Zola sehr wohl zwischen dem Fatalismus und der von ihm behaupteten Determiniertheit). Der Dichtung Zolas, schreibt man, fehle schlechthin das Erhabene, Erhebende, Verklärende, das der Kunst obliegt, das der Materialismus aber nicht zuläßt. Zuletzt soll erwähnt werden, daß viele Kritiker das Übermaß an Details als einfach langweilig beanstanden — ein Vorwurf, der übrigens viel später auch unter den Anhängern Zolas wiederkehren wird.

Theoretisch gesehen, rechtfertigt Zola all die hervorgehobenen Mängel als notwendig für eine naturwissenschaftliche Methodik in der Kunst. Aber gerade die von ihm angestrebte Verbindung von der Dichtung mit der Naturwissenschaft scheint seinen deutschen Kritikern ein Unding. Überhaupt wollen die deutschen Gegner Zolas die Kunst einfach abseits der neuen gesellschaftlichen und politischen Entwicklung gleichsam als Zuflucht vor einer »unschönen« Welt halten. Heute erkennen wir in Zola nicht nur den Dichter, sondern auch das Produkt der bisher skizzierten Fortschritte auf dem philosophischen, politischen und naturwissenschaftlichen Gebiet. Mit anderen Worten: Es mußte früher oder später einen Versuch wie Zolas geben — wenn nicht unbedingt einen so begabten —, und wohl ebenso verbittert wäre er von den bürgerlichen, reaktionären Kreisen bekämpft worden.

Zolas Hauptwerk, der großangelegte Zyklus um die Familie Rougon-Macquart, schildert in zwanzig Bänden das Schicksal der Nachkommen von der Ahnmutter Adelaide Fouque. Zwei Stämme bilden die Familie: der eine als die legitime Nachkommenschaft der Ehe Adelaides mit Rougon, der andere als das Ergebnis einer zweiten, wilden Ehe mit Macquart, einem Schmuggler und Alkoholiker. Auf dem damals verstandenen Vererbungsgesetz fußend, verbindet sich die Erbschaft der schwachsinnigen Adelaide, die Zola erst im letzten Band als hundertjährige Wahnsinnige sterben läßt, mit den schlechten von Macquart stammenden Eigenschaften. Indem Zola die nächsten Generationen dieses Zweiges verfolgt, entsteht die oft gerügte Konzentration auf Übel, Armut und Häßlichkeit des Lebens: *La Ventre de Paris* (1873) im Pariser Markt, *L'Assommoir* (1877) und das Proletariat, *Nana* (1880), eine Prostituierte, *La Bête Humaine* (1890), wieder im Arbeitermilieu, wo sich der mörderische Bruder der Nana befindet, und *Germinal* (1885), in dem ein Streik der Bergarbeiter so eindrucksvoll geschildert wird, daß dieser wohl stärkste Roman des Zyklus vielen sozialistischen Dichtungen des deutschen Naturalismus zum Vorbild wird, sowie *La Terre* (1888), die wegen der genauen Gestaltung der Brutalität und Habgier unter den Bauern viel Kritik auslöst.

Den anderen Rougonschen Stamm beobachtet Zola auf seinem Weg durch die höheren Schichten des öffentlichen Lebens. Wenn dieser Zweig der Familie auch eine »legitime« Abstammung genießt, so zeigen die Mitglieder nicht selten eine ebenso verwerfliche Moral wie die Macquarts — es geht bloß unter den »Anständigen« eher um Geld- und Machtgier als um fundamentale Gefühle. Der oft kritisierte Pessimismus Zolas scheint sich darin zu bestätigen, daß die Vererbungsunterschiede nicht gegenseitig zu Moral und Unmoral führen, sondern nur entsprechend andere Formen der Unmoral hervorrufen. Damit ist der Rahmen eines vereinfachenden Darwinismus gesprengt. Der Zyklus trägt in der Tat den Untertitel »Histoire naturelle et sociale d'une Famille sous le second empire«. Bei der Schilderung der Familie gesellt sich zum Gesetz der Vererbung (Zola erlaubt sich allerdings einige Abweichungen) das ergänzende Gesetz des Milieus, dessen Darstellung die Perspektive eines Zeitromans erlaubt: Nicht nur die krasse Brutalität, die Armut und die Häßlichkeit der Gesellschaft werden gezeigt, sondern auch ihre Dekadenz, Habsucht und heuchlerische Moral von *La Fortune des Rougons* (1871), dem ersten Band des Zyklus, bis *L'Argent* (1891).

Außer der sozialkritischen Einstellung Zolas erregt vor allem seine Darbietungsweise die bereits beobachtete Kritik und die spätere Bewunderung der jungen Generation. Seine erzähltechnischen Grundsätze legt Zola in seiner Schrift über *Le Roman Expérimental* (1880) nieder. Immer wieder beruft sich Zola dabei auf die medizinischen Leistungen von Claude Bernard (1813—1878), dem Gründer der modernen Physiologie. Von Bernards *Introduction à la Médicine expérimentale* (1865) ausgehend, gibt Zola als Ziel an: »Je vais tâcher de prouver à mon tour que, si la méthode expérimentale conduit à la connaissance de la vie physique, elle doit conduire aussi à la connaissance de la vie passionnelle et intellektuelle. Ce n'est à qu'une question de degrés dans la même voie, de la chimie à la physiologie, puis de la physiologie à l'anthropologie et à la sociologie. Le roman expérimental est au bout« (*Les Œuvres Complètes*, XLI. Paris 1928. S. 12). Von der Chemie zur Physiologie, von ihr zur Anthropologie und Soziologie, und davon zur Dichtung, das ist der Werdegang der neuen Ästhetik. In diesem Gedankengang zeigt sich der Einfluß Comtes, denn nun behauptet Zola für die Kunst die dritte, positivistische Phase: Sie solle sich nicht mehr um das Warum der Dinge (»pourquoi des choses«), sondern nur noch um das Wie (»comment«) kümmern. Folglich wird der Dichter als Verwirklicher der naturwissenschaftlichen Methode in der Kunst zu einem Beobachter, aber zugleich zu einem Experimentator (»experimentateur«). Sich auf Balzacs *La Cousine Bette* stützend, behauptet Zola mit Recht, daß der Dichter sich keineswegs auf eine bloß photographische Wiedergabe des Beobachteten beschränke, sondern gleichsam als Experimentator eingreife: er »intervient d'une façon directe pour placer son personnage dans des conditions« dont il reste le maître« (S. 12). Damit widerlegt Zola den Vorwurf, der naturalistische Schriftsteller sei nur eine Art Reporter.

In der eben genannten Herrschaft des Experimentators über sein Material erkennt Zola das Genie des Naturwissenschaftlers und des Künstlers. Gerade als Experimentatoren, die die Kontrolle des Experiments in ihren Händen haben, sind die Romanciers »les juges d'instruction des hommes et de leurs passions« (S. 18). Dank dieser Funktion gewinnt der Schriftsteller, der sonst nur ein Kopist der Dinge und der Menschen wäre, an Ansehen. Die schöpferische Freiheit des Künstlers, wie die eines Wissenschaftlers, bestätigt sich in der Entdeckung der Idee, die dem Experiment zugrunde liegt. Mit anderen Worten: Zola lehnt den romantischen Begriff der Imagination ab insofern, als dieser im Gegensatz zur empirischen Realität steht, denn die Idee des Experiments muß den Beobachtungen des Experimentators entstammen. Wie Zola betont, muß der Romancier beobachten, begreifen und erfinden, und eine dadurch erfaßte Tatsache führt ihn dann dazu, einen Roman zu schreiben, gleichsam »pour arriver à la connaissance complète d'une vérité« (S. 19). Wahrheit bleibt also des Dichters Ziel, aber nicht mehr eine metaphysische, höhere, sondern eine komplette. Mit anderen Worten: Die Bedeutung der erzielten Wahrheit des experimentalen Romans wird bemessen nicht nach qualitativen Maßstäben des Erhabenen, Idealen, sondern nach denen der Vollständigkeit. Solche Maßstäbe werden auch von Bleibtreu, Conrad, Alberti und anderen angelegt, wobei die Größe hauptsächlich im gesellschaftlichen Sinne verstanden wird.

Eine dementsprechend wichtige Rolle spielt für Zola die quantitative Festlegung des Milieus als Bedingung des Experiments, wobei kein Detail belanglos bleibt. Was Temperatur-, Druck- und Gewichtsangaben dem Naturwissenschaftler sind, sind dem Verfasser des experimentalen Romans die Informationen über seines Sujets biologische Herkunft, Beruf und Zeitumstände. Voraussetzung dabei bleibt erstens, daß nur der physiologische Mensch gemeint ist, was wir bereits von Zola ja gehört haben, und zweitens, daß sich das Menschliche einer gleichen Determiniertheit unterordnet wie das Materielle. Zola behauptet: »Tout ce qu'on peut dire, c'est qu'il y a un déterminisme absolu pour tous les phénomènes humains« (S. 23). Hierbei muß man sich jedoch ständig vor Augen halten, daß Zola eine in Anlehnung an Bernard streng gezogene Unterscheidung zwischen Fatalismus unnd Determiniertheit aufrechterhält: Jener macht jede menschliche Entscheidung unmöglich (was zum Beispiel Büchner in dem oben zitierten Brief behauptet), während diese lediglich gewährleistet, daß alles nach bestimmten Gesetzen verlaufen muß. Da der Experimentator das Experiment frei, d. h. a priori, einleitet, unterliegt er dem Fatalismus nicht.

Zudem — und dieser Aspekt erweist sich als wichtig nicht nur
für Zolas Einstellung zu den darzustellenden Sozialverhältnis-
sen, sondern auch für die des ganzen Naturalismus — kann der
Mensch in die Determiniertheit der Phänomene eingreifen und
das Milieu ändern. Mit diesem Gedanken im Hintergrund kann
der Naturalist sich der Versuchung kaum erwehren, für eine
Reformierung der sozialen Umstände einzutreten. Die oft gerügte, krasse Enthüllung der schrecklichen Zustände unter den
Mittellosen, Ausgebeuteten und Kranken soll also zu deren
Aufhebung führen, und gerade diese latente Absicht der sogenannten »Elendsmalerei« wird zu Zolas Verteidigung von seinen
Anhängern angeführt.

Das Engagement der jüngeren Generation für die oben erörterten Aspekte der Zolaschen Theorie und Praxis bestimmt
die zweite Phase seiner Rezeption in Deutschland, die um 1880
einsetzt und die erste Phase um einige Jahre überlagert. Zu
deren Initiatoren zählen M. G. Conrad, Heinrich und Julius
Hart und Oskar Welten, zu denen sich Wilhelm Bölsche, Karl
Bleibtreu und Klaus Herrmann später gesellen. Obwohl Conrad
schon Ende der siebziger Jahre für Zola Partei ergreift, wird der
Kampf um seine Anerkennung hauptsächlich 1885 durch die
Gründung der *Gesellschaft* entschieden, die unter der Redaktion
von Conrad Zola fast zu dem Leitstern in München macht, der
später Ibsen in Berlin wird (wenn Zola auch in der preußischen
Hauptstadt kein geringer Einfluß beschieden sein wird). Be-
sonders enthusiastisch werden die jungen Münchner über *Ger-
minal* und die von ihnen darin vernommene soziale Botschaft.
Ebenfalls stark wirken aus ähnlichen Gründen *L'Assommoir* und
Nana.

In Berlin bemühen sich die Brüder Hart zuerst in den kurzlebigen *Deutschen Monatsblättern* und danach in den *Kritischen Waffengängen* um eine sachgerechte Kritik der Zolaschen Romane:
Während sie einiges der feindlichen Kritik einräumen, weisen
sie auf die Notwendigkeit neuer moralischer Maßstäbe in der
Literatur hin und bekennen sich zu Zolas Doktrin von der
»Wahrheit und zur damit verbundenen moralischen Aufgabe des
Dichters«. Aber bedeutend unkritischer als die Berliner akzeptiert Conrad die neue Stimme von jenseits des Rheins. Soergel
beschreibt das Verhältnis Conrads zu Zola, den er während der
siebziger Jahre in Paris kennenlernte: »Dies war das Werk,
dies war die Persönlichkeit, die Michael Georg Conrad nicht

los wird« (S. 27). Wie Root hervorhebt, ist Conrad ein Helden-
verehrer, und in Zola, dem mutigen Vorkämpfer der neuen
Literatur, der sozialen Gerechtigkeit und der modernen Moral,
findet er seinen Helden. Während die früheren Kritiker die Unmoral des Franzosen anprangern, betont Conrad — sowie fast
alle Fürsprecher Zolas zu dieser Zeit — das Moralische, also daß
der Verfasser, wie er auch behauptet, wirklich ein »experimentie-
render Moralist« ist.

Conrads Heldensucht erklärt zudem eine auffällige Diskre-
panz der Münchner Naturalisten: Obwohl sie durchaus modern
und über die gegenwärtige »romantische Flunkerei« erhaben
sein möchten, weisen sie selbst eine gute Portion Romantik und
Sturm und Drang auf, nicht zuletzt in ihrer Verherrlichung von
großen Individuen. So schreibt Karl Bleibtreu, der Verfasser
von zwei Dramen um Byron und einem Drama um Napoleon,
1885 in der *Gesellschaft, Germinal* sei das »Sturmlied eines Riesen, . . . der Berserker-Päan der Vernichtung, der mit erschüttern-
der Macht zum Himmel aufdröhnt« — aber er sagt dabei, »die
nachtdurchbrausende Eisenbahn« sei ihm »gar treffliche Begleit-
musik« für seine Lektüre (S. 466). Für solche Leser seiner Werke
erscheint Zola modern wie die Eisenbahn und zugleich der er-
sehnte, an einen Grabbeschen Helden erinnernde Tatenmensch,
der sie in den Kampf gegen die Verweiblichung der Zeit führen
wird, der also alles andere als den nüchternen, objektiv beob-
achtenden Geistesexperimentator darstellt.

Ebenso entschieden wie die moralischen Angriffe gegen Zola
weisen seine Münchner Jünger die ästhetischen ab. Alberti und
andere akzeptieren völlig die Zolasche Doktrin, daß die Rhe-
torik keine Rolle mehr spiele, daß die Methode die Form be-
stimme und daß es nur auf Klarheit (»clarté«) ankomme. Die
Poetik ist wie alles andere dem Prozeß der Evolution unter-
worfen, und es kann deshalb keine formale Existenz abseits von
den geschichtlichen Entwicklungen geben. Schon die Brüder Hart
behaupteten, Zolas größte Leistung liege darin, daß er die Schönheit durch die Wahrheit ersetzt habe, und dieses Urteil findet sich
immer wieder in den Schriften der Münchner.

Die Milieu-Theorie, die Zola von Taine übernahm, akzeptieren die Münchner fast ausnahmslos. In seinem Aufsatz über
»Zola und Daudet« schreibt Conrad in völliger, beispielhafter
Übereinstimmung mit Zola: »Treue Wiedergabe des Lebens
unter strengem Ausschluß des romantischen, die Wahrschein-

lichkeit der Erscheinung beeinträchtigenden Elementes; die Komposition hat ihren Schwerpunkt nicht mehr in der Erfindung und Führung einer mehr oder weniger spannenden, den blöden Leser in Atem erhaltenden Intrigue (Fabel), sondern in der Auswahl und logischen Folge der dem wirklichen Leben entnommenen Szenen, in deren Faktur und gesellschaftlicher Umrahmung die höchste Wahrheit als vollendete Kunst sich darzubieten hat« (*Gesellschaft* 1 [1885], 746). Auch die Darwinsche Lehre wird übernommen, die wohl ihr stärkstes Echo findet in Wilhelm Bölsches *Die naturwissenschaftlichen Grundlagen der Poesie* (1887). Zwar schreibt Bölsche auch: »Die Basis unseres gesamten modernen Denkens bilden die Naturwissenschaften« (S. 3), aber wie die meisten Münchner und gleich seinem Berliner Vorgänger Eugen Wolff hegt er Bedenken, ob die Kunst zur Naturwissenschaft werden könne, und gibt sich damit zufrieden, daß die Kunst den naturwissenschaftlichen Geist mit anderen Aspekten des Denkens teilt.

Die zweite Phase der Zola-Rezeption stellt im allgemeinen einen fast uneingeschränkten Triumph seiner Prinzipien dar, die wiederum äußerst stark den deutschen Roman der achtziger und neunziger Jahre prägen. Dennoch drückt sich darin meist ein fast primitives oder wenigstens doktrinär-wörtliches Verständnis der Zolaschen Theorie und Kunst aus, das angesichts der ästhetischen Größe des Rougon-Macquart-Zyklus einer einsichtigen Korrektur bedarf. Wie zu erwarten, beginnt bald darauf eine neue, dritte Phase, die zweckdienlicher mit den Theorien von Arno Holz besprochen werden kann.

Weil die begeisterte Aufnahme der Zolaschen Grundsätze durch die Brüder Hart, Conrad und ihre Zeitgenossen den »Naturalismus« in Deutschland einführt — die Bezeichnung geht überhaupt auf Zola und dessen Schule zurück, wird aber von den meisten Deutschen wohl aus Nationalstolz für sich selbst nur selten verwendet —, gewinnen diese Prinzipien eine übertriebene Bedeutung in vielen Darstellungen der Epoche. Analog wäre etwa die Gleichsetzung der ganzen Romantik mit den Ideen und dem Stil in Wackenroders *Herzensergießungen eines kunstliebenden Klosterbruders*. In den frühen achtziger Jahren werden »Zolaismus« und »Naturalismus« als fast synonym gebraucht. Im Rückblick erkennen wir heute, daß der hier besprochene Naturalismus sich keineswegs in einer epigonalen Nachahmung von Zola erschöpfte, daß er vielmehr die deutsche

Entsprechung zum französischen Naturalismus bildet. Die zeitliche Folge spielt bei der Behauptung eines deutschen Naturalismus keine Rolle, denn wir haben ja bereits festgestellt, daß es eher an den sozio-politischen Umständen als an einem Mangel an künstlerischen Vorbildern lag, daß sich der »Naturalismus« erst später in Deutschland durchsetzt.

Modifiziert und zugleich gestärkt werden die Zolaschen Prinzipien und Mittel durch weitere ausländische Einflüsse. In Arno Holz' *Buch der Zeit* ertönt der Ruf: »Zola, Ibsen, Leo Tolstoi, / eine Welt liegt in den Worten, / eine, die noch nicht verfault, / eine, die noch kerngesund ist! / Klammert euch, ihr lieben Leutchen / klammert euch nur an die Schürze / einer längst verlotterten, / abgetakelten Ästhetik: / unsre Welt ist nicht mehr klassisch, / unsre Welt ist nicht romantisch, / unsre Welt ist nur modern!« (*Das Werk*, X, S. 35) Die alte Ästhetik ist krank, verfault und abgelebt, und der Beweis dafür findet sich nicht nur in Zolas Werken, sondern auch in denen Ibsens und Tolstois bzw. mehrerer Skandinavier und Russen. Im großen und ganzen vollzieht sich deren Wirkung weniger theoretisch als praktisch, d. h. stilistisch und thematisch.

Die skandinavische Literatur liegt den Deutschen seit Jahrhunderten nah: Man denke etwa an Herder, Strachwitz, Fontane und Wagner. Aber es sind ganz andere Aspekte der skandinavischen Literatur, auf die die Naturalisten sich beziehen, denn die nordischen Länder, deren Sagen und Epen einmal als Quellen für historische Balladen und mythologisierende Musikdramen dienten, sind inzwischen auch »modern« geworden.

Obwohl es Henrik Ibsen (1828–1906) später beschieden sein wird, neben Zola als der wichtigste ausländische Dichter zu gelten, soll nicht er, sondern sein Zeitgenosse Björnstjerne Björnson (1832–1910) die moderne norwegische Literatur zuerst bekannt machen nach dem Biedermeier-Realismus des Dänen Hans Christian Andersen. Aber die deutsche Ibsen-Rezeption entspricht nur der norwegischen, wonach Ibsen sich erst viel später als Björnson durchsetzen konnte. Fast poetisch-realistisch wirken Björnsons erste Bauerngeschichten wie *Synnöve* (dt. 1859), die dennoch die von Auerbach und anderen Deutschen praktizierte Dorfliteratur an Wirklichkeitstreue übertreffen. Obwohl seine historischen Dramen (*Halke Hulda*, 1858, und *Sigurd Slembe*, 1862) sich ebenfalls einer großen Beliebtheit erfreuen, wird er erst durch seine Hinwendung zum Gesellschaftsdrama (*Ein*

Fallissement, 1874, dt. 1875, und *Über die Kraft*, 1883, dt. 1886) zum wichtigen Vorläufer des deutschen Naturalismus. Es folgen auch Romane wie *Es flaggt in der Stadt und am Hafen*, 1884 (dt. 1886 als *Hans Kurt*), in denen er, ein in Norwegen ohnehin umstrittener Journalist, Theaterdirektor und Dichter, sich mit Tagesproblemen auseinandersetzt. So angesehen wird Björnson, daß er lange Zeit als der schlechthin beste norwegische Dichter gilt: Bleibtreu und andere beziehen sich auf ihn, und 1903 erhält er den Nobelpreis für Literatur. Doch verblaßt sein Einfluß auf die Jugend sehr rapide neben der steil ansteigenden Laufbahn Ibsens, obwohl sein Drama *Ein Handschuh* auch von der Freien Bühne in ihrer ersten Saison aufgeführt wird. Als Positivist, Pamphletist und strenger Realist paßt Björnson in die damalige Zeit, heute dagegen ist er kaum bekannt, während Ibsen noch einige »Revisionen« durch die folgenden Epochen erlebt und dadurch bis in die heutige Zeit hinein aktuell bleibt. Mit anderen Worten: Die Jüngstdeutschen fühlen sich mehr angesprochen von dem letzten Endes weniger zeitgebundenen, also weniger »naturalistischen« Dramatiker Ibsen.

Die Schauspiele, die den ohnehin seit langem im Ausland, vor allem in Deutschland lebenden Ibsen zu der führenden Kraft der naturalistischen Bühne erheben sollen, sind seine »Problem-Dramen«. Soergel, Markwardt und andere zitieren Ibsens berühmten Spruch: »Leben heißt, dunkler Gewalten / Spuk bekämpfen in sich, / Dichten, Gerichtstag halten / über sein eigenes Ich.« Auf der einen Seite erkennen wir hierin Gedanken, die den Zolaschen nahestehen: die komplette Wahrheit ergründen, die Leidenschaften erfassen und dadurch harmlos machen. Wohl sind hervorragende Unterschiede vorhanden, aber das ethische, gesellschaftskritische Moment im Ibsenschen Werk soll ihm eine Anziehungskraft verschaffen auf dieselben jungen Dichter, die Zola »verstehen«. Auf der anderen Seite kann Markwardt mit Recht auf Ibsens Verwandtschaft mit Schiller hinweisen: »Das Verhältnis von Ästhetik und Ethik ist für Ibsen ähnlich beherrschend wie für Schiller.« Nur daß das Schillersche Pathos nunmehr unterdrückt bleibt. Da Ibsen zugleich der Schöpfer unvergeßlicher Charaktertypen ist, da er zum Inbegriff der Modernität wird und die neuesten Themen und Ideen gestaltet, kann ihm der Erfolg unter den Jüngstdeutschen nicht versagt bleiben.

Das erste wichtige Dokument seiner Bedeutung findet man in

Georg Brandes' »Ibsen«, *Nord und Süd* 27 (1883). Was im Vordergrund von Ibsens Werken steht, nämlich die Sozialkritik, führt in Brandes' Formel zu einem Pessimismus, der praktisch besehen auf dasselbe hinausläuft wie der vielbemängelte Zolasche: »Sein Pessimismus ist nicht metaphysischer, sondern moralischer Natur, begründet in der Überzeugung, daß sehr wohl die Möglichkeit vorhanden, die Ideale in die Wirklichkeit zu überführen.« 1886 schreibt Otto Brahm in der *Deutschen Rundschau* 49: »Ibsen wird der große Naturalist des Dramas, wie Zola der Naturalist des Romans geworden ist (S. 257) ... Der Ethiker in Ibsen schlägt überall vor, der nordisch strenge, unter dem starken Einfluß christlicher Anschauungen aufgewachsene Moralist. ... Ibsen gleicht Emile Zola darin, dem andern großen Naturalisten dieser Tage; und die Anschauung, welche der französische Dichter jüngst aussprach, gilt auch für den norwegischen: beiden ist das Kunstwerk ein Winkel Natur, angeschaut durch ein Temperament! Und zwar angeschaut durch ein ethisch-ästhetisches Temperament« (S. 270). Der in Ibsens Werken von den deutschen Naturalisten vernommene Anklang an Zola gibt der vom experimentalen Roman ausgehenden Bewegung weiteren Antrieb. Ibsens Nähe zum Sozialistischen ist für einige Zeitgenossen auch unverkennbar, und in der Tat behauptet schon Georg Brandes, daß die *Stützen der Gesellschaft*, womit Ibsens Wendung zum »modernen« Drama vollzogen ist, als ein sozialistisches Werk aufgefaßt würden. Solche Implikationen tragen zu den Erfolgschancen des norwegischen Dramatikers nicht wenig bei. Dennoch müssen wir Ursula Münchow heute recht geben, wenn sie feststellt: »In seinen repräsentativen Erscheinungen ist der deutsche Naturalismus über Ibsen hinausgegangen. Ein Drama wie Hauptmanns *Weber* oder der *Biberpelz*, aber auch wie *Die Familie Selicke* von Holz und Schlaf oder Halbes *Eisgang* hätte Ibsen niemals schreiben können. Der deutsche Naturalismus ist ein Stück des Weges mit dem Sozialismus gegangen und hat das Proletariat auf die Bühne gestellt, an das Ibsen noch nicht glaubte« (*Deutscher Naturalismus*, Berlin [Ost] 1968. S. 13 f.). Von vornherein fehlt Ibsen das Interesse für das Milieu, das geradezu kennzeichnend wird für die Dichtung der deutschen Naturalisten. Und J. W. McFarlane weist darauf hin, daß die Führerrolle, die die deutschen Naturalisten ihm zusprechen, Ibsen nicht wenig in Verlegenheit bringt, denn er trifft sich häufig in München ausgerechnet mit Paul Heyse, der ja die Zielscheibe vieler bissiger Kritiken der Jüngstdeutschen ist (Hauptmann, Ibsen, and the Concept of Naturalism. In: *Hauptmann Centenary Lectures*. London 1964, S. 31—60).

Zwei formale Aspekte der Ibsenschen Dramatik findet Brandes ausschlaggebend: die psychologische Gestaltung der Charaktere und ihre Determiniertheit, die er am Beispiel der Vererbungsthematik der *Gespenster* erläutert. Daß Brandes den Determinismus als »das letzte Wort in der modernen Wissenschaft« bezeichnet, manifestiert, wie zeitgemäß Ibsen in einem von Zola geschaffenen intellektuellen Klima ist. Die Zola-Anhänger leiden aber sehr oft unter der Kritik, ihr Vorbild sei ein Ausländer, der nur nichtdeutsche Verhältnisse kenne. Im Nachzug des durch die Reichsgründung hervorgerufenen Patriotismus fällt es einem schwer, das Publikum dahin zu bringen, ein französisches Talent als maßgebend für die deutsche Literatur zu akzeptieren. Brandes kommt einer Kritik aus chauvinistischen Gründen insofern zuvor, als er auf das »Grundgermanische« der Ibsenschen Dichtung hinweist (vgl. oben zur Stellung Hebbels). Nach Brandes setzen sich Leo Berg, einer der Gründer des Vereins »Durch«, und Otto Brahm, wohl der größte und mächtigste Theaterdirektor der Bewegung, für den norwegischen Moralisten ein. Überhaupt widerfährt Ibsen die Ehre, daß seine *Gespenster* als erstes Drama der Freien Bühne aufgeführt werden, wonach man endlich des Norwegers Distanz zur früheren deutschen Dramatik anerkennen kann. Das nach David George wichtigste Zeugnis der »Haltung einer ganzen Generation gegenüber Ibsen« findet man in Berthold Litzmanns *Ibsens Dramen* (1901), worin der Verfasser nunmehr behauptet: »Daß Ibsen, im schroffesten Gegensatz zu unseren Hebbel und Otto Ludwig, seine Aufgabe ganz als eine sozialethische auffaßte, das war es gerade, was ihm unsere Herzen zuwandte« (S. 20).

Litzmann tut die Dramen, die vor den *Stützen der Gesellschaft* erschienen sind, als unbedeutend ab für die moderne Gesellschaft. Dieses Drama sowie *Ein Puppenheim, Gespenster* und *Ein Volksfeind* ernten die Anerkennung von Litzmanns Generation, die jedoch — wenn Litzmann als beispielhaft akzeptiert wird — die folgenden Werke nicht ohne geteilte Gefühle aufnimmt. Jetzt vermißt man die Sozialkritik und die typischen Figuren in der *Wildente,* in *Rosmersholm* und *Hedda Gabler.* Was man als künstlerischen Fortschritt Ibsens bezeichnen möchte — nämlich eine Hinwendung zum Symbolischen und eine Infragestellung des unbedingten Wahrheitsdranges etwa in der *Wildente* –, gerade das entfremdet ihn den meisten Jüngstdeutschen, die auf dem Sozialrealismus weiterhin bestehen. Dennoch sollen die berühmtesten naturalistischen Dramatiker denselben Weg einschlagen: Man denke z. B. an Hauptmann, Holz, Schlaf oder Hermann Bahr, über dessen Ibsen gewidmetes Stück *Die große Sünde* (1889) Siegrid Hoefert schreibt: »... doch zeichnet sich in diesem bürgerlichen Trauerspiel schon deutlich Bahrs Hinwendung zu den heraufkommenden neuromantischen Strömungen ab« (*Das Drama des Naturalismus*, Stuttgart 1968, S. 18). Zur dritten Phase der Zola-Rezeption gehört ja unter anderem die Erkennung des Symbolischen in seinen Romanen. Ob die Neigung zum Symbolischen – solange sie noch im Bereich des Imminenten, Sozialen, Psychologischen geschieht – unbedingt eine Leugnung des Naturalistischen bedeutet, muß noch erläutert werden. Auf alle Fälle war das Bündnis zwischen Ibsen und den deutschen Naturalisten von Anfang an zugleich natürlich und erzwungen, begeistert und reserviert, äußerst ergiebig und verführerisch leicht zu überschätzen.

Noch zu erwähnen bleiben zwei Ibsensche Techniken, deren Übernahme von den deutschen Naturalisten den Einfluß des Norwegers besonders spürbar und nachhaltig macht: erstens das von Ibsen häufig verwendete »analytische Enthüllungsdrama«, in dem das eigentlich Dramatische in der Exposition von verborgenen Geheimnissen in der Vergangenheit besteht, und zweitens der Bote aus der Ferne, der die Problematik der gesellschaftlichen Situation aufhellt, in der die Gestalten ahnungslos gelebt haben – das sind stets wiederkehrende Elemente des naturalistischen Schauspiels.

Am Beispiel von August Strindberg (1849–1912) erkennen wir zunächst ein weiteres Vorbild der naturalistischen Dramatik. Zu berücksichtigen wären vor allem *Vater* (1887) und *Fräulein Julie* (1888) unter seinen Dramen und *Das rote Zimmer* (1879) und *Die Inselbauern* unter seinen Prosawerken, auf die die fast expressionistischen Dramen *Nach Damaskus* (1894) und *Traumspiel* (1902) dann folgen. Eine spätere Rückkehr zu einem nach Strindberg so genannten »Neunaturalismus« erfolgt in *Totentanz* (1901) und anderen Dramen. Mit Recht behauptet die Kritik, Ibsen stehe Tolstoi näher, Strindberg Dostojewski, ein Verhältnis, das sich in der Aufnahme der letzteren durch den Expressionismus bestätigt. Zu Strindbergs intellektuellem Erbgut gehören die von ihm gelesenen Werke von Darwin, Brandes, Kierkegaard, Zola, Nietzsche und Swedenborg — eine recht heterogene Nahrung für den ohnehin unsteten Geist, dessen Produkte schwanken zwischen strengem Naturalismus und bizarrer, dämonischer Mystik. (Zu den theoretischen Äußerungen Strindbergs in der Vorrede zu *Fräulein Julie* und im Essay *Der Einakter* siehe Markwardts Ausführungen.) In dem jetzigen Zusammenhang wirkt Strindberg exemplarisch — abgesehen von den üblichen Themen des Milieus und der Vererbung — durch seine unerbittlich grausame Darstellung des Ehekonflikts bzw. des fast mythologisch gesteigerten, dämonischen Kampfes zwischen Mann und Weib. So brutal, aber titanisch besessen in ihrer biologischen Primitivität wirken keine Gestalten in Ibsens von Brahm gelobten »Familiendramen«. Am 12. 10. 1890 wird die Saison 1890/91 der Freien Bühne mit dem *Vater* eingeleitet, von dem es kritisch heißt: »eines jener pathologisch merkwürdigen, peinlichen und verschrobenen nordischen Stücke«; »eine psychiatrische Studie, kein Trauerspiel; eine Katastrophe von furchtbarer Grausamkeit, zufällig in drei Akte gesponnen« (vgl. Gernot Schley: *Die Freie Bühne in Berlin*. Berlin 1967. S. 80—83). Daß dieses Stück durchfällt, bleibt jedoch unwesentlich, denn das Grausame läßt sich auch nicht aus der deutschen Dichtung der Zeit wegdenken. Fast zwei Jahre später, am 3. 4. 1892, wird Strindbergs *Comtesse Julie* von der Freien Bühne erfolgreich dargeboten (nicht unwesentlich ist die Titeländerung, die nicht auf eine etymologische Übersetzung von »Fröken«, sondern auf ihr und Jeans Sozialbewußtsein zurückgreift). Obwohl der Strindbergsche »Kampf ums Dasein« zwischen den Geschlechtern seine wichtigste deutsche Entsprechung erst um die Jahrhundertwende in Wedekinds Gestalten findet, denkt man hier schon an den Konflikt zwischen Pauline und Meister Oelze, an viele Skizzen in Hans Lands *Stiefkindern der Gesellschaft* oder an Konflikte einer fast sadistischen Brutalität beim jungen Thomas Mann: Seinem naturalistisch gestalteten, kleinen Herrn Friedemann widerfährt fast das gleiche Schicksal wie Fräulein Julie (vgl. auch Manns »Luischen«).

Rußlands Einfluß mit den Werken Iwan Turgenjews (1818 —1883), Leo Tolstois (1828—1910) und Fjodor Dostojewskis (1821—1881) ist gewaltig. Rein stilistisch findet die realistische Darstellungsweise der beiden zuletzt genannten Dichter Anerkennung in einem Maße, daß Soergel sie neben Ibsen als die großen ausländischen Anreger des Naturalismus stellt. Beispielhaft erscheinen Tolstois *Krieg und Frieden* (1863—69), *Anna Karenina* (1873—1879), der größte russische Gesellschaftsroman, und *Die Macht der Finsternis* (1887), die von Mord, Inzest und schließlicher Reue handelnde Bauerntragödie, die zu den ersten Aufführungen der Freien Bühne zählt. Nicht ohne Wirkung bleiben die wichtigsten Romane von Dostojewski: *Die Erniedrigten und Beleidigten* (1861), *Schuld und Sühne,* bzw. *Raskolnikow* (1866), *Der Idiot* (1868) und *Die Brüder Karamasow* (1880), in denen alle menschlichen Gebrechen und Leiden, Armut und Roheit, aber auch Machtgier und Dämonie schonungslos mit fast überwältigender, durchgreifender Kraft gestaltet werden.

Soergel behandelt mit Recht Tolstois Bekenntnisbuch *Meine Beichte* (1879), worin der Dichter das Mystische seines Werks ergründet. Überhaupt zeigt der russische Realismus einen Hang zur Beichte und Mystik, der auch seine Spuren in der deutschen Dichtung des Naturalismus hinterläßt. In der einheimischen Literatur kann man diese Neigung bereits bei Lenz und Büchner vernehmen: Es sei an Büchners Novelle *Lenz* erinnert sowie an seine angeblichen Sterbeworte: »Wir haben der Schmerzen nicht zu viel, wir haben ihrer zu wenig, denn durch den Schmerz gehen wir zu Gott ein! Wir sind Tod, Staub, Asche, wie dürfen wir klagen.« Der Naturalismus betont wie Büchner und die Russen den körperlichen Schmerz, das diesseitige Elend und Unglück des Menschen, d. h. den Nährboden der Mystik. Man kann sich in dieser Hinsicht nur fragen, ob Hauptmanns *Hannele* sich wirklich so weit von den Grundsätzen des radikalen Realismus thematisch wie stilistisch entfernt, wie seine Zeitgenossen meinen. Darüber hinaus zeigt sich — vielleicht vom mystischen Sozialismus Tolstois beeinflußt — eine oft wiederkehrende Wandlung der enttäuschten Jungsozialisten zur Mystik, z. B. in Felix Hollaenders *Der Weg des Thomas Truck*. In der Beliebtheit der russischen Dichtung liegt auch wohl kein geringer Teil der Wurzeln vieler naturalistischer Studien von religiösen Fanatikern wie Haupmanns *Apostel*. In Tolstois *Macht der Finsternis* und Dostojewskis *Schuld und Sühne* (sowie in anderen Werken) drängt sich den Gestalten oft ein überwältigendes Schuldgefühl auf, das sich auch z. B. bei Ibsen — etwa in *Rosmersholm* — findet, nur daß es bei den Russen von viel mehr Melodramatik begleitet wird. Durch die Russen lernen die deutschen Naturalisten die unendliche künstlerische Potenz

des Schuldgefühls jenseits des rein Gesellschaftlichen und Erb-
biologischen kennen. Selbst wo die Schuld lediglich Trotz statt
Sühne ergibt, etwa in Schlafs *Meister Oelze,* glaubt man dennoch
den Einfluß Dostojewskis wahrzunehmen. Ebenso aufschlußreich
erscheint es, daß ungleich den Russen (Raskolnikow) die deutschen Schuldigen meist Selbstmord begehen: Trotz aller Andeutungen des Übernatürlichen und einer möglichen mystischen
Rettung bleibt der Schuldbegriff des Naturalismus weitgehend
im Psychologischen und Gesellschaftlichen verankert, einschließlich dort, wo die Religiosität als ein rein persönlicher Beweggrund erscheint. Mit anderen Worten: Die Thematik erinnert oft
an den russischen Einfluß, die Lösung dagegen meist an Ibsen.

Im großen und ganzen sind die Einwirkungen des englischen
Sprachraums hauptsächlich philosophischer und naturwissenschaftlicher Provenienz. Zwar gibt es immer noch den Einfluß
Byrons — in erster Linie auf Bleibtreu, der das nach Soergel erste
deutsche Vererbungsdrama um Byrons Tochter verfaßt —, aber
sonst kommen wichtige Anregungen in englischer Sprache nur
aus Amerika (als etwas eigenwilliges Zeugnis der naturalistischen
Einstellung zur englischen Dichtung sei Bleibtreus Geschichte der
englischen Literatur hier erwähnt, die ja ihre französische Entsprechung in Taines Geschichte findet). An den Romanen vieler
Naturalisten, z. B. an denen Kretzers, erkennt man noch den
Einfluß von Charles Dickens, dessen Wirkung in Deutschland
schon früher zu verfolgen war und also keineswegs kennzeichnend für das Neue des Naturalismus scheint. Unter den Ameri-
kanern muß man vor allem Walt Whitman (1819—1892) nennen.
In Hauptmanns *Abenteuer meiner Jugend* lesen wir: »Ein Dicht-
werk, das weiterhin auf uns von größtem Eindruck war, hatte
den Amerikaner Walt Whitman zum Verfasser und trug den
deutschen Titel ›Grashalme‹. Nicht zuletzt durch unsere Begeisterung hat es dann seinen Weg gemacht und ist in einer herr-
lichen Übertragung in den Bestand unserer Literatur überge-
gangen« (Centenar-Ausgabe VII, Frankfurt 1962. S. 1067).
Whitmans gewaltige *Leaves of Grass* rufen in ihrer ersten Auflage von 1855 praktisch die gleiche Kritik hervor wie die erste
jüngstdeutsche Literatur, nicht zuletzt wegen Versen wie: »Sprouts
take and accumulate ... stand by the curb prolific and vital, /
Landscapes projected masculine full-sized and golden.« Wie Holz
seinen *Phantasus* bringt Whitman die *Leaves* immer wieder in
neuen, vermehrten Auflagen bis zur »deathbed edition« von

1891—92 heraus. In freien Rhythmen geschrieben — Heines Exkurs in dieser Form sowie seine Zeitkritik macht ihn den Naturalisten auch teuer —, erreichen Whitmans *Leaves* das, was vielen jungen deutschen Lyrikern der achtziger Jahre scheinbar vorschwebt.

Thematisch bietet Whitmans Band Vitalität, die oft durch Sexualität (vgl. oben) ausgedrückt wird, Evolution, Patriotismus (aber von größerer Bodenständigkeit, als es der bloße Chauvinismus kennt), Demokratie und bewußte Modernität; stilistisch: eine kernige, einfache, dennoch fast hymnisch-ekstatische Sprache in einer nur organisch bestimmten Form. Übersetzungen der Whitmanschen Lyrik erscheinen in Deutschland, u. a. von Johannes Schlaf; der amerikanische Lyriker wird oft angeführt von leitenden Kritikern wie Bleibtreu. Ja, obwohl Arno Holz Whitmans formalen und sonstigen Einfluß auf sein eigenes Schaffen weitgehend herabsetzt — er bezeichnet ihn einmal als den »größten Redner« der Kunst —, müssen wir in seinem *Phantasus* viel Ähnlichkeit mit den *Grashalmen* erkennen, nicht zuletzt in Whitmans schon vollzogener Erweiterung einer erdgebundenen Kunst zur individuellen Kosmologie, wenn er einerseits sagt: »I accept Reality and dare not question it, / Materialism first and last imbuing. / Hurrah for positive science! long live exakt demonstration!«, sich aber andererseits nennt: »Walt Whitman, a kosmos, of Manhattan the son«. Daß Whitman sich hier auch zum Materialismus und zur exakten Wissenschaft bekennt, reiht ihn ohnehin in die Vorläufer der Naturalisten ein.

Auch aus Amerika, dem eine an das frühe 19. Jahrhundert erinnernde symbolische Bedeutung zukommt (das junge, vitale Land im Gegensatz zum alten, »müden« Europa), stammt das von vielen gelesene Prosawerk von Bret Harte, dem Meister des Lokalkolorits des Westens Amerikas. Wie wichtig das Kolorit den Naturalisten wird, geht nicht nur aus den kritischen Äußerungen eines Bleibtreu *(Revolution der Litteratur)* hervor, sondern auch aus der Vorliebe vieler Naturalisten für die Dorfnovelle, z. B. Clara Viebigs *Kinder der Eifel*. Ein literarisches Kuriosum, das hier auch der Erwähnung bedarf, sind die Sozialromane von Hugo Bertsch, einem nach Amerika ausgewanderten deutschen Arbeiter.

Seit der Romantik schöpft wohl keine Epoche aus mehr und diverseren Dichtungen und Ländern als der deutsche Naturalismus. Gemeinsam haben die Empfänger dieser neuen Entdeckungen und Strömungen fast nur den Wunsch, einschneidend in die deutsche Literatur der Zeit zu wirken und sie in eine neue moderne, aktuelle Bahn zu bringen. Es ist überhaupt ein Paradox der Literaturgeschichte, daß die literarischen Revolutionäre ihre Vorbilder, ihre gleichsam legitime Herkunft gern beurkunden; so verhält sich oft der Naturalist wie der Stürmer und Dränger, der sich auf Shakespeare, Percy und Ossian beruft, oder wie der moderne Dichter der DDR, der auf Weerth und andere Vorkämpfer der sozialistischen Literatur verweist (im Gegensatz zum Bundesdeutschen, der vom Jahre »Null« spricht). Aber ebenso bunt, widerspruchsvoll und andersartig wie ihre künstlerischen Erbschaften, Vorbilder und persönlichen Voraussetzungen sind auch die sonstigen Ziele, Laufbahnen und Dichtungen der einzelnen Naturalisten. Es bleibt selbstverständlich, daß kein Dichter der Zeit alle oben erörterten Einflüsse verkörpern kann, denn wer könnte zugleich wie Zola und Dostojewski, Ibsen und Byron, Büchner und Strindberg dichten? Naturalist sein heißt letzten Endes, ein Mehrfaches der aus diesen Anlagen stammenden Ideen, Motive und Stilmittel verwenden, wobei es unwesentlich bleibt, ob man sich im einzelnen auf Zola, Ibsen oder Whitman beruft, ob man sich als »Naturalist«, »Stürmer und Dränger«, »Jüngstdeutscher«, »konsequenter Realist«, oder gar als »Romantiker« vorkommt — schließlich bezeichnet Conradi in *Adam Mensch* seine Dichtung als »psychologisch-romantisch-imperatorischen Notwehr-Realismus«, während Holz jeden »Ismus« als Charakterisierung seiner Theorie ablehnt. Der Naturalismus bestätigt sich als eine historische wie ästhetische Tatsache, und, die wenigen großen Erneuerer und Dichter ausgenommen, stellt die Integration der verschiedenen Strömungen in das deutsche Geistesleben die größte Leistung dieser Epoche dar, eine durchgreifendere Integration als sonstwo in Europa; in England z. B. war der ganze Naturalismus als »Ibsenismus« bekannt.

Die Entfaltung des deutschen Naturalismus

Geschichtlich gesehen entwickelt sich der Naturalismus fast gleichzeitig in München und Berlin. Da das Drama sich als brauchbarstes Organ der neuen Bewegung erweist — nicht nur wegen der vielen Talente auf diesem Gebiet und wegen der Entwicklung einer neuen, naturalistischen Schauspielkunst, sondern auch wegen der Einmaligkeit des deutschen Theaterwesens im kulturellen Leben des Volkes überhaupt —, bleibt München, dessen Theater nicht mit dem fortschrittlichen Berliner konkurrieren kann, bald zurück. Ihre vorübergehende Herrschaft verdankt die bayerische Stadt vor allem der Gründung der *Gesellschaft* im Januar 1885, aber so wichtig, wie diese Zeitschrift auch bleibt, kann sie bald die Führung nicht im Süden festhalten, verfeinden sich doch die Münchener schon früh mit den Berlinern, die inzwischen die *Freie Bühne* (später als die *Neue Rundschau* erschienen) als ihre eigene Zeitschrift gegründet haben. Man kann zwar an einer Zeitschrift auch aus der Ferne partizipieren, aber die Wirkung am Theater und am daraus entstehenden literarischen Leben erfordert, daß man an Ort und Stelle ist. In diesem Falle bedeutet das Berlin. Erst später kommen Hamburg und Wien durch ihre Theater hinzu. Interessanterweise bleiben andere Städte nur durch den Fernverkehr mit dem Naturalismus verbunden, obwohl viele naturalistische Bücher in Städten wie Leipzig gedruckt werden.

Die ersten, meist kurzlebigen Zeitschriften der sich anbahnenden literarischen Revolution entstehen im Norden, zunächst in Münster, dann in Berlin. Schon 1877 veröffentlichen die Brüder Hart *Deutsche Dichtung. Organ für Dichtung und Kritik* als Vierteljahrsschrift, von der nur drei Hefte erscheinen. Wegen der späteren Rolle der Herausgeber wäre man versucht, den Anfang des Naturalismus hierin zu erblicken, aber da die Mitarbeiter Dahn und Hamerling zu ihrer Gruppe zählen, zeigt diese Zeitschrift wenig vom späteren, radikalen Esprit der Epoche. Die 1878—79 erscheinenden *Deutschen Monatsblätter* lassen mehr von kommenden Dingen ahnen, denn hier veröffentlicht man die Kampfschriften gegen die Verflachung der zeitgenössischen Literatur durch Journalisten wie Paul Lindau. Markwardt sieht diese Zeitschrift sogar als revolutionärer an als die 1882—1884 ebenfalls in Leipzig gedruckten, sechs Hefte umfassenden, viel berühmter gewordenen *Kritischen Waffengänge,* die aufgrund der alleinigen Verfasserschaft der Brüder Hart kaum als Zeitschrift gelten können (der Titel ist ohnehin eine kampfsüchtige Anspielung auf F. Th. Vischers *Kritische Gänge* von 1844). Mit den *Waffengängen* erzielen aber die Brüder eine ihnen bisher nicht beschiedene Wirkung auf die literarische Jugend. Nicht ent-

mutigt vom finanziellen Versagen der bisherigen Bemühungen
— wie fast alle Naturalisten leiden die Harts ständig an Geld-
mangel — veröffentlicht Heinrich Hart von April bis September 1885 die sich auf 6 Hefte belaufenden Berliner *Monatshefte für Literatur, Kunst und Theater*. Obwohl die führenden
Vertreter der »modernen« Literatur hier zu Wort kommen,
wenden sich die Brüder Hart bald von den *Monatsheften* ab
und der inzwischen erschienenen, zunächst viel radikaleren *Gesellschaft* zu. Über die spätere redaktionelle Arbeit der Brüder
Hart berichtete Fritz Schlawe, der auch einen wertvollen, mit
guter Bibliographie ergänzten Überblick fast sämtlicher Zeitschriften vermittelt (*Literarische Zeitschriften 1885—1910*).

Im allgemeinen (vgl. H. A. und E. Frenzel, *Daten deutscher
Dichtung*) setzt man den Anfang des deutschen Naturalismus
um 1882 an, das Gründungsjahr der *Kritischen Waffengänge*.
Was die geistesgeschichtliche Stellung der Brüder Hart anbelangt, schreibt Mark Boulby als Herausgeber der *Kritischen
Waffengänge* (Nachdruck: New York und London, 1969):
»Wenn es überhaupt angeht, die Gebrüder Hart als ›Naturalisten‹ oder wenigstens als ›Frühnaturalisten‹ zu bezeichnen, so
ist es doch unverkennbar, daß sie mit den extremen Formen
dieser Bewegung, vor allem mit dem sogenannten konsequenten
Naturalismus nichts Gemeinsames hatten« (S. XLIX). Boulby
zählt auch einige Punkte auf, die seine Behauptung glaubwürdig
machen: kein an Conrad gemessen so lebhaftes Interesse für Zola,
Parteinahme für das Versepos und den Grafen von Schack, für
poetische, bilderreiche Sprache, für ausgeprägten Nationalismus
usw. Aber auch Boulby charakterisiert die Leistung von Heinrich und Julius Hart als »einen Wendepunkt in der Geschichte
der literarischen Zeitschrift in Deutschland«, und die *Waffengänge* geben das erkennbarste Zeichen dafür ab. (Einen be-
achtenswerten Versuch über die Stellung der Brüder Hart und
über ihre Tätigkeiten um die Jahrhundertwende bietet auch
Ernst Ribbat, »Propheten der Unmittelbarkeit. Bemerkungen
zu Heinrich und Julius Hart« in: *Wissenschaft als Dialog* [1969]
S. 59—82.) Es gab allerdings schon vor 1882 einige Ansätze zur
neuen Kunst, wenn sie auch einer theoretischen Grundlage ent-
behrten: ab 1874 mit der Gastvorstellung der Schauspieler des
Herzogs von Meiningen deutet sich eine neue, auf sprachlicher
Natürlichkeit, historischer Echtheit und realistischer Darstellung
fußende Schauspielkunst an; nach dem *Pfarrer von Kirchfeld*

(1870) schreibt in Österreich der unmittelbare Vorgänger des Naturalismus Ludwig Anzengruber (1839—1889) mehrere Stücke, die später von naturalistischen Bühnen gespielt werden sollen, z. B. *Das vierte Gebot* (1877), das durch die Aufführung durch die Freie Bühne berühmt wird; und ab 1880, mit *Die beiden Genossen,* fangen die Romane von Max Kretzer, dem »Berliner Zola«, an zu erscheinen. Über Kretzers Bedeutung schreibt Majut: »Mit Kretzers Roman von 1879 (!) ›Die beiden Genossen‹ beginnt die im engeren Sinne als ›naturalistisch‹ zu bezeichnende Bewegung« (Sp. 1537). Es sind noch mehr an der anschließenden Zeittafel abzulesende Ereignisse, die vor 1882 stattfinden, aber, durch die *Kritischen Waffengänge* angeregt, bildet sich um die Brüder Hart eine kleine entschlossene Gruppe, deren gemeinsame Unzufriedenheit mit der zeitgenössischen literarischen Situation zum Ausbruch kommt in der etwa gleichzeitig mit der ersten Nummer der *Gesellschaft* erscheinenden lyrischen Sammlung *Moderne Dichter-Charaktere,* hrsg. von Wilhelm Arent (1885) und versehen mit auf 1884 datierten Geleitworten von Hermann Conradi und Karl Henckell. Obwohl diese Sammlung geistesgeschichtlich gesehen etwa das gleiche leisten soll wie früher die von Herder geplante Volkslied-Sammlung oder *Des Knaben Wunderhorn* sowie die spätere expressionistische *Menschheitsdämmerung,* fällt hier die minderwertige Qualität und die Widersprüchlichkeit der Zielsetzung auf — man könnte fast ein Omen der ganzen Bewegung darin erkennen. Dennoch wirkt diese Sammlung wie eine Fanfare, und neben den Gedichten von Henckell bietet Arno Holz' Großstadtlyrik nach Helmut Scheuer »einen Weg aus den verworrenen Vorstellungen seiner Kollegen an« (*Arno Holz im literarischen Leben des ausgehenden 19. Jahrhunderts* [*1888 bis 1896*]. München 1971, S. 54). Abgesehen von Holz entwickelt sich aber keine »naturalistische Lyrik« von Belang, weder aus dieser Gruppe noch sonstwo (wieweit das andere große lyrische Talent der Zeit, Detlev von Liliencron, als »naturalistisch« anzusehen ist, soll später erörtert werden).

Erst unter Michael Georg Conrad, dem enthusiastischen Anhänger Zolas, und durch seine Zeitschrift, die immerhin bis 1901 veröffentlicht wird, gelingt der jungen Generation der Durchbruch. Das Inhaltsverzeichnis des ersten Jahrganges weist die Namen fast aller »Jüngstdeutschen« auf: es sind einmal Teilnehmer an den *Modernen Dichter-Charakteren* wie Arent,

Conradi und Holz sowie der angehende Berliner Kritiker Bleibtreu, der in Schottland geborene, aber in Deutschland erzogene
J. H. Mackay und der Kulturkritiker Max Nordau, dessen Bedeutung für die geistige Stimmung der Zeit zwar oft unterschätzt wird, der aber später den Naturalismus auch zu den
biologischen Degenerationsphänomenen rechnen wird. Anschluß
finden hier auch Wolfgang Kirchbach, ein oft gerühmter Lyriker,
dessen Roman *Kinder des Reiches* schon 1883 im Reichstag als
»gemeingefährliche« Nachahmung der Zolaschen Romane ge-
scholten wurde, und Bertha von Suttner, die später durch ihren
Roman *Die Waffen nieder!* (1889) weltberühmt wird und bereits
hier eine der naturalistischen Parolen hinausposaunt: »Es gibt
nur einen obersten Grundsatz der Moral, sag' ich Dir, und
derselbe heißt: Wahrheit« *(Gesellschaft* 1 [1885], 3). In den
ersten sechs Jahren soll die Zeitschrift den Großen und den
Kleinen das Wort geben: Kretzer, Alberti, Otto Julius Bierbaum, Otto Erich Hartleben, Max Halbe, Peter Hille, Hauptmann, Leo Berg, Liliencron, Johannes Schlaf, Eugene delle Grazie und Anna Croissant-Rust. Während der Zeit ihres Bestehens
kann sich die *Gesellschaft* noch rühmen, auch die ersten Geschichten von Thomas Mann, Schnitzler und anderen veröffentlicht zu haben, die wenigstens anfänglich in der naturalistischen
Manier dichten. An wichtigen Beiträgen zur Theorie des Naturalismus mangelt es der *Gesellschaft* nie. Wer könnte auch
daran zweifeln, daß viele Mitarbeiter es geradezu darauf an-
legen, die literarische Welt zu schockieren, denn das Pauschal-
urteil Albertis in seinen »Zwölf Artikeln des Realismus« *(Gesellschaft* 5 [1889]) gehört zu den gemäßigten Äußerungen:
»Die schlimmste, verbreitetste und gefährlichste Fälschung der
Natur, welche die heute herrschende Kunstrichtung übt und
welche diese jedem klar und vernünftig denkenden, modern
empfindenden Menschen völlig ungenießbar macht, ist das ein-
seitige Hervorkehren des psychischen Motivs der Liebe, das heißt
des Verlangens nach dem geschlechtlichen Genusse, welches das
immer wiederkehrende Motiv aller Schöpfungen Paul Heyses,
Grillparzers und der ganzen nachklassischen Litteratur bildet.«
(S. 8) Mit einem Satz umreißt Alberti — jedenfalls zu seiner
eigenen Zufriedenheit — das Wesen und die Mängel der ganzen
vorigen fünfzig Jahre. Es sind auch endlich gerade solche orakel-
haften, selbstgefälligen Proklamationen und die bissigen Kritiken von Alberti, Bleibtreu und Conradi, die den unüberbrück-

baren Riß zwischen München und Berlin verursachen — ohne daß sie übrigens irgendwelche wichtigen Probleme lösen. Als Redakteur zeigt sich Conrad selbst keineswegs engstirnig oder doktrinär. Neben den streitentfachenden Angriffen eines Alberti und Übersetzungen von seinem Vorbild Zola sowie Panegyriken auf ihn bringt Conrad z. B. schon 1886 einen Artikel von Ferdinand Avenarius, der Zola zwar als Dichter der Gegenwart anerkennt, sich aber für die Überwindung des Naturalismus und die Hinwendung zu neuen Idealen einsetzt. Dennoch überlebt die *Gesellschaft* die Blütezeit des deutschen Naturalismus nicht. Fritz Schlawe sieht ihren Untergang einmal darin, daß sie Stellung gegen den Berliner Naturalismus nimmt, und zweitens, daß sie trotz ihrer Berücksichtigung des Impressionismus und der Heimatkunst weniger Elastizität zeigt als die aus der *Freien Bühne* stammende *Neue Rundschau*. Überhaupt gruppieren sich bald die führenden Talente in Berlin, und, durch die andersartigen Grundlagen bedingt, gerät das Süddeutsche weitgehend in eine Isolation, die nur zeitweilig wieder durchbrochen wird. Zudem vernachlässigt die *Gesellschaft* gerade die Gattung, die zur Gründung ihrer erfolgreichen Rivalin beiträgt, das Drama, sowie den vorbildlichen Dramatiker der Zeit, Ibsen.

1886 erscheint Karl Bleibtreus *Revolution der Litteratur*, und noch im selben Jahre wird sie vermehrt wiederaufgelegt. Erich Ruprecht erklärt sie für »die als Programm der naturalistischen Bewegung geltende Kampfschrift« (*Literarische Manifeste des Naturalismus*, Stuttgart 1962, S. 54). Während sie zweifellos wertvolle Einsichten in das Schrifttum der Zeit und in die »jüngstdeutschen« Werturteile vermittelt (trotz der subjektiven Note der Bleibtreuschen Kritik), während sie auch zu den am weitesten verbreiteten naturalistischen Schriften zählt, zeigt sie kaum einen Fortschritt über die bei den Brüdern Hart vertretene Schwärmerei für den Sturm und Drang und den jungen Goethe. Von einem »Programm« kann kaum die Rede sein.

Das erste wichtige Ereignis, das die dauernde Vorherrschaft Berlins einleiten soll, ist im Mai 1886 die Gründung des Vereins »Durch« von Dr. Konrad Küster und von zwei jungen Literaten, Leo Berg und Eugen Wolff. Obwohl aus diesem Verein keine neuartigen Werke hervorgehen sollen wie die Balladen Höltys und Bürgers aus dem Göttinger Hainbund oder die Strachwitz' und Fontanes aus dem bescheidenen »Tunnel über der Spree«,

verkörpert »Durch« den Geist seiner Zeit genausogut wie jene
Vereine oder die Gruppe 47 in unserer unmittelbaren Vergangenheit. Hier werden zwar neue Versuche vorgetragen: ein
Romanfragment von Julius Hart, ein Wiedertäufer-Drama *Brot*
von Alberti und Sozialgedichte von Bruno Wille; keines dieser
oder anderer dargebotener Werke überdauert aber den Vor-
tragsort. Hauptsächlich als Sammelplatz junger Menschen mit
neuen, noch nicht kristallisierten Ideen wird »Durch« immer zu
den unvergeßlichen Vereinen der deutschen Literaturgeschichte
gehören. Der Gründer Küster beanspruchte ja die Aufmerksamkeit seiner Zeit nicht durch dichterische Leistungen, sondern
durch seine Initiation der *Deutschen Studentenzeitung* und der
Akademischen Zeitschrift, deren oft übersehene Bedeutung für
die jüngstdeutsche Bewegung von Hanstein und jetzt von
Scheuer hervorgehoben wird. Wie Scheuer auch feststellt, wirkt
der Geist des großen Germanisten und Positivisten Wilhelm
Scherer (1841–1886) noch im Hintergrund, denn als Studenten
hörten und kannten ihn schon viele Mitglieder. Leo Berg, der
Unter-Redakteur der *Deutschen Studentenzeitung,* ist nach Soergel »ein temperamentvoller Hasser und geistvoller Kritiker aller
gesellschaftlichen Konventionen, ein leidenschaftlicher, fast ver-
bissener Schwärmer für eine neue Weltanschauung und für ihren
literarischen Ausdruck, die literarische Revolution, ein Denker
in Aphorismen und doch wieder ein kühler Systematiker, der
jedes Problem und Problemchen von allen Seiten besah,
... einer der Theoretiker des deutschen Naturalismus« (S. 116).
Wolfgang Liepe (Nachwort zu: *Verein Durch. Facsimile der
Protokolle* 1887. Kiel 1932) beschreibt Eugen Wolff: »Der
Theoretiker und Programmatiker der literarischen Vereins-
ziele ... der kritischen Besonnenen einer, ... dem die acade-
mische Objektivität im Blute steckt, so sehr er selbst damals auch
noch zwischen Dichtung und Literaturwissenschaft schwankt«
(er wird übrigens auch später Literaturprofessor). Also läßt die
Gründerschaft erkennen, daß es hier hauptsächlich um eine Diskussion von Problemen der neuen Dichtung gehen wird. Dazu
gesellt sich die von Scheuer betonte Tatsache, daß alle Teilnehmer zu individuell sind, als daß sie sich auf ein Programm
oder eine Form einigen könnten.

Außer den schon erwähnten J. Hart, Alberti, Wille, Küster,
Berg und Wolff nehmen an den Sitzungen bis August 1887 folgende regelmäßige und gelegentliche Besucher teil: Heinrich

Hart, Bleibtreu, Julius Türk (ein sozialistisch gesinnter Wander-schauspieler), Adalbert von Hanstein (der erste Geschichts-schreiber des »Jüngsten Deutschlands«), Arno Holz, Paul Ernst (damals Student der Theologie), Johannes Schlaf, J. H. Mackay (der Verkünder von Max Stirner), Rudolf Lenz (auch später als Literaturprofessor tätig), Franz Held, Wilhelm Bölsche, Kon-rad Gustav Steller (der nach Hanstein Balladen aus der deut-schen und römischen Vorzeit vorträgt!), Gustav Schmidt (ein Bankbeamter, der unter dem Decknamen Heinz Fabri Klop-stocksche Oden schreibt) und Gerhart Hauptmann. Aus einer so bunten, zusammengewürfelten Gruppe — wenn sie auch alle der »modernen« Literatur frönen — muß eine lebendige, diverse Diskussion entstehen, eine feste Programmatik ist ohnehin kaum zu erhoffen, wird auch nicht zustande kommen.

Das einzige, was man als theoretische Leistung kennzeichnen dürfte, bietet Eugen Wolff im Anschluß an Hansteins Vortrag über das »Drama der Zukunft«. Wolffs Arbeit »Die Moderne! zur Revolution und Reform der Litteratur« wird danach in der *Akademischen Zeitschrift* veröffentlicht. Wolff erkennt drei Strö-mungen in der gegenwärtigen Literatur: »Erstens jenes dilettan-tische Blaustrumpfwesen, welches in erschrecklich gesegneter Fruchtbarkeit reich an Wasser, aber arm an Blut, jahraus, jahrein seine Dutzendmachwerke mit schablonenhafter Geschicklichkeit auf den Markt wirft«; zweitens die Gruppe »mit ermunternder Elektricität geladen«, die jedoch statt eines »stärkenden, gesund erfrischenden Schlages« nur »ein raffiniertes Kitzeln« hervorbringt, eine Gruppe, die »kleine unedle Geister in einer verunglückten Spekulation auf große edle Gefühle befangen« ist; und drittens die Epigonen der Klassik. Aufschlußreich ist dabei weniger, daß Wolff alle drei ablehnt, als daß er den Einfluß von »nationalen Ereignissen« und die Literatur des Auslands als Veranlassung der neuen Literatur verneint. Weiterhin bestreitet er die An-wendbarkeit von »Sturm und Drang« oder »Jungem Deutsch-land« auf die gegenwärtige Generation, die eine »durchaus un-mittelbare Urquelle« besitzt. Die drei wichtigen Fragen der neuen Poesie müssen sein: »die soziale Frage«, »die Nationali-täten-Frage« und »die religiöse Frage« (nach: A. von Hanstein: *Das jüngste Deutschland*, Leipzig 1905, S. 78 f.). Hiermit be-zeichnet Wolff in der Tat die Themen, die in den kommenden naturalistischen Werken vorherrschen werden. In der ebenfalls von Küster gegründeten *Allgemeinen Deutschen Universitäts-*

Zeitung vom 1. Januar 1888 (1. Jahrgang) veröffentlicht er
seine dem Verein vorgetragenen zehn Thesen, die er von allen
Mitgliedern hat unterschreiben lassen wollen. Geradezu symbolisch für die fast persönliche Uneinigkeit des »Durch« wirkt
jedoch die Unterschriftsverweigerung einiger Mitglieder, denn
in seinen zehn Punkten erscheint wenig, was nicht schon in
anderen Schriften, in den *Kritischen Waffengängen* und der
Gesellschaft gesagt wurde. Ja, es scheint für fast jeden etwas
dabei zu sein: in der 2. These heißt es, alle Dichtung solle »den
Geist des zeitgenössischen Lebens dichterisch verklären … die
bedeutungsvollen und nach Bedeutung ringenden Gewalten des
gegenwärtigen Lebens nach ihren Licht- und Schattenseiten
poetisch gestalten und der Zukunft prophetisch und bahnbrechend vorkämpfen«, ohne daß die Dichtung »sich tendenziös
dem Dienst von Parteien und Tagesströmungen hingiebt«. In
der 3. lesen wir: die Literatur müsse »modern« sein, sei aber
»ein Ergebnis der deutschen idealistischen Philosophie, der siegreichen, die Geheimnisse der Natur entschleiernden Naturwissenschaft und der alle Kräfte aufrüttelnden, die Materie um-
wandelnden, alle Klüfte überbrückenden technischen Kultur-
arbeit«; in der 4.: die deutsche Dichtung müsse »einen dem deutschen Volksgeist entsprechenden Charakter erstreben«; in der 5:
die Dichtung solle »den Menschen mit Fleisch und Blut, mit
seinen Leidenschaften in unerbittlicher Wahrheit zeigen, ohne
dabei die durch das Kunstwerk sich selbst gezogene Grenze zu
überschreiten, vielmehr um durch die Größe der Naturwissenschaft die ästhetische Wirkung zu erhöhen«; und in der 9. nennt
er die Kunstkritik »ein wichtiges und unentbehrliches Kampf-
mittel zur Vorarbeit für eine neue Litteraturblüte« (nach: A. von
Hanstein, S. 80 f.). Hier kehrt jeder Gedanke, jede Phrase, jedes
Klischee der Zeit wieder. Nicht wenig vom Poetischen Realismus
ist auch dabei, und das »Volkstümliche« wird angedeutet. Es
findet sich wirklich eine Möglichkeit für jeden (auch für den
ausschließlichen Kritiker!), ohne daß Wolff überhaupt vorschlägt, *wie* man diese Ziele erreichen soll. Dennoch bedeutet
Wolffs Arbeit doch einen Gewinn für den Literaturhistoriker:
sie zeigt allzudeutlich, daß man zwar noch nicht ein festes Programm aufstellen kann, daß man aber keineswegs bereit ist, die
Poetik eines Zola oder eines anderen ohne Bedenken zu übernehmen.

Der Verein dient trotz seiner unverrichteten Dinge doch als

großer Anreger. Stimuliert muß man sich ja auch fühlen, wo die Diskussion alle möglichen Themen streift: Büchner, Zola, Ibsen, Nietzsche, Stirner, die eigenen Werke, Sozialismus, Anarchismus, Naturalismus und Idealismus. Wie unschlüssig man dennoch bleibt, geht am prägnantesten aus der nach Leo Bergs Vortrag über »Naturalismus und Idealismus« (22. 4. 1887) zum Protokoll gegebenen Zusammenfassung der Diskussion hervor: »Der Realismus ist also ideal, aber nicht idealistisch, er stellt ideal dar, aber nicht Ideale« (*Verein durch, Facsimile der Protokolle 1887.* Kiel 1932). Im Grunde genommen geht diese Behauptung nicht einmal über einige Gedanken Otto Ludwigs hinaus (s. hierzu Bruno Markwardts Darstellung von Ludwigs »Ideellem Realismus« in: *Geschichte der deutschen Poetik,* IV, S. 292 ff.). Bald löst sich »Durch« auf, und es folgen mehrere Neugründungen, manchmal mit ehemaligen Mitgliedern von »Durch«, z. B. der »Ethische Club« und der »Genie-Convent«. Im Rückblick könnte man fast meinen, nicht die Literatur der Zukunft, sondern das literarische Leben der Gegenwart sei für viele die Hauptsache gewesen.

Wohl die wichtigste theoretische Schrift eines einzelnen um diese Zeit ist Wilhelm Bölsches Arbeit über *Die naturwissenschaftlichen Grundlagen der Poesie* (1887), die Wolfgang Kayser auszugsweise zitiert als eine naturalistische »Wahrheit der Dichter«. Zwar programmatisch klar und doktrinär genug gefaßt, erscheint Bölsches Schrift aber weitgehend nur als rückblickende Befestigung der Ansichten Zolas mit einer guten Portion von Darwinismus. In diesen *Grundlagen* sind die gesuchten Antworten auf die Fragen nach einer »neuen« Kunst folglich nicht enthalten.

Eines der fruchtbarsten literarischen Ereignisse nicht formeller Natur erkennen wir in der fast zufälligen Bildung des Friedrichshagener Kreises im Jahr 1888, von dem die Brüder Hart und Bruno Wille später berichten. In diesem Kreis verkehren Wille, die Brüder Hart, Bölsche, Hartleben, die Brüder Hauptmann, Halbe, Wedekind, Mackay, Dehmel, Stanislav Przybyszewski, Wilhelm von Polenz, Gustav Landauer, Holz, Schlaf und andere. Wenn man überhaupt etwas als theoretischen Fortschritt bezeichnen könnte, müßte es in der von mehreren Teilnehmern berichteten Entwicklung vom Sozialismus oder von der Demokratie zum Individualismus, ja, geradezu zum Aristokratismus liegen, eine Entwicklung, die später die letzten Phasen des Naturalismus sowie den Übergang zum Impressionismus und sogar zum Expressionismus mitbestimmen wird (man beachte z. B., daß Dehmel, Przybyszewski und Wedekind bereits hier auftreten).

So aufregend, wie sich das literarische Leben in Berlin gestaltet, die nächsten großen, öffentlich wirksamen literarischen Ereignisse finden erst zwei Jahre nach der Einstellung der »Durch«-Sitzungen statt: 1889 erscheint *Papa Hamlet* von Holz und Schlaf, und im selben Jahr wird die »Freie Bühne« gegründet. Endlich scheint man festen Boden unter den Füßen zu gewinnen. In ihrer Studie schaffen Holz und Schlaf das Dokument des »konsequenten Realismus« (vgl. Hauptmanns Widmung von *Vor Sonnenaufgang* an Bjarne P. Holmsen, »den konsequentesten Realisten«). Zwar wird schon 1888 Hauptmanns *Bahnwärter Thiel* in der *Gesellschaft* veröffentlicht, der ja selbst zu den Glanzleistungen der naturalistischen Dichtung gehört; andere Naturalisten — wie aus der Zeittafel zu ersehen ist — schreiben fleißig seit Mitte der achtziger Jahre ihre Romane und Novellensammlungen. Aber diese »Studie« von Holz und Schlaf löst eine Reaktion unter allen jungen Dichtern der »Moderne« aus, die nicht zuletzt darauf zurückzuführen ist, daß die Verfasser zum erstenmal die notwendige Konsequenz der vielen Bemühungen um eine neue Kunst zeigen. Hier entsteht als Ergänzung zur schon bekannten Milieuschilderung und zur exakten Wiedergabe der gesprochenen Sprache der sogenannte, bald von vielen Zeitgenossen imitierte »Sekundenstil«, ein Ausdruck, der von seinem Urheber Adalbert von Hanstein folgendermaßen definiert wird: »Das vermeintliche Kunstgesetz (damit meint von Hanstein das noch zu erörternde Gesetz Holz', das erst 1891 in Druck gelangt) hatte also hier eine neue Technik hervorgerufen, nicht nur eine innere, sondern auch eine äußere. Die innere Technik ist das, was ich als ›Sekundenstil‹ bezeichnen möchte, insofern Sekunde für Sekunde Zeit und Raum geschildert werden. Nichts Keckes, Dreistes ist mehr gestattet, kein kühner Sprung darf mehr über die Wüsten hinwegsetzen, um die Oasen einander näher zu bringen. Nein, ein Sandkorn wird nach dem andern sorgfältig aufgelesen, hin und her gewendet und sorgsam beobachtet und in die tagebuchartige Dichtung eingezeichnet« (*Das jüngste Deutschland*, S. 159). Obwohl Holz sich theoretisch dagegen wehrt — er denke, die Kunst und die Natur könnten sich genau überlagern —, sehen seine Zeitgenossen in *Papa Hamlet* die reinste Wiedergabe der Natur. Nach von Hanstein haben Holz und Schlaf den Zola »überzolat«.

Das Berliner Theater-Publikum um 1889 wird trotz der revolutionären Gesinnung der immer größer werdenden Zahl von zeitgenössischen Dichtern ständig gespeist mit einer geringen Portion deutscher Klassiker und vor allem mit einem nahrungsarmen Schaum, der hauptsächlich besteht aus französischen Salonkomödien und Sittenstücken von Scribe, Sardou und Dumas fils sowie aus den seichten Nachahmungen der deutschen Dichter wie Oskar Blumenthal und des von den Naturalisten viel bekämpften Paul Lindau. Daß keine zeitgemäßen, problematischen Sozialstücke gespielt werden, liegt wohl teils am Geschmack des Publikums, aber noch mehr an der Zensur, die dem Publikum die anstrengende, dem Teint vielleicht verderbliche Tätigkeit des Denkens ersparen möchte. Zu zeigen, daß Sozialprobleme wie Armut, Prostitution und Geschlechtskrankheiten existieren, bedeutet für die Zensur eine halbvollzogene Revolution, und solche Schauspiele werden dementsprechend verboten. Wenn Problem-Stücke überhaupt aufgeführt werden sollen, kann das nur im Privattheater geschehen.

Eine derartige Privatbühne gibt es ja schon seit zwei Jahren in dem Pariser »théâtre libre«, das unter der Leitung von André Antoine »moderne« Stücke zeitgenössischer Dramatiker präsentiert. Obwohl Schleys knappe, aber einsichtsvolle Darstellung der »Freien Bühne« zeigt, daß die französische Gruppe im Deutschland vor 1889 nicht, wie oft angenommen, gastiert, dient sie dennoch gewissermaßen als anregendes Vorbild für die Gründung der »Freien Bühne« von Theodor Wolff, Maximilian Harden, Otto Brahm, Paul Schlenther, den Brüdern Hart, Samuel Fischer, Paul Jonas, Julius Stettenheim und dem Theateragenten Stockhausen. Einige der Gründer scheiden bald aus und werden durch andere ersetzt, darunter Gerhart Hauptmann. Wichtig erscheint hier die Angabe der Führung. Der begabte Theaterkritiker Otto Brahm wird zum ersten Präsidenten gewählt, fungiert jedoch als regieführende Kraft trotz der Anwesenheit eines Regisseurs. Wohl wird ihm später eine diktatorische Führung vorgeworfen, wohl bemängelt Conrad die angebliche »Ausländerei-Wirtschaft« der Freien Bühne — Alberti schreibt schon 1890 in der *Gesellschaft* »Die ›Freie Bühne‹. Ein Nekrolog« —, wohl erklären Bahr, Bierbaum, Ernst, Holz, Iven Kruse, Liliencron, Bernhard Mänicke und Schlaf in der schaden-

frohen *Gesellschaft* 6 (1890), daß »sie jede Verbindung mit der
von Herrn Dr. Otto Brahm in Berlin herausgegebenen Wochenschrift ›Freie Bühne für modernes Leben‹ abgebrochen haben
und dieses Blatt nicht als Organ ihrer Anschauungen anerkennen«
(S. 1367), – aber die ›Freie Bühne‹ und mit ihr die naturalistische Dramatik überhaupt verdanken Brahm ihren Erfolg in
Deutschland. Nicht zu schmälern sind auch die Leistungen des
weniger auffälligen neuen Schatzmeisters des Vereins, Samuel
Fischer, denn er sorgt nicht nur für die finanzielle Stabilität
des Vereins, sondern auch durch sein Verlagshaus für die Verbreitung der Werke der jungen Dichter und für das Fortbestehen
einer bis heute wichtigen Zeitschrift, die zunächst dem Naturalismus unermeßliche Dienste leistet (s. Peter de Mendelssohn,
S. Fischer und sein Verlag, 1970).

Von Anfang an sind die Gründer der Freien Bühne entschlossen, die Fehler des »théâtre libre« nicht zu wiederholen: an
Stelle von Amateuren werden nur Berufsschauspieler verwendet,
und zwar mit der Sicherung eines ständigen Publikums, die dem
Pariser Unternehmen gefehlt hat. Es werden Mitgliedschaften
verkauft, die den Eintritt zu den Vereinsaufführungen, aber
keine Stimme bei der Programmwahl ermöglichen. Die Zahlen
gibt Schley (S. 15) wieder: vom Gründungsdatum 5. 4. 1889 bis
Juni sind es 354 Mitglieder, bis zum Jahresende 900 und bis
Juni 1890 schon 1000, zu denen die Theaterdirektoren Anno,
Barnay, Blumenthal, Lautenberg und l'Arronge, die Dichter
Ibsen, Fontane, Anzengruber, Fulda und Sudermann, die Schauspieler Kainz, Sorma und Reicher, die Kritiker Landau, Frenzel
und Lindau sowie viele aus höheren bürgerlichen Berufen gehören.

An den Spielplänen läßt sich die notwendige Wandlung der
Freien Bühne erkennen: Unter Brahm: *Gespenster (29. 9. 1889)*,
Hauptmann, *Vor Sonnenaufgang* (20. 10. 1889), Brüder de
Goncourt, *Henriette Maréchal* (17. 11. 1889), Björnson, *Ein
Handschuh* (15. 12. 1889), Tolstoi, *Die Macht der Finsternis*
(26. 1. 1890), Anzengruber, *Das vierte Gebot* (2. 3. 1890), Holz
und Schlaf, *Die Familie Selicke* und Alexander Kielland, *Auf
dem Heimwege* (7. 4. 1890), Arthur Fitger, *Von Gottes Gnaden*
(4. 5. 1890), Hauptmann *Das Friedensfest* (1. 6. 1890), Strindberg, *Der Vater* (12. 10. 1890), Hartleben, *Angèle* und Marie
von Ebner-Eschenbach, *Ohne Liebe* (30. 11. 1890), Hauptmann,
Einsame Menschen (11. 1. 1891), Henri Becque, *Die Raben*

(15. 2. 1891), Anzengruber, *Doppelselbstmord* (15. 3. 1891),
Zola, *Thérèse Raquin* (3. 5. 1891), Strindberg, *Comtesse Julie*
(3. 4. 1892), Hauptmann, *Die Weber* (26. 2. 1893), Ernst Rosmer (= Else Bernstein), *Dämmerung* (30. 3. 1893). Unter Paul
Schlenthers Leitung: Georg Hirschfeld, *Die Mütter* (12. 5. 1895)
und Emil Marriot (= Emilie Mataja), *Grete's Glück* und Marie
von Ebner-Eschenbach, *Am Ende* (11. 4. 1897). Unter Ludwig
Fulda: Hugo von Hofmannsthal, *Madonna Dianora* und Ernst
Hardt, *Tote Zeit* (15. 5. 1898), Eduard von Keyserling, *Ein
Frühlingsopfer* (12. 11. 1899), und Ernst Rosmer (= Else Bernstein), *Mutter Maria* (19. 5. 1901). Ihren Schwanengesang singt
die Freie Bühne am 30. 11. 1909 in einer von Brahm geleiteten
Aufführung von Hauptmanns *Vor Sonnenaufgang*. Es geht aus
dem Spielplan hervor, daß Brahm zunächst um den Erfolg der
Bühne bemüht ist: schon die erste Aufführung sichert das Be-
kanntwerden der Gruppe, denn Ibsens *Gespenster*, die zwar
schon 1887 in Berlin einmal dargeboten wurden, aber 1889 immer noch unter dem nachfolgenden Verbot der Zensur stehen,
bieten ein sonst nicht zu erlebendes Schauspiel und zugleich einen
schon bestätigten dramatischen Erfolg. Es kann nichts daneben-
gehen. Dann greift Fortuna wohlwollend ein: mit dem zweiten
Drama tritt der größte Dramatiker seit Hebbel hervor, und man
könnte sagen, durch Hauptmann allein sei der Wert des Unternehmens bestätigt (es soll jedoch noch viel Ressentiment dadurch
entstehen, daß Brahm Hauptmann, so begabt wie er ist, offensichtlich bevorzugt).

Mehrere neue Dramen folgen, nicht nur von Hauptmann, sondern auch von anderen jungen Talenten. Schley bemerkt aber
mit Recht: »Man würde auch die Bedeutung der ›Freien Bühne‹
verkennen, wollte man sie allein danach bemessen, wieviel neue
Dramatiker sie der Bühne zahlenmäßig entdeckte. Entscheidend
für eine Beurteilung dieses Vereins soll vielmehr sein, ob es ihm
grundsätzlich gelang, die neue dramatische Kunstform den
Theatern ganz allgemein zugänglich zu machen« (S. 30). Wieweit diese Änderung des Berliner Theaters ihm auch gelingt,
geht daraus hervor, daß die »Freie Bühne« bald ganz und gar
nichtnaturalistische Stücke (Hofmannsthal!) aufführen muß,
denn gerade ihr Erfolg bedingt ihren Untergang als Privatbühne: bald werden überall naturalistische Dramen öffentlich
dargeboten (allerdings existiert die Zensur weiterhin, wenn ihr
auch viel Macht genommen ist). Das Nichtnaturalistische ist

schlechthin das »Neue« geworden. Zahlreiche Theatergründun-
gen sind auch unmittelbar der bahnbrechenden Leistung der
»Freien Bühne« zu verdanken: die seit dem 1. 8. 1890 bestehende
»Deutsche Bühne«, die zu ihren leitenden Kräften die Brüder
Hart, Karl Bleibtreu, Conrad Alberti, M. Stempel, Hermann
Kolsen und Georg Zimmermann zählt, gehört dazu. Bruno
Wille gründet 1890 die »Freie Volksbühne«, zu deren Vorstand
auch Otto Brahm gehört. Zu nennen sind weiterhin die 1892
ins Leben gerufene »Fresco-Bühne« unter Franz Held, der
»Verein Probebühne« ab 1895 unter Arthur Zapp und die
»Dramatische Gesellschaft« ab 1897 unter Ludwig Fulda und
Bruno Wille.

Daß die »Freie Bühne« von vornherein kein privates Haus-
organ der Berliner Naturalisten sein soll, betont schon die in der
Nationalzeitung vom 30. 9. 1889 gedruckte, von den Gründern
unterschriebene Absichtserklärung: »Befreit von den Rücksich-
ten des täglichen Theaterbetriebes wollen wir der stockenden
Entwicklung des deutschen Dramas frische Impulse zuführen
durch die dramatische Verwicklung einer neuen Kunst. Den Sieg,
den moderne Anschauungen ... über das Schablonenhafte und
die leere Routine bereits gewonnen haben, wollen wir auch auf
dem Theater erringen helfen, und den großen Vertretern realistischer Kunst bei den fremden Nationen wollen wir die Versuche der Deutschen wagend beigesellen. Wir binden uns an keine
ästhetische Theorie und schwören auf kein Programm, sondern
wir heißen alles willkommen, was frei und groß und lebendig
ist, nur das Werk der erstarrten Form bleibe uns fern, das Produkt der Berechnung und der Konvention.« Die Aufgeschlossen-
heit gegenüber Ausländern und älteren Stücken, anscheinend
auf Kosten der jungen Deutschen, bleibt selbstverständlich nicht
ohne Folgen. Trotz der oben ausgedrückten Ablehnung enger
Theorien versteht Brahm unter der »Moderne« praktisch nur
das Ibsensche Drama und später das Hauptmannsche. Also kritisieren die Brüder Hart in dem *Kritischen Jahrbuch von 1889*
Brahms »tendenziösen einseitig pessimistischen Naturalismus«,
dem sie ihre Auffassung entgegenhalten, wonach selbst Goethe
zum Naturalisten erklärt wird. Eine mögliche Motivierung dieser Kritik besteht allerdings darin, daß Brahm, von seinem Sinn
für Bühnenwirksamkeit geleitet, Julius Harts Drama *Der
Sumpf* ablehnt. Gegen Brahms angeblichen Vorzug ausländischer Dichter gründen die Brüder Hart mit anderen die

bereits erwähnte »Deutsche Bühne«, die nur deutsche Werke bringen soll.

Dennoch gelingt es Brahm, nicht nur den größten deutschen Dramatiker der Zeit zu entdecken, sondern auch die umstrittensten deutschen Dramen des Naturalismus uraufzuführen: kaum ein Hauptmannsches Drama bleibt ohne Wirkung, und in der *Familie Selicke* von Holz und Schlaf wird der Höchst- (oder Tiefst-) punkt der »jüngstdeutschen« Dramatik erreicht. Da wir dieses Stück später eingehend besprechen, sei hier nur auf seine Bedeutung für den Verlauf der »Freien Bühne« hingewiesen. Schley sagt wertend zur *Familie Selicke:* »Allein den Erfolgen der vorhergegangenen Inszenierungen war es zu verdanken, daß die ›Freie Bühne‹ die Aufführung dieses Dramas überlebte. Allen weiteren Vorstellungen des Vereins, die nun noch folgten, wurde weit weniger Interesse entgegengebracht als den bisherigen Darbietungen, denn für viele hatte sich der Naturalismus als dramatische Kunstform für das Theater durch die ›Familie Selicke‹ selbst widerlegt« (S. 68). Und später behauptet Schley: diese Aufführung »ließ die Grenzen des naturalistischen Dramas überdeutlich sichtbar werden und deutete bereits die Kurzlebigkeit dieser Epoche für das Theater an« (S. 72). Wir müssen uns jedoch fragen: soll das etwa heißen, Holz und Schlaf seien unbewußt die Drachentöter gewesen, die fast eigenhändig den Naturalismus zugrunde richteten? Wie, fragen wir weiter, erklärt man denn den späteren Erfolg der Hauptmannschen Dramen und von Schlafs *Meister Oelze?*

Trotzdem muß man zugeben, daß der von Holz und Schlaf in der *Familie Selicke* wieder verwendete »Sekundenstil« gewissermaßen die ultima ratio des »radikalen Realismus« im allgemeinen und der in der »Freien Bühne« von Anfang an entwickelten Schauspielkunst im besonderen ist. In seiner Rezension des Stücks schreibt Fontane: »In Wirklichkeit geht es zwar so her, und wem die photographische Treue alles bedeutet, der wird auch diese richtige Beobachtung des Lebens bewundern müssen« (*Vossische Zeitung* vom 8. 4. 1890). Auf das schon bei Zola bekannte Wort »Beobachtung« kommt es hier an. Die Sprache wird beobachtet und philologisch genau wiedergegeben. Die Menschen werden auch beobachtet und dargestellt, wie nur die naturalistische Bühnenkunst es erlaubt. Schon mit den *Gespenstern* fängt der neue Bühnenstil an, auf den Holz und Schlaf sich verlassen. Wir erinnern uns an Brandes' Feststellung des

Psychologischen bei Ibsen; von den Rezensenten der Aufführung in der »Freien Bühne« werden nunmehr vor allem die »Kunstpausen« der Schauspieler in den *Gespenstern* hervorgehoben, die Kunstpausen, die letzten Endes ein Mittel abgeben, in die unbewußte Psychologie der Gestalten vorzudringen. Man beobachtet haarscharf, denn dem Mienenspiel hofft man die Gefühle der Menschen abzulesen, sei man ein Dramatiker, der wirkliche Menschen beobachtet, um sie später sozialtypisch zu gestalten, sei man Zuschauer im Theater, wo die Gestalten auf der Bühne an denselben Artikulationsgrenzen leiden wie wirkliche Menschen. Wie weit sich das Mienenspiel als psychologisierende Schauspielkunst neben Kulissenexaktheit und Stimmungseffekten als milieuwiedergebender Regiekunst einbürgert, läßt sich daran erkennen, daß gerade diese Punkte in den nachfolgenden Aufführungen der »Freien Bühne« immer wieder von Kritiken erwähnt werden (s. Schley für eine Dokumentation der Kritiken).

Die überragende Rolle des Dialogs in solchen Geschichten wie Holz' und Schlafs »Ein Tod« (veröffentlicht im Band *Papa Hamlet)* verdeutlicht, daß die Erzählung sich fast in Dialog und Bühnenanweisung auflöst, ja, später soll das Erzählte in »Die papierne Passion« in einer kleinen Type gesetzt werden, damit es sich endgültig und zwar fast regieanweisend vom Dialog abhebt. Die Epik wird also dramatisiert, und umgekehrt nähert sich das Drama auf der »Freien Bühne« der Epik (natürlich nicht im Sinne Brechts, der in der von ihm genannten »Aristotelischen« Dramatik gerade das angreift, was größtenteils auf naturalistische Erneuerungen zurückzuführen ist). Die ans Epische grenzenden, ausführlichen Bühnenanweisungen der milieubewußten Naturalisten, die jede Einzelheit über die Kulissen und das Aussehen der Charaktere festlegen, ergänzt der neue Bühnenstil durch eine Technik, die man in den Romanen etwa von Kretzer vorfindet. Durch eine Beschreibung des Mienenspiels verschafft uns der beobachtende Romancier den Eingang in die Gedankenwelt der dargestellten Menschen. Er schaltet sich nicht einfach ein, ohne uns das Gefühl verliehen zu haben, daß wir alles selber sehen können, daß alles, was er uns mit der Einsicht des sonst allwissenden Erzählers offenbart, im Grunde genommen nur eine Art Schlußfolgerung des gemeinsam Beobachteten ist. Wie der offensichtlich allwissende Romancier scheinbar zurücktritt, um als Mienendeuter wiederzuerscheinen, so verschwindet der Monolog weitgehend von der naturalistischen Bühne, die jedoch in dem Mienenspiel einen fast gleichwertigen Ersatz findet (allerdings mit der Einschränkung, daß dieses Mienenspiel oft so subtil sein soll, daß es vom Publikum aus kaum wahrzunehmen ist, also fast als »epische« Anweisung für die Schauspieler bleibt). Geschult an dieser Technik der Gestik und des Mienenspiels, empfinden wir in den naturalistischen Dramen, wo noch »beiseite« gesprochen wird, etwa in Sudermanns *Ehre,* eine für das Publikum fast beleidigende Überpointierung. (So kommentiert jedenfalls Alfred Kerr, der das Wegfallen des Monologs als ein wesentliches Merkmal des realistischen Dramas kennzeichnet.) Daß die *Familie Selicke,* das konsequenteste realistische Drama, durchfällt, schreibt Helmut Scheuer der Tatsache zu, daß Holz und Schlaf nicht die bewährte Ibsen-Technik wie Hauptmann, sondern die von ihren Prosastücken herrührenden Mittel verwenden. Nach diesen Bemerkungen können wir jedoch nur den Schluß ziehen, daß man eher von einer Formdiskrepanz sprechen müßte als von einem Bruch mit der seit Ibsen bewährten Technik.

In bezug auf die verblüffend echt wiedergegebene Sprache einer wirklichen Sozialschicht zeigt Peter Szondi (*Theorie des modernen Dramas,* rev. Ausgabe, 1963) ein für die Weiterentwicklung der naturalistischen Theorie bedeutsames Problem: er sieht in der »Beobachtungskunst« — vor allem aber in der philologischen Exaktheit der Sprache — das Vorhandensein einer nichtdramatischen Subjektivität. Szondi spürt den Autor, der hiermit bekanntgibt, er habe alles Entsprechende im wirklichen Leben genau studiert, und so müsse es wiedergegeben werden. Er hört immer »die Worte des wissenschaftsfreundlichen Dramatikers«, und dadurch »schlägt, was sonst objektiv zu nennen ist, ins Subjektive um« (S. 71). Paradoxerweise also: je mehr man versucht, das Individuelle auszuschalten, desto mehr macht man es geltend.

Gerade an dem Problem der Individualität finden wir gleichzeitig den Zugang zur nächsten wichtigen Entwicklung im geschichtlichen Ablauf des deutschen Naturalismus und zum großen Theoretiker der Bewegung, Arno Holz, der sich hauptsächlich mit diesem Problem auseinandersetzt. Wenn der deutsche Naturalismus einen Fortschritt über die Grenzen des französischen bedeutet, muß man solch eine Weiterentwicklung Arno Holz verdanken. Da Holz selbst seine theoretischen Arbeiten weitgehend im Anschluß an Zola konzipiert, vergegenwärtigen wir uns den Stand des deutschen Zola-Bildes in den letzten Jahren vor der Veröffentlichung in der *Freien Bühne* von Holz' Aufsatz über »Zola als Theoretiker«, der anschließend als Grundstein in *Die Kunst. Ihr Wesen und ihre Gesetze* (1891) aufgenommen wird.

Die dritte Phase der Zola-Rezeption fängt 1888 an, als Georg Brandes seinen Aufsatz über »Emile Zola« in der *Deutschen Rundschau* 54 veröffentlicht. Ihm folgen bald Hermann Bahr, Maximilian Harden, Julius Langbehn und Arno Holz mit neuen Beiträgen zum Zola-Verständnis. Sich auf Zolas oft zitierten Satz beziehend, das Kunstwerk sei »un coin de la nature vu à travers un tempérament«, formuliert W. H. Root das Neue der dritten Phase aphoristisch: die zweite Phase betont »un coin de la nature«; die dritte »vu à travers un tempérament«. Mit anderen Worten: man wendet sich vom objektiven, neutralen, anonymen Experimentator ab und dem sich in das Geschehen hineinprojizierenden Künstler zu. Ist Brandes auch nicht der erste Kritiker, dem das Romantische, das Symbolische und das sonst »Unwissenschaftliche« auffällt, so faßt er als erster in deutscher Sprache alle subjektiven Elemente der Zolaschen Kunst zusammen und zieht die richtigen Schlüsse daraus. Brandes betont Zolas Verhältnis zu Taine sowie die Tatsache, daß beide das Persönliche im Kunstwerk anerkennen (vgl. oben den Taineschen Begriff von »la faculté maitresse«). Brandes schlußfolgert, das Persönliche müsse die Darstellung der Wirklichkeit beeinflussen, wofür er Belege in *L'Assommoir, Nana* und anderen Lieblingswerken der früheren, positivistischen Kritik findet. Als das Eigentümlichste der Zolaschen Symbolik erklärt Brandes die »durchgehende Personification eines unpersönlichen Gegenstandes, um welchen herum er Alles gruppiert« (S. 41). Diese Technik wird sich später zeigen in Hauptmanns meisterhafter Gestaltung der Lokomotive in *Bahnwärter Thiel*. Neben einer Neigung zum Symbolischen und sogar zur Mythenbildung zeigt Zola — hier wirkt Brandes bahnbrechend — die Fähigkeit, das Psychologisch-Repräsentative zu gestalten. Wie Taine, schreibt Brandes, ist Zola kein Psychologe, und er schildert nur »das Wesentliche, das Allgemeingültige, was so wenig variabel wie möglich ist« (S. 43). Zola wird »zum leidenschaftlichen Verfechter einer mechanischen Psychologie« (S. 44). Seine Menschen sind letzten Endes unwandelbare Typen. Es sei hier an Brandes' Auslegung von Ibsen erinnert, vor allem an die beim Norweger festgestellte Typenpsychologie.

Eine eingehende Erläuterung des neuen Zola-Bildes bei anderen Kritikern erübrigt sich, denn es genügt der Hinweis darauf, daß Zola ab 1890 als Dichter der Phantasie gilt, z. B. in Bahrs Rezension von *La Bête Humaine* (in *Überwindung des Naturalismus*, 1891) oder in Eugen Wolffs *Zola und die Grenzen von Poesie und Wissenschaft*, Leipzig, 1891. Allein der Titel der letzten Schrift verdeutlicht, wie weit man sich inzwischen von der simplen Akzeptierung des »Experiments« entfernt hat. Ja, man greift sogar die Milieu-Theorie Zolas an (Bahr, *Überwindung* und K. Grottewitz, »Überwindung des Milieus«, *Magazin für die Literatur des In- und Auslandes*, 1891 oder Moritz Carrière, »Das Milieu«, *Gegenwart*, 1891). Daß das Milieu im Drama eine manchmal untergeordnete Rolle spielen soll, läßt sich auch anhand von Otto Brahms Bemerkung zu Hauptmanns *Friedensfest* (1890) erkennen: »Kein soziales Drama, sondern ein Seelendrama gibt der Dichter jetzt.« Der Nährboden für Holz' Auseinandersetzung mit der Zolaschen Theorie wird weiterhin bereitet durch die schon 1888 entstandene Meinung, Zola sei nunmehr überholt, z. B. bei J. E. Grothe im *Grenzboten* und Bahrs »Der Naturalismus im Frack«, *Nation*, 1890. In *Zur Kritik der Moderne* (1890) behauptet Bahr: »Die Synthese von Naturalismus und Romantik ist die gegenwärtige Aufgabe der Literatur« (S. 69); in *Die Überwindung des Naturalismus* (1890) prophezeit er, der Naturalismus werde überwunden werden durch »eine nervöse Romantik«, »eine Mystik der Nerven« (S. 155). Hierin findet man den ersten Schritt zum Impressionismus. Bahr gibt jedoch zu, man könne die Psychologie des Naturalismus nicht einfach zur Seite schaffen. Er möchte also auf dem Naturalismus weiterbauen. Nicht rückgängig gemacht, nicht ignoriert werden soll der Naturalismus — und dies ertönt von allen Seiten —, sondern weiterentwickelt und verfeinert. Die Miteinbeziehung der »Romantik« scheint aber nur ein Ausweg oder gar Rückschritt zu sein, denn schließlich erinnert Bahrs »Nervenkunst« stark an die von Wolff im »Durch« hervorgehobene, aber abgelehnte zweite Gruppe der um 1887 praktizierenden Dichter. Die endgültige theoretische Konsequenz aus den bisher rein naturalistischen Vorarbeiten zu ziehen, bleibt das Verdienst von Arno Holz, der in der Praxis schon die radikalsten epischen und dramatischen Stücke mitgestaltet hat.

Holz' für diesen Zeitraum wichtigste theoretische Schriften, die alle im X. Band des *Werks* (1924/25) als noch gültig vom Verfasser wiedergedruckt werden, sind: *Die Kunst. Ihr Wesen und ihre Gesetze*, 1891, *Neue Folge* derselben, 1893, und *Revolution der Lyrik*, 1899. Zum Teil autobiographisch, zum Teil kritisch-polemisch, zum Teil salopp unterhaltend, sollen diese Schriften den Weg Holz' zur Entdeckung des Kunstgesetzes beleuchten.

Der eigentliche Anfang liegt in Holz' Versuch, seinen ersten Roman »Goldene Zeiten« zu schreiben, der jedoch nie über den einen Satz im ersten Kapitel hinausgedeiht: »In Holland mußten die Paradiesvögel entschieden schöner pfeifen und die Johannisbrotbäume noch viel, viel wilder wachsen!« An der unerklärlichen Wirkung dieses Satzes stockt er, dann erkennt er, daß er »weit davon entfernt, als Künstler [seine] Mittel zu beherrschen, vielmehr — bis zu einem gewissen Grade allerdings nur, aber bis zu diesem dafür auch durchaus und gründlich — von ihnen beherrscht« werde. In den Holzschen Kunstschriften wird es sich letzten Endes immer darum handeln, das Verhältnis nicht nur von Gegenstand und Künstler, sondern auch von Mittel und Künstler zu ergründen. Als Holz' Verdienst kann Markwardt also feststellen: »Holz brachte als Erster das entscheidende Gegengewicht, indem er gerade die Mittel, die Möglichkeiten der Technik, die Reproduktionsbedingungen und deren Handhabung in den Schwerpunkt seiner Definition verlegte. Gewiß verschob dieses Gegengewicht nun seinerseits den Schwerpunkt einseitig. Aber nur diese Einseitigkeit konnte das Neue befreiend herausstellen.«

Zunächst verfällt Holz auf den für seine Generation verhängnisvollen Satz Zolas: »Une œuvre d'art est un coin de la nature vu à travers un tempérament.« Diesen Spruch erklärt er aber als eine Binsenweisheit, deren Bedeutung so klar — und unbefriedigend — ist, wie »Wenn's regnet, ist's naß« oder »Von weitem sieht etwas entfernt aus«. Er holt sich mehrere »Schweinslederscharteken« über den französischen Naturalismus, kommt jedoch nach deren Lektüre zur Überzeugung: »Also das war die sogenannte Theorie des sogenannten Naturalismus? Mehr steckte nicht dahinter? Du lieber Gott, das war ja das selbe alte, leere metaphysische Stroh, das ich nun schon den ganzen Winter über gedroschen hatte! Nur höchstens, hier und da, mit etwas neumodischem Salat vermengt!« (*Das Werk* X, S. 50) Noch in derselben Nacht — wie wörtlich man das Selbstbiographische nehmen darf, sei stets dahingestellt —, konzipiert er den 1890 in der *Freien Bühne* erschienenen Essay »Zola als Theoretiker«.

An diesem Punkt möchten wir zunächst bemerken, daß Holz in sich den legitimen Nachfolger Zolas impliziert, denn er nimmt viele Ansichten des Franzosen an (z. B. es gibt keine Menschen ohne Milieu), nur daß er über sie hinausdringen möchte. Zweitens sucht Holz schon von Anfang an, durch das Kunstwerk zum Gesetz vorzustoßen, um erst hinterher sein eigenes Kunstwerk nach diesem Gesetz, nicht nach einem Dogma, zu schreiben. Denn er sieht Widersprüche und Entlehnungen (hauptsächlich von Taine) in der Theorie Zolas, von dem er sagt: »Der Praktiker Zola bedeutete einen Fortschritt, der Theoretiker Zola einen Stillstand.« Holz will zuerst die bei Zola fehlende theoretische Klarheit schaffen.

In seinem Essay hebt Holz mit Recht hervor, daß Zolas im »experimentellen Roman« angedeutete Haltung eines »Geistesexperimentators« von vornherein ein Unding ist: »Ein Experiment, das sich bloß im Hirne des Experimentators abspielt, ist eben einfach gar kein Experiment, und wenn es auch zehn Mal fixiert wird« (X, S. 59). Das rein Theoretische, das »metaphysische Stroh« muß also dem Praktischen weichen, und dementsprechend liest Holz nunmehr, wie er uns mitteilt, statt Aristoteles, Winkelmann und Lessing »Leute wie Mill, Comte, Spencer und die modernen Naturwissenschaftler«. Obwohl Holz Zola als Theoretiker und den »Naturalismus« als Bezeichnung seiner eigenen Theorie abtut, geht er selbst doch auf die geistige Grundlage des Naturalismus zurück, um gleichsam das Problem noch einmal zu durchdenken.

Holz stützt sich auf eine im naturwissenschaftlichen Denken verwurzelte These: »Es ist ein Gesetz, daß jedes Ding ein Gesetz hat« (X, S. 65). Es fehlt nur das künstlerische Gesetz, das die gleiche Gültigkeit besitzt wie die Marxschen Gesetze von der Ökonomie. Kennzeichnend für seine logische Auffassung des Problems ist Holz' weitere Schlußfolgerung: »Liegt der Kunst in ihrer Gesamterscheinung ein Gesetz zugrunde, so liegt eben dieses selbe Gesetz auch jeder ihrer Einzelerscheinungen zugrunde« (X, S. 73). Also kann er das Gesetz an dem einfachsten Exempel ergründen, einem Exempel, das sich für ihn in den »Kritzeleien eines kleinen Jungen auf seiner Schiefertafel« einfindet. Unfähig, das Dargestellte zu enträtseln, fragt Holz den Jungen, was die

Kritzeleien sein sollen, worauf er die Antwort erhält: »Ein
Suldat.« Mit dieser Erklärung versehen, kann Holz auch wirklich einen Soldaten in dem ziemlich ungekonnten Bild wieder-
erkennen. Holz beurteilt diesen »Suldaten«: »Mein Wissen sagt
mir, zwischen ihm und der Sixtinischen Madonna in Dresden
besteht kein Art-, sondern nur ein Gradunterschied« (X, S.
77), nur daß im naiven Verstand das Gesetz wegen anderer Faktoren
nicht in Erfüllung zu gehen scheint. Es entsteht also eine Lücke,
die um so klarer in der primitiven Zeichnung zu erkennen ist,
eine Lücke, die nur für den reifen Betrachter (Holz), nicht aber
für den Künstler (den Jungen) klafft. (Wenn wir zum Problem
des »Vorstellungsbildes« kommen, wird es fast kategorisch, daß
jeder Künstler im Grunde genommen »naiv« bleibt.) Um die
Notwendigkeit dieser Lücke zu erklären, stellt Holz seine berühmte (bzw. berüchtigte) Kunstformel auf: »Schiebe ich nun
für das Wörtchen Resultat das sicher auch nicht ganz unbezeich-
nende ›Schmierage‹ unter, für Ziel ›Soldat‹ und für Lücke ›x‹,
so erhalte ich hieraus die folgende niedliche kleine Formel:
Schmierage = Soldat - x. Oder weiter, wenn ich für Schmierage
›Kunstwerk‹ und für Soldat das beliebte ›Stück Natur‹ setze:
Kunstwerk = Stück Natur - x. Oder noch weiter, wenn ich für
Kunstwerk vollends ›Kunst‹ und für Stück Natur, ›Natur‹ selbst
setze: Kunst = Natur - x« (X, S. 80). Es folgt daraus das
Kunstgesetz, das zu wiederholen Holz nie müde wird: »Die
Kunst hat die Tendenz, wieder die Natur zu sein. Sie wird sie
nach Maßgabe ihrer jedweiligen Reproduktionsbedingungen und
deren Handhabung« (X, S. 83). Später formuliert, heißt es »Die
Kunst hat die Tendenz, die Natur zu sein: sie wird sie nach
Maßgabe ihrer Mittel und deren Handhabung« (X. S. 187).
  Auch in der zweiten, das rein Nachahmende der Kunst unter-
drückenden Formulierung seines Kunstgesetzes bleibt Holz
Realist in seiner Voraussetzung, die Kunst stehe in einem dar-
stellenden Verhältnis zur Wirklichkeit, aber wer Holz als Nicht-
künstler, als Stenographen oder Kopisten abwerten möchte,
müßte ihn ziemlich flüchtig gelesen haben, denn im Gegensatz
zu Zolas Theorie, aber in Einklang mit dessen Werk, sowie mit
jedem Kunstwerk behauptet Holz: »Das strittige x wird sich
niemals auf Null reduzieren« (X, S. 130 f.). Holz führt die
technische Unmöglichkeit der exakten Wiedergabe der Natur
weiterhin aus, wenn er sagt: »Eine völlig exakte Reproduktion
der Natur durch die Kunst ist ein Ding der absoluten Unmög-

lichkeit, und zwar — vor allem anderen abgesehen — schon aus dem ganz einfachen und, wie man wirklich meinen sollte, bereits für jedes Kind plausiblen Grunde, weil das betreffende Reproduktionsmaterial, das uns Menschen nun einmal zur Verfügung steht, stets unzulänglich war, stets unzulänglich ist und stets unzulänglich bleiben wird« (X, S. 131). Holz' Schluß, der einer vereinfachenden Erfassung der naturalistischen Kunst als naiver Wiedergabe der Wirklichkeit widerspricht — dieser Aspekt bleibt ja nur eine »Tendenz« —, ist rückwirkend für das Verständnis von Holz' bisher erschienenen Studien in *Papa Hamlet* wichtig, ist doch die Titelstudie, wie wir später sehen werden, geradezu zum Spielfeld geworden für den Erzähler, der von allen ironischen Potenzen seiner Reproduktionsmittel Gebrauch macht. Weiterhin paßt Holz' Einsicht zur zeitgenössischen kritischen Interpretation von Zolas Werken, wonach sie keineswegs eine getreue, wissenschaftliche, unpersönliche Darstellung der Realität sein sollen: das unvermeidliche, nichtwissenschaftliche Element, das Zola selbst als »tempérament« erklärt hat, ist bei Holz das nicht auf Null zu reduzierende »x«, das jedoch nicht im Persönlichen, sondern im Technischen beheimatet ist — hiermit überflügelt Holz auch seine deutschen Zeitgenossen, die Zolas Bestimmung des »tempérament« einfach übernommen haben, um das Nichtwissenschaftliche zu erklären (Zolas »tempérament« wird seinen Niederschlag bei Holz anderswo finden, nämlich in den »Vorstellungsbildern«). Genauso entgeht Holz dem im 19. Jahrhundert von Spielhagen und anderen aufgeworfenen Problem der »Objektivität«, das ja vom Verhältnis des Dichters zur Wirklichkeit ausgeht, nicht zu den künstlerischen Mitteln. Zukunftsträchtig ist zudem die Holzsche Andeutung von einer möglichen »Sprachkrise«, wie sie häufig in den Schriften der Symbolisten vorkommen wird, z. B. in Hofmannsthals *Lord Chandos* (1901), nur daß Holz die Betonung auf das Technische verlagert und dadurch keine persönliche Krise erlebt.

Trotzdem bleibt eine Annäherung an das Wirkliche sein Ziel: »Alles, was in der Kunst gegen die Natur verstößt, muß mir mißfallen, ganz gleich, ob ich will oder nicht, und zwar um so heftiger, je deutlicher mir die betreffenden Verstöße auch als solche zum Bewußtsein kommen. Und natürlich, ebenso umgekehrt« (X, S. 153). Hiermit lehnt Holz im Sinne des Naturalismus den Idealismus ab, zugleich jedoch eine übertriebene »Elendsmalerei«. Der ausschlaggebende Begriff hier erscheint in dem

Wort »Bewußtsein« angedeutet. Später führt uns Holz zu weiteren Implikationen seines Grundgesetzes: »Alle bisherigen Sätze
liefen darauf hinaus, die Kunst ist ein Absolutum; dieser Satz,
zum erstenmal, von einer anderen Weltanschauung her, behauptet, sie ist ein Relativum. Er sagt: es gibt für uns Menschen keine
Kunst an sich, wie es für uns Menschen keine Natur an sich gibt.
Es existieren genau so viele Kunstauffassungen, als entsprechende
Naturauffassungen existieren. Zwei sich völlig deckende sind
unmöglich. Das selbe Kunstwerk, gesehen durch zwei Verschiedene, ist nicht mehr das selbe« (X, 187). Die schon von der
Gesellschaft propagierte »Evolution der Ästhetik« findet hier
ihre logische Konsequenz in der völligen Relativität des Kunst-
und Realitätsbegriffs. Hier geht es jedoch nicht um eine simple
Gleichsetzung Kunst = Natur, wobei die Kunst als unmittelbarer Ausdruck der sich verändernden Natur sich mit verändert
(wie etwa Alberti argumentiert). Die Kunst ändert sich in einem
doppelten Sinne: 1) wie die künstlerischen Mittel sich ändern,
und 2) wie der Mensch sich ändert, und zwar nicht nur chrono-
logisch, denn Holz' Theorie stützt sich nicht auf das naturwissenschaftlich bestimmte Gegebene, sondern auf das vom Menschen Aufgefaßte.

Das von Zola hervorgehobene »tempérament« äußert sich also
durch die Vernehmung der Welt, die sich im Künstler und in
dessen Publikum vollzieht. Die Individualität des Künstlers ist
unbestreitbar, weil er als ein Individuum die darzustellende
Welt individuell sieht (die Verbindung zu den englischen Empirikern und Kant, den Holz mehrmals erwähnt, ist offensichtlich). Da jeder im Publikum wohl auch individuell reagiert,
können wir nur den Schluß ziehen, daß der Künstler eine Übereinstimmung seiner Auffassung mit der des Publikums anstrebt.
Wenn dem so ist, muß der Künstler sich darum bemühen, das
Publikum von seiner Auffassung der Welt zu »überzeugen«,
d. h., es ergibt sich die bereits von Fontane bezeichnete Überzeugungskunst. In den Implikationen der Holzschen Entdeckung
fallen also das Begriffliche und das Historische des Naturalismus
zusammen. Von seinem Grundgesetz der Kunst, K = N — x,
behauptet Holz: »Das Gesetz, das ich gefunden, begreift ein
altes japanisches Götzenbild nicht minder, als einen Menzel«
(X, S. 159). Sein Gesetz erfaßt dementsprechend das Überzeitliche der Kunst im allgemeinen und des Naturalismus, den er
ja als Ausgangspunkt benutzt, im besonderen. Auf der anderen

Seite führt Holz' Betonung der Vorstellungsbilder zu einer Überzeugungskunst, die ja gerade das ist, was Fontane als das Neue der *Gespenster* auffällt, die historisch gesehen den Naturalismus als Epoche in Deutschland kennzeichnet. Hiermit beleuchtet Holz den theoretischen Hintergrund des historischen Naturalismus als ein Streben nach Überzeugung statt Wahrheit im idealen Sinne.

So wie den anderen Naturalisten ist auch Holz die »Wahrheit« eines Kunstwerks eine ganz andere als die idealistische. Für ihn ist jede Kunst, die behauptet, mehr als das Leben selbst zu sein, gleichsam eine »Lüge«. In dieser Ansicht nähert er sich der von Zola betonten Beobachtungsaufgabe des wahrheitssuchenden Künstlers. Der wirkliche Künstler, sagt Holz, »staunt über die Natur«, und er ist selig, »wenn es ihm gelang, in sein Werk aus ihr auch nur ein Stäubchen zu retten«. Bisher, sagt Holz, habe man immer impliziert, die Kunst sei N + x, wobei das »x« ein gewisses »Etwas« repräsentiert, was in der Kunst ist, nicht aber in der Natur. Nur derjenige, fährt er fort, sieht ein »Mehr« in der Kunst als in der Natur, der beim Anblick der Natur »überhaupt nichts empfindet«. Das sogenannte erhabene »Vorstellungsbild« des Künstlers bleibt immer hinter der Wirklichkeit stecken, und da der Künstler nicht einmal sein Vorstellungsbild von der Natur vollständig wiedergeben kann (K − N − x), scheidet noch ein Stück Wirklichkeit aus. Gerade weil man mehr vom Realitätsbezug der Kunst in der Dichtung retten kann, stellt Holz sie unter all den Künsten an erste Stelle: »Diejenige Kunst ist für die Menschheit die wertvollste, deren Mittel es ermöglichen, der durch ihn aufgedeckten Tendenz am umfassendsten gerecht zu werden ... kein Mittel ist umfassender als das Wort« (X, S. 189). Die »Tendenz« bezieht sich ja auf die Natur, nicht wie früher auf das Metaphysische oder Abstrakte, also hat das »Umfassende« nichts mit dem Übernatürlichen zu tun. Das heißt, es geht nicht um die heraufbeschwörende Macht des Wortes, wie etwa zur Zeit der Klassik und Romantik, sondern um dessen Fähigkeit, etwas Bestehendes möglichst intakt festzuhalten. Wir erinnern uns daran, daß Schopenhauer und die Romantiker der Musik eine führende oder wenigstens eine überaus wichtige Rolle zusprechen, hier erkennen wir dagegen wieder einen Beweis dafür, wie weit Holz aller Abstraktion oder Jenseitigkeit abhold ist.

Weiterhin gewinnt die Sprache im Kunstwerk eine übermäßige

Gewichtigkeit, nicht als Ausdruck des Künstlers, sondern als
Ausdruck der Gestalten. Der Mensch gestaltet sich bei Holz in
seiner Sprache, und deshalb fordert er: »Die Sprache des Theaters ist die Sprache des Lebens. Nur des Lebens! ... Ihr Ziel
zeichnet sich klar: die aus dem gesamten einschlägigen Reproduktionsmaterial sich nun einmal ergebenden Unvermeidlich-
keiten möglichst auf ihr Minimum herabzudrücken, statt des
bisher überliefert gewesenen posierten Lebens damit mehr und
mehr das nahezu wirkliche zu setzen, mit einem Wort, aus dem
Theater allmählich das ›Theater‹ zu drängen« (X, S. 214). Was
das schlechthin bedeutet, ist nämlich die Selbstgestaltung der
Charaktere, denn was ein jeder über sein Milieu sagt und wie er
es sagt, entspricht seinem Vorstellungsbild davon. Zwangsläufig
ergibt es sich auch in der Erzählprosa, daß der Dialog überwiegt.
Und überall steht als oberster Grundsatz: die Darstellung des
Charakters, nicht der Handlung, ist das eigentliche Anliegen des
Dramatikers (s. Zitat oben zur Wirkung von Lenz' Betonung
des Charakters). Wenn Holz behauptet, »Menschen ohne Milieu, konstruierte, abstrakte, kann ich für meine Zwecke nicht
brauchen« (X, S. 232), dann meint er vor allem die Fähigkeit
dieser Menschen, die sie umgebende, auf sie wirkende Umwelt
zu gestalten. Wiederum wirkt diese Welt überzeugender, weil
sie in mehreren Vorstellungsbildern erscheint und folglich mehreren Vorstellungsbildern im Publikum entsprechen kann. Ja,
wie Ingrid Strohschneider-Kohrs zeigt, gönnt Holz in seiner
»Papiernen Passion« sogar einem Gegenstand auch seine »di-
rekte Rede«: statt durch den Erzähler zu berichten, es klingelt,
setzen Holz und Schlaf nur »Zing, zing!« hin. Solche Lautmale-
rei dient nicht bloß dem allgemein Dramatischen, sie verkörpert
Holz' Bemühung um eine unmittelbare Selbstgestaltung auch
des Nichtmenschlichen. Deshalb kann Holz mit Recht behaupten, »daß der Naturalismus eine Methode ist, eine Darstellungsart und nicht etwa ›Stoffwahl‹« (X, S. 271). Und hinter dieser
Darstellungsart liegt ein impliziertes Mißtrauen gegenüber der
Sprache als Mittel. Er schreibt einmal: »Bei jedem Satz, den ich
niederschrieb, gähnten um mich Abgründe, jede Wendung, die
ich aus mir riß, schien mir ein Ungeheuer, jedes Wort hatte die
Niedertracht, in hundert Bedeutungen zu schillern, jede Silbe
gab mir Probleme auf« (X. S. 341). Holz' Darstellungsart entspringt also dem schon in bezug auf den Satz über Holland
geäußerten Gefühl der Tyrannei der Mittel über ihn, nicht

einem naiven Gefühl, er könne die Welt genauso akkurat in Worte fassen wie der Naturwissenschaftler in Zahlen.

Zuletzt noch ein paar Bemerkungen zu Holz' Auffassung vom Lyrischen. Da die Sprache als Selbstdarstellung gilt, muß das lyrische Gedicht die Selbstdarstellung des Sprechers durch sein Vorstellungsbild sein. Und so wie die Menschen auf der Bühne sich durch eine lebendige Sprache offenbaren, muß auch der Dichter sich einer vorerst natürlichen Sprache bedienen. Nichts, was ihn daran hindert, diese Sprache zu erreichen, darf noch gelten. Also will Holz den Reim abschaffen, aber nicht bloß als unbequemen Zwang. Historisch überholt ist der Reim, heißt es in der letzten Fassung der »Evolution der Lyrik«. Die guten Reime als unmittelbarer Ausdruck sind bereits erschöpft. Ähnlich verhält es sich mit der Strophe: »Durch jede Strophe, auch durch die schönste, klingt, sobald sie wiederholt wird, ein geheimer Leierkasten. Und gerade dieser Leierkasten ist es, der endlich raus muß aus unserer Lyrik. Was im Anfang Hohes Lied war, ist dadurch, daß es immer wiederholt wurde, heute Bänkelsängerei geworden« (X, S. 500). Aber die bloße Abschaffung von Reim und Strophe vermögen schon Goethe und Heine, und es entstehen die sogenannten »Freien Rhythmen«. Nach Holz stellt der Rhythmus das Urelement der Sprache dar, sei es im Drama, in der Prosa oder in der Lyrik. Und genauso wie in den anderen Gattungen wird mehr bezweckt als lediglich eine Befreiung: Holz verlangt auch hier nicht den »freien« Rhythmus, sondern den »notwendigen«, gleichsam natürlichen Rhythmus, denn selbst aus den freien Rhythmen klingt »der geheime Leierkasten« ihm entgegen. Nur ein Beispiel für solche Rhythmen kennt Holz: Liliencrons »Betrunken«.

Unter den anderen naturalistischen Lyrikern kann überhaupt nur Liliencron eine führende Stellung beanspruchen, doch bleibt er im Technischen wenig erfinderisch. Ja, Claude David in *Von Richard Wagner zu Bertolt Brecht* rechnet Liliencron schlechthin zu den Epigonen des 19. Jahrhunderts. Formal gesehen, bieten auch die von Ursula Münchow hervorgehobenen Lyriker wie Mackay, Conradi, Hartleben und Dehmel nichts »Revolutionäres«. Theoretische Neuerungen, die vom eigentlichen Naturalismus ausgehen, finden sich lediglich bei Holz, der wohl mit Liliencron und Dehmel eine Neigung zum Impressionismus gelegentlich zeigt, der aber von der Intention her diese Tendenz als eine notwendige Folge naturalistischer Grundsätze dokumentiert.

Obwohl wir erst später Holz' lyrische Leistung besprechen können, sei hier auch auf das »Naturalistische« seiner Theorie des lyrischen Wortes hingewiesen. Das folgende Urteil Holz' wird oft zitiert: »Wenn ich einfach und schlicht — nota bene vorausgesetzt, daß mir dieses gelingt, nur mißlingt es mir leider noch meistens! — ›Meer‹ sage, so klingt's wie ›Meer‹; sagt es Heine in seinen Nordseebildern, so klingt's wie ›Amphitrite‹« (X, S. 501). Eine Wortkunst also, die neu ist, weil die alten Nebenbedeutungen verschwinden — das ist sein Ziel. Darüber hinaus merken wir, daß Holz von der Welt dichten will, nicht von seinen Vorstellungsbildern, denn sie kommen von selbst. Wo das Uneigentliche der Sprache vermieden wird, entsteht ein erhöhtes Benennen der Dinge, das sich hauptsächlich durch den Rhythmus von der Prosa unterscheidet. Wie wir in *Phantasus* sehen, wird das Bild also weitgehend durch die Zusammensetzung und Agglutination ersetzt, der gewogene Satz durch eine »Telegrammlyrik«. Daß man solche Erscheinungen als glattweg »unpoetisch« ablehnt, stört Holz nicht mehr als die Ablehnung seiner *Familie Selicke* einmal als »Tierlautkomödie«: »Meint man, meine Verse seien gar keine, sondern nur ›abgeteilte Prosa‹, so habe ich nichts dagegen. Es kommt mir auch hier wieder nicht auf den Namen an, sondern nur auf die Sache. Und die besteht, ich wiederhole, darin, daß ich den Weg, den das Drama bereits gegangen, nun endlich deutlich auch für die Lyrik zeigen will. ... Er allein führt in die Zukunft« (X, S. 504). Wie stark Holz sich auch noch an das Drama anlehnt, wird nirgendwo ersichtlicher als in seiner später zu erörternden »Mittelachse«, die die herkömmliche Zwangsjacke der Strophe ersetzen soll. Die Zeile wird zur Einheit, deren Mittelpunkt in der Mitte der Seite gedruckt wird. Die Länge der Zeile bestimmt sich nach dem Gehalt, worin er sich als Naturalist der Benennung zeigt, und nach der Sprechweise, die die Annäherung an das Dramatische verdeutlicht.

Mit Holz' Schriften zur Kunst erreichen wir den Höhepunkt und das Ende der naturalistischen Ästhetik in Deutschland, zumal Holz bis zu seinem Tode seinen Entdeckungen treu bleibt trotz der neuen Entwicklungen. Wohl betrachtet man diese Schriften lange Zeit nur als ein etwas abseitiges, wenn nicht einfach schrulliges Dokument des Naturalismus — die späteren erscheinen allerdings erst, als der eigentliche dichterische Naturalismus im Aussterben begriffen ist —, aber heute weisen Kritiker

wie Emrich und I. Strohschneider-Kohrs auch auf das Bahn-
brechende seiner Ansichten hin. In der Tat festigt Holz die angedeuteten Möglichkeiten des Naturalismus, überschreitet sie
jedoch zugleich. Die Probleme, die vielen späteren Kunstrich-
tungen zugrunde liegen sollen, keimen schon bei Holz. Hat der
Naturalismus als ein notwendiges historisches und ästhetisches
Phänomen etwas »bewiesen« oder »entdeckt«, dann liegt das
Erschlossene in den wegweisenden Kunstschriften von Holz, die
zum wichtigsten, wenn auch lange übersehenen Vermächtnis
dieser ohnehin vielgescholtenen Zeit gehören.

Themen, Darbietungsformen und -arten der naturalistischen Dichtung in Deutschland

Weder einen idealtypischen Naturalisten noch ein idealtypi-
sches naturalistisches Werk gibt es. Wir neigen lediglich dazu,
die zwischen 1880 und 1900 bzw. 1914 entstandenen Werke
»naturalistisch« zu nennen, wenn sie mehrere der folgenden
Themen mit entsprechenden Mitteln behandeln. Es geht hier also
um Akzentverschiebungen, sind doch viele Themen und Mittel
schon lange vorhanden. Außerdem konnten wir beobachten, daß
die eigentlich naturalistischen Darbietungsformen erst verhältnismäßig spät entwickelt wurden, daß wir dementsprechend oft
nicht nur den persönlichen Stil, sondern auch die technische Unsicherheit weitgehend unbeachtet lassen müssen, daß wir also
nur mit Einschränkung den Holzschen Spruch beherzigen können, der Naturalismus sei eine Darstellungsart, nicht eine Stoffwahl.

Wird der Naturalismus erwähnt, dann denkt man zunächst
wohl an die sogenannte »Elendsmalerei«, die bei Kretzer, Alberti, Hans Land, Felix Hollaender und noch Heinrich Mann
eine wesentliche Rolle spielt. Zugleich weigern sich viele Deutsche, sich »Naturalisten« nennen zu lassen, gerade weil sie — um
Nietzsches Urteil über Zola zu wiederholen — keine »Freude
am Stinken« haben. Ja, in Bleibtreus *Revolution der Litteratur*
lesen wir über die »Naturalisten«: »Es sind dies oft unreife
Jünglinge, welche glauben, das Wesen des Realismus bestehe
darin, gemeine Situationen und Conflikte zu pflegen. ... Die
Neue Poesie wird vielmehr darin bestehen, Realismus und Romantik derartig zu verschmelzen, daß die naturalistische Wahr-

heit der trockenen und ausdruckslosen Photographie sich mit der künstlerischen Lebendigkeit idealer Composition verbindet« (S. 30). Dennoch kann keineswegs geleugnet werden: man manifestiert ein zeitgeschichtlich erklärliches Interesse für die Armut, das Elend und den Schmutz, wovon man in der Großstadt umgeben ist. Nur der Kurzsichtigste hätte über die menschenunwürdigen Folgen des Kapitalismus hinwegsehen können, und nicht selten ist Kritik am Wirtschaftssystem, z. B. in Kretzers *Drei Weiber* (1886). Als besonders aufschlußreich erweist es sich, wie viele von den »Berliner Romanen« sich in Berlin-West, also im ärmsten Stadtteil, abspielen: beispielsweise seien erwähnt Fritz Mauthners Trilogie *Berlin-W.* (1886–1890) und Felix Hollaenders *Sturmwind im Westen* (1895).

In der Dorfliteratur des 19. Jahrhunderts findet man auch die Wurzeln des Naturalismus, der wiederum nach seiner Blütezeit noch die Heimatdichtung des 20. Jahrhunderts prägt. Wilhelm von Polenz, Gustav Frenssen, Clara Viebig und viele andere stehen ihren großstädtischen Gesinnungsbrüdern nahe, indem sie sich der Sache des ländlichen Proletariats annehmen, und zwar häufig mit einer Kritik an den Folgen des Kapitalismus. Überall, z. B. im von Rosenow geschilderten Leben der Bergarbeiter (*Die im Schatten leben*), bricht die neue Generation der Realisten eine Lanze für die Unterdrückten, Enterbten und Ausgebeuteten. Und hier wie in der Großstadt machen sich vor allem die Standesunterschiede geltend, die an das bürgerliche Trauerspiel erinnern sowie an die Dorfliteratur, die auch später zur typischen Situation des trivialen Heimatromans entartet.

Alle Gebrechen des Großstadtlebens bzw. des Lebens der Ausgenutzten und Unglücklichen erscheinen im grellen Licht des detaillierten Realismus. Immer wieder tritt der Alkoholismus hervor: Hirschfelds *Steinträger Luise* (1895), Hauptmanns *Hannele* und *Die Weber*, Holz' und Schlafs *Papa Hamlet* und *Familie Selicke*. Hierfür stehen Zola sowie Ibsen Pate, wie auch für das oft damit verbundene Problem der Prostitution und der Geschlechtskrankheit (*Nana, Gespenster*). Man denke in dieser Beziehung etwa an Hermann Bahrs *Die neuen Menschen* oder an Szenen bei Kretzer.

Überhaupt fällt der Frau eine gewichtige Rolle in der naturalistischen Sozialkritik zu. Nicht alle Prostituierten gehen ihrem Gewerbe ohne Bedenken nach. In Anlehnung an Gestalten wie Sonja in Dostojewskis *Schuld und Sühne* erscheinen zahlreiche Dirnen mit gutem Herzen, die wenig auf dem eigenen Gewissen haben im Vergleich zur Last, die sie für das Gewissen der Gesellschaft darstellen. Gegen solche Mädchen wird mehr gesündigt, als sie sündigen — es fällt einem z. B. Traute als Opfer des militärischen Kastensystems in Hartlebens *Rosenmontag* ein. Auf den Seiten der naturalistischen Literatur wimmelt es auch von ledigen Müttern, die jetzt noch stärkere Beschützer finden als zur Zeit der Stürmer und Dränger. Es sei hier an Werke gedacht wie Hauptmanns *Rose Bernd* und *Die Ratten,* Schnitzlers *Vermächtnis,* Strauß' *Kreuzungen,* Wilhelm Hegelers *Mutter Bertha* und Helene Voigt-Diederichs *Dreiviertel Stund vor Tag.* Fast unbegrenzt enthüllen sich die Möglichkeiten im Los dieser Verführten, Verkauften und Vereinsamten, die Sozialkritik die krass-realistische Schilderung schockierender Umstände und eine unverhohlene Rührseligkeit miteinander zu verbinden. Daß es jedoch den wirklich großen Dichtern wie Hauptmann gelingt, das wahre Menschliche, nicht bloß das Trivial-Sentimentale zu gestalten, gewährleistet die Einordnung auch dieser Stoffe in den Vorrat der großen Dichtung.

Ledige Mütter und sich aufopfernde, als Werkzeuge elterlicher Zwecke verwendete Töchter gehören zum noch größeren Komplex der Familienverhältnisse, die auf allen gesellschaftlichen Ebenen die Themen naturalistischer Literatur abgeben. Bei Ibsen und Zola vorgeprägt, kehrt das Vererbungsmotiv in einer Familie immer wieder von Hauptmanns *Vor Sonnenaufgang* bis Manns *Buddenbrooks.* Ein Überbleibsel von Manns naturalistischen Anfängen ist die erbbiologische Schwäche als Merkmal im letzten Glied einer aussterbenden Familie wie Hanno Buddenbrook. Zu diesem Motiv kommt das der physiologisch-psychologischen Dekadenz hinzu in Erzählungen wie *Tobias Mindernickel,* wo der »Held« dieser »rätselhaften und über alle Begriffe schändlichen Geschichte« scheinbar der Nachkömmling einer alten, einmal wohlhabenden Familie ist. Symbolisch für den Aufstand der jüngeren Generation gegen die Etablierten erweist sich im Familienleben der häufige Vater-Sohn-Konflikt, z. B. in Hauptmanns *Einsame Menschen.* Zeitkritischer wirkt noch der Konflikt etwa in Kretzers *Meister Timpe,* in dem die jüngere Generation einen Verfall von den alten versinnbildlicht. Hier merken wir neben dem sozialkritischen, fortschrittsgläubigen Kampf um eine reformierte Gesellschaft auch einen ausgeprägten Kulturpessimismus. Als späte Waffen auf dem Kampffeld gegen die etablierte Autorität verdienen ebenfalls die Schülerdramen wie Dreyers *Der Probekandidat* und Holz' *Traumulus* unsere Aufmerksamkeit sowie Wedekinds bereits auf den Expressionismus hinweisende Tragödie *Frühlings Erwachen*. Zugleich die unschuldigsten, wehrlosesten Opfer sozialer und familiärer Mißstände sind die Kinder vor allem der ärmeren Eltern. Von seinem Vater, einer verkrachten, betrunkenen Existenz, wird das Kind in *Papa Hamlet* getötet. An das Rührende des Biedermeiers erinnert der Tod Hanneles, die außerdem mitten in der Armut der Enterbten von Jesus phantasiert. Auch das Waisenkind erscheint häufig, und wenn es ein junges Mädchen ist, wird es nicht selten mißhandelt wie Emmi in Holz' und Schlafs »Die kleine Emmi« oder als Werkzeug fremder Wünsche verwendet.

Das bereits mehrmals von Fontane behandelte Thema des Ehebruchs begegnet uns in der noch krasseren, naturalistischen Darstellungsart, die nicht selten die Doppelehe mit hineinflicht; z. B. in Hollaenders *Der Weg des Thomas Truck*. Männer stehen oft zwischen zwei Frauen wie in Hauptmanns *Einsame Menschen* oder Clara Viebigs *Barbara Holzer* (1897). Viele dieser Motive beziehen sich letzten Endes ja auf das umfassendere, häufiger zu findende Thema der unglücklichen Ehe, die wiederum erklärt wird durch die Hohlheit der Konventionen unter den Gutsituierten und durch die Armut und Krankheit unter den Enterbten. (Selbstverständlich gibt es auch noch den altmodischen, nicht sozialbedingten Ehebruch wie in Hartlebens *Abschied vom Regiment*, in dem Ursula Münchow [*Deutscher Naturalismus*. Berlin (Ost) 1968, S. 124] allerdings »die Brüchigkeit der auf Geldinteressen basierenden bürgerlichen Ehe« zu erblicken glaubt.) Da die meisten Eheschwierigkeiten im Sozialen wurzeln, und da eine Enthüllung sozialer Mißstände das Hauptanliegen der meisten Naturalisten bildet, kann man von vornherein kaum damit rechnen, glückliche Ehen und Familienverhältnisse in der naturalistischen Dichtung vorzufinden. Von der Ibsenschen *Nora* scheint die Behandlung der artverwandten Motive der Frauenemanzipation und der freien Liebe herzurühren, wobei beide Phänomene der Bloßstellung der sozialen und persönlichen Hohlheit in der Gesellschaft dienen. Eine Nora-Gestalt finden wir etwa in Max Dreyers *Drei* (1894), und *Freie Liebe* ist der Titel von Max Halbes berühmtem Stück. Hierbei ist nicht zu übersehen, daß das Mädchen meist als emanzipiert und gebildet geschildert wird, etwa in Strauß' *Kreuzungen* oder in Hartlebens *Hanna Jagert*, deren tüchtige, emanzipierte, in wilder Ehe lebende Heldin sogar einmal Sozialistin war und am Schluß Baronin wird. Auf das andere Extrem der emanzipierten Frau als Motiv verweist uns Majut, der die »alten Jungfrauen«, Lieblingsgestalten des Hochrealismus, beschreibt als »tragische Gestalten, Frauen, die um den Sinn ihres Lebens betrogen werden«.

Die zahlreichen Varianten des sozialistischen Gedankenguts wurden bereits angedeutet: Parteisozialismus, sozialistisch-religiöse Mystik, Sozialaristokratismus usw. Eine interessante Randerscheinung dieser Thematik ergibt sich außerdem noch im Anti-Militarismus einiger Naturalisten. Hamann und Hermand zitieren die damaligen Reden der Sozialdemokraten, die zweifellos das günstige Klima schaffen für Werke wie Bertha von Suttners *Die Waffen nieder!*, eine künstlerisch mangelhafte, jedoch ausdrucksstarke und wirksame Kampfschrift gegen den Militarismus (die Verfasserin erhält 1905 den Nobelpreis für den Frieden). Nach dem Krieg gegen Frankreich liegt es der realistisch geneigten jungen Generation nahe, auch in den Schlachten und im Sterben der Menschen die gleiche krasse, schockierende Wahrheit zu schildern wie in Sozialsachen; so entstehen mehrere Erzählwerke wie Bleibtreus *Dies irae* und Sudermanns *Katzensteg*. Vor allen Dingen gerät der Offiziersstand in das satirische, polemisierende Feuer der Naturalisten, z. B. bei Hartleben in *Rosenmontag*.

Die Entlarvung des von den gründerzeitlichen Dichtern verherrlichten Kriegs gehört in einem größeren Zusammenhang zu der von Hamann und Hermand ausführlich besprochenen »Abrechnung mit der Gründerzeit«, zu der sich das Porträt des »dekadenten Menschen« gesellt. Moralische Verfallserscheinungen werden überall angeprangert. Neben den erbbiologisch »Dekadenten« wie Tobias Mindernickel und den Opfern einer verderblichen »neuen« Moral wie Meister Timpes Sohn finden wir den schwachen, verwöhnten, skrupellosen Sohn eines Emporkömmlings in Sudermanns *Die Ehre*. Ein besonders scharf angegriffenes Phänomen ist die um diese Zeit florierende »Bohème«, mit der sich die Frühnaturalisten wie Conrad, Bleibtreu und Conradi auseinandersetzen sowie Bierbaum in *Stilpe* (1897), von Polenz in *Wurzellocher* (1902) und Carl Hauptmann in *Einhart der Lächler* (1907). Es ist, wie wir von allen Naturalisten hören, eine ernste Zeit, und es findet sich kein Platz für die

Verspielten, um sich selbst trauernden, asozialen Bohemiens. Hamann und Hermand betonen auch die allgemeine Ablehnung des Genialen, aber diese Kritik darf nur mit Vorbehalt in allen naturalistischen Werken gesucht werden, gibt es doch z. B. bei Bleibtreu geradezu eine geniezeitliche, romantisierende Verherrlichung der schöpferischen Großen. In einer angeblich naturwissenschaftlichen Literatur kommen ohnehin sehr viele Künstler als Protagonisten vor, so viele sogar, daß man sie zu den Lieblingsgestalten der Zeit rechnen könnte (überhaupt findet man kaum einen Wissenschaftler als eine der unvergeßlichen Gestalten des Naturalismus). Neben den Bohemiens und Überverfeinerten erscheinen auch die Künstler, deren Können im sozialen, realistischen Sinne mit ihrem Wollen nicht mehr Schritt hält, in Siegfrieds *Tino Moralt*, in Bölsches *Die Mittagsgöttin*, Bleibtreus *Größenwahn*, Hauptmanns *College Crampton*, Holz' *Sonnenfinsternis* usw. Es drückt sich in solchen Gestalten ein tiefes Mißtrauen aus, das nicht so sehr der Kunst an sich gilt als ihrer Fähigkeit, die Zeit und die Welt zu erfassen. Was Holz klar formuliert — nämlich, daß die Kunst bestenfalls nur ein Stäubchen aus der Natur retten kann —, das wird von allen Seiten angedeutet.

All den Verfallserscheinungen der Dekadenz, Verweiblichung und Sünde sowie den sozialen Übeln und Mißständen tritt gleichsam als säkularisierter Messias der »neue Mensch« entgegen. Eine der markantesten Gestalten dieser Kategorie erblicken wir in dem »reichen Jüngling«, der im Sinne von Matthäus 19, 21 ff. seinen Reichtum aufgibt, um am Leben der Armen und oft an deren Politik teilzunehmen. Beispiele dieses Werdegangs findet man in Hans Lands *Der neue Gott* (1890), Hollaenders *Jesus und Judas* (1891), Bölsches *Die Mittagsgöttin* (1891) und Hollaenders *Der Weg des Thomas Truck* (1902). Die religiösen Implikationen münden auch in andere, nur peripher soziale Richtungen, indem sie zum Fanatismus und Wahnsinn etwa in Hauptmanns *Apostel* führen. Im allgemeinen weicht die soziale Studie nicht selten der psychologischen, in der die Anormalität mit klinischer Exaktheit dokumentiert wird, und zwar mit brutalen Folgen: Hauptmanns Thiel oder Manns Tobias Mindernickel sind nur die berühmtesten Instanzen. Eine Fortbildung des »Neuen Menschen« und eine Überwindung des »reichen Jünglings« bedeutet der »Übergangsmensch«. Majut gibt als erstes Beispiel Albertis *Plebs* (1887) an, worüber er schreibt:

»Als Bekenntnisbuch aber ist es ein Markstein in der Geschichte
des hochrealistischen Romans, weil sein Held zuerst den Typus
des ›Übergangsmenschen‹ einführt, der mit den ›Phrasen der
Zeit‹ ringt. Von diesem Apostel Stirners und Nietzsches wird der
Parteisozialismus als gesellschaftliche Zwangsform ebenso abgelehnt wie in Hilles (künstlerisch gleichermaßen zerfallenem) Roman *Die Sozialisten*« (Sp. 1538).

In den Kommentaren untersuchen wir die individuellen Prä-
gungen dieser Motive. Als Ganzes genommen beleuchten die
Motive aber eine eindeutige Leistung der Naturalisten, die ja
rein thematisch die Literatur von alten Vorurteilen und zimper-
lichen Bedenken befreien. Von nun an ist fast kein Eisen mehr
zu heiß zum Anfassen. Obwohl die Expressionisten sich gegen
den Naturalismus wehren und nach Yvan Goll (Vorwort zu
Methusalem, 1922) einen »Überrealismus« suchen, der »die stärkste Negierung des Realismus« ist, bereiten ihnen die Naturalisten den Boden, auf dem sie eine thematische Freiheit genießen
können. Ja, die von den Naturalisten errungene Freiheit des
Stofflichen — etwa der Prostitution, der Brutalität, der Geschlechtskrankheit, des Alkoholismus, der Sozialkritik und anderer auch im Expressionismus beliebter Themen, rein abgesehen von den »Geburtswehen einer Kuh«, die Alberti auf die
gleiche Stufe mit dem Tod des größten Helden stellen will —
gewährleistet gewissermaßen, daß die neue Generation von Bür-
gerschrecken nach technischen, lediglich formalen Mitteln for-
schen muß. Seit dem Jüngsten Deutschland gibt es kaum noch
einen neuen, an sich schockierenden Gegenstand der Dichtung,
und da, wo man die träge Bourgeoisie bewußt aufrütteln will,
kann man das nur durch den Einsatz neuer Mittel oder eine
»Übernaturalisierung« der Sprache erzielen (etwa heute durch
die Wiedergabe von Unflätigkeiten in einem nicht mehr »natürlichen« Maße).

Von Anfang an bedeutet die Thematik des Naturalismus jedoch seine größte Existenzbedrohung. Sie betont das Milieu und
den Antihelden, auf den die Außenwelt sich in freiheitsrauben-
der Stärke auswirkt. Es verläuft sich alles schlechthin in Detail-
schilderung und in Trivialität in den minderwertigeren Stücken.
Wohl sieht der Naturalist schon in Zolas Werken diese Gefahr
voraus, wohl sprechen sich die Brüder Hart, Bleibtreu, die von
Troll-Borostyani und andere von früh an gegen eine belang-
lose Thematik aus, — dennoch müssen wir allzuviel im Natura-

lismus als trivial-intim ablehnen. Einer der wichtigsten Anlässe der Hartschen *Kritischen Waffengänge* ist die Trivialität, die sie überall in den seichten Salonkomödien spüren und bekämpfen, eine Trivialität, die sie aufheben wollen durch eine Anlehnung an die Wirklichkeit und an große Gedanken. Leider unterbleiben oft die großen Gedanken, oder sie erscheinen als rührende, kitschige Einfälle, denn die von vielen Naturalisten verstandene Realität enthält keine höheren Ideen. Durch die übermäßige Konzentration auf Familienverhältnisse im Naturalismus kommt sich der Zuschauer gleichsam wie eine Art Fenstergucker oder Voyeur vor. Und wenn endlich einmal der große Gedanke geäußert wird, z. B. in den sozialistisch gefärbten Werken, klingt er gegen einen solchen Hintergrund zu oft nur hohl — wie das »Schellengeläut«, als das die Harts die zeitgenössische Literatur abtun.

Noch schwerwiegender erweist sich der Vorwurf Frank Wedekinds: der Naturalismus sei nicht nur trivial, sondern auch langweilig. Besonders scharf verfährt Wedekind in *Schauspielkunst. Ein Glossarium*, München, 1910 (*Werke in drei Bänden*. Berlin 1969, S. 213–232), wo er pauschal urteilt: »Die Werke der naturalistischen Bühnendichter verdankten ihre ungemein rasche Verbreitung nicht in letzter Linie dem Vorzug, daß sie kinderleicht darzustellen waren. ... Die heutige Dramatik behandelt ernstere Probleme und pflegt eine weitaus höhere Kunstform, als sie der Naturalismus kannte« (S. 215). Und weiter sagt er, der Naturalismus habe »dem Publikum eine Geduld eingebleut, die an Unzerreißbarkeit von keinem Hosenträger mehr übertroffen wird« (S. 227). Wedekinds Einwände, ob richtig oder falsch, sind deshalb von solchem Belang, weil seine Dramen die Brücken zwischen dem Naturalismus und dem Expressionismus bilden: sie verkörpern nicht wenig von der Motivik der naturalistischen Bühne, weisen jedoch dramaturgisch auf die unmittelbare Zukunft. Es entbehrt nicht der Ironie, daß Wedekind von einer »ernsteren« Zeit spricht, denn gerade der »Ernst« ihrer Zeit erweckte in den Naturalisten das Verlangen nach einer neuen, modernen Kunst. Zweifellos bietet das mit Wedekind anbrechende expressionistische Zeitalter in der Tat die von all seinen Vertretern geforderte »Intensität« und Aufregung. »Ekstase«, »Anarchie«, »Aktion« und das »Theatralische« verdrängen die naturalistische Wahrscheinlichkeit und naturwissenschaftliche Strenge.

Aber bald wird man der expressionistischen Exzesse überdrüssig, und es folgt während der zwanziger Jahre als Reaktion gegen die Übertreibungen einer reinen »Ausdruckskunst« eine »Neue Sachlichkeit«. Obwohl diese Bewegung und deren Verbindung mit dem Naturalismus noch nicht hinreichend erforscht ist, sei hier auf den reichlich dokumentierten, einsichtsvollen Überblick von Horst Denkler, »Sache und Stil: Die Theorie der ›Neuen Sachlichkeit‹ und ihre Auswirkungen auf Kunst und Dichtung«, *Wirkendes Wort* 18 (1968), 167—185, hingewiesen. Dort werden mehrere Dichter während der nachexpressionistischen Zeit zitiert, die einen »neuen Naturalismus« verlangen. Man spricht davon, die Kunst solle wieder Handwerk werden, worin das Echo von Holz' Betonung der Mittel und deren Handhabung deutlich zu vernehmen ist. Und Denkler zitiert Alfred Döblin und Theodor Csokor, die 1928 bzw. 1931 erklären, man solle sich der Betrachtung und der Beobachtung im naturwissenschaftlichen Sinne widmen, wiederum ein Nachklang der naturalistischen Programmatik. Überhaupt zollt Döblin dem Naturalismus und Holz seine Anerkennung in mehreren Aufsätzen, und sein berühmtester Roman *Berlin Alexanderplatz* behandelt nicht nur ein an die naturalistischen Berliner Romane erinnerndes Milieu, sondern auch die häufig unter den Jüngstdeutschen wiederkehrende Gestalt des ehemaligen Zuchthäuslers. Zwar darf man nicht über die Unterschiede zwischen dem »alten« und »neuen« Naturalismus hinwegsehen, aber man erkennt, daß der von den Expressionisten beabsichtigte Totschlag des Naturalismus keineswegs gelungen ist.

Damit wären wir bei der Frage der dauerhaften, formalen Leistungen der Naturalisten angelangt. Wie Alfred Kerr schon 1891 bemerkt, weist der Roman der jüngstdeutschen Zeit allerdings keine bedeutenden, formalen Entdeckungen auf, jedenfalls keine gattungsbegrifflichen Umwälzungen. Also kann Majut die Situation nicht ganz zu Unrecht folgendermaßen vereinfachend umschreiben: »Der Roman des Hochrealismus ist nicht weniger ideal gerichtet als der des Hochidealismus, und dieser hat seinen Gegenstand nicht weniger real gesehen als jener. Auch in dieser Hinsicht verläuft die Geschichte des deutschen Romans ohne Bruch, und was rückschauender Betrachtung als andersartig erscheint, ist nicht ein bisher Ungewesenes, sondern neuer Einsatz und Ansatz. ... So lassen sich innerhalb des Hochidealismus die beiden ersten ›Wilhelm Meister‹-Fassungen ebenso

als ›naturalistisch‹ aussprechen wie etwa ›Die Buddenbrooks‹«
(Sp. 1534). Was eine eingeschränkte Zustimmung zu dieser Ansicht erlaubt, ist der Mangel an großen formalen Neuerungen unter den naturalistischen Romanciers. Das soll jedoch nicht dahin
ausgelegt werden, daß kein Talent auf diesem Gebiet zu spüren
ist, daß keine neue oder wenigstens »moderne« Erzählweise
sich entwickelt, daß das Romanschaffen also übergangen werden
darf. Romanciers wie von Polenz und Kretzer wären nicht als
»Naturalisten« zu bezeichnen, hätten sie nicht eine Darstellungsart gefunden, die die Intentionen der anderen Gattungen auch in
der Erzählkunst vergegenwärtigt. Ähnliches läßt sich von der
im 19. Jahrhundert so beliebten Gattung der Novelle behaupten: nicht strukturelle, sondern stilistische und inhaltliche Entwicklungen kennzeichnen die naturalistischen Novellen.

Am Beispiel der Novelle stoßen wir jedoch auf den Ursprung
der bedeutendsten »evolutionären« Strukturentwicklung der
naturalistischen Erzählkunst. Schon in Hauptmanns *Bahnwärter
Thiel* wird die Novelle als Gattung auf die Funktion eines
Prädikats herabgesetzt: dieses Erzählwerk heißt nicht mehr
»Novelle«, sondern »eine novellistische Studie«. Unter den
Naturalisten wendet man sich von der geschlossenen, konventionellen Novelle immer mehr ab und der »Studie« oder
»Skizze« zu. Was früher das Märchen für die Romantik war,
wird jetzt die »Studie« für die »konsequenten Realisten«, die
diese Gattung bewußt oder unbewußt als strukturelle sowie begriffliche Erfüllung ihrer Kunstanschauung entwickeln. Hauptmann bezeichnet schon seinen *Fasching* als »Studie«, worin es
wirklich noch um eine »unerhörte Begebenheit« geht (die Handlung beruht auf einem Zeitungsbericht). Aber wenn er auch dem
Apostel die Gattungsbestimmung einer »Novelle« beifügt,
merken wir, daß dieses Stück keine mehr ist, daß es wohl noch
eher eine »Studie« bietet als die vorangehenden Erzählungen.
Dann werden in der Einleitung des fiktiven Übersetzers zu
Papa Hamlet, dem ersten Dokument des »konsequenten Realismus«, alle Werke von »Bjarne P. Holmsen« als »nicht etwa bereits ... abgerundete Kunstwerke, sondern nur als ›Studien‹«
bezeichnet. Hernach häufen sich die »Studien« von Holz, Schlaf
und anderen konsequenten Realisten.

Der Terminus »Studie« impliziert Beobachtung, nicht Schöpfung. Wo etwa der Wahnsinn, eines der häufigsten Themen
solcher Studien, als physiologisches und gesellschaftliches Phäno-

men aufgefaßt wird, wo er also nichts mehr mit universalen Wahrheiten oder ästhetischen Maßstäben zu schaffen hat, wird er nicht mehr »gestaltet«, sondern »studiert«, d. h. beobachtet und beschrieben. Wo der Mensch quantitativ verstanden ist, also als Produkt von bestimmten Einflüssen, da kann er als »Skizze« erscheinen, denn alle Faktoren lassen sich nicht erwähnen oder gar zeigen. Zola sucht die »komplette Wahrheit«, und in Anlehnung an ihn deutet der Skizzendichter an: die ganze Wahrheit ist nicht in diesem Rahmen zu finden, hätte er aber genug Platz, dann hätte er sie erfassen können. Die Skizze als Gattung verdankt ihre Existenz einem nur quantitativen Maßstab. Später bezwecken die Expressionisten »Intensität«, eine Kristallisierung der Essenz, schlechthin eine »Qualität« (siehe z. B. Paul Kornfelds Nachwort zur *Verführung*, 1913). Das naturalistische Denken wird dagegen von dem Begriff der Vollständigkeit, gleichsam von der Quantität geprägt, die in einer »Skizze« oder »Studie« zwar als fehlend, aber als maßgebend angedeutet wird. (In diesem Zusammenhang könnte man auch die naturalistische Vorliebe für den Einakter verstehen als dramatische Form der bewußten Einschränkung auf die »studierte« Situation.)

Weiterhin gehört es zum vom Naturalisten erstrebten »Lebensausschnitt«, daß es keinen eigentlichen Beginn und keinen wirklichen Schluß gibt. In seinem Aufsatz über »Das Problem des Eingangs erzählender Dichtung« weist Wolfdietrich Rasch darauf hin, daß um 1890 in Deutschland der »abrupte Eingang« sich geltend macht: ab dieser Zeit wird es immer üblicher, daß der Anfangssatz einer Novelle oder eines Romans mit einem noch nicht erklärten Pronomen anfängt, etwa in Schnitzlers *Sterben*, wo wir von »ihr« hören, ohne erst zu wissen, auf wen das Pronomen sich bezieht (*Stil- und Formprobleme in der Literatur*. Hrsg. von Paul Böckmann, Heidelberg 1959, S. 448 bis 453). Abrupt also, als ob ein richtiger Anfangsmoment fehlte, als ob wir uns plötzlich in einer schon länger bestehenden Welt befänden, setzt der Dichter an. Den Ursprung einer solchen Erzählhaltung entdecken wir in der naturalistischen »Skizze«. Die Skizze bleibt sozusagen an beiden Enden »offen«, wofür Hauptmanns *Apostel* geradezu paradigmatisch wirkt. Man empfindet nicht selten: hätte der Dichter mit dem eigentlichen Beginn angefangen und erst mit dem eigentlichen Ende einer zusammenhängenden Fabel aufgehört, denn hätte ein Roman dar-

aus werden können. Die prägnantesten Beispiele hierfür sind
zweifellos die Studien von Holz und Schlaf, die oft mehrere
Seiten in Anspruch nehmen, ohne ein Geschehnis, ja sogar eine
Situation vollständig zu schildern. Mit Recht sagt von Hanstein
(*Das jüngste Deutschland*, S. 159 f.) über die notwendigen Grenzen einer Studie im »Sekundenstil«: hätte der Autor eine Handlung von nur mäßigem Umfang im sogenannten »Sekundenstil«
zu entwickeln versucht, so wäre das Werk ins Uferlose geraten.
Mikroskopisch fein detailliert vollzieht sich die Schilderung auf
Kosten der nunmehr nur zu erschließenden Handlung, denn eine
abgerundete Handlung scheint dem eingefleischten Naturalisten
etwas unnatürlich. Da er im Leben weder den Beginn noch den
Abschluß einer Handlung absehen kann, beschränkt er sich darauf, einen Aspekt zu »studieren«. Selbstverständlich läuft der
auf beinahe jede Handlung verzichtende Dichter die Gefahr,
schlechthin langweilig zu werden. Dennoch, gerade weil dem
Leser so viel zugemutet wird — zwar wird die Situation möglichst komplett vergegenwärtigt, die Geschehnisse aber kaum
angedeutet —, haben die besseren Studien ihren Reiz. Es bewahrheitet sich gleichsam, was Holz überhaupt von der Kunst
behauptet: der Dichter könne nur ein »Stäubchen« aus der Natur retten, und wie im Leben selbst, müssen wir das erschließen,
was sich unseren Kenntnissen entzieht, z. B. in der »Papiernen
Passion«, in der der Titel auf einen Scherenschnitt anspielt, ohne
daß der Leser die eigentliche Bedeutung dieses Scherenschnitts
erfährt.

Die zu vervollständigende Fabel der Studie bringt solche Erzählformen dem von Kerr (Technik des realistischen Dramas, in:
Die Welt im Drama, I, 425—445) beschriebenen, neuen Dramentypus nah. Kerr schreibt: »Es ist das Streben, innerhalb des
Dramas einen Kommentar zu vermeiden. Positiv ausgedrückt:
Die Neigung, das Publikum Schlüsse ziehen zu lassen« (S. 441).
Und er spricht noch vom »ästhetischen Reiz des Schlüsseezie-
hens«: »Bei einer ganzen Gattung von Dingen, die uns ästhetisch ergötzen, besteht der Grund des Ergötzens einzig darin,
daß wir eine Folgerung machen« (S. 442). Also nicht nur die
exakte Wiedergabe der Sprache, die möglichst genaue Wieder-
herstellung eines überzeugenden Milieus und eine Betonung der
Gestik als eines psychologischen Ausdrucksmittels, sondern auch
der Verzicht auf eine eindeutige Handlung erklärt die Nähe
der naturalistischen Erzählkunst zum Drama und verdeutlicht

eine einheitliche Perspektive der bevorzugten Gattungen im Naturalismus. Neben dem im Sinne von Goethes *Götz*, Grabbes *Napoleon* und Büchners *Danton* »offenen« Drama wird das »geschlossene Drama« von der naturalistischen Bühne propagiert. Aber als klassisch geschlossen im Sinne von Schillers *Maria Stuart* ist dieses Drama nicht mehr zu bezeichnen, denn es vollzieht sich in dem überlieferten Drama mit einer geringen Zahl von Gestalten, mit einem fixierten Ort und mit einer begrenzten Zeitspanne das, was mehr oder weniger der herkömmlichen Novelle widerfährt: die Einschränkungen büßen ihre organische Notwendigkeit ein und nehmen immer mehr den Anschein der nichtkünstlerischen Willkür an. Wie Reinhold Grimm (Pyramide und Karussell. In: R. G., *Strukturen*. Göttingen 1963, 8–43) darlegt, wehrt man sich nunmehr gegen die klassische, von Freytag als mustergültig proklamierte Pyramide des Schillerschen Schauspiels: fünf Akte mit dem dritten Akt als Höhepunkt usw. Um die neue, eher an ein Karussell erinnernde Form zu zeigen, wählt Grimm Hauptmanns *Biberpelz*, der ja scheinbar gegen alle Freytagschen Grundprinzipien verstößt: vier Akte statt fünf, zwei locker aneinandergekettete Handlungen statt einer durchgehend entwickelten usw. (daß Hauptmann auch Umformungen des klassischen Baus vornimmt, werden wir später am Beispiel von den *Webern* beobachten können). Wie auch schon Kerr erkennt, ist also die Geschlossenheit des Dramas — wie die der Studie — nur ein Schein, denn wir haben vor uns einen Ausschnitt aus dem Leben, nicht eine abgeschlossene Handlung. Was z. B. wird wirklich gelöst am Schluß der *Familie Selicke*? Können wir sicher sein, daß Wendt nicht wiederkommen wird? Hier wie in »Ein Abschied« nehmen wir an, daß der Student nicht zurückkehren wird, aber es sprechen gleichzeitig genug Indizien für das Gegenteil. Seit dem Naturalismus betrachten wir einen klaren, eindeutigen Schluß fast als wohlgemeinte Spende des Dichters. Ja, selbst die Expressionisten bedienen sich der ungelösten Situation, etwa wie Sternheim in der *Kassette* (ohnehin fast ein Übergangsstück). Denn die Naturalisten haben uns nicht nur gezeigt, daß das Leben auch in der Kunst keinen Abschluß findet, sondern sie haben uns auf den »ästhetischen Reiz des Schlüsseziehens« aufmerksam gemacht.

Die Familie Selicke schöpft aus einer »Macht der Überzeugung«. Heute beruht diese Überzeugungsmacht nicht mehr auf naturwissenschaftlicher Exaktheit, sondern auf geschichtlichen

Tatsachen. Trotz all der theatralischen Neuerungen in diesem Jahrhundert, die das moderne Dokumentardrama eines Hochhuth, Weiss oder Kipphardt sich zu Nutzen macht, erkennen wir in diesem neuen Typus viele Aspekte des Naturalismus und Neunaturalismus (= Neue Sachlichkeit) wieder. Als oberster Grundsatz steht wieder die Wahrheit, als dominanter Ton der Ernst und als Mittel die überzeugende Tatsache. In seiner »Futuristische Worttechnik: Offener Brief an F. T. Marinetti« (1913) sagt Döblin: »Naturalismus, Naturalismus; wir sind noch lange nicht genug Naturalisten« (*Aufsätze zur Literatur*. Freiburg 1963, S. 9). Wohl bezeichnen sich kaum noch Dichter als »Naturalisten«, es ist jedoch offensichtlich, daß man wieder davon beseelt ist, die »Wahrheit« zu enthüllen, daß die Ziele der Naturalisten also immer noch aktuell sind. Und solange man daran festhält, daß die Kunst stets weniger als das Leben bleibt, aber die »Wahrheiten« des Lebens zeigen kann, so lange werden die Naturalisten als die ersten konsequenten Verfechter dieser Ansichten unsere Aufmerksamkeit verdienen.

1880 Bleibtreu, Karl: *Der Traum. Aus dem Leben des Dichter-lords.* Berlin 1880.

Conrad, Michael Georg: *Parisiana.* Plaudereien über die neueste Literatur und Kunst der Franzosen. Breslau 1880.

Kretzer, Max: *Die beiden Genossen.* Sozialer Roman. Berlin 1880.

1881 Conrad, Michael Georg: *Französische Charakterköpfe.* Serie 2. Studien nach der Natur. Leipzig 1881.

Kretzer, Max: *Sonderbare Schwärmer.* 2 Bände. Berlin 1881.

Mauthner, Fritz: *Die Sonntage der Baronin.* Novellen. Zürich 1881.

1882 Bleibtreu, Karl: *Dies irae.* Erinnerungen eines französischen Offiziers an Sedan. Stuttgart 1882.

Conrad, Michael Georg: *Flammen!* Für freie Geister. Leipzig 1882.

Kretzer, Max: *Die Betrogenen.* Berliner Sittenroman. Berlin 1882.

Kretzer, Max: *Schwarzkittel oder die Geheimnisse des Lichthofes. Wahrheit und Dichtung aus den Arbeitsstätten einer großstädtischen Fabrik.* Erzählungen. Leipzig 1882.

Mauthner, Fritz: *Der neue Ahasver.* Roman aus Jung-Berlin. 2 Bände. Dresden 1882.

Wildenbruch, Ernst von: *Väter und Söhne.* Schauspiel. Berlin 1882.

Uraufführung: Lobetheater Breslau, 15. 11. 1881.

1883 Bleibtreu, Karl: *Aus Norwegens Hochlanden.* Drei Novellen: Auch ein Culturkämpfer. Wie's im Liede heißt. Unter den Gletschern. Leipzig 1883.

Conrad, Michael Georg: *Lutetias Tochter.* Pariser-deutsche Liebesgeschichten. Leipzig 1883.

Conrad, Michael Georg: *Madame Lutetia!* Neue Pariser Studien. Leipzig 1883.

Kirchbach, Wolfgang: *Kinder des Reiches*. Ein Romancyclus. Leipzig 1883 (2. Auflage u. d. T. *Nord!* Vaterländische Novellen und *Süd!* Vaterländische Novellen).

Kretzer, Max: *Berliner Novellen und Sittenbilder*. Jena 1883.

Kretzer, Max: *Gesammelte Berliner Skizzen*. Berlin 1883.

Kretzer, Max: *Die Verkommenen*. Berliner Roman. Berlin 1883.

Liliencron, Detlev von: *Adjutantenritte und andere Gedichte*. Leipzig 1883.

1884   Bleibtreu, Karl: *Wer weiß es?* Erinnerungen eines französischen Offiziers unter Napoleon I. Berlin 1884.

Kretzer, Max: *Im Sturmwind des Sozialismus*. Erzählungen aus großer Zeit. Berlin 1884.

Schönaich-Carolath, Emil Prinz von: *Geschichten aus Moll*. Stuttgart 1884.

1885   Arent, Wilhelm von (Hrsg.): *Moderne Dichter-Charaktere*. Mit Einleitungen von H. Conradi und K. Henckell. Berlin 1885.

Bleibtreu, Karl: *Schlechte Gesellschaft*. Realistische Novellen. Leipzig 1885.

Bleibtreu, Karl: *Kraftkuren*. Realistische Novellen. Leipzig 1885.

Bleibtreu, Karl: *Lieder aus Tirol*. Berlin 1885.

Bleibtreu, Karl: *Lyrisches Tagebuch*. Berlin 1885.

Conrad, Michael Georg: *Totentanz der Liebe*. Münchener Novellen. Leipzig 1885.

Reder, Heinrich von: *Feder-Zeichnungen aus Wald und Hochland*. München 1885.

Stern, Maurice von: *Proletarier-Lieder*. Zürich 1885.

1886   Alberti, Conrad: *Riesen und Zwerge*. Zwei Novellen. Leipzig 1886.

Bleibtreu, Karl: *Lord Byron: Lord Byrons letzte Liebe. Seine Tochter*. Dramen. Leipzig 1886.

Bleibtreu, Karl: *Welt und Wille*. Gedichte. Dessau 1886.

Conradi, Hermann: *Brutalitäten*. Skizzen und Studien. Zürich 1886.

Hart, Julius: *Sumpf*. Leipzig 1886.
Uraufführung: Verein Deutsche Bühne Berlin, 26. 4. 1891.

Hille, Peter: *Die Sozialisten*. Roman. Leipzig 1886.

Holz, Arno: *Das Buch der Zeit*. Lieder eines Modernen. Zürich 1886.

Kretzer, Max: *Drei Weiber*. Berliner Kultur- und Sittenroman. Jena 1886.

Kretzer, Max: *Im Riesennest*. Berliner Geschichten. Leipzig 1886.

Kretzer, Max: *Im Sündenbabel*. Berliner Novellen und Sittenbilder. Leipzig 1886.

Liliencron, Detlev von: *Eine Sommerschlacht*. Leipzig 1886.

Mackay, John Henry: *Anna Hermsdorff*. Trauerspiel (= *Um ein Nichts!*) Zürich 1886.

Mauthner, Fritz: *Quartett*. Roman. Dresden 1886 (= 1. Teil seiner Trilogie *Berlin-W*. Dresden 1886 bis 1890).

Sudermann, Hermann: *Im Zwielicht*. Zwanglose Geschichten. Berlin 1886.

Voß, Richard: *Alexandra*. Drama. Leipzig 1886.

1887 Alberti, Conrad: *Plebs*. Novellen aus dem Volke. Leipzig 1887.

Bahr, Hermann: *Die neuen Menschen*. Ein Schauspiel. Zürich 1887.
Uraufführung: Verein Deutsche Bühne Berlin, 18. 1. 1891.

Bleibtreu, Karl: *Vaterland*. Drei Dramen. Leipzig 1887.
Uraufführung von *Volk und Vaterland:* Stuttgart Lessingverein, 1. 11. 1887.

Bleibtreu, Karl: *Das Geheimnis von Wagram und andere Studien*. Dresden 1887.

Conradi, Hermann: *Lieder eines Sünders*. Leipzig 1887.

Conradi, Hermann: *Phrasen*. Roman. Leipzig 1887.

Mackay, John Henry: *Schatten*. Novellistische Studien. Zürich 1887.

Mackay, John Henry: *Dichtungen*. Zürich 1887.

Mackay, John Henry: *Arma parata fero*. Ein soziales Gedicht. Zürich 1887.

Sudermann, Hermann: *Frau Sorge*. Roman. Stuttgart 1887.

1888   Alberti, Conrad: *Der Kampf ums Dasein*. Eine Romanreihe. 1. Band: *Wer ist der Stärkere?* Ein sozialer Roman aus dem modernen Berlin. Leipzig 1888.

Alberti, Conrad: *Brot!* Ein soziales Schauspiel in fünf Akten. Leipzig 1888.

Bahr, Hermann: *Die große Sünde*. Ein bürgerliches Trauerspiel. Zürich 1888.

Bleibtreu, Karl: *Größenwahn*. Pathologischer Roman. 3 Teile in 2 Bänden. Leipzig 1888.

Bleibtreu, Karl: *Weltgericht*. Tragödie. Leipzig 1888.

Bleibtreu, Karl: *Schicksal*. Schauspiel. Leipzig 1888. Uraufführung: Stadttheater Freiburg, 30. 1. 1890.

Conrad, Michael Georg: *Was die Isar rauscht*. Münchener Roman. 2 Bände. Leipzig 1888.

Hart, Julius: *Fünf Novellen*. Großenhahn 1888.

Kretzer, Max: *Meister Timpe*. Sozialer Roman. Berlin 1888.

Kretzer, Max: *Bürgerlicher Tod*. Drama. Dresden 1888. Uraufführung: Volkstheater Berlin, November 1888.

Liliencron, Detlev von: *Unter flatternden Fahnen*. Militärische und andere Erzählungen. Leipzig 1888.

Mackay, John Henry: *Fortgang*. Der *Dichtungen* erste Folge. Großenhain 1888.

Mackay, John Henry: *Moderne Stoffe*. Zwei Berliner Novellen. Großenhain 1888.

(Mackay, John Henry): *Sturm*. Gedichte. Zürich 1888.

Mauthner, Fritz: *Die Fanfare*. Roman. Dresden 1888 (2. Teil der Trilogie *Berlin-W.*).

Stern, Maurice von: *Stimmen im Sturm*. Gesammelte Dichtungen, dem arbeitenden Volk gewidmet. Zürich 1888. (2. Auflage von *Proletarier-Lieder*).

Sudermann, Hermann: *Geschwister*. Zwei Novellen. Berlin 1888.

Wildenbruch, Ernst von: *Die Quitzow's*. Schauspiel in vier Akten. Berlin 1888. Uraufführung: Königliches Schauspielhaus Berlin, 9. 11. 1888.

1889   Alberti, Conrad: *Die Alten und die Jungen*. Socialer
       Roman. Leipzig 1889 (2. Band von *Der Kampf ums
       Dasein*).

       Bleibtreu, Karl: *Der Erbe*. Soziales Schauspiel. Leipzig
       1889.

       Conrad, Michael Georg: *Die klugen Jungfrauen*. Roman
       in 3 Bänden. Leipzig 1889 (Fortsetzung von *Was die
       Isar rauscht*).

       Conradi, Hermann: *Adam Mensch*. Roman. Leipzig
       1889.

       Halbe, Max: *Ein Emporkömmling*. Sociales Trauerspiel.
       Norden 1889.

       Hauptmann, Gerhart: *Vor Sonnenaufgang*. Soziales
       Drama. Berlin 1889.
       Uraufführung: Freie Bühne Berlin, 20. 10. 1889.

       Held, Franz: *Ein Fest auf der Bastille*. Vorspiel zu der
       Revolutions-Trilogie *Massen!* Berlin 1889.

       Holmsen, Bjarne P. (= Arno Holz und Johannes Schlaf):
       Papa Hamlet. Übersetzung und mit einer Einleitung
       versehen von B. Franzius. Leipzig/Berlin 1889.

       Ipse, Henrik (= Otto Erich Hartleben): *Der Frosch*.
       Familiendrama in einem Act. Deutsch von Otto Erich.
       Leipzig 1889 (Ibsen-Parodie).

       Kretzer, Max: *Das bunte Buch*. Allerlei Geschichten.
       Dresden 1889.

       Land, Hans: *Stiefkinder der Gesellschaft*. Berlin 1889.

       Land, Hans: *Die am Wege sterben*. Berlin 1889.

       Lienhard, Friedrich: *Weltrevolution*. Soziale Tragödie.
       Dresden 1889.

       Liliencron, Detlev von: *Gedichte*. Leipzig 1889.

       Mauthner, Fritz: *Die erste Bank*. Kleine Schul- und
       Feriengeschichten. Glogau 1889.

       Stern, Maurice von: *Excelsior!* Neue Lieder. Zürich 1889.

       Suttner, Bertha von: *Die Waffen nieder!* Eine Lebens-
       geschichte. 2 Bände. Dresden 1889.

1890   Alberti, Conrad: *Das Recht auf Liebe*. Leipzig 1890
       (3. Band von *Der Kampf ums Dasein*).

       Alberti, Conrad: *Im Suff!* Naturalistische Spitalkata-
       strophe in zwei Vorgängen. Berlin 1890 (Parodie der
       von der »Freien Bühne« aufgeführten Dramen).

Bahr, Hermann: *Die gute Schule.* Seelenzustände. Berlin 1890.

Bleibtreu, Karl: *Die Propaganda der That.* Sozialer Roman. Leipzig 1890.

Halbe, Max: *Freie Liebe.* Modernes Drama. Guben 1890.

Hauptmann, Gerhart: *Das Friedensfest. Eine Familienkatastrophe.* Bühnendichtung. Berlin 1890 (zuerst in der *Freien Bühne,* 1890).
Uraufführung: Freie Bühne Berlin, 1. 6. 1890.

Hauptmann, Gerhart: *Einsame Menschen.* Drama. *Freie Bühne* 1890/91 (Ausgabe: Berlin 1891).
Uraufführung: Freie Bühne Berlin, 11. 1. 1891.

Holz, Arno und Schlaf, Johannes: *Die Familie Selicke.* Drama. Berlin 1890.
Uraufführung: Freie Bühne Berlin, 7. 4. 1890.

Kretzer, Max: *Die Bergpredigt.* Roman aus der Gegenwart. Dresden 1890.

Liliencron, Detlev von: *Der Haidegänger und andere Gedichte.* Berlin 1890.

Mackay, John Henry: *Das starke Jahr.* Der *Dichtungen* zweite Folge. Zürich 1890.

Mauthner, Fritz: *Der Villenhof.* Dresden 1890 (3. Teil von *Berlin-W.).*

Polenz, Wilhelm von: *Sühne.* Roman. 2 Bände. Dresden 1890.

Stern, Maurice von: *Höhenrauch.* Neue Gedichte. Zürich 1890.

Sudermann, Hermann: *Die Ehre.* Schauspiel. Berlin/Stuttgart 1890.
Uraufführung: Lessingtheater Berlin, 27. 11. 1889.

Sudermann, Hermann: *Der Katzensteg.* Roman. Berlin/Stuttgart 1890.

Tovote, Heinz: *Im Liebesrausch.* Berliner Roman. Berlin 1890.

1891   Bölsche, Wilhelm: *Die Mittagsgöttin.* Roman aus dem Geisteskampfe der Gegenwart. 3 Bände. Stuttgart 1891.

Dehmel, Richard: *Erlösungen.* Eine Seelenwanderung in Gedichten und Sprüchen. Stuttgart 1891.

Dreyer, Max: *Ein Liebestraum und eine Ehegeschichte.* Zwei Skizzen. Dresden 1891.

Flaischlen, Cäsar: *Toni Stürmer*. Eine Alltagsgeschichte in fünf Szenen. Berlin 1891.

Hartleben, Otto Erich: *Angèle*. Comödie. Berlin 1891. Uraufführung: Freie Bühne Berlin 30. 11. 1890.

Hollaender, Felix: *Jesus und Judas*. Berlin 1891 (1. Band von *Moderne Romane*).

Kretzer, Max: *Der Millionenbauer*. Roman. 2 Bände. Leipzig 1891.

Kretzer, Max: *Der Millionenbauer*. Volksstück. Leipzig 1891 (Dramatisierung vom gleichnamigen Roman). Uraufführung: Thomastheater Berlin 17. 3. 1891.

Kretzer, Max: *Onkel Fifi*. Berlin 1891.

Land, Hans: *Der neue Gott*. Roman aus der Gegenwart. Dresden 1891.

Liliencron, Detlev von: *Krieg und Frieden*. Novellen. Berlin 1891.

Mackay, John Henry: *Die Anarchisten*. Kulturgemälde aus dem Ende des neunzehnten Jahrhunderts. Zürich 1891 (Fortsetzung: *Der Freiheitssucher. Psychologie einer Entwicklung*. Berlin-Charlottenburg 1921).

Polenz, Wilhelm von: *Die Versuchung*. Eine Studie. Dresden 1891.

Polenz, Wilhelm von: *Heinrich von Kleist*. Trauerspiel. Dresden 1891. Uraufführung: Hoftheater Dresden, 18. 10. 1900.

Sudermann, Hermann: *Sodoms Ende*. Trauerspiel. Berlin/Stuttgart 1891. Uraufführung: Lessingtheater Berlin, 5. 11. 1890.

Voß, Richard: *Die neue Zeit*. Trauerspiel. Leipzig 1891. Uraufführung: Hoftheater München, 9. 1. 1892.

Wedekind, Frank: *Frühlings Erwachen*. Eine Kindertragödie. Zürich 1891. Uraufführung: Kammerspiele Berlin, 20. 11. 1906.

Wildenbruch, Ernst von: *Die Haubenlerche*. Schauspiel. Berlin 1891. Uraufführung: Deutsches Theater Berlin, 20. 9. 1890.

1892 Alberti, Conrad: *Schröter & Co*. Leipzig 1892 (5. Band von *Der Kampf ums Dasein*). (Der 4. Band erscheint erst 1893).

Fulda, Ludwig: *Das verlorene Paradies.* Schauspiel.
Stuttgart 1892.
Uraufführung: Deutsches Theater Berlin, 1. 11. 1890.
Fulda, Ludwig: *Die Sklavin.* Schauspiel. Stuttgart 1892.
Uraufführung: Deutsches Theater Berlin, 31. 10. 1891.
Halbe, Max: *Eisgang.* Modernes Schauspiel. Berlin 1892
(auch in der *Freien Bühne*).
Uraufführung: Freie Volksbühne Berlin, 7. 2. 1892.
Hauptmann, Gerhart: *Kollege Crampton.* Komödie.
Berlin 1892.
Uraufführung: Deutsches Theater Berlin, 16. 1. 1892.
Hauptmann, Gerhart: *De Waber.* Schauspiel aus den
vierziger Jahren. Berlin 1892.
Hauptmann, Gerhart: *Die Weber* (Übertragung der
Dialektausgabe). Berlin 1892.
Uraufführung: Freie Bühne Berlin, 26. 2. 1893.
Hauptmann, Gerhart: *Der Apostel. Bahnwärter Thiel.*
Novellistische Studien. Berlin 1892. *(Bahnwärter
Thiel* erschien schon 1888 in der *Gesellschaft, Der
Apostel* 1890 in *Moderne Dichtung).*
Hollaender, Felix: *Magdalene Dornis.* Berlin 1892
(2. Band von *Moderne Romane*).
Holz, Arno und Schlaf, Johannes: *Neue Gleise.* Gemein-
sames. In drei Theilen und einem Bande. Berlin 1892.
Kirchbach, Wolfgang: *Das Leben auf der Walze.* Roman.
Berlin 1892.
Kretzer, Max: *Der Baßgeiger. Das verhexte Haus.* Zwei
Berliner Geschichten. Leipzig 1892.
Mackay, John Henry: *Die Menschen der Ehe.* Schilde-
rungen aus der kleinen Stadt. Berlin 1892.
Polenz, Wilhelm von: *Die Unschuld und andere Feder-
zeichnungen.* Dresden 1892.
Scharf, Ludwig: *Lieder eines Menschen.* München 1892.
Schlaf, Johannes: *Meister Oelze,* Drama. Berlin 1892.
Uraufführung: Neue Freie Volksbühne Berlin, 4. 2.
1894.
Sudermann, Hermann: *Jolanthes Hochzeit.* Erzählung.
Berlin/Stuttgart 1892.
Wolzogen, Ernst von: *Das Lumpengesindel.* Tragikomö-
die in drei Aufzügen. Berlin 1892.
Uraufführung: Wallnertheater Berlin, 31. 1. 1892.

Wolzogen, Ernst von: *Erlebtes, Erlauschtes und Erloge-nes.* Berlin 1892.

Wolzogen, Ernst von: *Blau Blut.* Eine Romanreihe. 3 Bände. Stuttgart 1892:
1. Band: *Schwertadel* (schon 1888 u. d. T. *Die Kinder der Excellenz*),
2. Band: *Landadel.* 2 Teile in einem Band (schon 1889 u. d. T. *Die tolle Komteß*),
3. Band: *Hofadel.* 2 Teile in einem Bande (in demselben Jahr u. d. T. *Der Thronfolger*).

1893   Alberti, Conrad: *Mode:* Roman. Leipzig 1893 (4. Band von *Der Kumpf ums Dasein*).

Conrad, Michael Georg: *Die Beichte des Narren.* Leipzig/Berlin 1893 (3. Band von *Was die Isar rauscht.* Münchener Romancyklus).

Croissant-Rust, Anna: *Feierabend und andere Münchener Geschichten.* München/Berlin 1893.

Croissant-Rust, Anna: *Gedichte in Prosa.* München/Berlin 1893.

Croissant-Rust, Anna: *Lebensstücke.* Novellen- und Skizzenbuch. München/Berlin 1893.

Halbe, Max: *Jugend.* Ein Liebesdrama in drei Aufzügen. Berlin 1893.
Uraufführung: Residenztheater Berlin, 23. 4. 1893.

Hartleben, Otto Erich: *Die Erziehung zur Ehe.* Eine Satire. Berlin 1893.
Uraufführung: Neue Freie Volksbühne Berlin, 10. 9. 1893.

Hartleben, Otto Erich: *Hanna Jagert.* Comödie in drei Akten. Berlin 1893.
Uraufführung: Lessingtheater Berlin, 2. 4. 1893.

Hartleben, Otto Erich: *Die Geschichte vom abgerissenen Knopfe.* Berlin 1893.

Hauptmann, Gerhart: *Der Biberpelz.* Eine Diebskomödie. Berlin 1893.
Uraufführung: Deutsches Theater Berlin, 21. 9. 1893.

Hegeler, Wilhelm: *Mutter Bertha.* Roman. Berlin 1893.

Hollaender, Felix, und Land, Hans: *Die heilige Ehe.* Ein modernes Schauspiel. Berlin 1893.

Hollaender, Felix: *Frau Ellin Röte*. Aus dem Leben einer jungen Frau. Berlin 1893.

Liliencron, Detlev von: *Neue Gedichte*. Berlin 1893.

Mackay, John Henry: *Die letzte Pflicht*. Eine Geschichte ohne Handlung. Berlin 1893.

Polenz, Wilhelm von: *Der Pfarrer von Breitendorf*. Roman. 2 Bände. Berlin 1893.

Reder, Heinrich von: *Lyrisches Skizzenbuch*. München 1893.

Rosmer, Ernst (= Elsa Bernstein): *Dämmerung*. Schauspiel. Berlin 1893.
Uraufführung: Freie Bühne Berlin, 30. 3. 1893.

Rosmer, Ernst (= Elsa Bernstein): *Wir Drei*. Fünf Akte. München 1893.

Sudermann, Hermann: *Heimat*. Schauspiel. Berlin/Stuttgart 1893.
Uraufführung: Lessingtheater Berlin, 7. 1. 1893.

Wildenbruch, Ernst von: *Meister Balzer*, Schauspiel Berlin 1893.
Uraufführung: Schauspielhaus Berlin, 2. 11. 1892.

Wolzogen, Ernst von und Schumann, W.: *Die Kinder der Excellenz*. Lustspiel in vier Aufzügen. Leipzig 1893. (Dramatisierung des Romans von 1888 bzw. 1892).
Uraufführung: Deutsches Theater Berlin, 9. 12. 1890.

1894   Dreyer, Max: *Drei*. Drama. Berlin 1894.
Uraufführung: Lessingtheater Berlin, 25. 5. 1895.

Dreyer, Max: *Frauenwille*. Erzählungen. Stuttgart 1894.

Hartleben, Otto Erich: *Ein Ehrenwort*. Schauspiel in vier Akten. Berlin 1894.

Hauptmann, Carl: *Marianne*. Schauspiel. Berlin 1894.
Uraufführung: Neue Freie Volksbühne, 14. 12. 1902.

Hauptmann, Gerhart: *Hannele*. Traumdichtung in zwei Teilen. Berlin 1894.
Uraufführung: Königliches Schauspielhaus Berlin, 14. 11. 1893.

Hegeler, Wilhelm: *Und alles um die Liebe*. Aufzeichnungen eines Philologen. Berlin 1894.

Panizza, Oskar: *Der heilige Staatsanwalt*. Eine moralische Komödie. Leipzig 1894.

Polenz, Wilhelm von: *Karline*. Novellen und Gedichte.
Berlin 1894.

Ruederer, Josef: *Ein Verrückter*. Kampf und Ende eines
Lehrers. München/Dresden 1894.

Schnitzler, Arthur: *Das Märchen*. Schauspiel. Dresden
1894.
Uraufführung: Deutsches Volkstheater Wien, 1. 12.
1893.

Schönaich-Carolath, Emil von: *Bürgerlicher Tod*. Novelle. Stuttgart 1894.

Sudermann, Hermann: *Es war*. Roman. Stuttgart 1894.

Weigand, Wilhelm: *Der Vater*. Drama in einem Akt.
München 1894.
Uraufführung: Literarische Gesellschaft, Leipzig, 8.
12. 1896.

Wolzogen, Ernst von: *Die Entgleisten*. Eine Katastrophe
in sieben Tagen, nebst einem Vorabend. Berlin 1894.

Wolzogen, Ernst von: *Fahnenflucht*. Novelle. Berlin
1894.

1895   Alberti, Conrad: *Maschinen*. Leipzig 1895 (6. Band von
Der Kampf ums Dasein).

Böhlau, Helene: *Der Rangierbahnhof*. Roman. Berlin
1895.

Conrad, Michael Georg: *In purpurner Finsternis*. Ro-
man-Improvisation aus dem dreißigsten Jahrhundert.
Berlin 1895.

Dehmel, Richard: *Lebensblätter*. Berlin 1895.

Ernst, Otto (= O. E. Schmidt): *Die größte Sünde*. Drama. Hamburg 1895 (Neubearbeitung 1901)
Uraufführung: Belle Alliance Theater Berlin, 8. 9.
1895.

Flaischlen, Cäsar: *Martin Lehnhardt*. Ein Kampf um
Gott. Fünf Scenen. Berlin 1895.
Uraufführung: Literarische Gesellschaft Leipzig, 1. 12.
1895.

Hirschfeld, Georg: *Steinträger Luise*. In: *Das Magazin
für Literatur* 64 (1895). (Keine Buchausgabe).

Kretzer, Max: *Ein Unberühmter und andere Geschichten*. Dresden 1895.

Mackay, John Henry: *Albert Schnell's Untergang*. Berlin 1895 (Fortsetzung von *Die letzte Pflicht*).

Panizza, Oskar: *Das Liebeskonzil*. Himmels-Tragödie. Zürich 1895.

Polenz, Wilhelm von: *Der Büttnerbauer*. Roman. Berlin 1895.

Reuter, Gabriele: *Aus guter Familie*. Leidensgeschichte eines Mädchens. Berlin 1895.

Ruederer, Josef: *Die Fahnenweihe*. Komödie. München/ Dresden 1895.
Uraufführung: Dramatische Gesellschaft Berlin, 29. 11. 1896.

Schnitzler, Arthur: *Sterben*. Novelle. Berlin 1895.

Sudermann, Hermann: *Die Schmetterlingsschlacht*. Komödie. Stuttgart 1895.
Uraufführung: Lessingtheater Berlin, 6. 10. 1894.

1896 Böhlau, Helene: *Das Recht der Mutter*. Roman. Berlin 1896.

Dreyer, Max: *Winterschlaf*. Drama in drei Aufzügen. Berlin 1896.
Uraufführung: Neues Theater Berlin, 15. 3. 1896.

Grazie, Marie Eugenie delle: *Moralische Walpurgisnacht*. Ein Satyrspiel vor der Tragödie. Leipzig 1896.

Halbe, Max, *Lebenswende*. Eine Komödie. Dresden 1896.
Urauführung: Deutsches Theater Berlin, 21. 1. 1896.

Hauptmann, Carl: *Waldleute*. Schauspiel. Stuttgart 1896.
Uraufführung: Raimundtheater Wien, 31. 10. 1895.

Hauptmann, Gerhart: *Florian Geyer*. Die Tragödie des Bauernkrieges. Berlin 1896.
Uraufführung: Deutsches Theater Berlin, 4. 1. 1896.

Hirschfeld, Georg: *Zu Hause*. Ein Akt. Berlin 1896 (zuerst in der *Freien Bühne* 4, 1893).
Uraufführung: Akademisch-dramatischer Verein München, 1. 3. 1894.

Hirschfeld, Georg: *Die Mütter*. Schauspiel. Berlin 1896.
Uraufführung: Freie Bühne Berlin, 12. 5. 1895.

Hollaender, Felix: *Pension Fratelli*. Ein kurzer Roman und Anderes. Berlin 1896.

Hollaender, Felix: *Sturmwind im Westen*. Berliner Roman. Berlin 1896.

Holz, Arno: *Berlin. Das Ende einer Zeit in Dramen. Socialaristokraten*. Rudolstadt 1896.
Uraufführung: Central-Theater Berlin, 15. 6. 1897.

Kretzer, Max: *Frau von Mitleid und andere Novellen*. Berlin 1896.

Polenz, Wilhelm von: *Reinheit*. Novellen. Berlin 1896.

Rilke, Rainer Maria: *Jetzt und in der Stunde unseres Absterbens*. In: *Wegwarten* II. Prag 1896.
Uraufführung: Deutsches Volkstheater Prag, 6. 8. 1896.

Schnitzler, Arthur: *Liebelei*. Schauspiel in drei Akten. Berlin 1896.
Uraufführung: Burgtheater Wien, 9. 10. 1895.

Sudermann, Hermann: *Das Glück im Winkel*. Schauspiel. Stuttgart 1896.
Uraufführung: Hofburgtheater Wien, 11. 11. 1895.

1897 Bierbaum, Otto Julius: *Stilpe:* Ein Roman aus der Froschperspektive. Berlin 1897.

Croissant-Rust, Anna: *Der Bua*. Oberbayrisches Volksdrama. Berlin 1897.

Dehmel, Richard: *Zwanzig Dehmelsche Gedichte*. Berlin 1897.

Ernst, Paul: *Wenn die Blätter fallen*. In: *Pan* (1897) (Buchausgabe erst 1900).
Uraufführung: Theater der Urania Berlin, 14. 5. 1899 (zusammen mit *Im chambre séparée* und *Die schnelle Verlobung*).

Flaischlen, Cäsar: *Professor Hardmuth*. Charakterstudie. *Flügelmüde*. Ein Abschnitt aus dem Leben eines Jeden. Berlin 1897.

Halbe, Max: *Mutter Erde*. Drama. Berlin 1897.
Uraufführung: Deutsches Theater Berlin, 18. 9. 1897.

Halbe, Max: *Frau Meseck*. Eine Dorfgeschichte. Berlin 1897.

Hartleben, Otto Erich: *Die sittliche Forderung*. Comödie in einem Act. Berlin 1897 (zuerst in *Neue Deutsche Rundschau* 5, 1894).
Uraufführung: Neues Theater Berlin, 9. 11. 96.

Kretzer, Max: *Furcht vor dem Heim und andere Novellen*. Berliner Geschichten. Leipzig 1897.

Land, Hans: *Vor zwei Erlösern*. Roman. Berlin 1897.

Langmann, Philipp: *Bartel Turaser*. Leipzig 1897 (zuerst in: *Die Gesellschaft* 12, 1896).
Uraufführung: Deutsches Volkstheater Wien, 11. 12. 1897.

Ompteda, Georg von: *Deutscher Adel*. Romane. 3 Teile, 6 Bände. Berlin 1897—1902. 1. Teil: *Sylvester von Geyer*. Ein Menschenleben. 2 Bände. Berlin 1897.

Polenz, Wilhelm von: *Der Grabenhäger*. Roman in zwei Bänden. Berlin 1897.

Rilke, Rainer Maria: *Im Frühfrost*. In: *Sämtliche Werke* 4. Frankfurt/M. 1961.
Uraufführung: Deutsches Volkstheater Prag, 20. 7. 1897.

Schlaf, Johannes: *Der Gast*. In: *Neuland* (1897) (Später u. d. T. *Gertrud*. Drama. Berlin 1898).
Uraufführung: Residenztheater Berlin, 24. 4. 1898.

Viebig, Clara: *Kinder der Eifel*. Novellen. Berlin 1897.

Viebig, Clara: *Barbara Holzer*. Schauspiel. Berlin 1897 (Dramatisierung von »Die Schuldige« aus *Kinder der Eifel*).
Uraufführung: Lobetheater Breslau, 6. 6. 1897.

Viebig, Clara, *Rheinlandstöchter*. Roman. Berlin 1897.

1898   Ernst, Paul: *Lumpenbagasch. Im chambre séparée*. Zwei Schauspiele. Berlin 1898.
Uraufführung: *Lumpenbagasch:* Dramatische Gesellschaft Berlin, 27. 3. 98; *Im chambre séparée:* siehe oben zu *Wenn die Blätter fallen*.

Hegeler, Wilhelm: *Pygmalion*. Novellen. Berlin 1898.

Hirschfeld, Georg: *Agnes Jordan*. Schauspiel. Berlin 1898.
Uraufführung: Deutsches Theater Berlin, 9. 10. 1897.

Holz, Arno: *Phantasus*. 2 Hefte. Berlin 1898—99.

Kretzer, Max: *Berliner Skizzen*. Berlin 1898.

Mann, Thomas: *Der kleine Herr Friedemann*. Novellen. Berlin 1898.

Martens, Kurt: *Roman aus der Décadence*. Berlin 1898.

Polenz, Wilhelm von: *Andreas Bockholdt.* Tragödie
Dresden 1898.

Rilke, Rainer Maria: *Mütterchen.* In: *Monatsschrift für
neue Literatur und Kunst* 2 (1898).

Schnitzler, Arthur: *Freiwild.* Schauspiel in drei Akten.
Berlin 1898.
Uraufführung: Deutsches Theater Berlin, 3. 11. 1896.

Viebig, Clara: *Vor Tau und Tag.* Novellen. Berlin 1898.

Voigt-Diederichs, Helene: *Schleswig-Holsteiner Landleute.* Bilder aus dem Volksleben. Leipzig/Berlin 1898.

1899 Böhlau, Helene: *Halbtier!* Roman. Berlin 1899.

Bronner, Ferdinand (= Franz Adamus): *Familie Wa-
wroch.* Ein österreichisches Drama in vier Akten.
München 1899 (= 1. Band von *Jahrhundertwende.*
Dramenzyklus. 1899–1905; 2. Band: *Schmelz, der
Nibelunge.* Komödie. Wien 1905; 3. Band: *Neues
Leben.* Drama in vier Akten. Wien 1902).
Uraufführung von der *Familie Wawroch:* Deutsches
Volkstheater Wien, 21. 4. 1900.

Dreyer, Max: *Der Probekandidat.* Drama. Berlin 1899.
Uraufführung: Deutsches Theater Berlin, 18. 11. 1899.

Ernst, Otto (= O. E. Schmidt): *Jugend von heute.* Eine
deutsche Komödie. Hamburg 1899.
Uraufführung: Königliches Schauspielhaus Dresden,
2. 12. 1899.

Ernst, Paul: *Die schnelle Verlobung.* Lustspiel in einem
Akt. Berlin 1899.
Uraufführung: siehe oben zu *Wenn die Blätter fallen.*

Grazie, Marie Eugenie delle: *Schlagende Wetter.* Drama.
Leipzig 1899.
Uraufführung: Deutsches Volkstheater Wien, 27. 10.
1900.

Halbe, Max: *Die Heimatlosen.* Drama in fünf Aufzügen. Berlin 1899.
Uraufführung: Lessingtheater Berlin, 21. 2. 1899.

Hartleben, Otto Erich: *Ein wahrhaft guter Mensch.* Comödie. Berlin 1899.
Uraufführung: Residenztheater München, 24. 10.
1899.

Hartleben, Otto Erich: *Die Befreiten:* Ein Einacter-Zyklus. Berlin 1899. (Enthält: *Die Lore, Die sittliche Forderung, Abschied vom Regiment* und *Der Fremde*).

Hirschfeld, Georg: *Pauline:* Berliner Komödie. Berlin 1899.
Uraufführung: Deutsches Theater Berlin, 18. 2. 1899.

Hauptmann, Gerhart: *Fuhrmann Henschel.* Schauspiel. Berlin 1899 (Neue, der Schriftsprache angenäherte Fassung. Berlin 1899).
Uraufführung: Deutsches Theater Berlin, 5. 11. 1898.

Hollaender, Felix: *Erlösung.* Roman. Berlin 1899.

Hollaender, Felix, *Das letzte Glück.* Roman. Berlin 1899.

Ompteda, Georg von: *Eysen.* 2 Bände. Berlin 1899 (2. Teil von *Deutscher Adel*).

Polenz, Wilhelm von: *Thekla Lüdekind.* Die Geschichte eines Herzens. 2 Bände. Berlin 1899.

Polenz, Wilhelm von: *Wald.* Novelle. Berlin 1899.

Schnitzler, Arthur: *Das Vermächtnis.* Schauspiel in drei Akten. Berlin 1899.
Uraufführung: Deutsches Theater Berlin, 8. 10. 1898.

Viebig, Clara: *Pharisäer.* Komödie. Berlin 1899.
Uraufführung: Stadttheater Bremen, 17. 10. 1899.

Voigt-Diederichs, Helene: *Abendrot.* Aus dem schleswigschen Volksleben. Leipzig 1899.

1900   Ernst, Paul: *Wenn die Blätter fallen. Der Tod.* Zwei Trauerspiele. Berlin 1900.
Uraufführung von *Wenn die Blätter fallen:* siehe oben 1897.

Halbe, Max: *Das tausendjährige Reich.* Drama. Berlin 1900.
Uraufführung: Residenztheater München, 28. 12. 1899.

Hartleben, Otto Erich: *Rosenmontag.* Eine Offiziers-Tragödie in fünf Acten. Berlin 1900.
Uraufführung: Deutsches Theater Berlin und Schauspielhaus München, 3. 10. 1900.

Hauptmann, Carl: *Ephraims Breite.* Schauspiel. Berlin 1900 (Neuauflage u. d. T. *Ephraims Tochter.* Schauspiel. München 1920).
Uraufführung: Lobetheater Breslau, 6. 1. 1900.

Hauptmann, Gerhart: *Michael Kramer*. Drama in vier Akten. Berlin 1900.

Hegeler, Wilhelm: *Ingenieur Horstmann*. Roman. Berlin 1900.

Keyserling, Eduard von: *Ein Frühlingsopfer*. Schauspiel in drei Aufzügen. Berlin 1900.
Uraufführung: Freie Bühne Berlin, 12. 11. 1899.

Kretzer, Max: *Großstadtmenschen*. Neue Berliner Geschichten. Berlin 1900.

Mann, Heinrich: *Im Schlaraffenland*. Ein Roman unter feinen Leuten. München 1900.

Ostwald, Hans: *Vagabunden*. Berlin 1900.

Schlaf, Johannes: *Das dritte Reich*. Berliner Roman. Berlin 1900.

Schönherr, Karl: *Die Bildschnitzer*. Eine Tragödie braver Leute. Wien 1900.
Uraufführung: Deutsches Volkstheater Wien, 7. 9. 1900.

Sudermann, Hermann: *Johannisfeuer*. Schauspiel. Stuttgart 1900.
Uraufführung: Lessingtheater Berlin, 5. 10. 1900.

Viebig, Clara: *Das tägliche Brot*. Roman in zwei Bänden. Berlin 1900.

Viebig, Clara: *Das Weiberdorf*. Roman aus der Eifel. Berlin 1900.

1901   Croissant-Rust, Anna: *Pimpernellche*. Pfälzer Geschichten, Berlin 1901.

Ernst, Otto (= O. E. Schmidt): *Flachsmann als Erzieher*. Komödie. Leipzig 1901.
Uraufführung: Königliches Schauspielhaus Dresden, 1. 12. 1900.

Ficker, Ludwig von: *Und Friede den Menschen*. Linz 1901.

Frenssen, Gustav: *Jörn Uhl*. Roman. Berlin 1901.

Halbe, Max: *Ein Meteor*. Eine Künstlergeschichte. Berlin 1901.

Hauptmann, Gerhart: *Der rote Hahn*. Tragikomödie in vier Akten. Berlin 1901.
Uraufführung: Deutsches Theater Berlin, 27. 11. 1901.

Keyserling, Eduard von: *Der dumme Hans.* Trauerspiel in vier Aufzügen. Berlin 1901.
Uraufführung: Residenztheater Berlin, 4. 5. 1901.
Langmann, Philipp: *Korporal Stöhr.* Stuttgart 1901.
Uraufführung: Raimundtheater Wien, 26. 9. 1901.
Mann, Thomas: *Buddenbrooks. Verfall einer Familie.* Roman. 2 Bände. Berlin 1901.
Ostwald, Hans: *Tippelschickse.* Scenen aus dem Vagabundenleben. In: *Bunte Theater-Bibliothek,* 4. Heft. Berlin 1901.
Polenz, Wilhelm von: *Junker und Fröhner.* Dorftragödie. Berlin 1901.
Uraufführung: Alberttheater Dresden, 19. 11. 1916.
Polenz, Wilhelm von: *Liebe ist ewig.* Roman. Berlin 1901.
Polenz, Wilhelm von: *Luginsland.* Dorfgeschichten. Berlin 1901.
Stavenhagen, Fritz: *Der Lotse.* Hamburger Drama, Hamburg 1901.
Uraufführung: Thaliatheater Hamburg, 15. 5. 1904.
Stavenhagen, Fritz: *Jürgen Piepers.* Niederdeutsches Volksstück. Hamburg 1901.
Uraufführung: Thaliatheater Hamburg, 23. 2. 1905.
Thoma, Ludwig: *Die Medaille.* Komödie. München 1901.
Uraufführung: Residenztheater München, 24. 8. 1901.
Voigt-Diederichs, Helene: *Unterstrom.* Gedichte. Leipzig/Jena 1901.
Voigt-Diederichs, Helene: *Regine Vosgenau.* Aus dem schleswigschen Volksleben. Leipzig/Jena 1901.

1902 Hollaender, Felix: *Der Weg des Thomas Truck.* Roman. 2 Bände. Berlin 1902.
Holz, Arno: *Die Blechschmiede.* Leipzig 1902.
Ompteda, Georg von: *Cäcilie von Sarryn.* 2 Bände. Berlin 1902 (3. Teil von *Deutscher Adel*).
Polenz, Wilhelm von: *Wurzellocker.* Roman in zwei Bänden. Berlin 1902.
Schlaf, Johannes: *Die Suchenden.* Roman. Berlin 1902.
Schönherr, Karl: *Sonnwendtag.* Drama. Wien 1902 (Neufassungen: 1905, 1912, 1914).
Uraufführung: Burgtheater Wien, 19. 4. 1902.

Thoma, Ludwig: *Die Lokalbahn*. Komödie. München
1902.
Uraufführung: Residenztheater München, 19. 10.
1902.

1903   Bertsch, Hugo: *Die Geschwister*. 1903.
David, Jakob Julius: *Der Übergang*. Wiener Roman.
Berlin 1903.
Hauptmann, Gerhart: *Rose Bernd*. Schauspiel in fünf
Akten. Berlin 1903.
Uraufführung: Deutsches Theater Berlin, 31. 10. 1903.
Hegeler, Wilhelm: *Pastor Klinghammer*. Roman. Ber-
lin 1903.
Holz, Arno: *Lieder auf einer alten Laute*. Lyrisches Por-
trät aus dem 17. Jahrhundert. Leipzig 1903 (Ergän-
zungen Berlin 1921 u. d. T. *Fünf neue Dafnis-Lieder*
und Dresden 1922 u. d. T. *Neue Dafnis-Lieder alß*
welche in des berümbten Schäffer Dafnis Omnia mea
das ist Sämbtliche höchst sündhaffte sälbst verfärtigte
Freß- Sauff- und Venus-Lieder benebst angehänckten
Auffrichtigen und Reue-müthigen Buß-thränen biß
anhero noch nicht enthalten sind).
Liliencron, Detlev von: *Bunte Beute*. Berlin 1903.
Mann, Thomas: *Tristan*. Sechs Novellen. Berlin 1903.
Schlaf, Johannes: *Peter Boies Freite*. Leipzig/Berlin 1903
(3. Teil der Trilogie nach *Das dritte Reich* und *Die*
Suchenden).
Sudermann, Hermann: *Der Sturmgeselle Sokrates*. Ko-
mödie. Stuttgart 1903.
Uraufführung: Lessingtheater Berlin, 3. 10. 1903.
Suttner, Bertha von: *Martha's Kinder*. Fortsetzung zu
»Die Waffen nieder!« Dresden 1903.
Viebig, Clara: *Vom Müller-Hannes*. Eine Geschichte aus
der Eifel. Berlin 1903.
Voigt-Diederichs, Helene: *Leben ohne Lärmen*. Jena
1903.
Volkmar, Hans (= Holz, Arno und Jerschke, Oskar):
Heimkehr. Berlin 1903.

1904   Bertsch, Hugo: *Bob der Sonderling*. Seine Geschichten
und Gedanken. 1904.

Keyserling, Eduard von: *Peter Hawel*. Drama in fünf Aufzügen. Berlin 1904.
Uraufführung: Schauspielhaus München, 10. 10. 1903.
Kretzer, Max: *Familiensklaven*. Roman. Berlin 1904.
Stavenhagen, Fritz: *Mudder Mews*. Niederdeutsches Drama. Hamburg 1904.
Uraufführung: Stadttheater Hamburg, 10. 12. 1905.
Stavenhagen, Fritz: *Grau und Golden*. Hamburger Geschichten und Skizzen. Hamburg 1904.
Strauß, Emil: *Kreuzungen*. Roman. Berlin 1904.

1905   Boehme, Margarete: *Tagebuch einer Verlorenen*. 1905.
Holz, Arno und Jerschke, Oskar: *Traumulus*. Tragische Komödie. München 1905.
Uraufführung: Lessingtheater Berlin, 24. 9. 1904.
Kretzer, Max: *Der Mann ohne Gewissen*. Roman. Berlin 1905.
Schönherr, Karl: *Karrnerleut'*. Wien 1905.
Uraufführung: Josefstadt Theater Wien, 30. 9. 1904.
Stavenhagen, Fritz: *Der dütsche Michel*. Niederdeutsche Bauernkomödie. Hamburg 1905.
Sudermann, Hermann: *Stein unter Steinen*. Schauspiel. Stuttgart 1905.
Uraufführung: Lessingtheater Berlin, 7. 10. 1905.
Viebig, Clara: *Der Kampf um den Mann*. Dramenzyklus. Berlin 1905 (Enthält: *Die Bäuerin; Eine Zuflucht; Fräulein Freschbolzen; Mutter*).
Uraufführungen der einzelnen Stücke (der Reihe nach): Residenztheater durch die Literarische Gesellschaft Dresden, 19. 2. 1905; Hebbeltheater Berlin, 29. 4. 1908 (auf holländisch); Freie Volksbühne Berlin, 5. 11. 1905; Hebbeltheater Berlin, 12. 10. 1909 (mit *Eine Zuflucht*).
Uraufführung des Zyklus: Apollotheater Nürnberg, 14. 6. 1905.
Voigt-Diederichs, Helene: *Dreiviertel Stund vor Tag*. Roman aus dem niedersächsischen Volksleben. Jena 1905.

1906   Croissant-Rust, Anna: *Aus unseres Herrgotts Tiergarten*. Geschichten von sonderbaren Menschen und verwunderlichem Getier. Stuttgart 1906.

Croissant-Rust, Anna: *Die Nann*. Ein Volks-Roman.
Stuttgart 1906.
Rosenow, Emil: *Kater Lampe*. Komödie. Stuttgart 1906.
Uraufführung: Sommertheater Dresden, 2. 8. 1902.
Schönherr, Karl: *Familie*. Schauspiel. Stuttgart 1906.
Uraufführung: Burgtheater Wien, 30. 11. 1905.
Stavenhagen, Fritz: *De ruge Hoff*. Niederdeutsche Bau-
ernkomödie. Hamburg 1906.
Uraufführung: Carl-Schultze-Theater Hamburg, 17.
3. 1906.

1907 Hauptmann, Carl: *Einhart der Lächler*. Roman. 2 Bände. Berlin 1907.
Herzog, Rudolf: *Abenteurer*. 1907.
Holz, Arno und Jerschke, Oskar: *Frei!* Eine Männer-
komödie in vier Aufzügen. München 1907.

1908 Holz, Arno: *Sonnenfinsternis*. Tragödie. Berlin 1908 (2.
Teil von *Berlin. Die Wende einer Zeit in Dramen*) (2.
stark veränderte Auflage 1919).
Uraufführung: Thalia-Theater Hamburg, 16. 9. 1913.
Schönherr, Karl: *Erde*. Eine Komödie des Lebens. Berlin
1908.
Uraufführung: Schauspielhaus Düsseldorf, 13. 1.
1908.
Viebig, Clara: *Das Kreuz im Venn*. Roman. Berlin 1908.

1909 Thoma, Ludwig: *Moral*. Komödie. München 1909.
Uraufführung: Kleines Theater Berlin, 20. 11. 1908.

1910 Thoma, Ludwig: *Erster Klasse*. München 1910.
Uraufführung: Bauernbühne Michael Dengg, Rottach-
Egern, 12. 8. 1910.
Viebig, Clara: *Die vor den Toren*. Roman. Berlin 1910.

1911 Hauptmann, Gerhart: *Die Ratten*. Berliner Tragikomö-
die. Berlin 1912.
Uraufführung: Lessingtheater Berlin, 13. 1. 1911.
Holz, Arno und Jerschke, Oskar: *Büxl*. Komödie in drei
Akten. Dresden 1911.
Uraufführung: Neues Schauspielhaus Berlin, 11. 10.
1911.

1912   Hauptmann, Gerhart: *Gabriel Schillings Flucht.* Drama.
         Berlin 1912.
         Uraufführung: Goethe-Theater Lauchstadt, 14. 6.
         1912.
         Rosenow, Emil: *Die im Schatten leben.* Drama. Berlin
         1912.
         Thoma, Ludwig: *Magdalena.* Volksstück. München 1912.
         Uraufführung: Kleines Theater Berlin, 12. 10. 1912.

1913   Hauptmann, Carl: *Ismael Friedmann.* Leipzig 1913.

1914   Schönherr, Karl: *Der Weibsteufel,* Drama in fünf Ak-
         ten. Leipzig 1914.
         Uraufführung: Burgtheater Wien, 6. 4. 1915.

KOMMENTARE

Max Kretzer
Meister Timpe

Obwohl *Meister Timpe* schon 1888 erscheint, also erst als der sechste von den bei Pierre Angel verzeichneten 35 Kretzerschen Romanen, bleibt dieses Werk Kretzers bekanntestes und, was die Erfüllung naturalistischer Intentionen anbelangt, wohl sein bestes. Noch 1950 erlebt es seine 12. Auflage (nur *Der Millionenbauer* wird auch nach dem Zweiten Weltkrieg wieder aufgelegt).

Den Sinn der auf das Einfachste beschränkten Handlung dieses »Sozialen Romans« erläutert der Erzähler schon im 2. Kapitel »Drei Generationen«:

> Großvater, Vater und Sohn bildeten in ihren Anschauungen den Typus dreier Generationen. Der dreiundachtzigjährige Greis vertrat eine längst vergangene Epoche: jene Zeit nach den Befreiungskriegen, wo nach langer Schmach das Handwerk wieder zu Ehren gekommen war und die deutsche Sitte auf's Neue zu herrschen begann. ... Johannes Timpe hatte in den Märztagen Barrikaden bauen helfen. Er war gleichsam das revoltirende Element, das den Bürger als vornehmste Stütze des Staates direkt hinter den Thron stellte und die Privilegien des Handwerks gewahrt wissen wollte. Und sein Sohn vertrat die neue Generation der beginnenden Gründerjahre, welche nur darnach trachtete, auf leichte Art Geld zu erwerben und die Gewohnheiten des schlichten Bürgertums dem Moloch des Genusses zu opfern. Der Greis stellt die Vergangenheit vor, der Mann die Gegenwart und der Jüngling die Zukunft. Der Erste verkörperte die Naivität, der Zweite die biderbe Geradheit des Handwerkmannes, der sich seiner Unwissenheit nicht schämt, sich seines Werthes bewußt ist; und der Dritte die große Lüge unserer Zeit, welche die Geistesbildung über die Herzensbildung und den Schein über das Sein stellt.

Wo der Erzähler so parteiisch und wertend hervortritt, kann man kaum von einer »objektiven«, sachlich beschreibenden Erzählhaltung sprechen. Aber diese ist ohnehin nicht die »naturalistische« Art Kretzers, denn obwohl er verschiedentlich als ein

»Berliner Zola« bezeichnet wird, lehnt er gerade »das kalte Seziermesser« des Franzosen ab. In »Meine Stellung zum Naturalismus« (Erstveröffentlichung in Günther Keil: *Max Kretzer: A Study in German Naturalism*, New York 1928) schreibt er: »Ich glaube das Richtige zu treffen, wenn ich behaupte, daß hinter meinen Figuren immer der *Mensch* Kretzer steht, nicht bloß der Autor, der sie mit berechnender Kühle zu dirigieren pflegt.« Naturalist bleibt Kretzer dennoch bis zuletzt, indem er seine zeitkritische Auslegung der drei Generationen sich durch das Handeln der Menschen resolut bewahrheiten läßt, und zwar mit keinen verschönernden Zügen und mit keiner tröstlichen, poetischen Gerechtigkeit.

Johannes Timpe, der Drechslermeister, liebt seinen Sohn Franz über alle Maßen. Von seinem Vater wird er ja immer wieder vor den Folgen seiner »Affenliebe« gewarnt, aber weder er noch seine Frau hört darauf. Zum Teil wirkte ihre disziplinlose Erziehung von Franz zeitkritisch gegen den allgemeinen Verlust alter Werte, zum Teil rein persönlich, wobei wir auf typisch naturalistische Weise in die Vergangenheit der Familie geführt werden. Spät haben Johannes und Karoline geheiratet. Als erstes Kind bekamen sie eine Tochter, die gleich nach der Geburt starb, dann Franz, dann ein Mädchen, das nur das zehnte Lebensjahr erreichte. Nach dem Tod dieses Mädchens übertragen sie die ganze, bisher für die Tochter empfundene Liebe auf Franz (so deutet der Erzähler). Sie übersehen alle Schwächen Franz', wovon er auch wirklich genug hat.

Neben dem Timpeschen Haus wohnt eine Witwe mit drei Kindern. Während der Roman mit scheinbar belanglosen Aspekten des täglichen Lebens um die Timpes ansetzt, die den Schein des Lebensausschnitts erzeugen, fängt das eigentliche konsequent verlaufende Geschehen damit an, daß Ferdinand Friedrich Urban, der Typus des gründerzeitlichen Spekulanten und Geschäftsmannes, die Witwe heiratet und in den Besitz ihres Landes gelangt. Er beginnt sofort mit dem Bau einer Fabrik neben Timpes Haus, und als er versucht, auch dessen Land aufzukaufen — das Haus als Symbol der Familie und deren Altansässigkeit ist ihm unwichtig —, gerät er in einen unversöhnlichen Streit mit Meister Timpe, der schon hier seinen verhängnisvollen Stolz zeigt. Inzwischen arbeitet bei Urban Franz Timpe, der auf Wunsch seiner Eltern, aber gegen den des Großvaters, das von seiner Familie in Ehren gehaltene

Handwerk verläßt, um eine kaufmännische Laufbahn einzuschlagen.

Nunmehr in einer Welt, die vom Erzähler immer wieder als Welt des Scheins gedeutet und gestaltet wird, eignet sich Franz studentenhafte Allüren an, wird dandyhaft und zieht endlich aus dem Familienhaus aus, ganz offensichtlich, weil er sich seiner Herkunft schämt. Eine parallele, gesellschaftskritische Erscheinung finden wir im Hause Urban, wo der Fabrikbesitzer zwar die alten Freunde noch einlädt, die Absicht aber äußert, neue standesgemäße Freunde zu suchen. Auf Anstiften von Urban stiehlt Franz Modelle aus der Werkstatt seines Vaters, und diese Modelle läßt sein Arbeitgeber in seiner Fabrik zu einem bedeutend niedrigeren Preis herstellen, als Meister Timpe bisher hat verlangen müssen. Danach geht es Meister Timpe und seinen Gehilfen immer schlechter: sie können nicht mehr mit der Massenproduktion konkurrieren.

Franz möchte Emma, Urbans Stieftochter, heiraten, aber dieser spürt in dem jungen Mann einen Menschen seines eigenen Schlages, und deshalb zögert er mit seiner Erlaubnis, denn ohne eine feste Handhabe gegen ihn könnte Urban ihm kaum trauen. Um Franz in eine an ihn kettende Schuld zu verstricken, bringt Urban den ohnehin ehrgeizigen und skrupellosen jungen Mann durch die Andeutung einer glänzenden Zukunft dazu, das letzte, beste Modell seines Vaters zu stehlen. Unter den habgierigen, um ein feines Aussehen bestrebten Kapitalisten waltet also doch ein brutaler »Kampf ums Dasein«, der aber nicht wie Meister Timpes wirklich um die bloße Existenz geht, sondern um Macht, Ansehen und Geld. Bei seiner heimlichen, nächtlichen Rückkehr ins väterliche Haus wird Franz vom Großvater ertappt, der daraufhin dem Schock erliegt — aber nicht ohne Meister Timpe seine Entdeckung zugeflüstert zu haben. Von nun an wird diese Kenntnis dem Vater zu einem bedrückenden Geheimnis, denn obwohl er allen Kontakt mit seinem Sohn abbricht, weigert er sich, ihn anzuzeigen. Auf der einen Seite könnte man in Johannes Timpes Verhalten die löbliche Familientreue und -liebe der älteren Generation erblicken, auf der anderen Seite müßte man den verletzten Stolz des Meisters und biederen Bürgers erkennen, einen Stolz, der auch Hebbels Meister Anton charakterisiert. Wohl tragen die üblen Folgen des Großkapitalismus an dem Untergang der Familie Timpe viel Schuld, die Hochmut und Selbstzufriedenheit ihrer Klasse aber nicht weniger. Wie oft geht es doch hier wie in *Maria Magdalena* um den »guten Namen« des redlichen Handwerkers.

Franz kommt in den Genuß seiner Tat: er heiratet Emma, die sich immer wieder als ein anständiger Mensch erweist, vor allem gegenüber dem alten Timpe, der ihre Bemühungen jedoch aus Stolz stets ablehnt. Wenn Meister Timpe sich auch nicht auf Emmas Bitten einläßt und seinen Sohn weiterhin meidet, wahrt er aus Standesbewußtsein den Schein: trotz seiner finanziellen Rückschläge spielt er die Rolle, die seine Umgebung ihm zudenkt, die des Vaters eines nunmehr wohlhabend gewordenen Sohnes. Lange kann er es jedoch nicht aufrechterhalten, denn es geht ihm geschäftlich zunehmend schlechter, und er muß einen nach dem anderen seiner Gehilfen entlassen. Es bleibt nur der alte Geselle Thomas Beyer, der zugleich ein eingefleischter Sozialdemokrat ist. Beyer, ein Autodidakt im Sinne von Lassalles Parole »Wissen ist Macht«, versucht wiederholt, seinen Meister vom Sozialismus als dem neuen »Heiland« zu überzeugen, aber Timpe lehnt diese »Versuchung« ab.

Bald stirbt Timpes Frau, und er wird zum Sonderling, dem die in den anderen Kretzerschen Romanen sowie im Naturalismus überhaupt wohlbekannte Gefahr des Alkoholismus zunächst droht. Durch die Machenschaften des rachsüchtigen Urban wird Timpe die Hypothek gekündigt. Er muß das Haus aufgeben, das wie er selbst dem großkapitalistischen Trug zum Opfer gefallen ist. Auf einer sozialdemokratischen Parteiversammlung, in die der nunmehr leiblich und seelisch zerbrochene, umherwandernde Timpe hineingeraten ist, hält er eine geradezu revolutionäre Rede gegen die wirtschaftlichen und staatlichen Übel, die ihn und andere biedere Handwerker zugrunde gerichtet haben. Danach wird er, die anständige, immer um seinen guten Namen besorgte, vom Standesdünkel gekennzeichnete »Stütze« der bürgerlichen Gesellschaft, von der Polizei vorgeladen. Wenn Hebbels Meister Anton sagt: »Ich verstehe die Welt nicht mehr«, meint er gerade das Gegenteil. Er versteht sie wohl, und er verurteilt sie. Meister Timpe dagegen steht seiner jetzigen Lage wirklich fassungslos gegenüber.

Der Roman schließt, wie Timpe sein Haus in eine Festung gegen den Gerichtsvollzieher verwandelt und es dann ansteckt. Man hört ihn noch in den Flammen singen »Eine fest Burg ist unser Gott«, und als Beyer, der ihm trotz allem treu bleibt,

einbricht, findet er seinen gerade verstorbenen Meister, der drei-
oder viermal an die Wand geschrieben hat: »Es lebe der Kaiser
... Hoch lebe der Kaiser«. Der Freitod als Glaubensbekenntnis
und bürgerlicher Fahneneid wird zum letzten Ausweg für Timpe, der das Neue nicht mehr bekämpfen kann, der aber auch
nicht mitmachen will. Die sich ansammelnden Zuschauer sind
ergriffen — bis gleich darauf die neue, bekränzte Lokomotive
der erst vollendeten, auch zur Entwertung des Timpeschen
Grundstücks beitragenden Bahn vorbeifährt. Alle jubeln diesem
Symbol des technischen Fortschritts zu.

Auf dieser zynischen Note endet für Timpe ein Kampf, den
der Erzähler im X. Kapitel, »Im Kampfe des Jahrhunderts«,
beschreibt: »Das Publikum ließ sich durch den äußeren Schein
blenden und täuschen. Es fragte nicht mehr nach guter Arbeit,
die Billigkeit gab den Ausschlag. Das war das betrübendste
Zeichen der Zeit: Menschen und Waaren sanken im Werthe.
Der redlichste Arbeiter wurde durch die Sorge um's Dasein
gezwungen, zum Betrüger am Publikum und seinem Nächsten
zu werden. Es war der große Kampf des Jahrhunderts, in dem
immer dasselbe Feldgeschrei ertönte: ›Stirb Du, damit ich lebe!‹
Und die beiden Riesenarmeen, die sich Tag für Tag schlagfertig
gegenüberstanden, auf einander losstürmten, und die Schlacht
der Verzweiflung schlugen, nannten sich Ausbeuter und Aus-
gebeutete. Das Kapital war das Pulver, und wer es am meisten
besaß, der trug den Sieg davon. Die Heerführer dieser Armeen
aber hießen Hand und Maschine. Die Kraft des Dampfes führte
den Vernichtungskampf gegen die Kraft des Menschen.« Den
Kampf gegen die Maschine, den er bereits im Leben verloren
hat, verliert Timpe auch noch im Tod: sein Opfer für die alten,
menschlichen Werte wird nur vorübergehend beachtet, dann
achten alle begeistert auf die Einfahrt der Maschine. Im technischen Zeitalter zählt nur noch der niedrige Preis und der
Fortschritt, und das Menschliche, sei es in der Arbeit, sei es im
Leben, sei es sogar im Sterben, wird vergessen.

So zeitkritisch, so konservativ wie Kretzer in *Meister Timpe*
auch hervortritt, scheint er doch nicht davor zurückzuscheuen,
den Standesdünkel und die persönliche Arroganz des Handwerkers zu zeigen. Über Timpe selber kommentiert der Erzähler: »So führte er von nun an eine Art Scheinexistenz, durch
die er sich genötigt sah, den Ruin im Hause durch das äußer-
liche Renommé zu verdecken. Das ging soweit, daß er zuletzt

sich selbst betrog und an den vermögenden Vater des vermögenden Sohnes glaubte. ... Er führte ein halbes Traumleben. Um so schrecklicher mußte das Erwachen sein.« Der Ansatz zu diesem Scheinleben als — wie Beyer auch zwei Seiten später erkennt — »der großen Lüge unserer Zeit« findet sich im Grunde genommen schon früher bei Timpe, der von Anfang an bereit ist, die Schwächen seines Sohnes zu übersehen, wenn auch aus Liebe für ihn. So engstirnig stolz auf seinen guten Namen wie Hebbels Meister Anton ist er zwar nicht, aber auch er denkt oft daran, »was die Nachbarn wohl sagen«. Dennoch zeigt Meister Timpe, obwohl er alle Schwächen der Bourgeoisie besitzt, ein Verständnis für das Menschliche, das den Menschen der neuen Zeit abgeht. Dem Schein fällt er letztlich zum Opfer, indem er in der Sozialdemokratie eine Lösung sucht. Denn auch sie enthüllt sich als leerer Schein: zunächst klatschen die Zuhörer seiner feurigen Rede Beifall, dann vergessen sie den Redner über den Nachrichten von ihrem Wahlsieg. Das menschliche Leiden, wovon die wirkliche Revolution hätte ausgehen müssen, interessiert sie nicht mehr, weil sie glauben, einen Sieg innerhalb des Systems errungen zu haben. Die Parolen von Menschenwürde, Aufhebung des Elends und einer Rettung des Proletariats erweisen sich als bloßer Schein, den die Sozialdemokraten nur allzu bereitwillig gegen die bürgerliche Respektabilität einer Partei im Landtag eintauschen. Auf allen Seiten befindet sich Timpe von einer Scheinwelt umgeben, und seine Lösung kann nur eine persönliche sein. Daß er aber selbst auch nicht imstande gewesen wäre, eine neue, den Enterbten und Ausgebeuteten gerechte Ordnung einzuführen, manifestiert sein Rückfall in die alten Begriffe einer nunmehr unwiederbringlichen Zeit: Gott, Kaiser und Vaterland.

Der Erzähler dieser Entwicklung begnügt sich nicht damit, nur der anonyme Experimentator zu bleiben. Seine Einschaltungen, Bewertungen und Ergänzungen zum wissenschaftlich Meßbaren lassen nur mit äußerster Einschränkung die Bezeichnung eines »Berliner Zola« anwenden. Trotzdem entwickelt er eine konsequente Erzählhaltung, die den grundlegenden Prinzipien des modifizierten, deutschen Naturalismus nicht widerspricht. In erster Linie könnte man auf die bei Kretzer hochentwickelte Sprache der Gegenstände hinweisen. Fast romantisch ist der Einklang zwischen Naturereignissen und menschlichen Handlungen; z. B. am Hochzeitstag von Franz,

dem fast alle menschliche Wärme fehlt, erfahren wir, daß es
»eisig kalt« ist. Bedeutend realistischer wirkt dagegen die fast
leitmotivische Wiederholung von Franz' Spiel mit seiner Uhr.
Franz ist ein Mensch der »modernen« Zeit. Auf sein Aussehen
sehr bedacht, auf den Schein mehr als auf das Sein achtend, ja
geradezu zum Dandy geworden, behandelt Franz seine Uhr
wie ein Schmuckstück. Überhaupt bespiegelt und kämmt er sich
auffallend oft. Das wichtigste Dingsymbol bleibt selbstverständlich das Timpesche Haus. Ausführlich beschreibt der Erzähler das Haus, dessen Bau und Lage außergewöhnlich sind.
Wie ein Keil in der Straße wirkt es, weil es schon älter als die
Straße ist und weil der Großvater beim Straßenbau hartnäckig
auf seine Rechte bestand. Am liebsten spricht der älteste Timpe
von den Zeiten, wo das Haus allein auf einem freien Felde
stand, wo man eine möglichst weite Aussicht in allen Richtungen besaß. Von früh an symbolisiert das Haus zugleich den
Stolz und die Freiheit der älteren Generation. Als Urban das
Haus kaufen möchte, erwidert Meister Timpe: »Ein halbes
Jahrhundert befindet sich das Haus bereits in unserem Besitz
und, so Gott will, soll mein Sohn, und bekommt er einst Kinder, sollen diese es noch länger behalten.« Mit dem Haus ist
also das Schicksal der Familie eng verbunden, und in dem, was
dem Haus widerfährt, bietet sich ein faßbares Zeichen der Familienverhältnisse. Wie Meister Timpe wirkt das Haus bald als
ein Überbleibsel vergangener Zeiten: »Timpes Haus nahm
sich nun wie ein störender Punkt in der Umgebung aus, wie ein
alter Sonderling, der der Neuerung trotzt: vorn der freie Platz,
begrenzt von den Neubauten der Holzmarktstraße, und hinten
die rothen Backsteingebäude der Fabrik, überragt von dem
Schornstein, der Siegessäule der modernen Industrie« (X. Kapitel). Und im nächsten Kapitel lesen wir: »Und je weiter die
Steinmassen sich rechts und links ausdehnten, um zu einem
riesigen Ringe zu werden, je beengter fühlte sich der Meister.
... Immer winziger und ruinenhafter erschien ihm sein Häuschen angesichts des ersten kühnen Bogens, der sich von einem
Pfeiler zum andern spannte.« Eingeengt, seiner Freiheit und
seiner Weitsicht im doppelten Sinne beraubt, wird Timpe zunehmend zu einem Sonderling, der sich nicht mehr von seinen
finanziellen Sorgen losringen, der aber auch nicht mehr die Lage
übersehen kann. Und was den Wert seines Hauses herabdrückt,
die Fabrik, entwertet ihn und seine Arbeit. In seiner Verzweif-

lung wird dieses Haus wie Gott zu seinem Zufluchtsort, gleichsam zu seiner »festen Burg«.

Äußerst wichtig als Symbol ist das traditionsverbundene Haus auch deshalb, weil darin die Macht der Gewohnheit sich geltend macht. In der naturalistischen Dichtung unterliegen die Menschen dieser Macht, denn die Determiniertheit nicht nur der Außenwelt, sondern auch der Innenwelt prägt ihre Handlungen. Die Dinge ihrer Welt sind die vertrauten Dinge, die Handlungen die oft wiederholten Handlungen, der Charakter ein Ergebnis der fortwirkenden Vergangenheit, sei es Vererbung, Erziehung oder Tradition. Überhaupt hören wir bereits im ersten Kapitel vorwiegend von Krusemeyer und Liebgott, die keine große Rolle spielen, die jedoch gerade die Macht der Gewohnheit über die Menschen verkörpern. Auch der alte Geselle spiegelt sie wider: »Regelmäßig des Donnerstags gesellte sich auch noch Thomas Beyer zu der Familie.« Von einer Randgestalt, Frau Ramm, heißt es: »Wenn sie sprach, lispelte sie nur, so daß die meisten ihrer Worte verloren gingen und sie aus alter Angewohnheit, ohne daß sie gefragt wurde, jeden Satz dreimal wiederholte.« Eine wichtige Szene spielt sich gerade am Stammtisch ab, wobei all die Eigenarten und Gewohnheiten der Teilnehmer eingehend beschrieben werden. Auffallend häufig erscheint die Verwendung von »pflegen« als Hilfsverb, das wiederum auf die Handlungen als Wiederholungen aufmerksam macht. Als Sklaven ihrer Angewohnheiten sind die Menschen um Timpe gewissermaßen determiniert. Wie Zola behauptet, unterliegen seine Menschen keinem Fatalismus, sondern nur der Determiniertheit, die zum größten Teil milieubedingt ist. Das gleiche gilt für die Welt des Kretzerschen Romans.

Die übermäßige Betonung der Gewohnheiten dient auch dem Wahrheitsanspruch der naturalistischen Dichtung, bzw. der von Fontane hervorgehobenen »Macht der Überzeugung«. Allerdings verwendet Kretzer kaum Dialekt oder ein anderes auffälliges Mittel, uns von der Echtheit des Dialogs zu überzeugen. Statt dessen läßt er uns glauben, wir seien eher Augenzeugen als Zuhörer der Unterhaltungen. Wie bereits in bezug auf die Verwandtschaft zwischen dem Drama und der Epik im Naturalismus erörtert wurde, führt der Erzähler in die Gedankenwelt der Sprechenden durch eine genaue Auslegung der Gestik und des Mienenspiels ein. Als Beobachter tritt er im Folgenden auf amüsante Art hervor: »... ein sehr vermögender Weingroßhändler nebst Frau, dem man sein Gewerbe sehr deutlich an der Nase ansah, und welcher bei jeder neuen Zusammenkunft die heilige Versicherung bereit hatte, daß Paris, wo er einige Jahre gelebt hatte, unbestreitbar die großartigste Stadt der Welt sei.« Hier fällt uns übrigens auch wieder auf, wie das Gewohnheitsmäßige betont wird, wie der Erzähler aber, um das hervorzuheben, gerade auf den direkten Dialog verzichten muß. Kein allwissender Erzähler, sondern ein allgegenwärtiger Beobachter begegnet uns, was jedoch nicht mit dem unparteiischen, wissenschaftlich notierenden Experimentator zu verwechseln wäre. Denn jener macht uns immer wieder auf diese Rolle aufmerksam, z. B. in solchen Wendungen wie »man merkt . . .« Besonders interessant wirkt der folgende Satz: »Wenn man die Empfindung Krusemeyers schildern wollte, so würde man dieselbe am besten mit derjenigen eines Leichenbitters vergleichen, der an einer offenen Gruft steht und soeben ein über Erwarten hohes Trinkgeld bekommen hat, das seine ganze Herzensfreude bildet, jedoch nicht zuläßt, im Augenblick dem Gesichte eine andere als eine traurige Miene zu geben.« Hier erkennen wir, wieweit der Erzähler zu gehen bereit ist: angeblich will er eine Empfindung beschreiben, aber was der Leser erfährt, ist nicht ein Vergleich mit einem ihm vertrauten Gefühl, sondern die Schilderung einer Physiognomie. Das Sichtbare der Situation muß dabei sein, denn der Erzähler will, daß wir durch unsere Augen überzeugt werden. Letzten Endes ist der Erzähler selbst nur ein Beobachter, der — als ob er nicht der Erfinder der Gestalten und Situationen wäre — von der ergreifenden Todesszene des Meisters berichtet, er habe seine Parolen »drei- oder viermal« an die Wand geschrieben.

Nicht ein lediglich Zuschauender, sondern ein Vertrauter, ein Mitempfindender kann sagen: »Mit Gottfried Timpe stand es sehr schlimm. Das Leben schien ihm nur noch eine Last. Du lieber Himmel, was konnte man auch von einem Greis, der seinem siebenundachtzigsten Geburtstage entgegenging, noch anderes verlangen, als das Abbild eines leibhaftigen Todeskandidaten.« Kommentierend, ausrufend, teilnehmend, lenkt der Erzähler uns zum Schluß wieder auf das Aussehen des alten Mannes. Nicht gewußt, sondern gesehen hat er das, was er berichtet. Überhaupt könnte man den Roman in Szenen einteilen, wobei Kretzer selten eine Gelegenheit versäumt, das Rührselige sich selbst gestalten zu lassen. Trotz der an und für sich verhaltenen Erzählweise kommen immer wieder — z. B. wo Emma mit den alten Timpes spricht — sentimentale Szenen vor, die an einen der ausgeprägtesten Mängel des naturalistischen Dramas erinnern.

Meister Timpe ist kein großer Roman, noch ist er bedeutungslos. Während der Held verhältnismäßig interessant wirkt, bleiben die Nebencharaktere zum größten Teil schablonenhaft, als ob sie zu stark im Dienste einer Idee stünden: der Sohn vertritt einen neuen gesellschaftlichen Typus, der Großvater einen alten. Die beiden sowie Beyer und Urban sind Typen in einer determinierten Welt, aber ungleich den Ibsenschen Typen haben sie nichts Unvergeßliches an sich. Leider zeigt sich dieser Mangel auch in den anderen Romanen Kretzers, einschließlich derer, wo kein stark profilierter Held als Ausgleich erscheint. Aber als ein Bild der Zeit wird *Meister Timpe* stets seine Leser finden und fesseln.

Gerhart Hauptmann
Bahnwärter Thiel

1888 erscheint in der *Gesellschaft* eine der zweifellos dauerhaftesten Leistungen des deutschen Naturalismus: »Bahnwärter Thiel. Novellistische Studie aus dem märkischen Kiefernforst«. Eine Einzelausgabe erfolgt als *Der Apostel. Bahnwärter Thiel. Novellistische Studien.* Berlin: S. Fischer, 1892.

Einerseits liegt Hauptmanns Studie — wie Fritz Martini zeigt — im Poetischen Realismus fest verankert, denn sie verkörpert noch nicht den konsequenten Realismus des später erscheinenden *Papa Hamlet.* Andererseits geht sie schon über die Grenzen des doktrinären Naturalismus vorausdeutend hinaus, ohne ihre Zugehörigkeit zu dieser Periode zu verleugnen. Ja, wie Paul Böckmann darlegt, entwickelt Hauptmann bereits hier seine Gebärdenkunst, die ihn unter die Naturalisten einreiht, die aber auch seinen späteren nichtnaturalistischen Werken zugrunde liegen wird. Gerade in der während der Arbeit am *Bahnwärter Thiel* entwickelten Betonung der Gebärde und in dem entsprechenden Verstummen der Sprache erkennt Böckmann den gemeinsamen Nenner der Hauptmannschen Kunst, sei sie im naturalistischen, romantischen oder klassischen Stil. Also offenbart sich in dieser Studie gleichzeitig ein Grundprinzip naturalistischen Stilwillens und die Potenz des naturalistischen Stils, an den früheren Realismus anzuknüpfen und später in eine fast neoromantische Kunst überzugehen.

Zunächst fällt allerdings die objektiv berichtende Erzählhaltung auf, die einen ausgeprägt realistischen Stilwillen bekundet: nichts an seiner Wortwahl läßt einen persönlich hervortretenden, wertenden Erzähler im ersten Absatz erkennen. Zum Beispiel: es kommt kein Adjektiv außer »krank« darin vor. Außerdem scheint der Erzähler sich häufig hinter den »Leuten« zu verstecken: im zweiten Absatz heißt es: »Eines schönen Tages war er dann in Begleitung eines schmächtigen und kränklich aussehenden Frauenzimmers erschienen, die, wie die Leute meinten, zu seiner herkulischen Gestalt wenig gepaßt hatte.« Im Laufe der Studie merken wir jedoch, wie wenig die Außenwelt von dem Bahnwärter weiß, und schon im zweiten Absatz empfindet der Leser die Undurchdringlichkeit des Thielschen Charakters. Als nur einer der »Leute« kann selbst der Erzähler lediglich seine Sinneseindrücke wiedergeben. Knapp, sachlich und ohne die Teilnahme, die ein Näherstehender unter den Nachbarn empfinden würde, berichtet der Erzähler vom Tod der ersten Frau, die gleichsam als kaum Bekannte zur verschlossenen Welt Thiels gehörte: »Zwei Jahre blickte ihr hohlwangiges, feines Gesicht neben seinem vom Wetter gebräunten in das uralte Gesangbuch —; und plötzlich saß der Bahnwärter wieder allein wie zuvor. An einem der vorangegangenen Wochentage hatte die Sterbeglocke geläutet; das war das Ganze.« Was die Leute gesehen haben, erfährt man, was sie dabei gedacht haben aber nicht, denn Thiel, der Einzelgänger, und Minna, die Frau des Einzelgängers, existieren für die anderen Einwohner nur durch ihre leibliche Anwesenheit, nicht durch ihr persönliches Wesen. Wohl weiß man auch, was Thiel tut, allein nicht, was er ist und denkt. Im nächsten Satz und an anderen Stellen wiederholt der Erzähler bloß, was »die Leute versicherten«, was »die allgemeine Ansicht« und was »ortsbekannt« war. Nur allmählich führt er uns in die Gedankenwelt des Bahnwärters ein — und dann nur über den Weg von »man meinte« und ähnlichen Interpolationen.

In seiner objektiven Erzählhaltung erweist sich Hauptmann als ein Nachfolger von Zola und Kretzer — den letzteren sogar übertreffend. Wie der Dichter des *Meister Timpe* betont auch Hauptmann durchgehend die Macht der Gewohnheit, einmal in bezug auf die Außenwelt, einmal in Verbindung mit Thiel selber, dessen Leben — wie es eingangs lautet — ohnehin von einer nur zweimal unterbrochenen Monotonie gekennzeichnet ist. Dieser einfache Mensch wirkt typisch für die naturalistischen Menschen schlechthin, die eine determinierte, aus alltäglichen Belanglosigkeiten bestehende Welt bevölkern. Die Ereignisse, die Thiel in diesem Milieu endlich zugrunde richten, gestalten sich auf eine entsprechend einfache, detailreiche, also naturalistische Weise. Nach dem Tode seiner ersten Frau heiratet der im Grunde empfindliche, religiöse, ja geradezu mystisch veranlagte Bahnwärter die kraftvolle Lene, in der die anderen Ehemänner »das Mensch«, »das Tier« erblicken. Und in der Tat ist Thiel den körperlichen Reizen dieses vitalen, aber rohen Weibes völlig verfallen. Ja, nur in seinem inneren Kampf zwischen seinem wiederholten Wunsch, sie körperlich zu besitzen, und seinem Gedanken an seine zarte, fast vergeistigte erste Frau dringen wir in die seelische Welt Thiels ein. Tobias, sein Sohn aus erster Ehe und gleichsam eine Erinnerung an Minna, wird von Lene zugunsten des Kindes aus der neuen Ehe vernachlässigt, gequält und geschlagen. Tyrannisiert von der brutalen, tierischen Frau, aber noch mehr von seinem eigenen Geschlechtstrieb, flüchtet der fast sprachlose und untätig zuschauende Thiel in eine heimliche Traumwelt, der er dadurch Gestalt verleiht, daß er ein Gartenhäuschen in der »Waldeinsamkeit« einrichtet als eine Gedenkstätte für seine verstorbene Frau. Damit ist auch die Vereinsamung des Sprachlosen Gestalt geworden. Eines Tages sieht er in einer Vision seine erste Frau, die etwas »mit sich trug, in Tücher gewickelt, etwas Schlaffes, Blutiges, Bleiches«. Sein Angsttraum geht durch einen gräßlichen Unfall in Erfüllung: bei der Arbeit achtet Lene nicht auf Tobias, der vom Zug überfahren wird. Getrieben von seinem schlechten Gewissen, seiner Wut und dem Wahnsinn, in den er nunmehr versunken ist, tötet er seine zweite Frau und ihr Kind. Er wird ins Irrenhaus eingeliefert.

Naturalistisch ist die klinische Exaktheit, mit der Hauptmann den geistigen Verfall des unscheinbaren Bahnwärters und religiösen Fanatikers scheinbar beobachtet und durchweg dramatisch wiederaufleben läßt. Naturalistisch wirkt weiterhin die Brutalität und die scheinbare, die Tagespresse kennzeichnende Sensationssucht; immer wieder wird auf Lenes triebhafte, fast bestialische Sexualität hingewiesen, und ihr Schicksal mündet nicht bloß in den Tod, sondern in ein Blutbad: »Lene lag in ihrem Blut, das Gesicht unkenntlich, mit zerschlagener Hirnschale. ... Da lag das Kind mit durchschnittenem Halse.« Hätten wir die Hintergründe dieses schrecklichen Geschehens nicht erfahren, dann könnten wir glauben, den Bericht eines lumpenproletarischen Mords im Hinterhaus der Großstadt zu lesen. In seiner Wirkung auf den Leser ähnelt der Schluß von *Bahnwärter Thiel* dem von Kellers *Romeo und Julia auf dem Dorfe:* wir sehen ein, wie wenig die Gesellschaft von ihren Ausgestoßenen, Entfremdeten, sprachlos Vereinsamten weiß. Von dem poetischen Realisten Keller unterscheidet sich Hauptmann aber dadurch, daß er auf jegliche Ironie verzichtet, die einen deutenden Erzähler verraten würde. Der Ausklang der Hauptmannschen Studie scheint vielmehr dem der Büchnerschen Novelle *Lenz* verpflichtet zu sein, einer Dichtung also, deren Verfasser ohnehin — in der Theorie wie in der Praxis — zu den wichtigsten Vorläufern des Naturalismus zählt. Naturalistisch ist letzten Endes das, was Fritz Martini als das eigentlich Neue dieses Werkes feststellt: »Das Schwere, Dumpfe, nur Halbbewußte, die Sprachlosigkeit dieses Mannes sind die Zeichen einer ausweglosen äußeren und inneren Verlassenheit.« Hier erscheint also der isolierte Mensch, der Mensch, den die »Leute« nur von der Gebärde her kennen.

Wie die Handlung sich entfaltet und wie die Umweltschilderung die zunehmende geistige Verwirrung Thiels widerspiegelt, überschreitet die Grenzen des doktrinären Naturalismus. Wohl werden gerade die naturalistischen Motive ausgebaut, aber es deutet sich hierin auch noch etwas von der Romantik an: der märkische Kiefernforst im Titel bildet die Stätte von Thiels »Waldeinsamkeit«, und man kann nicht umhin, an die Schlüsselbedeutungen dieses Worts in Tiecks *Blondem Eckbert* zu denken. Die Bedeutung von Thiels Träumen — wenn sie auch zur naturalistischen Studie gehören —, und vor allen Dingen, wie diese Träume in Erfüllung gehen, deutet zugleich auf eine Seite der Romantik hin, die sich immer wieder bemerkbar machen wird in Hauptmanns späteren Werken, die den »anderen« Bereich als Traum erscheinen lassen. Aus der Verschmelzung von Technischem und Tierischem entsteht ein romantisch-dämonisches, schicksalhaftes Ungeheuer, das scheinbar auf sein Opfer wartet. Die häufigen, zugleich die Sexualität Lenes und die Unschuld Tobias' kontrastierenden Tier-Bilder und Anspielun-

gen gipfeln für Thiel in der Schilderung des sich nähernden
Zuges: »Auch die Geleise begannen zu glühen, feurigen Schlangen gleich, aber sie erloschen zuerst. ... Ein dunkler Punkt am
Horizonte, da wo die Geleise sich trafen, vergrößerte sich. Von
Sekunde zu Sekunde wachsend, schien er doch auf einer Stelle
zu stehen. Plötzlich bekam er Bewegung und näherte sich. Durch
die Geleise ging ein Vibrieren und Summen, ein rhythmisches
Geklirr, ein dumpfes Getöse, das, lauter und lauter werdend,
zuletzt den Hufschlägen eines heranbrausenden Reitergeschwa-
ders nicht unähnlich war. Ein Keuchen und Brausen schwoll
stoßweise fernher durch die Luft. Dann plötzlich zerriß die
Stille. Ein rasendes Tosen und Toben erfüllte den Raum, die
Geleise bogen sich, die Erde zitterte — ein starker Luftdruck —
eine Wolke von Staub, Dampf und Qualm, und das schwarze,
schnaubende Ungetüm war vorüber.« Von Schlangen und Hufschlägen ist die Rede, dann vernehmen wir, wie die »Maschine«
»keucht«, »rast« und »schnaubt«. Alles deutet auf den Zug
als ein dämonisches Lebewesen hin, als ein Ungetüm, als ein
Untier, und unser Eindruck bestätigt sich im letzten Satz der
Szene: »... und das alte heil'ge Schweigen schlug über dem
Waldwinkel zusammen.« Der Kontrast mit der »heiligen« Stille
des Forsts verdeutlicht das Boshafte der tierischen Erscheinung.
Später erscheint der Zug wieder: »Zwei rote, runde Lichter
durchdrangen wie die Glotzaugen eines riesigen Ungetüms die
Dunkelheit. Ein blutiger Schein ging vor ihnen her, der die
Regentropfen in seinem Bereich in Blutstropfen verwandelte.
Es war, als fiele ein Blutregen vom Himmel.« Thiel fällt einer
mechanischen, brutalen, tierischen Welt zum Opfer, aber vielleicht nicht zuletzt als die Beute einer übernatürlichen Macht,
einer chthonischen Bestie aus einem anderen »Bereich«, wo nur
ein »Blutregen« fällt. Die von den Frühnaturalisten erforderte
Verschmelzung von Realismus und Romantik ist kaum einem
anderen so gelungen wie Hauptmann, der sich nichtsdestoweniger in dieser Studie gleichermaßen zum Neuen des Naturalismus
bekennt, zur Isolierung des nichtmetaphysischen Menschen.

  In bezug auf Hauptmanns Entwicklung vom Naturalistischen
zum Neoromantisch-Symbolischen hin sei hier noch auf die
Figur von Minna hingewiesen. In ihr finden wir andeutungs-
weise nicht nur die biologisch Schwache der naturalistischen
Dichtung, sondern auch die feenhaft Zarte solcher späterer Werke
wie *Hanneles Himmelfahrt*, *Die versunkene Glocke* oder *Und*

Pippa tanzt. Immer wieder wird die Gestalt vorkommen, deren Zeit in der brutalen Welt der Wirklichkeit befristet ist, die gleichsam Botin höherer Mächte oder natürlicher Unschuld zu sein scheint. In diesen Charakteren erleben wir das flüchtige Idyll, das wir auch hier in Thiels einsamem Häuschen und im »heiligen Schweigen« des Forsts finden, ein Idyll, das stets als Zuflucht vor unserer verrohten, gewaltsamen Welt existiert, das uns aber nur kurzfristig zur Verfügung steht.

Arno Holz und Johannes Schlaf
Papa Hamlet

Unter dem Titel *Papa Hamlet* erscheinen 1889 die ersten drei der von Holz und Schlaf verfaßten Schriften: »Papa Hamlet«, »Der erste Schultag« und »Ein Tod«. Diese Studien werden dann in *Neue Gleise: Gemeinsames von Arno Holz und Johannes Schlaf*, 1892 bei F. Fontane in Berlin, aufgenommen. Im Vorwort zum letzten Sammelband sowie in Holz' *Die Kunst: Ihr Wesen und ihre Gesetze* erfahren wir, daß alle Studien im Winter 1887 bis 1888 in Nieder-Schönhausen entstanden.

Auf die Relevanz des ersten Holz-Schlafschen Sammelbandes für die Zeitgenossen — vor allem für Gerhart Hauptmann, der ja *Vor Sonnenaufgang* dem fiktiven Dichter Bjarne P. Holmsen, dem »konsequenten Realisten«, widmet — wurde bereits verwiesen. Obwohl alle drei Studien zur allgemeinen Wirkung des Bandes beitrugen, interessiert uns heutzutage in erster Linie *Papa Hamlet*, nicht nur, weil diese Studie in mehrfacher Hinsicht das anspruchsvollste und problemreichste Stück darstellt, nicht nur, weil dieses Werk in Anthologien am meisten angeführt ist, sondern auch weil die Verfasser hier bewußt an eine ausgeprägte literarische Tradition anknüpfen und zugleich sich mit der damaligen literarischen Welt auseinandersetzen. Hier stößt das Naturalistische der bewußt konsequent realistischen Erzählprosa an seine äußersten Grenzen, denn in den anderen beiden Studien wird im Grunde genommen nur das verwirklicht, was man sich unter der strengsten Objektivität vorstellt, während in *Papa Hamlet* die Dichter in ihrer Erzählhaltung das formale Wagnis, das schlechthin Radikale, Experimentelle des Unternehmens bekunden. Schließlich wurden alle Werke von beiden Verfassern immer wieder als »Experimente« bezeichnet, und gerade das Experiment erweist sich als das wertvollste, welches die meisten Faktoren bzw. Risiken auf sich nimmt.

Der Streit um die respektive Leistung jedes der beiden Mitarbeiter wird wohl nie ganz zufriedenstellend gelöst werden, zumal er zunehmend an Interesse für die meisten Literaturwissenschaftler verliert. Die letzte, sehr sachliche Darstellung bietet Helmut Scheuer. Verhältnismäßig eindeutig läßt sich der Hauptbeitrag Holz' als ein technischer nachweisen, der Schlafs als ein fabulierender. Holz gesteht selber, der Stoff sei ihm gleichgültig gewesen, an dem er seine Darstellungsart habe ausprobieren können, und wir wissen, daß die Handlung von *Papa Hamlet* auf »*Ein Dachstubenidyll,* novellistische Studie von Johannes Schlaf« zurückgreift (in seiner bei Reclam erschienenen Ausgabe von *Papa Hamlet* und *Ein Tod* bringt Fritz Martini, der auch ein ausführliches Nachwort zu ihnen schreibt, die Skizze von Schlaf als Anhang). Nicht im Naturalismus, sondern im Biedermeier, in dem Mansardenzimmer vom armen Poeten Spitzwegs ist die Schlafsche Erzählung beheimatet. Daß die technischen Innovationen des *Papa Hamlet* weitgehend den Gedanken Holz' entstammen, ist ziemlich einwandfrei. Aber ebenso verfehlt, wie es wäre, Schlaf, der ja später *Meister Oelze* schreiben soll, als technisch rückständig außer acht zu lassen, wäre es, Holz lediglich als Techniker ohne dichterische Phantasie abzutun. Denn durch Holz oder wenigstens durch Schlafs Kontakt mit ihm erhält der Stoff des »Idylls« seine literarischen Höhen in den Hamlet-Anspielungen und seine naturalistischen Tiefen in der Sexualität, Brutalität und Aussichtslosigkeit des Mords und Selbstmords. Wir sind also gewissermaßen versucht, der fast mystischen Schilderung einer »geistigen Ehe«, aus der die gemeinsam verfaßten Werke geboren wurden, Glauben zu schenken, einer Ehe, in der Holz seiner Aussage nach die männliche Rolle spielte, Schlaf die weibliche, einer Ehe, die vorübergehend so harmonisch war, daß man nur von einem Ganzen, einer Einheit sprechen konnte.

Gemeinsam haben alle drei Studien in *Papa Hamlet* sowie die meisten darauffolgenden naturalistischen Werke eine erdenklich einfache, entsprechend »überzeugende« Handlung. In einem »Elendsquartier« lebt der mittellose Schauspieler Niels Thienwiebel mit seiner Frau Amalie und seinem Sohn Fortinbras. Immer wieder spielt der Arbeitslose auf seine große Rolle an:

Hamlet. An der Grenze der Verzweiflung, des Wahnsinns und des Größenwahns verbringt er die Zeit in seiner Wohnung in einem abwechselnd streitsüchtigen und sexuell-gierigen Verhältnis zu seiner Frau, in einem stolz-liebevollen und gereizt-brutalen zu seinem Sohn. Meisterhaft werden alle Sprachschichten der Stimmungslagen und Gedanken durchstreift, kein menschlicher, kein dinglicher Ton wird ausgelassen. Vorübergehend kann der »große« Niels wieder auflachen, denn ein Maler, der Freund Ole Nissen, verkauft ein Bild, und eine Woche lang wird bei dem Schauspieler geschmaust und gefeiert, bis das Geld verbraucht ist und die Feiernden im Zerwürfnis auseinandergehen. Niels wird die Wohnung gekündigt, das Kind wird immer kränker. In der Nacht, bevor er mit seiner Familie ausziehen muß, erwürgt Niels halb aus Versehen, halb aus Ärger den kleinen Fortinbras, der einen Hustenanfall bekam. Acht Tage später findet ein Bäckerjunge den »großen« Thienwiebel erfroren auf der Straße.

Wie die ausführliche Interpretation dieser Studie in Martinis *Wagnis der Sprache*, Stuttgart 1954. S. 99—132, demonstriert, haben wir es hier weniger mit einer Elendsmalerei zu tun als mit einer Schilderung der Bohème. Wohl spielt die Armut keine geringe Rolle, aber hier wie später in der *Familie Selicke* entspringen die finanziellen Schwierigkeiten keineswegs der Industrialisierung oder dem Großkapitalismus allein. Meister Timpe verliert sein Haus durch die Machenschaften eines rücksichtslosen Spekulanten, der sich die allgemeine geldliche Not des Handwerkers zunutze macht. Erscheint auch Frau Wachtel, die Niels Thienwiebel seine Wohnung kündigt, als ein Stereotyp, so sind ihre Eigenschaften keineswegs mit den sozialen oder ökonomischen Verhältnissen der Zeit in Verbindung zu bringen. Sie stellt die gute Wirtin von Studenten und Künstlern dar, die auch einmal Pech hat: »Die alte, liebe, gute Frau Wachtel war ganz außer sich. Aber sie hatte wirklich Pech mit ihren Mannsleuten. Der kleine Ole hatte sich in der Tat nicht entblödet, ihr mit Hinterlassung einiger alter ›Schinken‹, deren Darstellungsobjekte es unmöglich zuließen, daß man sie sich übers Sofa hing, auszukneifen.« Also muß Thienwiebel dafür herhalten und seine Miete binnen einer Woche zahlen. Diese Situation könnten wir uns heute noch vorstellen, denn sie gehört zu den gängigen Komplikationen von Studenten- und Künstlerdramen und insbesondere -komödien.

Dennoch betonen Holz und Schlaf gerade die Armut des
»großen« Schauspielers. Wir erkennen, daß es sich wohl um eine
Art Sozialkritik handelt, wenn nicht um eine im Sinne Kretzers.
Eigentlich können wir nur vermuten, warum Niels Thienwiebel
arbeitslos ist, denn es wird nirgendwo gesagt, ob er wirklich
der »große« Künstler ist, für den er sich hält. Es fällt jedoch
auf, daß er praktisch nur *Hamlet* zitiert — als ob er keine andere
Rolle spielen könnte oder wollte. Mitverantwortlich für die
geldliche Not seiner Familie zeigt er sich allerdings insofern,
als er ein Engagement ablehnt, weil er auf Größeres wartet.
Daß er seinen Entschluß zuletzt bereut, bedeutet kaum, daß er
nicht als Künstler recht hatte. Weil um diese Zeit die Kritik
vom Bohemien als Pseudokünstler gleichsam in der Luft liegt,
neigen wir dazu, Niels auch als solchen anzusehen. Trotzdem
dürfen wir die am Schluß des VI. Abschnitts stehenden Worte
nicht ganz unbeachtet lassen: »Der große Thienwiebel hatte
nicht so ganz unrecht: Die ganze Wirtschaft bei ihm zu Hause
war der Spiegel und die abgekürzte Chronik des Zeitalters.«
Viele Naturalisten — darunter Holz — beklagen sich über den
gründerzeitlichen Verlust an Idealismus und Kunstsinn. Es ist
sozusagen eine Zeit angebrochen, die kein Verständnis für Hamlet oder einen Pseudo-Hamlet aufbringen kann. Gleichviel in
welchem Maße Thienwiebel mit schauspielerischen Talenten ge-
segnet gewesen wäre, die Zeit hätte ihn von sich gewiesen.

In dieser Hinsicht muß man berücksichtigen, daß Holz und
Schlaf an eine lange deutsche Tradition von Hamlet-Nachdich-
tungen anknüpfen (Hauptmann, Holz' großer Rivale aus
dieser Zeit, schreibt noch seinen *Hamlet in Wittenberg*
zwischen 1924 und 1935, also lange nach seinem letzten
»naturalistischen« Stück). Über die deutschen Hamlet-Gestalten
und -Interpretationen seit Goethes *Wilhelm Meister* liegt ein
ausführliches Schrifttum vor. So schreibt Rudolf Majut über den
»Richardismus und Hamletismus« als ein kennzeichnendes Phänomen der Weltschmerz-Literatur im 19. Jahrhundert (in seinen
Studien um Büchner, Berlin, 1932, S. 165—342). Man denke
etwa an Jean Pauls Roquairol, Büchners Danton und Leonce
sowie an deren viele mehr. Hamlet wird zu einem Sinnbild des
enttäuschten Idealisten, des witzigen Zynikers, des Opfers der
»philosophischen Tragödie« (als die Friedrich Schlegel den
Shakespeareschen *Hamlet* auslegte). Gewissermaßen stellt Niels
Thienwiebel den Weltschmerzler dar, den Künstler unerfüllter

Sehnsucht nach dem Leben sowie nach einem Ideal. Es sei hier auf Thomas Manns häufige Verwendung des Hamlet-Motivs in seinem ein paar Jahre später geschriebenen *Tonio Kröger* hingewiesen, auf eine Novelle, die gleichsam den Byronschen Weltschmerz parodiert. Dem großen Lübecker sind Holz und Schlaf aber in ihrer Studie von dem mittellosen Schauspieler um vieles schon voraus. Überhaupt stellen wir fest, daß eine stark ironische Strömung die ganze Studie durchzieht.

Daß *Papa Hamlet* mehr ist als Reportage oder wissenschaftlicher Bericht, daß dieses Werk geradezu eine Übung im Ironischen darstellt, geht bereits aus den Implikationen des Titels hervor. Es versteht sich, daß mehr damit gemeint ist als: »Ein Hamlet-Darsteller als Vater«, »Das Familienleben eines Schauspielers, der auch zuhause seine Rolle weiterspielt« oder »Das Ungeahnte im Privatleben eines großen Künstlers«. Man erinnere sich an die fast biedermeierliche Herkunft der Geschichte, wie sie bei Schlaf erscheint, und daran, daß das Biedermeier mit Vorliebe einen Einblick in das Privatleben großer Männer gewährte, um letzten Endes zu zeigen, sie seien doch nicht anders als die Menschen bescheidener Stellung. Obwohl Spuren davon im Titel durchschimmern, ist die Wendung von dieser Studie zum Ironischen, Zynischen, Verbitterten ebenso unverkennbar. Niels Thienwiebel scheint nur »Papa« und »Hamlet« zu sein. Daß der Erzähler »Papa«, also eine familiäre Anrede, statt »Vater«, einer objektiven Bezeichnung, wählt, hebt die Distanz zwischen ihm und dem Erzählten auf. »Papa« als ein kindlicher Ausdruck der Liebe ist gerade das Letzte, was Niels Thienwiebel verdient hätte, zeigt demzufolge nicht nur eine Vertrautheit des Erzählers mit seinem Protagonisten, sondern auch seine ironische Haltung ihm gegenüber. Zugleich merkt man, daß Niels seinen Sohn zärtlich behandeln kann. Dennoch steigt gelegentlich sein Größenwahn, sein Selbstbewußtsein als Künstler und damit seine Enttäuschung in seiner eingebildeten Lebensaufgabe als Hamlet-Darsteller auf, und dann erscheint er als alles andere als der gute »Papa«. In der Charakterisierung von Thienwiebel als »Papa Hamlet« drückt sich immer noch der biedermeierliche Zwiespalt zwischen dem privaten Menschen und dem öffentlichen aus, aber im Gegensatz zur süßlichen Darstellung einer früheren Zeit betonen Holz und Schlaf mit naturalistischer Wahrheitsliebe und naturalistischem Pessimismus nicht das Übergewicht des Persönlichen, sondern das Verhängnisvolle des Beruflichen. In Niels behauptet sich nicht der Mensch, der sich seiner Familie und ihrer Liebe freut, sondern der Schauspieler, der lediglich Versagen, unverwirklichten Ehrgeiz und Hoffnungslosigkeit kennt. Hamlet ist fast die einzige männliche Gestalt in den wichtigsten Shakespeareschen Dramen, die weder Frau noch Kinder hat. Er ist gleichsam die Antithese des Ehemanns und Familienvaters, denn Familienverhältnisse sind ihm verhaßt: er treibt seine Geliebte in den Tod und bleibt der sinnlichen Welt am weitesten von allen Helden Shakespeares entrückt. Ein »Papa Hamlet« muß ein ungelöstes Paradox bleiben. Und in dem Maße, wie Thienwiebel wirklich »groß« als Schauspieler, als Hamlet ist, oder sich einbildet, es zu sein, entzieht er sich dem Natürlichen, Liebevollen, Bescheidenen, das dem »Papa« zukäme.

Im Sinne der naturalistischen Vorliebe für das Klinische, Dokumentarische bietet diese Studie wohl eine Untersuchung des Anormalen, ja des Wahnsinns. Allerdings scheint diese Studie durchtränkt von einer Ironie, die kaum mehr als zufällig anzusehen ist: krankhaft wirkt des Schauspielers Identifikation mit seiner Bühnengestalt, die ihrerseits ironischerweise selber Schauspieler ist. Hamlet erweist sich durch die Jahrhunderte als eine Lieblingsrolle vieler großer Schauspieler, aber gleichzeitig besteht Hamlets Rolle darin, eine Rolle zu spielen, den Agierenden Ratschläge zu erteilen und ein kleines Spiel im Spiel zu inszenieren. Nirgendwo wird der Belang der betreffenden Shakespeareschen Stücke stärker unterstrichen als dort, wo wir erfahren, daß eine Kopie vom *Sommernachtstraum* auf dem Tisch liegt. Der offensichtliche Kontrast zwischen der märchenhaften Welt des Lustspiels und dem Elendsquartier des Thienwiebel erschöpft die Bedeutung dieser Angabe aber nicht. Die Liebe als traumhaftes Erlebnis hebt sich deutlich ab von der fast brutalen Sexualität in Niels' Familienleben. Wir erkennen, daß der »große« Niels Thienwiebel nicht imstande ist, eine zärtlichere Rolle ins Leben zu übertragen, nur die Rolle, die die Liebe entfremdet, statt sie zu verklären.

Zur Ironie der Gegenstände und der Gedanken der Gestalten gesellt sich eine Erzählhaltung, die scheinbar überhaupt nicht der eines anonymen Berichterstatters entspricht. »Was? Das war Niels Thienwiebel? Niels Thienwiebel, der große, unübertroffene Hamlet aus Trondhjem? Ich esse Luft und werde mit Versprechungen gestopft? Man kann Kapaunen nicht besser mästen? . . .« Der Anfang dieser Studie läßt den Leser nicht einmal erkennen, wer die Geschichte erzählt. Sicher ist nur, daß kein nüchterner Beobachter — wie etwa in *Bahnwärter Thiel* — hinter diesen Worten steht. Spricht überhaupt Niels Thienwiebel selbst oder ein anderer? Der Standort, von dem aus berichtet werden soll, liegt nicht fest, und wir befinden uns einmal ohne die feste Orientierung, die wir in der bisherigen, »realistischen« Erzählung genießen, die uns oft wenig über den Charakter des Erzählers vermittelt, die uns aber wenigstens wissen läßt, wo er steht. In den ersten 2—3 Seiten merken wir weiterhin, daß der Erzähler keine Objektivität der Bezeichnungen anstrebt: immer wieder hören wir vom *großen* Thienwiebel, wobei »groß« einmal im qualitativen Sinne, einmal im quantitativen Sinne gebraucht wird, d. h. er ist der große Thienwiebel, der vor Wonne schwelgt, aber auch der *große* Thienwiebel, der sich rücklings über das *kleine* Sofa wirft. Bewußter Spott und beißende Ironie drücken sich vom Anfang an in der auffällig häufigen Wiederholung von »groß« aus. Daneben sehen wir aber fast alles auch von Thienwiebels Perspektive der Hamletschen Selbst-Ironie an. Beinahe schizophren hört es sich an, wenn der Erzähler sagt: »Seinen William aufgeklappt, hatte er sich jetzt wieder tiefsinnig rücklings über das kleine Blaukattunene geworfen.« Dieser berichtende Satz gilt dem Band Shakespeares, aber wer außer Thienwiebel würde den Dichter als »William« bezeichnen. Später lesen wir in bezug auf Amalie, Thienwiebels »Ophelia«: »Ihre alten Opheliajahre waren wieder lebendig in ihr geworden.« Will der Erzähler andeuten, Amalie habe einmal früher die Ophelia zu Niels' Hamlet auf der Bühne gespielt, oder will er nur eine Gemütswandlung zeigen, die sich in Niels vollzieht?

Selbst die scheinbar objektivsten Attribute büßen ihre Objektivität ein. Das rötliche Kind wird immer wieder als »der kleine Krebsrote« bezeichnet. Leitmotivisch zieht sich diese Beschreibung durch die Studie und gesellt sich zu dem übergreifenden Motiv des Tierischen als Gegensatz zum Geistigen, Künstlerischen, Tragischen. Gerade das Kind wird zum Anlaß der Diskussion über die Kultur und die Natur als Gegensätze, Gegensätze, die sich bereits im Titel bekunden. Niels geht an dem Konflikt zwischen der Kultur und der Natur zugrunde, auf den der Erzähler immer wieder anspielt, z. B. dort, wo in einer Art erlebter Rede er von Niels berichtet, er »vertiefte sich

nun in den tragischen Anblick eines schmutzigen Kinderhemd-
chens.«

Durch die stetige Hervorhebung von Sinnzusammenhängen
mit einem übergreifenden Motiv scheinen sich die Verfasser
dem poetischen Realismus zu nähern. Und wenn man — wie
viele zeitgenössische Kritiker — einwendet, es fehle der für den
poetischen Realismus so kennzeichnende Humor, müßte man an
Holz' Bemerkung über *Papa Hamlet* erinnert werden: »Es hat
meiner Ansicht nach selten ein Buch gegeben, durch dessen ernste
Seiten zugleich so viel Humor ging« (X, 221). Und man muß
Holz letzten Endes zustimmen, wenn man auch gleich hinzufügen darf, daß es ein schwarzer, pessimistischer, ironischer Humor ist, der auch im Folgenden durchklingt: »Der kleine Fortinbras war jetzt ganz ernsthaft geworden. Er hatte seinen
großen Papa noch nie so menschlich mit ihm reden hören.« Oder
wieder, wo der Erzähler am Schluß des III. Abschnitts vom
Sohn spricht: »Sei's Farbe der Natur, sei's Fleck des Zufalls,
kurz und gut, aber der kleine Prinz von Norwegen lag wieder
seelenvergnügt mitten in seinen weitläufigen Besitzungen da.«
Hier tritt der Erzähler derart deutlich hervor, daß wir glauben
könnten, wir hätten es wieder mit dem Dichter des »Dach-
stubenidylls« zu tun. Ganz bewußt verwendet der Erzähler
des »Papa Hamlet« Leitmotive wie das der Lampe, die auf
dem Tisch leise zittert. Ebenso herkömmlich scheint seine Art zu
sein, die Zeit zusammenzuraffen, z. B. zwischen VI und VII
oder zwischen Niels' Verbrechen und der acht Tage später statt-
findenden Entdeckung seiner Leiche. Man müßte selbstverständlich einräumen, daß menschliche Töne noch nie so genau repro-
duziert wurden, daß der Ablauf der Zeit kaum so realistisch
dargestellt wurde wie im »Tipp ... Tipp« des fallenden Tau-
wassers, in einer Wiederholung dieses lautmalerischen Wortes
viermal unter 115 Punkten als Auslassungszeichen oder, besser
gesagt, Sekundenschlägen (man müßte sich die Wirkung einer
Vorlesung der Studie vergegenwärtigen), daß kein Detail als zu
geringfügig unerwähnt bleibt. All das wäre aber hauptsächlich
als ein Gradunterschied statt einer Revolution der Darbietungsform abzutun.

Was konsequent realistisch wirkt, liegt in erster Linie in der
Fragmentation der dargestellten Welt. Eine homogen erzählte
Welt, sei es von der Perspektive eines allwissenden Fabulierers
aus, sei es von der eines anonymen Berichterstatters aus, wäre

nicht die Welt, an der Niels Thienwiebel zugrunde geht. Eine
solche in diesem Sinne einheitliche Welt erleben wir auch in den
anderen Studien. *Papa Hamlet* schließt mit Worten, die wir
aber keinem Erzähler zuschreiben können, denn sie gehören
Niels, der wiederum bereits tot ist: »Wohlan, eine pathetische
Rede! Es war der große Thienwiebel. Und seine Seele? Seine
Seele, die ein unsterblich Ding war? Lirum, Larum! Das Leben
ist brutal, Amalie! Verlaß dich drauf! Aber — es war ja alles
egal! So oder so!« Es zeigt sich, daß weder einfach erlebte Rede
noch ein allwissender Erzähler den erzählenden Teilen allein
zugrunde lag, denn beide waren gleich nötig. Die allerletzten
Worte, »so oder so«, versinnbildlichen noch einmal den Zwiespalt der Welt *von* Niels und *für* Niels. Hätte Niels alles nur
von seiner Sicht aus geschildert, dann hätte der Leser keinen
Einblick in die »Wahrheit« der Situationen erhalten. Dagegen
hätte ein klinisch exakter, sachlicher Bericht nicht »überzeugend«
gewirkt, denn Niels' Welt, nicht nur die wirkliche, muß erlebt
werden — genauso wie wir im Wortschatz von Frau Wachtel
erfahren, sie habe »wirklich Pech mit ihren Mannsleuten«. Die
Shakespeare-Zitate müssen einerseits von Niels gesprochen werden, andererseits gehören sie zu der Welt, der Niels nachlebt
und nachempfindet. Also erscheinen sie miteingeflochten in den
erzählenden »Bericht«. Wie die erlebte Rede und der Ansatz
zum inneren Monolog wirken sie rein dramatisch, d. h. möglichst unmittelbar. Gewissermaßen bedeuten die Zitate den
Sprung über das »minus x« der Reproduktionsbedingung, in
diesem Fall die eines Gleichnisses. Niels Thienwiebel denkt nicht
wie Hamlet, er denkt *als* Hamlet, dessen desillusionierende
Ironie wiederum des »großen« Schauspielers Leben ausdrückt.

In seiner Schrift über die *Entstehung und Krise des modernen
Romans* (Stuttgart, 1955) stellt Wolfgang Kayser fest: »Mit
der erlebten Rede und dem inneren Monolog ist nun aber er-
reicht, was das ›objektive‹ Erzählen und die Technik des ›wech-
selnden‹, d. h. nacheinander in verschiedene Gestalten verlegten
Standpunktes nur zum Teil erstrebt und erreicht hatten: das
völlige Verschwinden des eigenwertigen Erzählers (S. 32) ...
Der Tod des Erzählers ist der Tod des Romans« (S. 34). Was
Kayser am Beispiel von der Theorie Virginia Woolfs verfolgt,
nämlich eine freiwillige Aufgabe des herkömmlichen, festen
Standorts in der Erzählkunst, vollzieht sich schon bei Holz und
Schlaf unter dem Zeichen des Realismus. Es ist gerade dieses

Verfahren, das das Epos des naturwissenschaftlichen Zeitalters — Holz' *Phantasus* — zu realisieren versucht: auf seine sichere Stelle der allwissenden Höhe über den Ereignissen freiwillig verzichtend, läßt der Sprecher sich in den Dingen aufgehen. Der Keim dieser Technik liegt bereits in *Papa Hamlet,* Holz' erstem bedeutendem Versuch, das restlos Immanente einer naturwissenschaftlich verstandenen Welt darzustellen.

Gerhart Hauptmann
Vor Sonnenaufgang

Am 20. Oktober 1889 findet im Rahmen der »Freien Bühne« die Uraufführung statt nach der Erstveröffentlichung in demselben Jahre durch C. F. Conrads Buchhandlung in Berlin. Die am 8. Juli 1889 verfaßte Widmung zur ersten Auflage lautet: »Bjarne P. Holmsen, dem konsequentesten Realisten, Verfasser von ›Papa Hamlet‹, zugeeignet, in freudiger Anerkennung der durch sein Buch empfangenen, entscheidenden Anregung.« In der zweiten Auflage fügt er dann ein am 26. Oktober 1889 datiertes Dankeswort an Otto Brahm und Paul Schlenther hinzu. Das Stück trägt den Zusatz »Soziales Drama«.

Wie bahnbrechend *Vor Sonnenaufgang* wirkt, geht nicht nur aus der Kritik der Bourgeoisie hervor — man hätte auch gegenüber einem um vieles weniger radikalen Werk eine fast gleich ablehnende Haltung voraussetzen können —, sondern auch aus dem Anstoß, den dieses »soziale Drama« unter den angeblichen Gesinnungsgenossen erweckt. Von allen Naturalisten spricht sich Alberti in seiner Polemik über »Die Freie Bühne«, *Gesellschaft* 6 (1890), 1104–1112, 1348–1355, gegen das Brahmsche Unternehmen im allgemeinen und gegen das Hauptmannsche Stück insbesondere wohl am kräftigsten aus: »Es zeigt ein nicht übles Talent für Charakteristik, die Gestalt des egoistischen Ingenieurs Hoffmann ist recht gut herausgearbeitet. Alles übrige steht auf einem wahrhaften Sekundanerstandpunkt. Das Drama hört da auf, wo es anfangen müßte — mit dem seelischen Konflikt. Die Handlung ist wenig mehr als Null und dieses Wenige ist einfach der barste Blödsinn, den je dilettantische Dreistigkeit der Öffentlichkeit zu bieten wagte. ... Um nun auf dieses Fricassée von Unsinn, Kinderei und Verrücktheit die Aufmerksamkeit des Publikums zu lenken, durchsetzte es Herr Hauptmann mit einem Gemisch von Roheiten, Brutalitäten, Gemeinheiten, Schmutzereien, wie es bisher in Deutschland unerhört gewesen war. Der Kot wurde in Kübeln auf die Bühne getragen, das Theater zur Mistgrube gemacht. . . . Das ganze Stück stinkt, aber nicht weil es von Kot handelt, sondern weil es selbst erstunken ist . . . Das Stück machte Sensation — aber diese Sensation galt lediglich dem Mut der Unverfrorenheit, so viel Dreck auf einmal vor die Öffentlichkeit zu schleppen. Es erreichte das, was der Franzose *épater le bourgeois* nennt« (1110—1112). Daß das Hauptmannsche Drama heute noch auf Bühnen und sogar durch das Fernsehen lebendig bleibt, widerlegt wohl die Kritik Albertis, dessen Stücke sich kaum einer solchen Beliebtheit erfreuen können — und das trotz seiner Parodie auf die ersten Stücke der »Freien Bühne« *Im Suff*, mit der er seine Zielscheiben restlos demoliert zu haben glaubte. Nicht nur sein eigener Mangel an Talent wirkt aber gegen Alberti, sondern auch die Zeit schlechthin: der Schwerpunkt der neuen literarischen Bewegung fängt an, sich von München nach Berlin zu verlagern, und nicht zuletzt trägt Hauptmanns Schauspiel dazu bei, denn es verkörpert die Gattung und die Stilrichtung der nächsten naturalistischen Bemühungen: das Drama in der Nachfolge Ibsens und im Dienste des »konsequenten Realismus«. Im *Bahnwärter Thiel* hat Hauptmann die Frühnaturalisten praktisch nach ihren eigenen Maßstäben bereits überboten, in *Vor Sonnenaufgang* zeigt er nunmehr seinen Spürsinn für das Neue — eine Fähigkeit übrigens, die seine Kunst über mehrere Jahrzehnte hindurch bereichern und ihn über den Weg der Neoromantik und der Neuklassik führen wird.

Außerdem erscheint die Handlung keineswegs so eine »Null« zu sein, wie Alberti behauptet. Alfred Loth, Journalist, Soziologe und Volkswirtschaftler, sucht Hoffmann, einen Ingenieur und alten Studienfreund, in seinem Haus auf, in dem »moderner Luxus auf bäuerischer Dürftigkeit gepropft« ist. Überhaupt werden Bühnenskizzen für die Anordnung aller Kulissen und Requisiten der ersten Auflage des Texts beigefügt. Alberti kritisiert die Milieuschilderung, aber vom ersten Augenblick an ist es ersichtlich, daß alles sich in einer naturalistisch determinierten Welt abspielt. Das Wiedersehen der alten Freunde führt fast sofort zu einer Darlegung ihrer Verhältnisse und der Zeit, seitdem sie sich zum letztenmal sahen. Loth hat zwei Jahre im Gefängnis verbracht, weil er angeblich für die Sozialisten Geld sammelte — obwohl er in der Tat nur für den Verein Vancouver-Island gearbeitet hatte. Zum Beweis seiner redlichen Absichten beruft sich Loth auf Hoffmanns Wissen als das eines ehemaligen Mitglieds des Unternehmens. Hoffmann streitet aber ab, ein aktives Mitglied gewesen zu sein. Im Laufe des Gesprächs stellt es sich heraus, daß Hoffmann eine reiche Bauerntochter geheiratet hat — aber erst nachdem er ihren damaligen Verlobten verdrängt hatte. Mit dem durch die Ehe gewonnenen Geld ist Hoffmann dann durch spekulative und nicht immer einwandfreie Geschäfte ziemlich wohlhabend geworden.

Loth ist gekommen, um über die Arbeitszustände unter den Bergleuten zu schreiben. Als Hoffmann aber im 3. Akt von seinen Absichten erfährt, entsteht ein Zerwürfnis, denn Loth behauptet, er werde nicht einmal wegen einer Freundschaft die Wahrheit verschweigen, und Hoffmann läßt allzu klar erkennen, daß er Angst hat vor einer über seine Manipulationen und Ausbeuterei aufgebrachten Arbeiterschaft. Indessen hat Loth sich in Helene Krause, Hoffmanns Schwägerin, verliebt und sie sich auch in ihn. Die beiden wollen zusammen weggehen, hat doch Helene verzweifelt nach einem Ausweg aus dem »Sumpf« gesucht, in dem sie bei den Krauses und Hoffmann lebt. Aber im 5. Akt begegnet Loth Dr. Schimmelpfennig, ebenfalls einem ehemaligen Kommilitonen, der auf dem Lande schnell zu Geld hat kommen wollen. Schimmelpfennig enthüllt Loth die Hintergründe der Familie Krause, vor allem, daß Helenes Vater und Schwester am Alkoholismus leiden. Schon im dritten Akt hat Loth jedoch nichtsahnend behauptet: »Leibliche und geistige Gesundheit der Braut zum Beispiel ist conditio sine qua non.« Nachdem er von dem gesundheitlichen Zustand der Krause-Familie erfahren hat, sagt er: »So steht es: es gibt drei Möglichkeiten! Entweder ich heirate sie, und dann . . . nein, dieser Ausweg existiert überhaupt nicht. Oder — die bewußte Kugel. Na ja, dann hätte man wenigstens Ruhe. Aber nein! so weit sind wir noch nicht, so was kann man sich einstweilen noch nicht leisten — also: leben! kämpfen! — Weiter, immer weiter.« (Übrigens fiel es schon Alberti auf, daß die Vererblichkeit von Alkoholismus glatter Unsinn ist.) Dann schreibt Loth ihr einen Brief und verläßt das Haus mit Schimmelpfennig. Interessant ist übrigens auch, daß Loth nach seinem Entschluß Schimmelpfennig noch fragt: »Sag mal, sollte man denn nicht wenigstens versuchen — sie aus den Händen dieses ... dieses Menschen zu ziehen? ... Auf diese Weise wird sie doch unfehlbar noch seine Beute.« Damit meint er selbstverständlich Hoffmann, der bereits erfolglose Annäherungsversuche bei Helene angestellt hat. Darauf antwortet Schimmelpfennig: »Nimm ihr nicht das ... das Wenige, was du ihr noch übrigläßt.« Man kann sich des Verdachts nicht erwehren, daß Schimmelpfennig, der ja die Geschichte erzählt hat, etwas im Schilde führt — denn als zynisch und opportunistisch hat er sich schon im Gespräch unter vier Augen mit Loth geäußert. Was er auch immer vorhat, wird ihm aber unmöglich gemacht: Helene liest den Brief von Loth und tötet sich.

Stilistisch und bühnentechnisch erweist sich *Vor Sonnenaufgang* insofern als »konsequent realistisch«, als einmal der Dialekt häufig gesprochen wird. Und kein Zuschauer würde Albertis Kritik viel Substanz zutrauen, der Dialekt sei nicht einmal richtig gehandhabt. Typisch zugleich für Hauptmanns dramatischen Stil und für den Naturalismus erscheint die Rolle der Gestik. Allein die letzte Szene, in der Helene nach Loth ruft, auf und ab geht, ein Fenster aufmacht, auf einen Stuhl steigt, durch eine Tür rennt, Loths Brief entdeckt, ihn liest, einen Hirschfänger samt Gehänge ergreift, ihn verbirgt und in Hoffmanns Zimmer verschwindet, ohne mehr als ein paar Worte zu Eduard und zu sich zu sprechen — diese Szene zeigt deutlich genug, wie stumm die Heldin dieses Stückes geworden ist. Danach erscheint Miele, die zweimal nach Helene ruft und dann das Zimmer betritt, das sie schreiend wieder verläßt, nachdem sie Helene tot aufgefunden hat. Und im Hintergrund hören wir immer wieder, wie der betrunkene Vater singt: »Dohie hä! biin iich nee a hibscher Moan? Hoa iich nee a hibsch Weib? Hoa iich nee a poar hibsche Tächter dohie hä.« Hier spricht Helene nicht, denn es gestaltet sich schon eine Welt, die sie zu ihrer verzweifelten Tat treibt. Uns braucht sie nichts zu erklären. Wie Bahnwärter Thiels Leben endet auch ihres in sprachlicher Vereinsamung.

Motivisch gesehen gehört dieses Schauspiel nicht weniger zum Naturalismus. Es gibt Ehebruch zwischen Wilhelm Kahl, dem Neffen von Frau Krause und dem für Helene ausgesuchten Verlobten, und Frau Krause, der zweiten, um viele Jahre jüngeren Frau von Helenes Vater. Satirisch wirkt nicht nur das Porträt des alten Krause, sondern auch die Beschreibung seiner

Frau: sie »erscheint, furchtbar aufgedonnert. Seide und kost-
barer Schmuck. Haltung und Kleidung verraten Hoffart, Dumm-
stolz, unsinnige Eitelkeit«. In diesen Gestalten des »sozialen
Dramas« und in Hoffmann und Schimmelpfennig erkennen wir
eine Abrechnung mit den Neureichen, Habgierigen und Opportunisten der Gründerzeit, etwas, was der weniger sozialbewußte
Alberti übersieht, wenn er behauptet, »Austern« gebe es nie auf
einem schlesischen Bauernhof. Solche Gerichte sowie der aus-
erlesene Cognac, den Hoffmann trinkt, sind faßbare Symbole
des Ausbeutertums und der Genußsucht dieser emporgeschosse-
nen Klasse (der »Millionenbauer« wird überhaupt zu einer
satirischen Gestalt mehrerer naturalistischer Werke, z. B. in
Kretzers gleichnamigem Roman oder in Clara Viebigs *Die vor
den Toren*). Die so oft mit dem Naturalismus in Verbindung
gebrachte Sexualität erscheint hier nicht nur im Ehebruch, sondern auch darin, daß Helenes Vater sich an ihr zu vergreifen
versucht und daß Hoffmann eine Affäre mit ihr vorschlägt. Die
Probleme des Alkoholismus und der Vererbung stehen ja im
Zentrum dieses Stücks und des Sumpfs, den Helene zusammenfassend beschreibt: »Alles ist mir egal! Schlimmer kann's nicht
mehr kommen: einen Trunkenbold von Vater hat man, ein
Tier — vor dem die ... die eigene Tochter nicht sicher ist. —
Eine ehebrecherische Stiefmutter, die mich an ihren Galan ver-
kuppeln möchte ... Dieses ganze Dasein überhaupt.« (Man
merke die vielen Gedankenstriche und Auslassungspunkte in
ihrer Rede, die als typisch naturalistische Fragmentation der
Sprache anzusehen sind.) Als weiteres Motiv der Zeit kommt
hinzu, daß Loth sich nicht zuletzt deshalb in Helene verliebt,
weil sie in ihrer Verzweiflung ihm ihre Liebe erklärt und ihm
dadurch als »Emanzipierte« vorkommt. Loth als der Verfechter
aller Werte der damaligen sozialen Welt setzt sich entschieden
für das Frauenrecht ein: »Nein, nein, im übrigen soll meine
Frau fordern und immer fordern — alles, was ihr Geschlecht im
Laufe der Jahrtausende eingebüßt hat.« Es leuchtet uns hier
schon ein, daß er sie wegen seiner Sache vielleicht auch deshalb
so leicht verlassen kann, weil er von Anfang an in ihr nur die
Verkörperung einer guten Sache gesehen hat.

Ursula Münchow und andere, die für die hintergründige Darstellung der sozialen Ungerechtigkeit im Leben der Bergarbeiter
empfindlich sind, bedauern, daß solche Übelstände nicht aus-
führlicher gestaltet werden, etwas, was Hauptmann später in

den *Webern* auch tut. Wohl spielt dieser Aspekt eine Rolle schon in seinem ersten »sozialen Drama«: Helene hat Angst vor den Bergarbeitern, die sie anglotzen. Wir hören auch von Beibst die Geschichte seiner Söhne, die der Arbeit im Bergwerk bereits zum Opfer gefallen sind. Wohl können solche Blicke in die Mißstände der Zeit nicht ignoriert oder unterschätzt werden, aber Hauptmanns hauptsächliches »soziales« Anliegen gilt nicht so sehr den Unterdrückten, sondern ihrem eventuellen Befreier Loth, für den die Arbeiter noch eine gute Sache sind.

Zunächst erscheint Loth als ein Held: mit Recht erblickt Münchow in ihm den Typus des sozialistischen Journalisten, von dem es in der Tat viele gegeben hat, die wie Loth für ihren Glauben ins Gefängnis mußten. Loth scheint auch Idealist zu sein, denn er ist in der Errichtung von Kommunen in Amerika und Kanada tätig gewesen. Und von Anfang an hat er ein Gegenüber in Hoffmann, der alles andere als idealistisch ist. Zu Loth sagt er: »Ich bin überhaupt in keiner Beziehung Unmensch. Nur muß man nicht mit dem Kopfe durch die Wand rennen wollen. — Man muß nicht die Übel, an denen die gegenwärtige Generation leider Gottes krankt, durch noch größere verdrängen wollen; man muß — alles ruhig seinen natürlichen Gang gehen lassen. Was kommen soll, kommt! Praktisch, praktisch muß man verfahren. . . . dieser Grundsatz hat sich bezahlt gemacht. . . . Ihr alle — du mit eingerechnet! —, ihr verfahrt höchst unpraktisch.« Aber Loths Verbissenheit — selbst wenn es nur um den Wein geht, der ihm zum Anlaß einer langen Tischrede mit Statistiken über die furchtbaren, von Spirituosen verursachten Schäden in Amerika dient — läßt uns aufhorchen. Entschlossenheit scheint sich in Fanatismus verwandelt zu haben, sein utopischer Idealismus in Weltfremdheit. Nicht nur seinen Geschmack, sondern auch seine Beweggründe können wir anzweifeln, als Loth Dahns *Kampf um Rom* höher stellt als Goethes *Werther,* den er als »ein Buch für Schwächlinge« ablehnt. Für den innerlich leidenden Menschen hat Loth kein Verständnis. Was er über Dahns Werk sagt, ist nicht weniger aufschlußreich. Auf Helenes Frage, ob es »praktisch« ist, antwortet Loth: es diene »einem vernünftigen Zweck überhaupt. Es malt die Menschen nicht wie sie sind, sondern wie sie einmal werden sollen. Es wirkt vorbildlich.« Das »Vernünftige« droht bei Loth, wie das »Praktische« bei Hoffmann, das Menschliche ganz und gar außer acht zu lassen. Loth sieht das individuelle

Leiden nicht, weil er nur das kollektive Leid sehen will. Zu Helene sagt er: »Mein Kampf ist ein Kampf um das Glück aller; sollte ich glücklich sein, so müßten es erst alle anderen Menschen um mich herum sein; ich müßte um mich herum weder Krankheit noch Armut, weder Knechtschaft noch Gemeinheit sehen.« Das Aufopfern seiner persönlichen Wünsche — würden wir auch zugeben — ist für jeden notwendig, der eine gesellschaftliche Änderung bewirken will. Aber Helene ist mehr als sein Wunschobjekt, sie ist ein Mensch. Dementsprechend wird sie aber nicht aufgefaßt, wenn Loth ihr den einzigen Grund erklärt, weshalb er sie unter Umständen nicht heiraten würde: »Nur wer mich zum Verräter meiner selbst machen wollte, über den müßte ich hinweggehen.« Sein Gebrauch von »wollen« statt »können« steht dem Gedanken sehr nah: »Wer nicht mit mir ist, der ist wider mich.« Trotz seiner phrasenseligen Rede über seine guten Absichten enthüllt sich Loth als ein entmenschlichter Sklave seiner abstrakten Ideen, die sich lediglich nach dem Sein des Menschen, nicht nach seinem Wollen richten. In seiner fanatischen Hingabe an eine abstrakte Vorstellung steht er einem anderen Fanatiker sehr nahe, mit dem Hauptmann aufs engste vertraut war: Büchners Robespierre, der einmal sagt: »Wer in einer Masse, die vorwärts drängt, stehenbleibt, leistet so gut Widerstand, als trät er ihr entgegen.« Helenes angebliche biologische Schwäche leistet in Loths Augen geradezu solchen Widerstand.

Es fehlt hier die Gelegenheit, der Frage nachzugehen, inwiefern Hoffmann, der Zyniker und Genießer, Büchners Danton verpflichtet ist. Uns fällt aber auf, daß er am Schluß vom dritten Akt Loth einen »lächerlichen, gespreizten Tugendmeier« nennt, und wir werden an die Begegnung zwischen Danton und Robespierre im ersten Akt von *Dantons Tod* erinnert. Mit gleicher Überzeugung wie Danton zu Robespierre hätte Hoffmann zu Loth sagen können: »Du bist empörend rechtschaffen. Ich würde mich schämen, dreißig Jahre lang mit der nämlichen Moralphysiognomie zwischen Himmel und Erde herumzulaufen, bloß um des elenden Vergnügens willen, andre schlechter zu finden als mich. — Ist denn nichts in dir, was dir nicht manchmal ganz leise, heimlich sagte: du lügst, du lügst!?« Zwar erscheint Hoffmann, der ja schließlich auch einmal an den sozialistischen Bemühungen der jungen Studenten teilnahm, bestenfalls als eine ins rein Negative gekehrte Entsprechung zum enttäuschten

Revolutionär Danton, aber deshalb klingen seine Worte über den Abstinenzler und Tugendmeier Loth nicht weniger treffend. Überhaupt zeigt Hoffmann eine gute Einsicht in den Charakter Loths, als er sagt: »Er ist — gelinde gesprochen — ein höchst ge-fähr-licher Schwärmer, dieser Herr Loth.« Dies bestätigt sich auch in Loths Gespräch mit Schimmelpfennig im letzten Akt. Der Fanatiker legt die Gründe dar, weshalb er doch noch heiraten möchte: »Du weißt nicht, wie ich mich durchgefressen hab' bis hierher. Ich mag nicht sentimental werden. Ich hab's auch vielleicht nicht so gefühlt, es ist mir vielleicht nicht ganz so klar bewußt geworden wie jetzt, daß ich in meinem Streben etwas entsetzlich Ödes, gleichsam Maschinenmäßiges angenommen hatte. Kein Geist, kein Temperament, kein Leben, ja wer weiß, war noch Glauben in mir?« Am Ende des ersten Akts sagt Büchners Robespierre: »Mein Camille! — Sie gehen alle von mir — es ist alles wüst und leer — ich bin allein.« Für Loth ist es eine Öde, für Robespierre eine Wüste und Leere, aber die Situation ist die gleiche: die Frau bzw. der Mann, der den Revolutionär hätte retten können, muß geopfert werden, weil abstrakte Prinzipien bereits das Menschliche verdrängt haben. Die innere Leere, die schon vorhanden war, wird nur verabsolutiert durch den Verzicht auf Helene bzw. Camille.

Unsere Überlegungen zeigen allzudeutlich, daß es in *Vor Sonnenaufgang* nicht um eine Liebesgeschichte geht (wie Albertis Auslegung der Handlung impliziert), sondern um ein politisches Drama. Die gesellschaftlichen Übel, die beseitigt werden, sind hier nicht weniger ausgeprägt als in Büchners *Dantons Tod*. Und hier wie dort ertönt der Mahnruf, es nütze eine Reform nichts, vergesse man, weshalb sie notwendig ist. Die Darstellung der Sozialverhältnisse in den *Webern* beweist schlagkräftig, daß Hauptmann das jeder Sozialrevolution und jedem Klassenkampf zugrundeliegende menschliche Leid kennt. In *Vor Sonnenaufgang* nimmt er jedoch Abstand von Revoluzzern bürgerlicher Prägung wie Hoffmann und von den entmenschlichten Fanatikern wie Loth. Letzten Endes antizipiert Hauptmann auch Ernst Tollers Einsicht in *Masse-Mensch:* der Mensch ist der Zweck, nicht bloß das Mittel einer Revolution.

Hermann Sudermann
Die Ehre

Am 27. November 1889 findet im Berliner Lessing-Theater die Uraufführung der *Ehre* statt, die ihren Verfasser berühmt macht. Hauptmanns um ein paar Wochen früher uraufgeführtes Drama *Vor Sonnenaufgang* löste einen Skandal aus, kündigte aber für die wirklich einsichtsvollen Kritiker den Beginn einer großen Laufbahn an, die immer von formalen und inhaltlichen Experimenten gekennzeichnet sein würde. Sudermann, der ohnehin bereits einige Romane wie *Frau Sorge* und *Katzensteg* geschrieben hat, erhält auf einen Schlag einen Hauptmann zunächst verweigerten Ehrenplatz im kulturellen Leben eines großen, klar umrissenen Publikums; er wird jedoch kaum über die Zeit und die geschmacklichen Grenzen dieses Publikums hinaus wirken. Zwar erscheinen noch Sudermanns eigenes »skandalöses« Sittenstück *Sodoms Ende,* das sofort der Zensur zum Opfer fällt, und seine weltberühmte *Heimat,* aber für einen Ruhm wird weder hier noch in den nächsten Stücken ein Fundament geschaffen. Warum sein Ansehen mit seiner Zeit verblaßt, offenbart sich nirgendwo klarer als in der *Ehre,* die im Grunde genommen das Naturalistische nur übernimmt, nicht prägt oder entwickelt, wie Hauptmann und Holz es tun. Paradoxerweise scheint Sudermann keine der Stilrichtungen und Epochen, denen er sich anschließt, zu überleben, weil er sich ihnen nie ganz hingeben, sie also nicht als Fundament zur Entwicklung seines eigenen Stils verwerten konnte. Dennoch leistet er einen wichtigen Beitrag zu unserem Verständnis der damaligen Situation der naturalistischen Kunst. Wenn auch nicht so bahnbrechend oder radikal experimentierend wie Hauptmann, Holz und Schlaf, so sozialkritisch und pessimistisch wie Kretzer und Halbe oder so weltschmerzlerisch zerrissen wie Conradi und Bleibtreu, bietet uns Sudermann ein charakteristisches Bild der damaligen Zeit, indem er einen Teil des Theaterpublikums, dem er seine Erfolge verdankt, erkennbar absteckt. Und letzten Endes tragen die Sudermann-Anhänger auch zum Durchbruch des Naturalistischen bei, das jedoch in den Werken ihres Lieblingsdichters kaum revolutionäre Erweiterungen oder unvergeßliche Tiefen erfährt.

Die *Ehre* ist schlechthin das Drama des Hinter- und Vorderhauses. Aber der Konflikt kommt nie als wirklicher Klassenkampf zur Geltung, denn die Gestalten bleiben papiern, und der Zusammenstoß der beiden Milieus erschöpft keineswegs die sozialen und persönlichen Implikationen. Es haftet dem Stück noch das Seichte der vornaturalistischen Intrigendramen an. Im Gegensatz zu den Lebensausschnitten, als welche so viele naturalistische Werke sich ausgeben, weist das Sudermannsche Drama einen eindeutigen Anfang und Schluß auf, ja, das Forcierte, Künstliche, Durchsichtige der Verwicklungen lassen kaum etwas vom Alltagsleben der beiden Familien ahnen. *Die Ehre* beginnt mit einem scheinbar alltäglichen Gespräch zwischen Frau Heinecke und Frau Hebenstreit, das eine außergewöhnliche Situation betont: Robert Heinecke, der Sohn der Familie im Hinterhaus, ist nach neuneinhalb Jahren als erfolgreicher Herr im Biberpelz zurückgekehrt. In der Unterhaltung der zwei Frauen erfahren wir die Vorgeschichten der Hinterhausbewohner sowie des Sohns, der in der Geschäftswelt, in der Außenwelt des Vorderhauses sein Glück errungen hat. Vor 17 Jahren ist der Vater nach einer Feier im Vorderhaus verletzt worden, und seitdem dürfen er und seine Familie das Hinterhaus bewohnen. Seine Ausbildung sowie seine Lehrzeit bei der Firma der Vorderhausfamilie Mühlingk verdankte Robert auch dem Unfall und der darauffolgenden Großzügigkeit, die die ganze Familie Heinecke in ein Abhängigkeitsverhältnis zum Vorderhaus brachte. Weil Robert aber durch seine Ausbildung dem Milieu seines Elternhauses entrückt war, durfte er schon früher im Vorderhaus verkehren. Daß seine Familie stets nur an die geldlichen Vorteile denkt, die ihr in jeder Situation zugute kommen können, zeigt sich in ihrem Verhalten, als Robert Geschenke verteilt: kaum ein Wort des Dankes vernimmt er, nur Beschwerden darüber, daß solche Waren schon aus der Mode oder unpraktisch sind. Im allgemeinen scheint die Mutter vor allem an ihre »Fotölchs« (d. h. Fauteuils) zu denken, die Schwestern nur an Schmuck und Kleider, der Schwager nur an Alkohol. In Sudermanns Darstellung von Roberts Familie bestätigen sich die oberflächlichen Vorurteile über die armen Familien in solchen Hinterhäusern.

Schon vor seiner Rückkehr hat Robert gefürchtet, alles würde nicht mehr so sein wie früher, und in der Tat schöpft er bald Verdacht, denn Kurt, der Sohn des Kommerzienrats Mühlingk und — wie sich später herausstellt — ein fast unausstehlicher Snob, ist besonders freigebig geworden: er läßt Alma, Roberts jüngere, noch unverheiratete Schwester, als »Sängerin« ausbil-

den, obwohl sie nie Talent dafür gezeigt hat. Auch ans Karikaturhafte grenzend erscheint die gründerzeitliche, neureiche
Familie Mühlingk. Sein Geld verdankt der Kommerzienrat
einer günstigen Heirat und erfolgreichen Geschäftsunternehmen,
also nicht weniger »Glücksfällen« als Roberts Vater. Daß die
Familie im Vorderhaus ebenso habgierig ist wie ihre niedrigere
Entsprechung, schimmert oft durch, ja, ihre Werte scheinen gleich
käuflich zu sein — wenn auch mit einer anderen Münze. Die
Ausnahme bildet Lenore, die fast rührend sympathische, natürliche und liebenswürdige Tochter. Zu ihr, die sich im menschlichen Sinne von ihrer Familie unterscheidet, fühlt sich Robert,
der sich im Kulturellen von seiner Familie abhebt, nach wie vor
seiner Abwesenheit hingezogen. Und an den beiden bewährt
sich ein neuer Sinn für das Moralische sowie eine fast unnatura-
listische Fähigkeit, das eigene Milieu und die eigene Vergangenheit zu überwinden. Da das Unangenehme, Verwerfliche und
Bedrückende der beiden Milieus aber kaum in wirklich menschlichen Problemen wurzelt, bedeutet die Überwindung der Familienverhältnisse beinahe ausschließlich eine theatralische Not-
lösung, nicht den Ausgang eines tragischen Konflikts. Es fehlt
den Menschen schlechthin das ursprünglich Gute, das es den
Kindern erschwert hätte, sich von ihnen zu trennen. Wir können
uns nur wundern, daß Robert seiner Familie so lange und so
verbissen die Treue hält (überhaupt ist sein Ehrbegriff bestimmt
nicht auf die Umgebung seiner Familie zurückzuführen).

Bald erscheint Graf Trast auf der Szene. Diese Gestalt, der
Freund Roberts und ein reicher, im ganzen Orient berühmter
Kaffeeplantagenbesitzer, wird von Sudermann als Vehikel zur
Enthüllung von bereits offensichtlichen Zuständen verwertet
— eine für den Dramatiker typische Überpointierung. Und fast
so abgedroschen wie die Situation zwischen Vorder- und Hinterhaus wirkt der Graf selbst, in dem man eine Vermengung einer
Gestalt aus einer Salonkomödie mit einem Helden aus einem
Abenteuerroman (der nicht besonders teueren Klasse) und einem
naturalistischen »Boten aus der Fremde« erkennt. In seinem
ersten Gespräch mit Robert erwähnt er ein Mädchen, das er am
Abend zuvor gesehen, aber nicht gesprochen hat und das er
wie folgt charakterisiert: »Unter dem Flaume kindlicher Unschuld was für eine naive Verdorbenheit!« In einem dermaßen
künstlich aufgebauten Stück vermutet man bereits, wen er damit meint. Und es fällt Sudermann nicht ein, uns zu enttäuschen:

als Trast Alma vorgestellt wird und er ihr zuflüsterte, er werde nichts über den vorigen Abend verraten, bestätigt sich der äußerst konventionelle Zufall.

Mit der Zeit kommt Almas Affäre mit Kurt dennoch an den Tag. Die habgierige Familie Heinecke läßt sich vom Kommerzienrat mit 40 000 Mark abfinden — zum Entsetzen von Robert, der sich in seiner Ehre gekränkt fühlt und verlangt, daß seine Familie das Geld zurückweise. Dank der Vermittlung des Grafen und seinen häufigen Reden über die »Ehre« geht das Stück glücklich aus: Roberts Familie behält das Geld und zieht fort; Robert überwindet seinen alten Ehrbegriff und heiratet Leonore, die sich von ihrer Familie losgesagt hat; und das Paar fährt zur Südsee mit Trast, der Robert als seinen Erben einsetzt. Ein glücklicheres Ende für Robert läßt sich gar nicht denken.

Der Graf ist Sudermanns Sprachrohr, denn durch ihn erfahren wir die Bedeutung der »Ehre« für die Handlung. Im Gespräch mit Robert sagt der Graf: »Die Sache liegt so einfach wie möglich — für uns, die wir das Kastenwesen an der Quelle studiert haben. — Dieselben Kasten gibt's auch hier, nicht durch Speisegesetze, durch Eheverbote und Regeln religiöser Etikette voneinander geschieden. Das wären nur Kleinigkeiten. Was sie unüberbrückbar trennt, das sind die Klüfte des Empfindens. — Jede Kaste hat ihre eigne Ehre, ihr eignes Feingefühl, ihre eignen Ideale, ja selbst ihre eigne Sprache. — Unglücklich deshalb derjenige, der aus seiner Kaste herausgefallen ist und nicht den Mut besitzt, sich mit seinem Gewissen von ihr zu lösen. Ein derart Deklassierter bist du, und du weißt, ich war es auch.« Naturalistisch soll diese Darstellung insofern wirken, als es hier um eine Klassenmoral geht, d. h. um das gesellschaftlich Bedingte. Der Graf erzählt weiter von seiner eigenen Abrechnung mit der »Ehre«. Als »flotter, blutjunger«, Kavallerieoffizier erwachte er eines Morgens und besann sich, in der Nacht zuvor neunzigtausend Taler verspielt zu haben, die er nicht mehr bezahlen konnte. Auch sein Vater konnte ihm nicht helfen, denn er hatte längst sein letztes Gut verpfändet, und von ihm bekam der junge Offizier nur seinen Fluch. Danach haben die anderen Offiziere Trast »den letzten Liebesdienst erwiesen«: sie gaben ihm eine Pistole mit gespanntem Hahn, damit er durch Selbstmord seine Ehre noch retten konnte. Trast fährt fort: »Ich besah mir das Ding von allen Seiten. Daß ich als Ehrloser nicht eine Stunde länger leben konnte, war mir selbstverständlich. Da, als ich die Mündung gegen meine Schläfe drückte, kam mir plötzlich der Gedanke: das ist brutal, das ist dumm. Was bist du weniger, als du vor drei Tagen warst? Vielleicht hast du die Rute verdient, da du als dummer Junge Summen versprachst, die du nicht besaßest, den Tod aber nicht. Es haben sich Jahrtausende lang Menschen der Sonne gefreut, ohne sich von dem Phantom der Ehre verdunkeln zu lassen, noch heute leben neunhundertneunundneunzig Tausendstel der Menschheit auf dieselbe Art. Lebe wie sie, arbeite wie sie, und freu dich der Sonne wie sie.« Zwölf Jahre später kehrt er wieder zurück und sein Vater ist bereit, dem verlorenen Sohn zu verzeihen, nicht aber dem nunmehr reich gewordenen Sohn, der ihm mit einer halben Million unter die Arme greifen kann. »Der reiche Kaffeekrämer und der arme Standesherr hatten sich nichts mehr zu sagen.«

Seine eigene »unehrenhafte« Vergangenheit hat Trast überwunden, denn seine Einstellung wird vor allem von Kurts Freund Lothar, einem blasierten, snobistischen Leutnant in der Reserve, auf die Probe gestellt. Als der junge Mann dem Grafen seine Vergangenheit triumphierend vorwirft, entgegnet dieser: »Man mag sich über die moderne Ehre noch so erhaben wissen, man muß ihr Sklave bleiben, und sei's allein, um einem armen Teufel von Freund aus der Patsche zu helfen. — Meine Herren, ich habe die Ehre! ... Pardon, ich habe sie nicht! ... Sie sprechen sie mir ab ... So bleibt mir also nur das ganz gemeine Vergnügen, mich Ihnen zu empfehlen — doch das ist um so größer.« Trast wollte seinem Freund Robert dadurch helfen, daß er das Ehrgefühl von Kurt anzusprechen versuchte, es stellt sich aber heraus, daß Trast noch mehr Sinn für Ehre besitzt als seine jungen Gegner. Die Hohlheit und Arroganz des herkömmlichen, vor allem des gründerzeitlichen neureichen und militärischen Ehrbegriffs wird entlarvt. In Trast finden wir den »modernen« Menschen, der, abhold jeder Heuchelei, sich selber genug ist, der weiß, daß es »zweierlei Ehre« gibt (wie der Titel des Stückes ja ursprünglich lauten sollte).

Die polemisierende Tendenz des Dramas kann kaum übersehen werden, denn predigend und dozierend nehmen die Gestalten zu den Themen Stellung. Der Dialog läßt wenig — abgesehen von der häufigen Mundart — von der bewußten Natürlichkeit merken, die die Reden in den Dramen von Hauptmann, Holz und Schlaf kennzeichnet. Wohl sind es naturalistische Themen, die die Basis der Gespräche bilden, aber die

Gestalten erscheinen allzuoft als selbstbewußte Kommentatoren zu den Umständen, über die sie sonst nicht nachgedacht haben. Die auffälligste Schwäche in Hauptmanns *Vor Sonnenaufgang* empfinden wir in Loth, der dennoch durch seine Reden nicht aus der Rolle fällt, sondern sich gestaltet. Seine Ideen, seine Worte entspringen unmittelbar seinem Charakter und seiner dramatischen Funktion. Wenn Wendt über die häuslichen Zustände der Familie Selicke spricht, hören wir nicht einen überlegenen Beobachter reden, sondern einen mitgerissenen, stotternden, stammelnden Teilnehmer an den Geschehnissen, der jeweils seinen eigenen Standpunkt vertritt. Wo bei Hauptmann, Holz und Schlaf kommentiert wird, sprechen nur die Gestalten, deren Beruf und Persönlichkeit solche Reden überzeugend klingen lassen. Wendt ist Pastor, und es gehört zu seinem Beruf und zu seiner Natur, daß er sich mit den Menschen und deren Schwächen befaßt. Weniger überzeugend hören sich Almas Worte an: »Ich weiß janz jut, was ich spreche ... Ja, bin jar nicht so dumm! Ich kenn' das menschliche Leben ... Warum haste dich so? ... Ist das nicht ein Unsinn, daß man hier sitzen soll wegen jar nischt? — Kein' Sonn', kein Mond scheint 'rin in so 'nen Hof. — Und rings um einen klatschen se und schimpfen! ... Und keiner versteht was von Bildung .. Und Vater schimpft und Mutter schimpft ... Und man näht sich die Finger blutig! ... Und kriegt fünfzig Pfennig pro Tag ... Das reicht noch nicht mal zu's Petroleum ... Und man ist jung und hübsch! ... Und möcht' jern lustig sein und hübsch angezogen jehn ... Und möchte gern in andre Sphären kommen ... Denn ich war immer fürs Höhere ... Ja, das war ich ... Ich hab' immer gern in de Bücher gelesen ... Und wegen's Heiraten! Ach, du lieber Gott, wen denn? — So einen Plebejer, wie sie da hinten in de Fabrik arbeiten, will ich jar nich ... Der versäuft doch bloß den Lohn und schlägt einen ... Ich will einen feinen Mann, und wenn ich den nicht kriegen kann, will ich lieber jar keinen ... Und Kurt ist immer fein zu mir gewesen ... Da hab' ich hier im Haus' gelernt. Und ich will 'raus hier. Ich brauch' dich überhaupt nicht mit deine Wachsamkeit. ... Mädchen, wie ich, jeht nich unter!« Es hilft auch nicht, daß sie in den Dialekt gerade dann zurückfällt, als sie ihren Abscheu vor dem Milieu äußert, das sich dieses Dialekts bedient: ihre Rede klingt papiern. Alma hat einfach zu viele literarische Vorgängerinnen, die uns ins Bewußtsein kommen, weil wir keinen Einblick in Almas Gedankengang gewonnen haben. Ihre Rede scheint nur eine stereotypische, wenn auch echt naturalistische Erklärung für ihre Verhaltensweise zu bieten — nicht eine persönlich tiefgreifende. Ähnliches läßt sich von Lenore behaupten, die stark an die Heldin des zeitgenössischen Trivialromans erinnert. Man ist versucht zu sagen, daß Sudermann, weil er alle möglichen Aspekte der »Ehre« zeigen will, nie dazu kommt, Fleisch-und-Blut-Gestalten in irgendeinem Bereich zu formen.

Was noch mehr stört und das Schauspiel noch weiter vom eigentlich Naturalistischen abhebt, ist die fast lückenlose Verzahnung der Ereignisse, die kommode Koinzidenz der Gestalten und deren Vergangenheiten. Der Graf funktioniert als ein zu offensichtlicher *deus ex machina* im Sinne von Kleists Kurfürsten in *Prinz Friedrich von Homburg*. Das könnte man noch ertragen, aber daß gerade er Alma vor seinem Auftritt gesehen hat, daß gerade er der verabschiedete Offizier war, daß ausgerechnet er ein erfolgreicher Geschäftsmann geworden ist, wirkt stark gekünstelt. Wie »zufällig« bequem für die Rettung Roberts erscheint es, daß er unter der Leitung von Mühlingks Neffen auf Java gearbeitet hat, daß dieser Neffe versagt hat, und daß gerade Robert hat einspringen können, um nicht nur das Geschäft zu retten, sondern auch einen Gewinn zu erzielen. Was wäre aus Robert geworden, fragen wir uns, wenn er unter einem tüchtigen Chef gedient hätte, also am Schluß seine Großzügigkeit und moralische Überlegenheit gegenüber den Mühlingks nicht hätte gebrauchen können, um seine »Ehre« aufrechtzuerhalten? In seinen *Naturwissenschaftlichen Grundlagen der Poesie*, Leipzig 1887, S. 84 ff. äußert sich Wilhelm Bölsche ausführlich zum Problem des Zufalls. Auf der einen Seite gibt es in einer determinierten Welt keinen Zufall, auf der anderen muß aber noch vieles als Zufall erscheinen, solange wir keine lückenlosen Kenntnisse von der Kausalität der Dinge besitzen. In der naturalistischen Dichtung muß der Zufall schlechthin als solcher betont werden, wodurch nach Bölsche der Glaube an eine letztlich determinierte Welt aufrechterhalten bleibt. In der *Ehre* geschieht zuviel, was als Zufall ausgelegt und dargestellt werden müßte, was jedoch als selbstverständlich hingenommen wird. Heute »überzeugt« uns die *Ehre* kaum, denn das Stück gibt sich thematisch als naturalistische Dichtung aus, aber gerade der Naturalismus verdankt seine Entstehung einem zunehmenden Gefühl für eine entmythologisierte, schicksalslose, atomisierte

Welt, eine Welt, die die zielbewußte Häufung von »Zufällen«
in der *Ehre* ausschließt.

Der künstlerische Materialismus ist das Resultat eines allgemein kulturellen, geistigen und sozialen Wandels, aber auf die
Anhänger Sudermanns scheinen solche Entwicklungen um sie
herum nicht besonders tief gewirkt zu haben; dadurch, daß sie
sich an den seichten Komplikationen und den häufigen Zufällen
in den Stücken ihres Lieblings ergötzen, klammern sie sich noch
an eine vergangene Welt, die in die ernstere Problematik des
Vorder- und Hinterhauses, der öffentlichen und individuellen
Ehre nie hat vordringen können. Eine bemerkenswerte Ausnahme findet man allerdings in Franz Mehring, der allzubereit
ist, über Sudermanns Fehler hinwegzusehen: »Er kann aus
seiner bürgerlichen Haut nicht heraus, aber in dieser Haut bewegt er sich mit einem Maße von Ehrlichkeit, Kraft und Talent,
das ihm einen hervorragenden Platz in der dramatischen Produktion der Gegenwart und damit auch einen Platz in dem
Spielplane der Freien Volksbühne sichert.« Mehrings Versuch,
die Wahl des Sudermannschen Stückes zu rechtfertigen, klingt
keineswegs überzeugend, gibt er doch anderswo zu, daß durch
die Gestaltung von Michalski »nicht zuletzt der lebhafte Beifall
erklärt wird, den Sudermanns Schauspiel in bürgerlichen Kreisen
gefunden hat«. Nach Mehring ist ja die bürgerliche Auffassung
vom Proletariat eine grundfalsche. Alfred Kerr dagegen schreibt
treffender über Sudermann: »Wesentliche Einwände lassen sich
gegen diesen Dramatiker nicht machen. Außer etwa, daß kein
echtes Haar an ihm ist. Man betrachte seine Werke. Sie zeigen
falsche Interessantheit, falsche Rührung, falsche Leidenschaft
und falsche Schlichtheit« (*Die Welt im Drama.* Berlin 1917.
I, S. 220 f.). So überspitzt dieser Vorwurf gegen den Dichter
klingt, um so überzeugender muß er klingen als eine Beschreibung der literarischen Konvention, die Sudermann kaum überwunden hat.

Arno Holz und Johannes Schlaf
Die Familie Selicke

Die Uraufführung der *Familie Selicke* von der »Freien Bühne«
findet am 7. April 1890 statt, und sie gilt seitdem als der Anfang
und zugleich der Höhepunkt des unentwegt naturalistischen
Dramas. Daß dieses Stück so radikal wirkt, liegt nicht zuletzt
daran, daß es als »Experiment« unternommen wurde. Im Vorwort zu den *Neuen Gleisen* (Berlin 1892), berichten Holz und
Schlaf: »Mit ihr [*Familie Selicke*] hatte unser Zusammenarbei-
ten seinen natürlichen Abschluß gefunden. Es war von Anfang
an nie etwas anderes als ein einziges großes Experiment gewesen, und dieses Experiment war geglückt.« Nach der bereits
beobachteten Tendenz der beiden Dichter, in ihren Prosaskiz-
zen dramatisch zu denken, sogar eine Erzählung wie »Die
papierne Passion« in verschiedenen Schriftgraden drucken zu
lassen, wundert es nicht, daß sie ihre Zusammenarbeit nicht
eher als abgeschlossen betrachten, als bis sie ihre neugewonne-
nen Einsichten in ein Bühnenstück umgesetzt haben. Wie die
Verfasser weiter ausführen, stellt ihre Arbeit kein Lesedrama
dar, sondern ein bühnenwirksames Werk, dessen dramatische
Qualitäten durch spätere Nachahmungen bestätigt werden:
»Kein Homunculus war unserer Retorte entschlüpft, kein
schwindsüchtiges, bejammernswerthes Etwas, dessen Lebenslicht
man nicht erst auszublasen brauchte, weil es von selbst ausging,
sondern eine neue Kunstform hatten wir uns erkämpft, eine
neue Technik dem deutschen Drama, unseren Gegnern zu Trotz,
die sich triebsicherer senkt in das Leben um uns, keimtiefer als
die bisherige, uns überliefert gewesne, und wohin wir zur Zeit
blicken in unserer jungen Litteratur, überall bereits begegnen
wir ihren Spuren.« Wie alles, was Holz schreibt, bezweckt auch
dieses Stück eine technische Revolution. Wahrhaftig eröffnen sich
mit der Vorstellung dieses Dramas neue Möglichkeiten, die
rasch Anklang finden, denn wie Fontane erkennt, liegt hier
dramatisches »Neuland« vor. Dennoch merkt man, daß Holz
und Schlaf schon bekannte Techniken anderer Naturalisten
weiterführen, daß sie entschlossen weiterschreiten, wo ihre Vorgänger sich nur vorgetastet haben, daß die *Familie Selicke*, selbst
ein Experiment, zugleich das Ende des zeitgenössischen Experi-
mentierens herbeiführt. Von nun an sind auch die Grenzen
der streng naturalistischen Methode festgelegt. Bahnbrechend

und terminierend zugleich erscheint diese Leistung von Holz und Schlaf.

In bezug auf Holz' Kunstgesetz, das gleichzeitig als Gesetz des radikalen Realismus angesehen wird, kann man behaupten, daß erst im Drama die größtmögliche Naturnachahmung durch Ausschaltung des »x« der Reproduktionsbedingungen erreicht wird. Da klafft keine Lücke zwischen dem, was der Dichter hört, und dem, was wir hören, was er sieht, und was wir sehen usw. An das Kunstmäßige wird scheinbar keine Konzession gemacht: die genaue Beschreibung einer Mietskaserne, wie sie in der Erzählung von der »papiernen Passion« vorkommt, wird auf der Bühne Gestalt. Das »Mittel« des Wortes wird übersprungen, wo es nicht unmittelbar als die Natur wirkt. Auch das Theater als angeblicher Ausdruck der künstlerischen Freiheit wird als weitere Reproduktionsbedingung auf das Minimum reduziert. Während der angedeutete »Sekundenstil« der Handlung eine Absage an eine erfundene, künstliche Abspielzeit bedeutet, zeigt die detaillierte Kulisse eine Ablehnung der klassischen Zeitlosigkeit, die sich durch den Verzicht auf Requisiten manifestiert (d. h. die kulissenlose oder -arme Bühne verleiht einem Geschehnis etwas Zeitloses), aber letzten Endes als Kunstgriff auszulegen ist, denn — abgesehen vom Menschen mitten auf der See oder in der Wüste — ist jeder stets von all den Dingen des täglichen Lebens umgeben, ob man seinen Tag als König oder Bettler verbringt. Für Holz und Schlaf gilt die strikte Anpassung an einen angeblich realen Ort als eine Befreiung von den Mitteln, die sich in jeder Manipulation von der Zeit und dem Ort anbieten.

Wie in so vielen naturalistischen Dramen herrscht von Anfang an die Illusion einer abrupt unterbrochenen Situation, deren Beginn unabhängig vom Handeln eines Einzigen weit zurückreicht. Nur der banalste Ansatz vermeidet den Anschein, daß hier ein Mensch sich in den determinierten, unüberschaubaren Ablauf der Welt einschaltet. Gerade so banal fängt auch *Die Familie Selicke* an. Frau Selicke spricht den ersten Satz: »Ach Gott ja!« Im Laufe des Schauspiels wird es deutlich, daß wir einfach mitten in den Alltag der Familie jäh hineinversetzt wurden, denn immer wieder benutzt Frau Selicke — wie übrigens auch Frau Abendroth in der »Papiernen Passion« — diesen Ausdruck, der auch noch in ihrer vorletzten Rede vorkommt (als ihr letztes Wort hätte er zu künstlich gewirkt). Das Publikum des vornaturalistischen Dramas kennt im großen und ganzen nur zweierlei Anfänge: einen Monolog oder eine Anrede an eine andere Gestalt. In beiden Fällen deutet sich ein eigentlicher Anfang an, der der *Familie Selicke* fehlt. Dem Ausruf der Frau Selicke hören wir den Ton der Müdigkeit und des Wartens an, ohne zu erfahren, worauf sie wartet. Alles ist ihr und den anderen Charakteren so selbstverständlich, daß sie nur auf individuelle Gedanken oder gemeinsame Kenntnisse anzuspielen brauchen, und wir kommen erst allmählich dahinter, wovon sie sprechen.

Holz behauptet, im Drama käme es nur auf die Charaktergestaltung an. Dementsprechend werden die Situationen und die daraus entstehende Handlung auf das einfachste gehalten. Die Familie Selicke besteht aus dem Vater Eduard, einem Buchhalter, dessen Frau und Kinder, Toni (22), Albert (18), Walter (12) und Linchen (8). Seit zwei Jahren wohnt bei ihnen ein Student der Theologie, Gustav Wendt, der jetzt auszieht, um eine Landpfarre anzutreten. Dieser eng gezogene Kreis wird nur durchbrochen vom bereits in der »Papiernen Passion« erschienenen alten Kopelke, einem Quacksalber, dessen Hilfe die einzige ist, die die arme Familie sich für das todkranke Linchen leisten kann. Die Handlung verläuft gewissermaßen zweisträngig. Es ist Heiligabend, der, wie wir schon beobachtet haben, wie jeder andere Abend aussieht. Die ganze Familie wartet auf die Ankunft des Vaters, der scheinbar jeden Abend sich irgendwo betrinkt und die Familie bis spät auf sich warten läßt. Das jüngste Kind liegt im Sterben, und der Vater kommt erst spät an, bzw. gerade früh genug, um das Kind sein Leben aushauchen zu sehen. Nebenher läuft die Geschichte von Toni und Wendt, der ihr bereits einmal einen Heiratsantrag ohne Erfolg gemacht hat und sie jetzt noch heiraten und mitnehmen will. Nach dem Tode ihrer kleinen Schwester lehnt Toni abermals ab, bei der Mutter und dem nunmehr zusammengebrochenen Vater zu bleiben.

Wie man diese Gestalten verstehen muß, geht bereits aus den Namen hervor. Es liegt im Namen bzw. Titel »Familie Selicke« eine Ironie vor, der wir schon in *Papa Hamlet* begegnet sind: im eigentlichen Sinne – und dies wird sich als das tiefliegende Problem herausstellen – sind sie keine Familie, sondern nur aneinander vorbeiredende Einzelgänger. »Selicke« bedeutet hier soviel wie das Gegenteil von »selig«, worauf es zweifellos als Anspielung gedacht ist. Und als Ironie mutet auch die »selige

Zeit« an, in der das Drama sich abspielt. Nicht einmal »Wendt«
wird eine »Wendung« in ihrem Leben herbeiführen können, das
alles andere als »selig« ist.

Wendt beschreibt den Vater und die Mutter: »Nein! Es ist ja
hier ... Das kann ja kein Mensch *ertragen!* Dein Vater: brutal,
rücksichtslos, deine Mutter krank, launisch; beide eigensinnig;
keiner kann sich überwinden, dem andern nachzugeben, ihn zu
verstehen, um ... um der Kinder willen! Selbst jetzt, wo sie
nun alt geworden sind, wo sie mit den Jahren vernünftiger geworden sein müßten! Die Kinder müssen ja dabei zugrunde
gehn! Und das ist ihre Schuld, die sie gar nicht wiedergutmachen
können! Einer schiebt sie auf den andern! Keiner bedenkt, was
daraus werden soll! ... Und das nun schon lange, schrecklich
lange Jahre durch! Dabei Krankheit und Sorge ... Furchtbar!
Furchtbar!! Wenn man sich in den Gedanken versenkt ... tt!
... Nein, das ist alles zu, *zu* schrecklich! Das sind keine vernünftigen Menschen mehr, das sind ... Ae! Sie sind einfach
jämmerlich in ihrem nichtswürdigen, kindischen Haß! ...«
Wendt erfüllt hier die Rolle eines »Boten aus der Fremde«,
eine stets wiederkehrende Rolle der naturalistischen Dramatik.
Aber wie seine stockende, mit nervösen Lauten durchsetzte Rede
verrät, entspringt seine Darstellung der Menschen seinem persönlich geprägten Gesichtspunkt (wie anders als der Graf in
Sudermanns *Ehre!*). Als die letzte Wahrheit im Sinne der himm-
lischen Botschaft im Weihnachtsspiel dürfen wir seine Worte also
nicht akzeptieren. Wohl hat er im großen und ganzen recht,
denn einen gleichen Eindruck gewinnen wir ja auch bald. Dennoch antwortet Toni auf Wendts feurige Verurteilung ihrer Eltern: »Oh, wie können Sie nur so von Vater und Mutter
sprechen! Sie sind beide so gut! Wie können Sie das nur sagen!«
Selbstverständlich müssen wir in Tonis Worten das Fundament
für ihren späteren Verzicht auf ein selbstsüchtig glückliches
Leben erkennen. Sie erscheint schlechthin naiv in ihrer Gut-
gläubigkeit. Dennoch ahnen wir, obwohl der Vater und die
Mutter Produkte einer determinierten Welt sind, sich also wohl
nicht mehr ändern können, daß sie vielleicht nicht immer so
waren, wie sie jetzt sind. Was diesem Drama den ausgeprägten
Ton des unabänderlichen Pessimismus verleiht, ist die Andeutung: wohl kann der Mensch von oben nach unten herabrutschen,
ist er aber einmal unten, dann gibt es keine Aufstiegsmöglich-
keit mehr.

Wie David Turner in seiner eingehenden Analyse des Stücks nachweist, liegt in der *Familie Selicke* wieder eine mißlungene Ehe vor, ein schon von Ibsen bevorzugtes Thema. Die Mutter klagt ständig über die Armut und Krankheit. Immer wieder klingt in ihren Reden das Motiv eines lebendigen Todes an, denn das Zimmer ist nicht nur ein Gefängnis, sondern auch eine Art Grab — und nur das kann begraben werden, was einmal gelebt hat. Die Undurchbrochenheit und Undurchdringlichkeit des Raums ruft oft Kritik hervor, etwa bei Wolfgang Kayser, aber es zeigt sich im Motiv des lebendigen Todes, daß sich diese Menschen eben in einem Grab befinden, daß sie gleichsam »lebendig begraben« sind. Nicht nur zum Gewohnheitsleben fast aller naturalistischen Gestalten, sondern auch zur grabähnlichen Monotonie ihrer Existenz gehört es, daß diese Menschen schon im voraus wissen, was die anderen sagen werden. Vor der Ankunft des Vaters zählt die Mutter fast alles schon auf, was der Vater ihr vorwerfen wird, und es bestätigt sich, was sie gesagt hat. Toni bezeichnet Linchen als der Eltern »einzige Freude«, später sagt ihre Mutter nach Linchens Tod: »Und doch ... war sie immer ... so fröhlich und munter ... unsre einzge, einzge Freude ...« Daß die Mutter sich stets nach dem Tod sehnt, entbehrt weitgehend jeder höheren Sinngebung, denn sie verspricht sich im Tod keine »selige« Zeit, sondern nur die Erlösung vom Abgestorbensein ihrer jetzigen Existenz.

Obwohl die Mutter also wirklich sehr unter der Last ihres unseligen Lebens leidet, nörgelt sie auch so viel, daß wir fast zu verstehen glauben, warum der Vater so lange wegbleibt und sich so oft betrinkt. Daß sowohl sie ihm als auch er ihr das Leben zur Hölle macht, daß er nicht immer so brutal und rücksichtslos war, daß er sich vielleicht noch mehr durch die Frustration seiner Ehe zum Schlechten verändert hat, dafür spricht vieles. Sein Beruf als Buchhalter war für die damalige Zeit kein unangesehener, und wir dürfen vermuten, er habe einmal besser ausgesehen und bessere Manieren an den Tag gelegt. Zu den Requisiten gehören Büsten von Goethe und Schiller, die höchstwahrscheinlich auf seine Anregung erstanden wurden oder sogar ein Überbleibsel aus seiner Junggesellenzeit darstellen. Sein anscheinend selbstsüchtiges Verhalten am Heiligabend stellt ihn in ein schlechtes Licht, aber von Toni erfahren wir, daß es einmal anders war: »Als ich noch ganz klein war, ging der Vater mit uns am ersten Feiertagmorgen in die Christmette. Ganz früh. Wir wurden dann tüchtig eingemummelt, und jedes hatte ein kleines Wachsstöckchen. Das wurde in der Kirche angezündet, und wenn wir dann wieder nach Hause kamen, kriegten wir beschert. Ich muß immer daran denken, wenn ich hier zu Weihnachten die Glocken höre! ... Freilich, so schön klingen sie nicht wie bei uns zu Hause!« Hat der Vater der ersten Messe beiwohnen können, dann ist er am Abend davor bestimmt nicht lang ausgeblieben, um sich dem Trunk zu ergeben. Beiläufig merken wir auch, daß Toni das Elendsquartier, in dem sie sich jetzt befindet, nicht als »Zuhause« betrachtet, und wir dürfen annehmen, daß ihrem Vater nicht anders zumute ist. Die Verantwortung für ihres Vaters jetziges Verhalten wirft Toni ihrer Mutter vor: »aber ich glaube, du hast ihn von Anfang an nicht recht zu behandeln gewußt, Mutterchen! [...] Aber dann würde er sicher anders sein, wenn du dich ein bißchen zwängst, Mutterchen! ... ... Er ist ja im Grunde eigentlich gar nicht so schlimm, wie er tut!« Das Verranntsein der Situation, die Hoffnungslosigkeit einer Änderung im Verhältnis zwischen den beiden Menschen, ja die Aussichtslosigkeit der von ihnen abhängigen Kinder, je ein glückliches Heim zu kennen, besiegelt die Mutter mit ihrer Antwort: »Er hat mich die ganzen Jahre her zu schlecht behandelt! Ich *kann* mich nicht überwinden, freundlich mit ihm zu sein!« (Das Wiederaufgreifen von Worten und Ausdrücken, das dieses Schauspiel kennzeichnet und strukturiert, fällt einem hier noch einmal auf: in seiner oben zitierten Beschreibung von Tonis Eltern sagt Wendt: »keiner kann sich überwinden«.)

Was so stark gegen den Vater zu sprechen scheint, ist vor allem, daß er Toni — woran Wendt sie auch erinnert — schon mehr als einmal sagte, er wolle einen »Esser wen'ger« haben. Dies bestätigt sich bei seiner Ankunft im 2. Akt, als er ihr vorwirft: »Ich sorge mich — euretwegen! ... Ja, ja! Wenn ich dich so *sehe!* ... Wie sind *andre* Mädchen in deinem Alter! — Du liegst dein'm Vater immer noch — auf'm Halse! ... Ja, ja! ... Ae! Du! ... Geh weg! ... Ich mag dich nich mehr — sehn!« Seine Laune schlägt aber gleich um, nachdem er seinen Rock ausgezogen und seine starken Arme zu streicheln angefangen hat: »Dein Vater is noch 'n Kerl! ... Was meinste, mein' Tochter! ... Z—zerdrück'n könnt' ich dich mit meinen Händen! ... Z—zerdrücken! ... Das wär' am Ende auch — das beste! ... *(Mit dumpfer Stimme, sieht vor sich hin.)* Ich häng euch — alle auf! Alle! ... Un dann — schieß ich mich — tot!« Es liegt die

Möglichkeit also sehr nahe, daß er seine Tochter, das liebste Mitglied seiner Familie, hinauswerfen will, um sie vor dem Weiterleben in der Mietskaserne zu retten. Er sieht ein, daß sie nie freiwillig gehen würde. Rettung vor dem Elend eines heruntergekommenen Lebens, dieser Gedanke drückt sich am radikalsten aus in seiner Vorstellung, er könnte die ganze Familie töten, dann sich selbst. Solche Fälle waren damals zahlreich, und es gibt sie heute noch genug (auf die Nähe der naturalistischen Dichtung zur Sensationspresse wird noch einmal hingewiesen). Die Dramatiker deuten an, zu einem solchen in Mietskasernen bekannten Massenmord könnte es hier noch in der Zukunft kommen. *Die Familie Selicke* bleibt jedoch ein Lebensausschnitt und dieser Gedankengang ein blindes Motiv. Zuletzt könnte man zu des Vaters Gunsten sagen, nur er gewinnt etwas wie einen Überblick über das Leben, wenn auch einen verzweifelten. Denn er sagt: »Na, so 'ne Komödie«. Zwar ist der Anlaß nur das Wegrennen seiner Frau, aber es drückt sich darin seine ganze Verzweiflung aus, seine Wechsellaunigkeit, die ihn im Gegensatz zu all den anderen Mitgliedern der Familie abhebt.

Symbolisch gestaltet sich die Handlung insofern, als die erste Hälfte des Schauspiels sich mit Warten befaßt: Warten auf die Ankunft des Vaters mit Weihnachtsgeld und -geschenken und auf den Verlauf von Linchens Krankheit. In beiden Fällen scheint man Hoffnung zu haben, zugleich aber den trostlosen Ausgang im voraus zu kennen. Dieses Drama stellt im Grunde den Grabgesang der Hoffnung dar: mit Linchens Tod und Tonis Verzicht verschwindet auf immer alle Hoffnung auf eine Erneuerung der Familienverhältnisse. Vielleicht hätte Linchen, wäre sie groß geworden, etwas aus diesem Leben bergen können, denn sie drückt den Wunsch aus, wieder mit Toni zur Tante aufs Land zu fahren. Und gerade das ländliche Leben bietet sich immer wieder als erlösende Zuflucht aus der Misere der Mietskaserne an, nicht nur für Linchen, sondern auch für Toni und Wendt, der bereits im ersten Aufzug sagt: »Seitdem ich hierher gekommen bin in dieses . . . in die Großstadt mein ich . . . und all das furchtbare Elend kennengelernt habe, das ganze Leben: seitdem bin ich — innerlich — so gut wie tot! . . . Ja, das hat mir die Augen aufgemacht! . . . Die Menschen sind nicht mehr das, wofür ich sie hielt! Sie sind selbstsüchtig! Brutal selbstsüchtig! Sie sind nichts weiter als Tiere, raffinierte Bestien, wandelnde Triebe, die gegeneinander kämpfen, sich blindlings zur Geltung bringen bis zur gegenseitigen Vernichtung! Alle die schönen Ideen, die sie sich zurechtgeträumt haben, von Gott, Liebe und ... eh! das ist ja alles Blödsinn! Blödsinn! Man ... eh! es ist ja alles lächerlich!« Nur auf dem Lande kann er sich wieder glücklich fühlen. Und nach Linchens Tod fühlt sich Toni verpflichtet, auch auf dieses Leben zu verzichten.

Uns regt vor allem die Gestaltung von Toni und Wendt an, die in einem Stück angeblich ohne Helden — nach dem Titel zu urteilen, soll die ganze Familie in ihrer gemeinsamen Unseligkeit diese Rolle beanspruchen können — die Sinnträger und -deuter des Ausgangs sind. Wir müssen uns zunächst fragen, ob die beiden wirklich über die anderen erhaben sind, ob sie wirklich klarer und weiter sehen, ob sie sich, wie sie von den alten Selickes verlangen, »überwinden« können. Kann Toni überhaupt eine freie Entscheidung treffen, die sie nicht nur von ihrem bedrückenden Milieu befreit, sondern auch ihre schon vorhandene Unabhängigkeit davon rückblickend als begrenzt erscheinen läßt? Und was verspricht ihr »Opfer«, wenn es wirklich eines ist? Bietet Wendt überhaupt eine Rettung oder nur das in anderer Form, woran Tonis Eltern bereits zugrunde gegangen sind?

Walter ist von der Mutter verwöhnt worden, und Albert ist trotz der finanziellen Not — vermutlich auch dank der Nachsicht der Mutter — zum eitlen Dandy geworden. Toni schlägt dagegen ihrem Vater nach. Wohl stellt sie keine höheren geistigen Ansprüche, denn sie scheint eher kraft ihres Wesens auf Wendt angenehm zu wirken, aber nur sie spricht ein gepflegtes Deutsch. Auf alle Fälle ist sie viel verschlossener als ihre Geschwister, die geradezu extrovertiert erscheinen, und wer so ununterbrochen stöhnt wie Frau Selicke, kann kaum noch Zeit dazu finden, intime, heimliche Gedanken zu bilden. Das tut Toni. Wendt entdeckt Tonis Tagebuch, ein Zeugnis dafür, daß sie, das ruhigste, schweigsamste Mitglied der Familie, wahrscheinlich Zuflucht in einer Traumwelt sucht. Vermutlich liegt Mitleid für ihre Eltern dem zugrunde, was sie zu Wendt sagt: »Wir könnten ja doch nie so recht glücklich sein! ... Ich hätte ja keine ruhige Stunde bei dir, wenn ich wüßte, wenn ich fortwährend denken sollte, daß hier ... Nein, nein! ... Das wäre ja nur eine fortwährende Qual für mich!« Wir fragen uns aber, ob sie sich wirklich deshalb weigert, ihre Eltern zu verlassen. Ist ihr eine Flucht nach innen nicht schon gelungen, eine Flucht, die ihr er-

laubt, es in diesem unseligen Haushalt auszuhalten? Und was
die Probleme der Familie angeht, ist diese Flucht nicht mit verantwortlich für die Entfremdung aller Mitglieder? Der Vater
findet seinen Ausweg im Alkohol, der auch eine Traumwelt mit
sich bringt, die Mutter in ihrem Selbstmitleid, aus dem sie gar
nicht mehr heraus will, und Albert in der Scheinexistenz eines
Dandys. Tonis Bleiben wird sich wohl als ebenso unnütz erweisen, wie ihr Gehen sich als unmöglich erweist.

Weiterhin erhebt sich die Frage, ob die Ehe für Wendt nicht
ebenso katastrophal ausarten würde wie die seiner präsumtiven
Schwiegereltern. Die Parallelen zwischen Wendt und Eduard
Selicke sind zwar subtil gestaltet, aber darum nicht weniger
bedeutend in ihrem Beitrag zum »Reiz des Schlüsseziehens«.
Wichtig erscheint, daß Wendt in seiner bereits zitierten Rede
sagt: »Alle die schönen Ideen, die sie sich zurechtgeträumt
haben, von Gott, Liebe und... eh! das ist ja alles Blödsinn!
Blödsinn! Man ... man tappt nur so hin. Man ist die reine
Maschine! Man ... eh! es ist ja alles lächerlich!« Wir erinnern
uns daran, wie Eduard Selicke ausrief: »Na, so 'ne Komödie.«
Wendt sagt, die Menschen seien »nichts weiter als Tiere«, und
Selicke ruft seiner Frau nach: »Du altes Tier.« Vielleicht würde
Wendt eines Tages — ohne die Stütze, die er einmal in Gott
fand — dort landen, wo Eduard Selicke ist. Weit davon ent-
fernt scheint er ohnehin nicht zu sein, nur daß er in Toni seine
Rettung sieht. Sollte Toni ihn aber ebenso enttäuschen, wie ihre
Mutter ihren Vater, dann würde die gleiche Situation höchst-
wahrscheinlich entstehen.

In diesem Zusammenhang versteht man die Funktion des
alten Kopelke, der sich einmal gehen läßt: »Ja! Wenn eener
immer ville Jeld hat, wissen Se, denn mag't ja wol noch jehn!
Ja, det liebe Jeld! ... Neh'm Se mir mal zun Beispiel! Ick wah
ooch nich uff'n Kopp jefallen als Junge! Ick wah immer der
Erste in de Schule! Wat meen'n Se woll?! ... Abber de Umstände, wissen Se! de Umstände! Et half nischt! Vatter ließ mir
Schuster weer'n! ... Freilich, mit die Schusterei is det nu ooch
nischt mehr heitzudage! Die ollen Fabriken, wissen Se! Die
ollen Fabriken rujeniren den kleenen Mann! ... Sehn Se! So
bin ick eejentlich, wat man so 'ne verfehlte Existenz nennt! Nu
bin ick sozesagen alles un janischt!« Was er von seinem Leben
erzählt, klingt deutlich an die Geschichte von Meister Timpe
an, nur daß Kopelke für bloß einen Teil der Problematik der

Familie Selicke stellvertretend ist. Holz und Schlaf heben die Situation hier deutlich ab von der sozio-ökonomischen im Roman von Kretzer, den Holz im *Buch der Zeit* als »das wahre Urgenie der Hintertreppenpoesie« bezeichnet. Zwar sind alle im Haushalt Selicke »verfehlte Existenzen«, jeder aber aus einem anderen Grund. Wohl spielen die wirtschaftlichen Verhältnisse hier wie in »Papa Hamlet« und den anderen Studien eine wichtige Rolle, die alleinige Erklärung der Umstände sind sie jedoch nicht, denn nicht lediglich finanzielle Entfremdung kennzeichnet diese Gestalten. Mit einem ziemlich guten Posten als Buchhalter hätte Selicke seine wirtschaftlichen Probleme beseitigen können, hätte es nicht andere gegeben. Eine finanziell gesicherte Existenz wartet auf Wendt, dafür aber eine hohle. »Papa Hamlet« ist nicht nur ein arbeitsloser Schauspieler, sondern auch ein Hamlet ohne Bühne; Wendt wird wiederum ein Pastor mit einem regelmäßigen Einkommen sein — aber ohne Gott.

Die wahrscheinlich gewichtigste Kritik der in der *Familie Selicke* implizierten Dramaturgie findet man bei Wolfgang Kayser, der in bezug auf das »Wort« hervorhebt, es deute bei Holz und Schlaf nichts über die Situation des Sprechers hinaus (*Die Vortragsreise.* Bern 1958, S. 214–231). Was den Wortschatz — und davon geht Kayser im Grunde aus — betrifft, stimmt seine Behauptung für dieses Stück »konsequenten Realismus« sowie für alle Dramen, die nicht eindeutig ins Sprachsymbolische münden. Dennoch gewinnen die Gestalten Holz' und Schlafs eine das Sprachliche transzendierende Dimension, die das rein Persönliche erweitert: sie stellen die Entfremdeten der modernen Gesellschaft dar und zugleich die an ihrer selbstverschuldeten Entfremdung zum hoffnungslosen Leben Verurteilten. Es versteht sich, daß Kaysers Kritik letzten Endes insofern unerschüttert bleibt, als Holz gerade das Wort zum Sinnträger seiner Dichtung erheben wollte und das rein persönlich bezogene Wort nur einen bloß persönlichen Sinn ergeben kann. Innerhalb dieser Grenzen bleibt die *Familie Selicke* aber eine einmalige, wenn auch paradoxe Leistung.

Zum Schluß ein Wort über die Grenzen der Naturnachahmung in dem vorliegenden Drama: auf der einen Seite rügt man die angeblich genaue Anpassung an die Wirklichkeit, auf der anderen verweist man triumphierend darauf, wie oft sich Holz und Schlaf doch Kunstgriffe erlauben. Das Künstlerische im bewußt Unkünstlichen beruht auf der Macht der Überzeugung, und gerade die Vorwürfe einer sklavischen Naturnachahmung bestätigen den Erfolg der Dichter, diese Macht heraufzubeschwören. Gegen den Einwand, es sei keine Kunst, das Wirkliche zu kopieren, möchte man nur an das oft wiederkehrende Motiv der Naturalisten selbst erinnern: daß das Leben oft als Traum, d. h. unwirklich erscheint. Damit wird angedeutet: gerade ein Kunstgriff wird benötigt, die Illusion der Wirklichkeit zu erwecken. In den Hinweisen auf den Regulator als Zeitmessung bestätigt sich unsere Erfahrung, daß der Mensch sich unter bestimmten Umständen immer aufs neue orientieren muß, um sich auch von der Wirklichkeit des gerade Erlebten zu überzeugen; der Mensch muß »sich in den Arm zwicken«. Wenn Holz und Schlaf sich Kunstgriffe erlauben, tun sie es nicht verstohlen, etwa in der Hoffnung, daß wir ihren Fehler nicht merken werden. Die Aktschlüsse und die zusammengerafften Zeiten zwischen den Akten dürfen wohl jedem Zuschauer auffallen, denn es geht um Abend, Nacht und Morgen, um am Lichtbestand erkennbar verschiedene Tageszeiten. Genauso symbolisch wie der Titel wirkt auch jeder Aktschluß: der 1. zeigt die Hoffnung Tonis und Wendts, der 2. den Zusammenbruch des Vaters nach Linchens Tod, bei dem Toni ihr Mitleid ausspricht und Wendt das Zimmer gerade betritt, und der 3. mit Wendts Abschied. Das sind schlimmstenfalls kitschige, bestenfalls symbolische Höhepunkte.

Was noch mehr stört als ein angeblich ungewollter Bruch mit der Theorie des konsequenten Realismus, ein in der Tat offensichtlich beabsichtigter Bruch, ist die von Kayser hervorgehobene Herausarbeitung des Sentimentalen. Aber auch hierin bewährt sich die *Familie Selicke* — wenn auch im schlechtesten Sinne — als ein Musterbeispiel des Naturalismus, der, wie wir bereits beobachtet haben, immer wieder Gefahr läuft, entweder einfach langweilig zu werden oder ins Rührselige hinabzugleiten, manchmal sogar beides. Im Grunde genommen kann das Sentimentale nur dort auftauchen, wo ein eingeengter Wirklichkeitsbezug dominiert, ist es doch eine Betonung einer gefühlsmäßigen Reaktion, wo keine tragische Beziehung zum Absoluten, Unpersönlichen das individuelle Gefühl mildert, wo der Trost des Allgemeinerlebnisses ausbleibt. Linchens Tod und Tonis Verzicht auf Glückseligkeit tun uns leid, sind aber so stark im Persönlichen der Familie verwurzelt, daß sie uns wenig bedeuten. Ja, sie lenken geradezu von dem ab, was uns durchaus unsentimentaler und entsprechend näher kommt, von der Entfremdung dieser Menschen untereinander und von der Welt. Aus einem ähnlichen Grund könnte solch ein Drama langweilig wirken: wir beobachten eine Familie, die zu sehr in ihre eigenen Probleme verstrickt ist, um sich um allgemeine Probleme zu kümmern, die auch uns angehen.

Johannes Schlaf
Meister Oelze

Dieses Schauspiel, das Soergel »das umstrittenste Drama des Naturalismus« (S. 631) nennt, wurde am 4. Februar 1894 von der »Neuen Freien Volksbühne« in Berlin uraufgeführt. Der Druck hatte schon 1892 bei F. Fontane stattgefunden, und 1908 erscheint bei Piper in München eine zweite, das Dialektische und sonst Naturalistische stark mildernde Fassung (über die Unterschiede zwischen den beiden Versionen unterrichtet Helmut Praschek in der Markwardt-Festschrift). Die Fassung von 1892 gilt schlechthin als ein Höhepunkt des naturalistischen Dramas — so jedenfalls Soergel, der jedoch hauptsächlich die Schwächen der jüngstdeutschen Dramatik darin verwirklicht sieht. Denn trotz der Lobworte von Richard Dehmel und Paul Ernst, die zwar mit Schlaf befreundet, aber keineswegs gegen die Mängel des Naturalismus tolerant waren, behauptet Soergel: »Wir sollen an Größe glauben; was wir hören und sehen, sind eben leider ›Trivialitäten‹, sind ›elendste Motive‹« (S. 632). Dieses Urteil scheint durch die erfolglosen Versuche, das Werk aufzuführen, bestätigt. Und es muß eingeräumt werden, daß Schlaf selber nach *Meister Oelze* dem naturalistischen Drama den Rücken kehrt, um das von ihm angekündigte »Intime Drama« zu schreiben. (Nach Sander entwickelt sich das Schlafsche Drama mit *Gertrud* über den Impressionismus zum Symbolismus der letzten Werke hin.) Dennoch bleibt *Meister Oelze* eine in mancher Hinsicht meisterhafte Realisation mehrerer naturalistischer Tendenzen und Techniken.

Noch einfacher, konzentrierter und zielbewußter als in der *Familie Selicke* gestaltet sich die Handlung von *Meister Oelze*, und selbst Soergel gesteht: »Einig ist man freilich in der Bewunderung des Technischen. Auch die Feinde des Dramas müssen die Kunst der Exposition, der Menschendarstellung (nicht nur der Hauptpersonen, sondern aller bis herunter zu dem Sohn des Meisters und der Tochter der Pauline) und der Dialogführung anerkennen« (S. 631). Obwohl acht Charaktere mit solcher Sorgfalt behandelt werden, konzentriert sich alles auf den bis zur letzten Konsequenz getriebenen, unerbittlichen Kampf zwischen Pauline und ihrem Stiefbruder Franz Oelze. Nach zwanzig Jahren ist Pauline mit ihrer Tochter zu ihrem Elternhaus zurückgekehrt, wo sie noch versucht, aus dem nunmehr sterbenskranken Franz ein Geständnis zu erpressen, daß er zusammen mit seiner Mutter seinen Stiefvater kurz vor Paulines Hochzeit vergiftet hat aus Angst, die Tochter aus erster Ehe könnte als Erbin eingesetzt werden. Tatkräftigen Beweis der Schuld liefert der Gesundheitszustand der Mutter, die seit dem Tod ihres zweiten Mannes schwer erkrankt ist. Selbst die Nachbarn vermuten einen unnatürlichen Todesfall. Aber trotz der Verbissenheit, mit der sie ihr Ziel verfolgt, gelingt Pauline ihr Vorhaben nicht: Franz stirbt, ohne seine Schuld zu gestehen. Er bleibt der »Meister«.

In *Meister Oelze* erleben wir die Atmosphäre als ein unentbehrliches Moment des naturalistischen Dramas, als die Technik, mit der der Dichter uns in die sich darstellende Welt hineinversetzt, als Mittel der Illusionsbühne überhaupt, uns vergessen zu lassen, daß wir uns in einem Theater befinden. Hier geht es um Mord, Rache und Seelenqual, und eine bedrückende, gespenstige Atmosphäre liegt schon über der ersten Szene, in der Pauline sich mit ihrer Tochter Mariechen scheinbar über Belanglosigkeiten unterhält. Immer wieder kommt »ferchten« in den Reden der Tochter vor, und wir hören, wie »finster« es ist im »dämmrigen Herbstnachmittagslicht« des Zimmers. Später erzählt Emil, Oelzes Sohn, der gerade von der Schule zurückgekommen ist: »un hinten, hinter der Kerche, kömmt's egal ganz dicke un schwarz 'n Himmel in de Heehe! — Grade als wenn de Welt untergehn sollte! — Hoho! Guckt mal, wie sich die Kleene fercht't.« Mariechens Furcht erscheint nunmehr im Rückblick eine Vorahnung des sich nähernden Sturms gewesen zu sein — des Sturms, der wiederum Gedanken an den Jüngsten Tag, an ein göttliches Gericht in Verbindung mit dem Weltuntergang aufkommen läßt. Im Sturm liegt die eventuelle Erklärung für die bedrückende Atmosphäre als drückende Luft, die gleichsam den baldigen Tod des lungenkranken Meister Oelze mit sich bringt, denn Patschke, der betrunkene Geselle und Totenkutscher, sagt: »E paar alte Manns kriegen kalte Beene un sterbn weg. Ja. — Bei dem Wetter machen mer Geschäfte, Meester Elzen!« Und er erzählt, wie das Regenwasser durch die Ritzen kommt, was im Falle eines Lungenkranken wie Oelze höchst gefährlich werden könnte. Im Sturm erscheint das Natürliche und das Übernatürlich-Gespenstige der kommenden Stunden, ja, als Franz später Pochen hört, fragen wir uns, ob das nur der Sturmwind gegen die Tür war oder eine Macht vom außermenschlichen Bereich.

Wie eine Furie übt Pauline mit dem Sturm ihre Rache, bei der sie sich der stürmischen Naturkräfte und der von ihnen erzeugten Atmosphäre bedient. Daß etwas mehr als gemeine Erbschleicherei die Stiefschwester bewegt — könnte sie Franz' Schuld beweisen, dann könnte sie vielleicht die ihr sonst zustehende Erbschaft beanspruchen —, daß sie sogar wörtlich den Geist der antiken Rachedramen verkörpert, geht zum Teil aus einer viermal erwähnten Vorstellung hervor, in der das Atreus-Motiv nachklingt. Rese, Franz' Frau, gibt wieder, was dessen geistesgestörte Mutter erzählt hat: »Ja, un heite hatten se gar aus een' Biefstick gemacht und hamm's gegessen ... Lauter un lauter solchen schrecklichen Unsinn! — Und merkwird'g: allemal bei schlechtem Wetter!« Unter dem Einfluß von Sturm soll dieses Bild noch dreimal von anderen Gestalten aufgegriffen werden — was in einem Werk von solcher Konzentration kaum eine Nebenbedeutung sein kann. In seinem Nachwort zur Reclam-Ausgabe dieses Dramas weist G. Schulz auch auf das von Emil vorgelesene Grimmsche Märchen von den drei Spinnerinnen hin als eine mögliche Anspielung auf die drei Parzen. Die Nachklänge der antiken Tragödie in diesem Milieu scheinen durchaus angebracht, denn wir können dabei nicht umhin, an die Beschreibung des Tempelbezirks von Delphi in dem 1907 entstandenen *Griechischen Frühling* von Gerhart Hauptmann zu denken, der dem Naturalismus immer noch stark verpflichtet geblieben ist: »Blutdunst stieg von der Bühne ... keine wahre Tragödie ohne den Mord, der zugleich wieder jene Schuld des Lebens ist, ohne die sich das Leben nicht fortsetzt, ja, der zugleich immer Schuld und Sühne ist ... Es kann nicht geleugnet werden, Tragödie heißt Feindschaft, Verfolgung, Haß und Liebe als Lebenswut! Tragödie heißt: Angst, Not, Gefahr, Pein, Qual, Marter, heißt Tücke, Verbrechen, Niedertracht, heißt

Mord, Blutgier, Blutschande, Schlächterei« (Centenar-Ausgabe,
VII, 79 f.). Hiermit ist das Klassische dem Bereich der »edlen
Einfalt und stillen Größe« entrückt und gleichzeitig in die
Sphäre des Naturalistischen eingetreten. Obwohl Schlaf seine
Miteinbeziehung des antiken Stoffes bei gelegentlichen, wenn
auch unüberhörbaren Anspielungen beläßt, merken wir, wie die
von Hauptmann beschriebene Atmosphäre des Delphischen
Tempelbezirks das mit klassischer Strenge durchgeführte Schau-
spiel vom Meister Oelze durchzieht.

Immer wieder läßt die ominöse Atmosphäre das Grauenhafte
in Paulines Wesen und Handlungen intensiver auf ihren Stiefbruder und auf das Publikum wirken. Die in der Luft liegende
Angst wird ihr zur Waffe. Pauline ist schon längst dort, und
zunächst meinen wir, ein typisches naturalistisches Schauspiel
ohne eigentlichen Anfang zu erleben, aber im 2. Akt — als der
Sturm am schlimmsten, die Todesgefahr am größten wird —
erreichen ihre Bemühungen und die Anspielungen auf das Übernatürliche einen fast klassischen Höhepunkt. Pauline erzählt
Franz, wie sie den Tod ihres Vaters »geahnt« habe, wie mitten
in der Nacht seines Todes die von ihm geschenkte Kaffeekanne
heruntergefallen sei, und wie sie anschließend eine »weiße
Gestalt« in der Tür gesehen habe. Dann erzählt sie die Grusel-
geschichte von einer Gutsbesitzerin bei Gera, und immer wieder
läuft es darauf hinaus, daß übernatürliche Kräfte an der Enthüllung verborgener Verbrechen arbeiten. Rese erwähnt ein
Feuer in der Gegend, das vermutlich Brandstiftung war, worauf
Pauline ihr und Franz zeigt, wie man mit Flasche, Bibel und
Schlüssel — die Dreiheit der Gegenstände erinnert ja an die
Exkommunikation sowie an volkstümliche Bräuche — die Schuld
eines Übeltäters feststellen kann. Die Macht ihrer Suggestionen
wirkt zunächst auf Franz, der das Zimmer verläßt, auf dem
Flur laut schreit und ins Zimmer zurücktaumelt: der Tbc-Kranke
hat einen Blutsturz erlitten. Und der Wind (?) weht die Tür
hinter ihm zu.

Der 3. Akt befaßt sich mit Meister Oelzes mit allen Details
gestaltetem Sterben, wobei dieser ein Gespenst sieht und Steine
auf der Brust fühlt — beim letzteren erinnert man sich nicht
nur an seine Lungenkrankheit, sondern auch an den Foltertod
von Hexen im Mittelalter. So stark wie Paulines Suggestions-
kraft auch immer wirkt, kann er dennoch sein Geheimnis mit
ins Grab nehmen. Seine Stärke schöpft er aus zwei Quellen:

seiner Menschenverachtung und seiner angeblichen Liebe für seinen Sohn. Bereits im 1. Akt fragt eine Nachbarin, was der Oelze, ein »merkwird'ger Mensch«, überhaupt vom Leben habe, und Pauline antwortet: »Was er vom Leben hat? Daß e alle Menschen veracht't un iwwer alles spott't: das is seine Freide! — Bei dem is alles dumm!« Paulines Bemerkung bestätigt sich nicht nur in Franz' Worten über seine Einstellung zum Leben, sondern auch in seiner Haltung seinem Sohn gegenüber. Auch im Sohn scheint das Religiöse sich geltend zu machen, vor allem, weil Meister Oelze behauptet, sein Sohn solle einmal als Pastor für seine Seele beten. Dennoch erweist sich der Schauplatz des Kampfes zwischen Franz und Pauline als ein gottentfernter, in dem das Religiöse nur noch als Scheinwert existiert. Wie Schulz zeigt, ist Oelzes Gegnerin Pauline keineswegs so religiös, wie sie sich ausgibt, und den Sohn, der angeblich seine seelische Rettung vollziehen soll, nennt Schulz »die negativste Gestalt des ganzen Dramas ... Opfer kleinbürgerlichen Dranges nach Höherem, verwöhnt und überheblich, geneigt zu sadistischer Quälerei von Tier und Mensch, voll Tücke, frühreifer Lüsternheit und Verlogenheit«. Franz stellt keineswegs nur das rein Böse im Kampf mit dem Guten dar, das Pauline scheinheilig vertritt, und sein Sohn könnte niemals seine Seele später retten — wenn sein Vater das wirklich glaubte. In seinem Sohn erlebt Franz wiederum keine persönliche Verklärung (wie einige Kritiker behaupten), sondern geradezu die Bestätigung seiner Menschenverachtung sowie das Mittel, seinen Menschenhaß zu verwirklichen: er will um jeden Preis, daß der Sohn Pastor wird, aber was er ihm als Rat mit auf den Weg zum Pfarreramt gibt, widerspricht jedem Idealismus. Nur Geld und Macht, meint Franz, zählen in dieser Welt, und als Pastor soll sein Sohn beides genießen. Es wäre also ein Fehlschluß anzunehmen, daß er in der Tat glaubt, sein Sohn könne oder solle einmal seine Seele von ihrer irdischen Schuld befreien, oder daß er überhaupt daran interessiert ist, was seine Bejahung von Paulines Urteil über ihn auch bestätigt: »Du bist ooch so e Neimod'scher, — so e Freigeist.« Sein Zynismus gegenüber der Kirche ist dennoch nicht bloß ein typisch naturalistisches Motiv, das Schlaf an den Haaren herbeigezogen hat, sondern ein Ausdruck seiner Entfremdung von seiner bäuerlich-abergläubischen Herkunft, die ihn in der Gestalt Paulines wieder einzuholen droht. Kann er das Geld für seines Sohnes Ausbildung retten, dann hat er seine Vergangenheit im sozialen und weltanschaulichen Sinne überwunden. So gesehen bezeugt dieses Stück das naturalistische Interesse an dem Milieu und dem Sozialen. Wichtig ist nicht, daß Meister Oelze das nur scheinheilig von Pauline vertretene Religiöse besiegt — das wäre unter Umständen ein leerer Triumph; und könnte man Paulines Religiösität ernst nehmen, dann käme seinem Sieg eine angesichts der Ambivalenz des Übernatürlichen ausgeschlossene metaphysische Bedeutung zu. Ausschlaggebend erscheint der Abschluß des inneren Kampfes über seine religiösen Gefühle, eines Kampfes, der wohl mit dem Mord anfing und nur durch den Tod selbst endgültig entschieden werden konnte. Seine atheistische Einstellung betonte Franz mit solchem Nachdruck, daß man seine eigenen andauernden Zweifel hindurchhören konnte, und deshalb wußte die sonst keineswegs fromme Pauline, was für eine Waffe sie anwenden müßte. Die Wahl der Waffe wurde nicht durch Paulines Charakter bestimmt, sondern durch Franz' Schwäche, nicht durch einen Glauben an eine übernatürliche Gottheit, sondern durch das Wissen um die überlieferte menschliche Religiosität.

Andere naturalistische Motive gibt es in Hülle und Fülle: Mariechen ist ein kränkliches Stadtkind, das — übrigens wie Linchen in der *Familie Selicke* — der ländlichen Luft bedarf. Pauline schildert das Großstadtelend, in dem sie lebt, und ihr Mann ist — was sollte man sonst erwarten — ein »Säufer«, der sie schlägt. Die unangenehmsten Auswirkungen von Franz' Krankheit bleiben dem Publikum nicht erspart. Daß keine Gestalt wirklich als positiv angesehen werden kann, zeigt, wie unerbittlich Schlaf dieses Milieu gestaltet, sowie das charakteristisch naturalistische Absehen von der poetischen Gerechtigkeit. Vor allem erreicht die Herausarbeitung der Atmosphäre als naturalistische Technik hier einen kaum zu überbietenden Höhepunkt, und allein darin bestünde trotz der unzähligen zeitbedingten Motive des historischen Naturalismus eine genügende Rechtfertigung, dieses Drama noch einmal auf die Bühne zu bringen; schließlich liegt in dieser Atmosphäre mehr als Elendskunst. Der Kampf zwischen Stiefbruder und Stiefschwester ergibt in der Tat eine fast titanische, an die antike Tragödie gemahnende Intensität, die nicht zuletzt wegen der übernatürlich-gespenstischen Stimmung die Grenzen des doktrinären Naturalismus sprengt.

Gerhart Hauptmann
De Waber / Die Weber

Die Weber sind zweifellos das berühmteste und beste Sozialdrama gerade jener Zeit, von der Hauptmann später im *Abenteuer meiner Jugend* schreibt: »Das soziale Drama, wenn auch
zunächst nur als ein leeres Schema, lag als Postulat in der Luft.«
Als zeittypisch sowie als literaturgeschichtlich und dichterisch
hervorragend verdient dieses Drama also unsere größte Aufmerksamkeit. Selbst wenn *Die Weber* nicht von solchem künstlerischen Erfolg gekrönt worden wären, bliebe ihre Entste-
hungs- und Aufführungsgeschichte eine der interessantesten des
damaligen Theaters, wobei das »Soziale« in ihr den Ausschlag
gibt. Eine ausgezeichnete, vollständige Dokumentation aller
Aspekte des Schauspiels bietet Hans Schwab-Felisch, der feststellt,
die Dialektfassung sei schon gegen Ende des Jahres 1891 beendet
worden. Am 20. Februar 1892 werden *De Waber* (die Dialektfassung) und am 22. Dezember 1892 *Die Weber* (die dem Hoch-
deutschen angenäherte Fassung) der Polizei in Berlin zur Zensur vorgelegt. Jede Fassung erscheint in demselben Jahr als
Einzelausgabe bei S. Fischer, Berlin. Schon am 3. März 1892
wird die erste Fassung, dann am 4. Januar 1893 die zweite
verboten. Mit großem Erfolg findet aber die private Uraufführung des Schauspiels am 26. Februar 1893 im Rahmen der
»Freien Bühne« statt. Aus den darauffolgenden, immer noch
privaten, aber oft wiederholten Aufführungen durch andere
Privatgruppen, darunter die »Neue Freie Volksbühne« unter
Bruno Wille und die »Freie Volksbühne« nunmehr unter Franz
Mehring, hebt sich eine besonders hervor: die am 29. Mai 1893
im Pariser »Théâtre Libre« stattfindende Inszenierung der
Weber als des ersten seit 1871 in Frankreich aufgeführten deutschen Dramas, zu deren Zuschauern übrigens auch Zola gehörte.
Selbst in Frankreich wird das Stück mit Begeisterung aufgenommen. Trotz der vielen Privatveranstaltungen und mehrerer
Klagen auf Freigabe des Werks, die Hauptmann und andere
erheben, werden *Die Weber* aber eigentlich erst am 2. Juli von
der Polizei freigegeben und am 25. September 1894 im Deutschen Theater unter Otto Brahm öffentlich uraufgeführt, worauf Kaiser Wilhelm II. seine Loge kündigen läßt. Danach gibt
es eine Reihe von Verboten und Freigaben. Immer wieder geht
es in den Gerichtsverfahren darum, ob das Drama revolutionär,

sozialistisch oder — wie es in der Kündigung der kaiserlichen
Loge heißt — »demoralisierend« sei.

Bei dem ersten Prozeß bestreitet der Verfasser, eine — wie
ihm vorgeworfen — sozialdemokratische Parteischrift beabsichtigt zu haben: »Ein Kunstwerk und nichts Geringeres war mein
Ehrgeiz, und ich hoffe, daß dies für alle Kunstverständigen zum
Ausdruck gekommen ist — es sei denn, daß man es mir als Verbrechen an der Kunst anrechnen wolle, daß die christliche und
allgemein menschliche Empfindung, die man Mitleid nennt, mein
Drama hat schaffen lassen« (s. Hans Schwab-Felisch: *Gerhart
Hauptmann: Die Weber,* Frankfurt/M. 1963 [Dichtung und
Wirklichkeit 1], S. 96). In der Tat wirkt das Stück sogar anti-
revolutionär auf Theodor Fontane: »Was Gerh. Hauptmann
für seinen Stoff begeisterte, das war zunächst wohl das Revolutionäre darin; aber nicht ein berechnender Politiker schrieb
das Stück, sondern ein echter Dichter, den einzig das Elementare,
das Bild von Druck und Gegendruck reizte... Gerh. Hauptmann sah sich, und zwar durch sich selbst, in die Notwendigkeit
versetzt, das, was ursprünglich ein Revolutionsstück sein sollte,
schließlich als Anti-Revolutionsstück ausklingen zu lassen« (s.
Schwab-Felisch, S. 221). Dennoch vertritt kein geringerer Kritiker als Franz Mehring eine entgegengesetzte Ansicht. Gegen
Julius Hart, der zwar das Revolutionäre anerkennt, das Par-
teipolitische aber bestreitet, weist Mehring (s. Schwab-Felisch,
S. 195—203) darauf hin, Hauptmann habe sich in seiner historischen Quelle nach der Darstellung von Wilhelm Wolff gerichtet, einem »unverfälschten Sozialdemokraten«, dem als »küh-
nem, treuem, edlem Vorkämpfer des Proletariats« Marx den
ersten Band des *Kapitals* widmete. Und gerade wegen der von
ihm gespürten politischen Haltung behauptet Mehring: »Keine
dichterische Leistung des deutschen Naturalismus kann sich nur
entfernt mit den Webern messen.« Bis auf unsere Tage ist die
zweideutige Haltung des Dichters gegenüber der Revolution
als eine Streitfrage überliefert, die dem Drama eine andauernde
Aktualität verleiht.

Schwab-Felisch gibt allerdings noch andere Quellen der
Hauptmannschen Dichtung an, darunter Alexander Schneers
1844 in Berlin erschienene Schrift *Über die Noth der Leinen-
Arbeiter in Schlesien und die Mittel ihr abzuhelfen,* und er
zeigt weiterhin, daß Hauptmann diesem Bericht viele Wendungen wörtlich entnahm sowie die Namen von Ansorge und

Hornig. Die Bedeutung von Bielau, wo der rote Bäcker her-
kommt, entstammt auch dem Schneerschen Bericht. Bei seiner Darstellung der Revolte selbst stützt sich Hauptmann auf Alfred
Zimmermanns *Blüthe und Verfall des Leinengewerbes in Schlesien*, Breslau 1885, als seine nach Schwab-Felisch »wichtigste
Quelle«. Dazu kommen der von Mehring erwähnte Bericht von
Wolff, die Schrift Schneers sowie die Mitteilungen anderer Zeitgenossen. Max Baginski in »Gerhart Hauptmann unter den
schlesischen Webern«, *Sozialistische Monatshefte* für Februar
1905, schreibt, Hauptmann habe das Gebiet 1892 auch persönlich besucht.

Mehring und andere haben eindeutig nachgewiesen, daß
Hauptmann sich genau an seine Quellen hält, daß er also nichts
weniger als streng dramatische Geschichte bietet. In dieser
Quellentreue liegt schon die theatergeschichtliche Bedeutung der
Weber impliziert, die sich wiederum im Formalen bestätigt.
Eindeutig offenbart sich der Einfluß von Georg Büchner, der
sich als Verfasser von *Dantons Tod* nur als einen »Geschichts-
schreiber« sieht. Vielleicht steht Hauptmanns Drama Grabbes
Napoleon, in dem das Spontane, Chaotische, rein Zerstörerische
der Menge gezeigt wird, noch näher. Und Julius Hart vergleicht
Die Weber sogar mit Schillers *Räubern* und *Kabale und Liebe*.
Aber in seinen Anklängen an Büchner und Grabbe erweist sich
Hauptmanns Drama theatergeschichtlich als besonders ver-
dienstvoll, denn es führt zu einem neuen Verständnis für das
»offene« Drama. Seit Goethes *Götz* hat kein so ausgeprägtes
Beispiel dieses Dramentypus die Bühne derart erobert. Nunmehr
folgen Aufführungen von Büchners *Danton* und der Grabbeschen Geschichtsdramen, und es dürfte nicht von der Hand zu
weisen sein, daß sogar die späteren atektonischen Dramen der
Expressionisten ihre günstige Aufnahme dem bahnbrechenden
Erfolg der *Weber* verdanken. Auf alle Fälle sind es gerade die
Weber, die Peter Szondi (*Theorie des modernen Dramas*) als
Beispiel für einen Aspekt des eigentlich Undramatischen an-
führt, nämlich das Fehlen von zwischenmenschlichen Beziehungen. Dagegen nimmt Kurt May dann Stellung mit seinem besonders treffenden Hinweis darauf, daß auch Kleists *Robert
Guiskard* einen nicht zwischenmenschlichen, im Dialog veran-
kerten Konflikt darbietet, sondern einen, der zwischen den
Menschen und einem unsichtbaren, sprachlosen Feind, der Pest,
ausbricht. Die am eindeutigen Gelingen des Hauptmannschen

Massendramas zu gewinnenden Einsichten in andere nichtnaturalistische Werke sind überhaupt kaum abzuzählen, findet
man doch Anknüpfungspunkte mit Werken von Goethe bis in
die Gegenwart hinein.

Dennoch bleiben die *Weber* in erster Linie ein Zeugnis naturalistischen Denkens. Soergel sieht in diesem Stück »Gerhart
Hauptmanns naturalistisches Hauptwerk« (S. 320) und »den
Höhepunkt in der Kunst des konsequenten Naturalismus« (S.
326), ein Urteil, dem Hoefert sich fast wörtlich anschließt. Und
Schwab-Felisch meint: »›Die Weber‹ als ein vollendetes Kunstwerk im Sinne der Mimese, entsprechen in einer nicht über-
troffenen Weise dem Arno Holz'schen Kernsatz zur Theorie
des Naturalismus: ›Die Kunst hat die Tendenz, wieder die Natur zu sein. Sie wird sie nach Maßgabe ihrer jeweiligen Reproduktionsbedingungen und deren Handhabung‹« (S. 111). In der
Tat stellt die Struktur der *Weber* die radikalste Anwendung
des Naturalistischen auf die offene Form dar. Selbstverständlich klingen mehrere naturalistische Motive an, z. B. die Armut,
die Ausbeuterei, die Frauenemanzipation und deren noch viel
mehr. Was diesem Drama aber seine paradigmatische Sonderstellung im Naturalismus zuspricht, ist vor allem die Bühnenwirksamkeit, mit der das Technische zur Geltung kommt. Was
die meisten streng realistischen Schauspiele über drei oder fünf
Akte durchhalten — nämlich eine sich im »Sekundenstil«, im
geschlossenen Raum abspielende, auf wenige Gestalten be-
schränkte, im Dialekt geführte, keine Kraßheit scheuende Handlung —, bildet jeden einzelnen der fünf Aufzüge, die jeweils
nur locker miteinander verbunden sind. Bloß eine Gestalt erscheint in allen fünf Akten bzw. Kleinstdramen, spielt aber
keine führende Rolle. Jeder Akt findet in anderen Räumlich-
keiten statt. Der eigentliche Held — so behauptet die Mehrzahl
der Kritiker schon seit dem Erscheinen des Stücks — ist das
Kollektiv der Weber, ja, hierin äußert sich des Naturalisten
Abneigung gegen die herkömmliche Heldengestalt bzw. dessen
Vorliebe für den Antihelden. Was uns im Grunde begegnet,
sind fünf Einakter, die fast expressionistisch durch Thema und
Motiv zusammengefügt sind, denn als vereinigende Kraft tritt
nicht eine starke Gestalt hervor, sondern das den Quellen wörtlich, wenn auch gekürzt von Hauptmann entnommene Lied
vom »Blutgericht«, das Ursula Münchow des Dramas »heftig
schlagendes Herz« nennt. Die Anonymität der einzelnen Weber

grenzt an die der Matrosen in Goerings *Seeschlacht,* die vom
»Tanz« in die Schlacht hineingezogen werden wie die Weber
vom Lied. Überhaupt scheint es nur ein kurzer Sprung zu sein
von den *Webern* zu den in »Stationen« gestalteten Massendramen
der Expressionisten und sogar zu den »epischen« Stücken
Brechts, für die dieselben Vorbilder gelten.

Es findet sich jedoch auch eine dramatische, an den Gestalten
erkennbare Steigerung, die das Fehlen von mehreren durchgehend anwesenden Charakteren ersetzt. Nur der alte Baumert
tritt in allen fünf Akten auf. Im 2. Akt kommt Moritz Jäger
hinzu, der auch in jedem folgenden Akt wiedererscheinen wird.
Der 1. Akt schildert die deprimierenden Zustände der Weber,
in die Jäger dann im 2. Akt als möglicher Anreger einer Lösung einbricht – gleichsam als der von den Naturalisten bevorzugte Bote aus der Fremde, denn von ihm erfahren die Ausgebeuteten etwas über die Verhältnisse in den Bielauer
Fabriken. Zu Jägers Wissen um die Außenwelt als besonderer
Befähigung, die Führung der Weber in das verheißene Land
zu übernehmen, gesellt sich seine Ausbildung als Soldat. Wir
merken aber bald, daß sein Erfolg beim Militär nicht weniger
auf sein Stiefelputzen als auf seine Kampftüchtigkeit zurückzuführen ist. Daß Jäger eher der *miles gloriosus* ist als der neue
Führer der Revolte, geht aber eindeutig aus der Bemerkung
hervor, die Wittig, der wirklich etwas von der Revolution versteht, an ihn richtet: »Uf die Kamradschaft plamp' ich. Du
Laps, ufgeblasener!« Also bringt Jäger den Ball ins Rollen,
ohne daß das Kollektiv der Weber seine Heldenrolle an ihn
abtritt.

Hauptmanns Bemühung, Gleichgewicht zwischen dem einzelnen und der Gruppe zu halten, zeigt sich auch darin, daß
der »Bote aus der Fremde« seine Botschaft im geschlossenen
Raum des Baumertschen Heims verkündet, nicht vor der Masse.
Die im 2. Akt verengte Perspektive erweitert sich dann im
3. Akt, der im Kretscham stattfindet. Hier muß Jäger seine
Führer-Rolle mit Bäcker, der bereits im 1. Akt seinen Mut in
einer Konfrontation mit Dreißiger bewiesen hat, und mit
Wittig teilen sowie mit anderen, die die Lage der Weber von
der Sicht des ganzen Staates erläutern. Überhaupt droht Wittig
allein durch seinen Fanatismus die Führung an sich zu reißen,
einen Fanatismus, der den thematischen Höhepunkt des Schauspiels bildet. In Wittigs Reden offenbart sich ein Geschichts-

bewußtsein, das alles übertönt, was Jäger zu bieten hätte:
»Dreck werd's gehn, aber nich im guden. Wo wär' aso was im
guden gangen? Is etwa ei Frankreich im guden gangen? Hat
etwa d'r Robspier a Reichen de Patschel gestreechelt? Da hiß
bloß: Allee schaff fort! Immer nur uf de Giljotine! Das muß
gehn, allong sanfang. De gebratnen Gänse kommen een ni ins
Maul geflog'n.« Erinnerungen an die Französische Revolution
werden wach und verleihen der Weberrevolte geschichtliche Bedeutung; aber auch Wittig, der alte, grauhaarige Schmied, ist
im Grunde nur Mitläufer, nicht Anführer. Sonst hätte er schon
früher etwas gegen die seit langem existierende Ungerechtigkeit
machen können. Immer wieder entsteht jeweils durch eine andere Gestalt ein neuer Impuls, eine Steigerung des sich anbahnenden Aufstandes, der in Hornigs Worten am Schluß des 3. Akts
als Kollektivaktion gedeutet wird: »A jeder Mensch hat halt
'ne Sehnsucht.« Jetzt bricht die Revolte spontan aus als Ausdruck der Sehnsucht eines jeden, nicht als Plan eines einzelnen.

Obwohl *Die Weber* als ein Typus des offenen Dramas mit
Recht wiederholt angeführt werden, hebt sich der 4. Akt fast
als Peripetie im Sinne des klassischen Dramas ab, nur daß dieser
Umschwung einem Kollektivhelden gilt: die Revolution wendet
sich gegen ihren unmittelbaren Gegner, aber zugleich gegen sich
selbst. Während wir Dreißiger — der ja der wirklichen Firma
von Zwanziger und Söhne entspricht — schon im 1. Akt sehen,
stellt nicht er, sondern das kollektive Leiden der Weber das
Hauptanliegen des Dramatikers dar. Mit welcher Sorgfalt das
Elend der Ausgebeuteten verfolgt wird, zeigt sich allein schon
darin, daß auf die noch nicht erschienene Frau Heinrich mit
ihren neuen Kindern angespielt wird, die dann wie Baumert
selbst den Übergang zum 2. Akt bildet. Überhaupt erfahren
wir erst im 4. Akt, wie wir Dreißigers Situation auffassen sollen. Hier findet sich zudem eine Antwort auf Szondis Kritik,
es gebe keine zwischenmenschlichen Beziehungen. Obwohl das
Los der Weber keineswegs vom Dichter lokalisiert wird, obwohl
Dreißiger im 1. Akt nicht ohne Recht den Druck der Fabriken
betont, und obwohl der rote Bäcker noch auf gerade diese Fabriken als Ursache der Weberarmut hinweisen wird, bleibt das
Problem im Denken der Weber selbst auf Dreißiger zunächst
beschränkt (daß er nicht ohne persönliche Schuld ist, geht schon
allein daraus hervor, daß trotz seiner Klagen über einen ab-
sinkenden Markt weitere 200 Weber angestellt werden sollen —

wieder einmal natürlich zum Hungerlohn). Nicht nur scheint Dreißiger eine faßbare Zielscheibe ihrer Wut zu bieten, er ist ihnen auch schon längst bekannt als einer der Ihrigen. Dreißiger ist kein fremder Ausbeuter, dessen entferntes Wohnen die von ihm Ausgebeuteten auf das größere Ausmaß des Problems aufmerksam machen könnte. Er hat sogar ein Mädchen aus dem Kretscham geheiratet. Obendrein zeigt sich im Haushalt Dreißigers neben dem äußeren Grund des Weberelends auch der innere Grund, der gleichzeitig bedingt, weshalb die Revolution trotz ihrer Überwindung der nahe liegenden Gewalt des Ausbeuters noch nicht gelingen kann. Der Untergang des Weberkollektivs als des »Helden« wird an dessen innerer Schwäche erkennbar, einer Schwäche, die symbolisiert wird von einer neuen Gestalt: Pastor Kittelhaus. Er verkörpert nämlich die religiösen Ansichten der Weber, auf die schon im 3. Akt bezüglich der verschwenderischen, dennoch vom Pastor unterstützten Beerdigungen angespielt wird. Die Auswirkung der Ansichten Kittelhauses erkennen wir dann im 5. Akt in denen des alten Hilse, der den inneren Widerstand gegen die Weberrevolte versinnbildlicht. Zwar gibt es andere Schwächen unter den Webern -- die Männer trinken zuviel und die Frauen, die ohnehin zu viele Kinder gebären, behaupten sich nicht als Mütter dieser leidenden Kinder —, aber Hauptmann konzentriert sich auf das Religiöse als Symbol aller Schwächen, durch die die Weber ihre Lage selbst verschuldet haben.

Eines der größten Wagnisse in der deutschen Theatergeschichte nimmt Hauptmann im 5. Akt der *Weber* auf sich: er läßt den alten Hilse, eine Hauptgestalt, die für das Verständnis des ganzen Schauspiels unerläßlich ist, erst im letzten Aufzug erscheinen (vgl. dazu schon Theodor Fontane). Hans M. Wolff, der ausführlich auf das Merkwürdige im späten Auftritt Hilses eingeht, schmälert darin den religiösen Konflikt und findet statt dessen einen Ausdruck Schopenhauerschen Pessimismus' als Gleichgewicht zum Optimismus der sich ausbreitenden Revolution, die ja angeblich in Anlehnung an die Geschichte letzten Endes unterdrückt wird. Was sein Argument — so erfinderisch es auch ist — entkräftigt, ist die Bedeutung des Religiösen im 3. und 4. Akt. Schließlich wirkt das plötzliche Erscheinen des fast karikaturhaft geschilderten Pastors im 4. Akt nicht bedeutend weniger überraschend als das von Hilse. Kittelhaus steht in einem naiven, — zu seiner Verteidigung können wir sagen —

unbewußten Bündnis mit Dreißiger, dem Ausbeuter seiner Gemeinde. Wiederum erweist sich der alte Hilse als des Pastors gelehrigster Schüler, dessen Verhältnis gegenüber den anderen, meist jüngeren Webern dem Verhältnis zwischen Kittelhaus und Weinhold, dem Hauslehrer, entspricht. Also vertritt Hilse in seiner unterwürfigen Religiosität unbewußt die Sache Dreißigers. Trotz der allerdings ausgeklügelten Interpretationen einiger Kritiker und abgesehen von Hauptmanns offensichtlich unter dem Druck des Prozesses geäußerten Worten müssen wir in den wiederholten Darstellungen der Religion ihre marxistische Interpretation als eines Opiums für das Volk erkennen. Gewissermaßen symbolisiert der Tod des alten Hilse die Überwindung der älteren Generation (Kittelhaus wird zuletzt auch von den Webern überrannt) und damit die Abschaffung einer inneren Schwäche, einer Selbstversklavung. Daß der Tod des alten Hilse durch Zufall geschieht, deutet jedoch an, daß die von ihm vertretenen Werte als ein unbewußtes Hindernis der Revolution wohl beseitigt sind. Aber seine Frau, wie die Weber selbst, merkt nicht einmal, daß er tot ist. Die Weber werden — scheint Hauptmann sagen zu wollen — ihre Lage nicht mehr mit solcher »christlichen« Langmut akzeptieren; ihre Befreiung von den alten Vorstellungen geschah aber eher durch Zufall als durch Absicht, und vielleicht werden sie nicht einmal von dieser Befreiung wissen und Gebrauch machen können.

Um den vom Dichter angedeuteten wichtigsten Grund des Scheiterns der Revolution festzustellen, müssen wir uns wieder den ökonomischen Verhältnissen der Zeit zuwenden, die hinter den Ereignissen stehen und weiterhin existieren werden. Kurt May tut diesen Aspekt der wirklichen Revolution ab, mit dem Hauptmann sehr vertraut war. Anders Wolff und Schwab-Felisch, der jedoch mit Recht betont, daß die Maschinen beim Ablauf der Handlung fast belanglos bleiben. Es kann auf keinen Fall geleugnet werden: die fortschreitende Industrialisierung der Zeit, die Meister Timpe zugrunde richtet, spukt auch hier als Alptraum jenseits der Berge. Um die eigentlich nur hintergründige Bedeutung der neuen wirtschaftlichen Verhältnisse zu zeigen, läßt der Dramatiker den roten Bäcker, der die Drohung der Fabriken überblickt, ziemlich selten hervortreten. Es kann lediglich die eine Erklärung dafür gegeben werden, daß der Bäcker mit seinem Mut, seiner Weitsicht und Energie nicht öfter hervortritt: seine untergeordnete Rolle ist an sich ein Ausdruck der

Begrenztheit der revolutionären Bestrebungen der Weber, die seinen weiten Blick nicht teilen können (hierbei denkt man zum Beispiel unwillkürlich an Grabbes *Hermannsschlacht,* wo die Germanen nach dem Sieg über Varus nicht weiterkämpfen wollen, weil sie Hermanns Traum von »Deutschland« nicht verstehen, sondern nur ihre eigenen Beschwerden gegen die anwesenden Römer). Aber Bäckers bloße Anwesenheit gemahnt uns im Publikum ständig an den größeren zeitgeschichtlichen Zusammenhang der Situation, an die allgemeine wirtschaftliche Lage, die einen endgültigen Sieg der Weber unmöglich macht, weil sie sie nicht verstehen. Letzten Endes begreifen die Weber weder die innere noch die äußere Ursache ihrer Unterdrückung.

Vielleicht gerade deshalb haftet diesem Drama etwas Zeitloses an. Schwab-Felisch zitiert Hauptmann: »Was sich in diesen Weberhütten enthüllte, war — ich möchte sagen: Das Elend in seiner klassischen Form« (S. 163). Solches bedrückende, entmenschlichende und zum übermenschlichen Maß gesteigerte Leiden läßt den historischen Anlaß zurücktreten. Es bietet sich aber nicht nur die von Schwab-Felisch interpretierte klassische Perspektive, sondern auch noch eine andere, ebenfalls geschichtslose, die in der bisher wenig beachteten Widmung Hauptmanns an seinen Vater zu erkennen ist. Der Dichter schreibt: »... doch das Beste ist, was ›ein armer‹ Mann wie Hamlet ist‹ zu geben hat.« Wir werden bei dieser zunächst befremdenden Anspielung auf *Hamlet* an *Dantons Tod* erinnert, in dem Simon, der Mann aus der Masse, die betreffende Stelle aus dem Shakespeareschen Drama zitiert: »Sein Wahnsinn ist des armen Hamlet Feind. / Hamlet tat's nicht, Hamlet verleugnet's.« Die Andeutung liegt hierin: nicht die Weber, sondern ihr Wahn tat es. Ist die Religion ein Wahn, ein Opium für das Volk, dann ist auch die Revolution ein Wahn. Die Darstellung der Revolution, wird sie als Wahn gesehen, droht aber ins Impressionistische abzugleiten. Letzten Endes erkennen wir in dem Hinweis auf den Aufstand als Wahnerlebnis, als unwirkliches Erlebnis, daß selbst in diesem streng naturalistischen Werk eine Entwicklung zum Impressionistischen naheliegt. Zu einem ähnlichen Ergebnis gelangt auch May, dessen Beweisführung jedoch etwas willkürlich scheint. Ohnehin bleibt ein Zug beinahe allen kritischen Bemühungen um *Die Weber* gemeinsam: die Notwendigkeit, die jeder Kritiker erfährt, das gleichsam Nichtnatürliche, das Überzeitliche, das je nachdem Symbolische, Impressionistische herauszuarbeiten, und das ausgerechnet bei einem Drama, das diese Kritiker selbst als eine der vorbildlichsten Anwendungen naturalistischer Ansichten und Techniken bezeichnen.

Max Halbe
Jugend

Das Schicksal vieler berühmter Schauspiele ist auch Halbes *Jugend, Ein Liebesdrama* zuteil geworden: zunächst von mehreren Theatern abgelehnt, erringt das Stück bei der Uraufführung am 23. April 1893 im Residenztheater Berlin einen großen Erfolg beim Publikum und macht den Dramatiker auf einmal bekannt. Zwar wurde Halbes Sozialdrama *Eisgang*, das nach Hauptmanns *Webern* und neben Rosenows *Die im Schatten leben* zu den gelungensten Werken dieser Gattung gehört, bereits am 7. Februar 1892 von der »Freien Volksbühne« in Berlin uraufgeführt, aber hauptsächlich als der Dichter der *Jugend* ist Halbe zu Recht oder Unrecht in die Literaturgeschichte eingegangen.

Schon der Titel drückt das allgemeine Klima des naturalistischen Zeitalters aus, denn dies ist eine Zeit der Jugend. Als Stürmer und Dränger, Jüngstdeutsche, Naturalisten, Realisten — oder wie sie sich auch nennen mögen — empfinden die Dichter und Literaten nur in zweiter Linie: in erster Linie sehen sie in sich die Jugend, das neue Blut, die Verkünder neuer Ideen. Meist verwirklicht sich dieses Gefühl in ihren militanten Äußerungen gegen die etablierte Generation, gegen die traditionellen religiösen, sozialen und literarischen Anschauungen ihrer Vorgänger. Wenn einige dieser Motive auch bei Halbe durchklingen, gestaltet sich hier hauptsächlich ein Panegyrikus auf die Jugend als solche. Und nicht wenig von dem Erfolg des Dramas verdankt der erst siebenundzwanzigjährige Dichter dem grundlegenden Ton der fast elegischen Sehnsucht der älteren Generation nach ihrer eigenen, nunmehr verlorenen Jugend, einem Ton also, der das breite Theaterpublikum im mittleren Alter nicht abstößt, sondern geradezu anzieht. Ja, Halbes Darstellung der unwiederbringlichen Jugendjahre steht manchmal den Fontaneschen Schilderungen näher als denen seiner Zeitgenossen, hören wir doch durch den Pfarrer Hoppe, der sich in den Fünfzigern befindet, solch Verständnis für die Schwächen junger

Menschen, aber auch wehmütige Erinnerung an die eigene Jugend.

Auf das Einfachste beschränkt, gestaltet die Handlung die unglückliche Liebesaffäre zweier junger Menschen. Im allgemeinen ist die dargestellte Situation eine in der naturalistischen Dichtung häufig vorkommende: ein Student verliebt sich in ein einfaches Mädchen. Man denke etwa an Holz' und Schlafs »Kleine Emmi«. Überhaupt waren die meisten Naturalisten selber Studenten. Die Wurzeln reichen dennoch tiefer. In seiner Einführung zur *Jugend* (geschrieben erst am 13. Februar 1919) behauptet Halbe: »Im Januar 1892 bat Wilhelm Arent, der nachmals tragisch Geendete (auch wie so viele andere unserer Generation!), der Verfasser möge für den im Mai 1892 bevorstehenden hundertjährigen Todestag von J. M. R. Lenz einen größeren Aufsatz über dessen dramatisches Schaffen schreiben. ... In ein paar heißen Tagen machte der Verfasser sich Lenz, den ihm vordem fast Unbekannten, zu eigen. Auch in Lenzens Leben hatte es, wie in dem Goethes, ein Pfarrhausidyll gegeben, mit dem gleichen Schauplatz, der gleichen Heldin. Auch Lenz hatte in Sesenheim Friederike Brion geliebt. Hatte sie nach Goethe geliebt, unglücklich, wie es seine Sterne geboten.« Hier steht nicht nur Lenz, nicht nur der junge Goethe, sondern auch der Geist des ganzen Sturms und Drangs im Hintergrund, einer Generation, mit der sich die meisten Naturalisten ohnehin geistig verbunden fühlen. Halbe führt weiter aus: »Vor den annoch jugendlichen Verfasser trat aus dem dennoch schon sich vertieffenden Halbdunkel der Jahre plötzlich mit geisterhafter Leuchtkraft von neuem die Erinnerung an ein eigenes Liebeserlebnis, dem auch ein Pfarrhof als Hintergrund gedient hatte. Zwischen Sesenheim und Rosenau, zwischen der heiterlichten süddeutschen Welt des protestantischen Pfarrhauses im Elsaß mit dem französischen Einschlag und der schwermütigeren und schwerblütigeren Atmosphäre des katholischen Pfarrhofes im Osten mit dem polnischen Einschlag, zwischen dem Sturm und Drang des sinkenden 18. Jahrhunderts und dem Sturm und Drang des zu Abend gehenden 19. Jahrhunderts sprang der Zeugungsfunke.« Aus dem Gefühl der eigenen Jugend, aus dem Studentensein seiner literarischen Generation, aus dem Geist des Sturms und Drangs und aus der eigenen Erinnerung schöpft der Dichter der *Jugend*.

Halbe beschreibt selbst die sechs Gestalten des Dramas ein-

gehend: den Pfarrer Hoppe, dessen »Haupteindruck auf einst
strotzende, mit den Jahren gedämpfte Kraft und tief verinner-
lichte Lebenserfahrung geht«, der sich jedoch »bequem, lässig,
mit einem Stich ins Weltliche« kleidet, der auch Bartstoppeln
zeigt, die den Vorschriften nicht entsprechen; seine achtzehnjährige Nichte Annchen, die »bunte Farben liebt«; Amandus,
ihren siebzehnjährigen, »kretinhaften«, kindischen Stiefbruder,
der »in einer Art von animalischem Triebleben vegetiert«, in
dessen Augen »die Tücke eines Tieres lauert«, von dem der Halbe
zusammenfassend behauptet: »Man muß sich hüten, ihn zu
reizen.« Bei ihnen wohnt außer dem Dienstmädchen Maruschka
der Kaplan Gregor von Schigorski, der erst Ende zwanzig ist,
der aber älter aussieht. »Er ist der polnische Geistliche in Haltung und Redeweise ... Er ist kein Intrigant, sondern ein Fanatiker.« In diese kleine, fast isolierte Gruppe kommt der
achtzehnjährige Student Hans Hartwig, von dem der Dichter
sagt: »In seinem schnellen und abgebrochenen Sprechen offenbart
sich ein heftiger und jäh umschlagender Charakter. Alles in
allem der Embryo eines modernen Stimmungsmenschen in der
Verpuppung des ersten Fuchssemesters.« In Hans also gestaltet
sich das Sozialtypische der Zeit, und in der Tat erinnert er stark
an andere Helden der jüngstdeutschen Literatur, z. B. an Conradis Adam Mensch. Zum Gang der Handlung gehörig aber
auch zeittypisch erscheint vor allem die Betonung des Hans als
Nervenmensch, denn geistesgeschichtlich bildet dieser Zug der
naturalistischen Helden den Übergang zum Impressionismus
— man denke an Bahrs Forderung einer »Nervenkunst« und
an die Schnitzlerschen Typen — sowie zu Dichtern wie Thomas Mann, dessen Protagonisten immer wieder als »Nerven-
menschen« hervortreten.

In einem bis auf das kleinste Detail beschriebenen Zimmer
des Pfarrhofs in Rosenau fängt Mitte April das Drama an.
Daß es gerade Frühling ist, spielt eine wichtige Rolle nicht nur
in einem allgemein bildlichen Sinne, sondern auch in einem
streng naturalistischen. Es stellt sich bald heraus, daß Annchen
das uneheliche Kind von des Pfarrers frühverstorbener Schwester ist, und immer wieder klingt das Vererbungsmotiv durch
den ersten Akt. Verständnisvoll zeigt sich ihr Onkel, der zum
Beispiel auf Annchens Frage, ob ihre Mutter es wegen ihrer
»Sünde« schwer gehabt habe, antwortet: »Laß sie in Frieden
schlafen, Anna! Deine gute Mutter hat ihre Sünde gebüßt. Gott

hat ihr verziehen.« Anders verhält sich aber der strenge Kaplan, der bereits vor dem Anfang des Schauspiels an ein Kloster geschrieben hat, damit Annchen dort aufgenommen würde. Obwohl er Annchen gegenüber gesteht, er habe einmal Mediziner werden wollen und sei zu seiner Zeit in Breslau »auch ein ganz flotter Student gewesen«, drängt er mit der Hartnäckigkeit eines wahrhaftigen Fanatikers darauf, daß das offensichtlich lebensfrohe, naive Mädchen sich vor einer möglichen Wiederholung der Sünde ihrer Mutter dadurch rette, daß sie sich der Welt entziehe. Wie ominös im Sinne des naturalistischen Vererbungsmotivs klingt auch sein Gespräch mit der Tochter eines »gefallenen« Mädchens. *Annchen (am Fenster versunken)*: »Daran hab' ich eigentlich nie gedacht, daß Mutterchen ein Frühjahrskind gewesen ist. Nie gedacht.« *Kaplan:* »Ihre Mutter wird auch kein Leben so gehabt haben, Pannie, wie ein Frühlingskind. ... Aber die Sünde der Verstorbenen ist nicht mitbegraben. Die Frucht der Sünde lebt und hängt an weltlichen Gedanken, Panna Annuschka. Selbst am heutigen ernsten Tage soll das pochende Gewissen da innen übertäubt und die Stimme der Vergangenheit beschwichtigt werden. Aber welche Möglichkeit, die Sünde zu vergessen, solange das Kind der Sünde in eitler Weltlust dahinlebt.« Mit mittelalterlicher Strenge predigt der Kaplan den Gedanken der Erbsünde, der jedoch dank seiner Ausbildung als Mediziner an das moderne Vererbungsmotiv anklingt. Nicht die Stimme Gottes hören wir in dem Kaplan, sondern die eines Fanatikers und eines Menschen, der vielleicht sogar selbst in Annchen verliebt ist. Im zweiten Akt wird doch der Kaplan im Gegensatz zu seinem sonstigen Verhalten Annchen gegenüber fast zärtlich, und er tanzt sogar mit ihr. Allerdings tanzt Annchen mit ihm nur, weil Hans es ablehnt, aber die Bemerkung des Kaplans hört sich an wie die eines Eifersüchtigen, nicht eines Geistlichen: »In Ermangelung eines Besseren muß der Kaplan gut genug sein, nicht wahr, Panna Annuschka?«

Versteckte Eifersucht als ein möglicher Beweggrund für des Kaplans wiederholte Versuche, Annchen in ein Kloster zu bringen, also dahin, wo er zwar, aber auch kein anderer, sie haben kann, deutet wieder auf die naturalistische Psychologisierung der Gestalten hin — und zudem auf die Tendenz, den Gestalten eine ihnen selber manchmal unbekannte Motivierung zu verleihen, sie einer »Entlarvungspsychologie« auszusetzen. Dar-

über hinaus bietet die Anziehungskraft Annchens einen wichtigen
Anlaß für die weitere Handlung. Hans, den sie zehn Jahre
nicht mehr gesehen hat, kommt an. Sie verliebt sich in ihn,
er sich in sie. Daß sie sich plötzlich ineinander verlieben, erklärt
sich einerseits aus Annchens Art, die vielleicht auf den Kaplan
gewirkt hat, die aber bestimmt die Eifersucht in ihrem schwachsinnigen Stiefbruder hervorruft, die also Hans auch an sie zieht.
Ihrerseits ist Annchen naiv und unerfahren, ohne Umgang mit
jungen Menschen aufgewachsen und »erblich« belastet. Der
dritte Akt fängt mit einem Gespräch an, worin wir erfahren,
daß Annchen in der vergangenen Nacht zu Hans' Zimmer hin-
aufgegangen ist. Es stellt sich bald heraus, daß Amandus sie
gesehen und verfolgt hat. Weil Annchen ihm keinen Kuchen
geben will, erzählt er dem Kaplan, was geschehen ist. Der Kaplan begegnet dem fröhlichen Pfarrer mit Beteuerungen seiner
Reue, weil er am gestrigen Tag sich habe hinreißen lassen und
durch sein Tanzen gesündigt habe. Zwar hört es sich so an, als
sei er wirklich ein Fanatiker, als sei er wirklich von seiner
eigenen Sünde überzeugt, aber der Kaplan verwendet sein
eigenes Geständnis einer geringfügigen »Sünde«, deren Verzei-
hung von Gott der Pfarrer ihm auch versichert, um das Gespräch auf Annchens und Hans' Sünde zu lenken. Besonders
auschlußreich ist seine Darstellung: »Ich aber sage, Herr Pfarrer, diese Sünde kann nicht verziehen werden in Ewigkeit,
denn er hat nicht nur sich selbst erniedrigt zum Tier. Er hat
auch andere hineingezogen in seinen Fall und hat sie betrogen
um ihr zeitliches und ewiges Heil.« Wie ein betrogener Lieb-
haber wälzt er die Schuld auf Hans, den er mit einem Tier
vergleicht, und in diesem Vergleich vermuten wir, daß das
Sexuelle eine unbewußte Rolle in des Kaplans Gedanken an
Annchen spielt (das Problem der Sublimation, der sexuellen
Versuchung, des damit verbundenen Schuldbewußtseins beim
Geistlichen erscheint — anfangend mit Zolas *La Faute de
l'Abbé Mouret* und sich fortsetzend bei Hauptmann und Thomas Mann sowie anderen — häufig in der naturalistischen Dichtung).

Das Schauspiel geht rasch dem Ende zu. Der Pfarrer zeigt
für Annchen wie früher für ihre Mutter großes Verständnis,
denn als er von des Kaplans Plänen erfährt, Annchen ins Kloster
zu schicken, macht er ihn für ihren Fehltritt verantwortlich:
»Und das tun Sie hinter meinem Rücken? Ohne daß ich ein

Wort davon weiß? Ich muß mich doch sehr wundern über Sie,
Herr Kaplan! Jetzt wird mir auch begreiflich, wie das arme
Kindchen gar nicht hin- und hergewußt hat. Schließlich hat sie
sich dem ersten, der kam, an den Hals geworfen. Wissen Sie
auch, mein Lieber, daß Sie das Kind auf dem Gewissen haben?«
Man wird an Grillparzers *Des Meeres und der Liebe Wellen*
erinnert: ein junges Mädchen soll dem Leben entrissen werden,
ehe es das Leben überhaupt kennengelernt hat, und wenn Annchen gegen die »Regeln« der Sitte verstößt, tut sie es wie Hero,
ohne ein Gefühl der wirklichen Sünde zu empfinden. Grillparzers Hero schwört, auf das Leben zu verzichten, aber ihr
Eid bedeutet nichts. Wie Hero begeht auch Annchen keine
eigentliche Sünde gegen die Religion, aber beide müssen unter
der strengen Hand eines doktrinären Fanatikers leiden. Es ist
interessant zu merken, daß Grillparzers strenger Priester als
Onkel Hero liebt, und daß er alles zu ihrem eigenen Heil unternimmt. Besonders auffällig ist die Parallele zwischen den beiden
Liebhabern, Leander und Hans: wie die Mädchen, in die sie sich
verlieben, sind sie naiv und verstehen vorher nichts von der
Liebe. Grillparzer spricht in einer Notiz davon: Hero »ist schon
wieder in's Gleichgewicht des Gefühls gekommen, aber eines
neuen, des Gefühls als Weib. Zwar im Gleichgewichte aber
doch höchst gesteigert, sensuell, all das dämonische, der ganzen
Welt vergessende, taub und blinde was die Weiber befällt wenn
eine wahre Liebe eine Beziehung auf die Sinne bekommen hat«
(*Sämtliche Werke.* Historisch-kritische Ausgabe. Hrsg. von
August Sauer und Reinhold Backmann. 1. Abt., 19. Band. Wien
1939. S. 232). »Dämonisch« wirkt die Liebe auf Hero, weil man
versucht, die Sinne vorzeitig und unnatürlich zu unterdrücken.
Das gleiche gilt für Annchen, und der Pfarrer erkennt diesen
Tatbestand. Er schickt den Kaplan fort, aber dieser bleibt, wie
Grillparzers Priester, bis zuletzt selbstgerecht: »Ich wälze alle
Schuld ab. Ich stehe rein da. Ich habe das Beste gewollt. Wäre
es nach mir gegangen, nichts wäre geschehen. Aber Sie, Herr
Pfarrer! Was haben Sie getan? Sie haben den Leichtsinn auf-
wuchern lassen, der in dem verwilderten Blute gekeimt hat. Sie
haben alle Warnungen überhört. Sie haben selbst ein Beispiel
gegeben in Lässigkeit ... und Weltlichkeit.« Der Priester zeigt
eine gleich unerschütterte Haltung nach Heros Tod. Was uns
aber letzten Endes interessiert, ist weniger die Möglichkeit, daß
Halbe im Grillparzerschen Drama ein Vorbild gefunden hat,

als die Tatsache, daß deutliche Spuren des Biedermeier hier — wie in anderen Werken der Zeit — noch zu finden sind. Und es soll auch in diesem Zusammenhang erwähnt werden, daß Alfred Kerr vom »Volksliedhaften« der Jugend spricht, und daß Grillparzers Tragödie auf dem Volkslied »Es waren zwei Königskinder« zum Teil fußt.

Selbstverständlich spricht sich in der Gestaltung des Kaplans eine Kritik der Kirche aus, die in vielen naturalistischen Werken vorkommt. Noch stärker wirkt diese Kritik, weil Annchen zwar ein Schuldgefühl hat, aber nur gegenüber ihrem Onkel. An diesem Punkt wirkt die Zufälligkeit fast unnaturalistisch, denn es stellt sich heraus, daß nicht nur von Annchens Seite gegen den guten Onkel gesündigt worden ist. Hoppes zarte Behandlung von Hans ist darauf zurückzuführen, wie wir im dritten Akt erfahren, daß er einmal in dessen Mutter verliebt war. Die Mutter verschuldete den Verlust seiner eigenen Lebenshoffnung, als sie einen anderen, reichen Mann heiratete. Hoppe, der damals arme Student, gab dann sein Medizinstudium auf und wurde Geistlicher. Also kann er zu Hans sagen: »Was mich besonders kränkt, [ist,] daß mir das Unglück zum zweitenmal von eurem Hause kommen muß.« Hierin macht sich — wohl auf etwas melodramatische Weise — die von den Naturalisten immer wieder betonte Macht der Vergangenheit geltend. Dennoch wirkt die Entlüftung des Geheimnisses um Hoppes Jugend beinahe wie ähnliche Ereignisse in der Schicksalstragödie des frühen 19. Jahrhunderts. Diesen Eindruck bestätigt der Schluß. Als vernünftiger Mensch sieht der Onkel ein, daß Hans nicht dort bleiben kann, daß er also erst sein Studium antreten und vollenden muß. Dann soll er auch zurückkommen und Annchen heiraten. Das »Schicksal« greift jedoch ein, als Amandus versucht, Hans zu erschießen: er trifft Annchen. Selbstverständlich ist die Lösung zugleich rührend — Annchen springt zwischen Hans und den eifersüchtigen Amandus, opfert sich also für ihre Liebe — und bequem. Vergleichsweise wirkt das Ende von »Kleine Emmi« oder der *Familie Selicke* weniger abgerundet, dafür aber realistischer. In der *Jugend* finden wir kein offenes Ende, wie der strenge Naturalismus es verlangt. Darüber hinaus sind wir noch einmal auf störende Weise an die Schicksalstragödie erinnert: fast von Anfang an spielt der schwachsinnige Stiefbruder mit einem Gewehr, das Hans ihn gegen den Willen des Pfarrers gebrauchen läßt. Das Tesching erscheint hier wie

der bekannte Dolch oder eine ähnliche Waffe in einem Schick-
salsdrama: stets vorhanden, drückt ein solcher tödlicher Gegenstand ein düsteres, unentrinnbares Schicksal aus, an dem er auch
beteiligt sein wird.

Im Grunde genommen kommt uns Halbes *Jugend* wenig re-
volutionär vor. Zwar spricht Amandus unzusammenhängend,
wie man von einem Schwachsinnigen erwarten müßte, aber
Halbe bedient sich nicht des Dialekts. Selbstverständlich kann
diesem entgegengehalten werden, daß wir es hier mit gebildeten
Menschen zu tun haben, daß sie ein entsprechend gepflegtes
Deutsch sprechen dürfen. In der Tat vermeidet Halbe den
Monolog, und er läßt seine Gestalten reden, nicht deklamieren.
Naturalistische Motive sind auch in genügender Fülle vorhanden: die Jugend, freie Liebe, die Vererbungsgefahr, Kritik der
kirchlichen Strenge, der Wahnsinn, Glaubensverlust der jungen
Generation (es wird wiederholt betont, daß Hans nicht streng-
gläubig ist). Und Halbe vermeidet glücklicherweise die Gefahr,
die Liebenden unmittelbar an einer Intrige zugrunde gehen zu
lassen, wie es eine bewußte Anlehnung an den Hero- und
Leander-Stoff mit sich gebracht hätte. Dennoch müssen wir
gestehen, daß das Drama recht »unmodern« und bequem schließt.
Außerdem gleitet es in die Gefahrenzone, die die meisten naturalistischen Werke gemeinsam haben: die Sentimentalität.
*»Hoppe hat sich vom Stuhl erhoben, tritt dazwischen, schiebt
den Kaplan beiseite:* Ehe es zu spät ist, Herr Kaplan! Deine
Sünden sind dir verziehen, mein Kind! Deinde te absolvo, Geh'
hin in Frieden! *Murmelnd:* Grüß' Jettchen und die anderen!
*Muß sich hinsetzen. Annchen sinkt zurück. Ein krampfhaftes
Aufatmen. Der Körper liegt starr. Hans mit einem furchtbaren
Schrei A—us! Wirft sich krampfhaft schluchzend über sie.*« Der
letzte Akt, sei es in dem künstlichen, an die Schicksalstragödie
erinnernden Mittel des Teschings, sei es in dem allzu bequemen
Aus-dem-Weg-Schaffen der Anna, sei es in der Sentimentalität
des rührenden, alle Probleme lösenden und doch nicht lösenden
Schlusses, stellt das dar, was Kerr als »Knacks« bezeichnet.
Kerr, der in der *Jugend* Halbes bestes Stück sieht, der aber
auch den letzten Akt bemängelt, schreibt zusammenfassend
über Halbe: »Er ist nicht von der Art, die neun große Werke
schafft und beim zehnten furchtbar danebengreift; er macht Gut
und Schlecht gleich nebeneinander. Es blitzt einmal auf, Glut

ergießt sich in ein lebensheißes Werk, da kommt die Grenze, wo er versagt, — Knacks. Das allgemeinste Merkmal Halbes ist: das Nichterreichenkönnen« *(Die Welt im Drama,* I, S. 172). Damit dürfte Kerr nicht zu weit von der Wahrheit entfernt sein.

Gerhart Hauptmann
Der Biberpelz und Der rote Hahn

Die Uraufführung des *Biberpelz* durch das Deutsche Theater in Berlin fand am 21. September 1893 statt. Im gleichen Jahr erschien die Einzelausgabe bei S. Fischer. Erst sieben Jahre später nahm Hauptmann den Stoff wieder auf, und 1901 erschien als Fortsetzung *Der rote Hahn* bei demselben Verlag. Das Stück wurde am 27. November 1901 im Deutschen Theater uraufgeführt.

Keine Darstellung dieser Zeit dürfte den *Biberpelz* außer acht lassen, schon allein deshalb, weil er zu den ersten Komödien der deutschen Literaturgeschichte überhaupt gehört. Unter allen Komödien stellt er außerdem eine der konsequentesten Auseinandersetzungen mit den Grenzen des Naturalismus dar, sind doch die meisten zeitgenössischen Lustspiele formal gesehen nur Ausläufer der Posse, der Literatursatire oder gar des so häufig gescholtenen Intrigenstücks. Während Fritz Martini (Gerhart Hauptmanns »Der Biberpelz«. Gedanken zum Bautypus einer naturalistischen Komödie. In: *Wissenschaft als Dialog.* Hrsg. von Renate von Heydebrand und Klaus Günther Just. Stuttgart 1969, S. 83—111) mit Recht darauf hinweist, die Diebskomödie bleibe nicht mehr auf das Naturalistische beschränkt, so kann er doch in ihr das wesentliche Moment der naturalistischen Komödie als Bruch mit der Lustspieltradition feststellen: »Rollen und Leben sollten als identisch erscheinen — im Gegensatz zu der Tradition des Lustspiels, die umgekehrt das ›Spielhafte‹ in Konstruktion und Spiel von Aktion und Figuren akzentuierte. Die Forderung nach Lebensechtheit eliminierte nicht nur die Konstruktion der komischen Handlung mittels der Intrige, eines komplizierten Mechanismus von Täuschungen und Entlarvungen, sie widersprach auch, zugunsten ihrer psychologischen Lebenswahrheit, der funktionalen Konstruktion der Figuren als komische Aktionstypen« (S. 88). Hauptmann fügt sich in das naturalistische Programm einer lebensnahen Handlungslosigkeit, das sich wohl für das ernste Drama bewährt, das sich aber nicht ohne weiteres in der Komödie verwirklichen läßt, und es kommt letzten Endes nur darauf an, inwiefern der Dichter des *Biberpelz* als Ausgleich die neuen Freiheiten und Techniken auswerten kann, die der konsequente Realismus als Ersatz für die traditionellen dramatischen Konventionen bietet.

Immer wieder haben wir beobachten können, daß der Naturalismus weitgehend eine psychologisierende Kunst ist, daß die Seele des Objekts oft auf einem Seziertisch bloßgelegt wird, daß wir ständig Motivierungen und Gedanken statt Aktionen verfolgen. Zutreffend betont Martini, daß der *Biberpelz* eine Charakterkomödie ist, und wir können ergänzend hinzufügen: was die ernste, nach innen gerichtete, naturalistische Studie von Sonderlingen, Gequälten und Entfremdeten leistet, verrichtet die Komödie durch die Projektion von persönlichen, volkstümlichen und gesellschaftlichen Eigenschaften des Individuums nach außen.

Zweifellos bleibt Mutter Wolffen eine der unvergeßlichsten Gestalten des deutschsprachigen Theaters, und in ihrem Charakter vereinigen sich wohl viele Eigenschaften der traditionellen Komödie. Ungewollt komisch wirkt diese Waschfrau in Wortverdrehungen wie der folgenden: »Ich hab' ne ganz andere Temperatur. Wenn du bloß meine Temperatur hätt'st ...« Was solche Fälle besonders amüsant macht, ist ihr eigener Anspruch auf Bildung, den sie in ihrer ohnehin eigentümlichen Sprache ausdrückt: »Du hast keene Bildung, Julian. Von Bildung hast du ooch keene Spur. Wenn ich nee gewest wär', Julian! Was wär' ock aus da Mädeln geworden? Ich hab' se gebild't erzogen, verstehste. De Bildung is heutzutage de Hauptsache.« Nirgendwo kommt der von den Naturalisten bevorzugte Dialekt besser zur Geltung als in diesem Lustspiel, das zwar auf Aktionstypen verzichtet, aber die Charaktertypen um so ausgeprägter erscheinen läßt. Ja, Hauptmann behauptet selbst: »Im Biberpelz und Roten Hahn habe ich unabsichtlich ins Gebiet des mimischen Volkshumors gegriffen« (Gerhart Hauptmann: *Die Kunst des Dramas*. Zusammengestellt von Martin Machatzke. Berlin 1963, S. 219). Offensichtlich gilt seine Behauptung für fast alle Gestalten im *Biberpelz*, denn er hat in ihnen eine Reihe von differenzierten, meist derbkomischen Typen volkstümlichen Humors geschaffen. Zudem müssen alle

anderen Gestalten — z. B. der satirisch beleuchtete Amtsvorsteher
Wehrhahn — durch den Kontrast mit diesen erdnahen Typen
verstanden werden, die wiederum der Mutter Wolffen als dem
Urbild volkstümlichen, schlichten, allen Konventionen abholden
Denkens untergeordnet sind. Wir lachen ja nur *über* die anderen
Gestalten, aber oft *mit* der Waschfrau, die witzig und gewitzt
wie ein moderner Eulenspiegel stets einen Überblick über die
Ereignisse behält und die Bewohner beider Welten — der derbkomischen sowie der amtlich-gelehrten — zu ihren Zwecken zu
manipulieren weiß. Wir müssen Martini also zustimmen, der
in Mutter Wolffen eine Schelmenfigur im traditionellen Sinne
sieht. Sie bleibt ständig Herrin der Situation, und nicht wenig
von ihrer schelmenhaft komischen Wirkung entstammt ihrer
teils beabsichtigten, teils instinktiven Bloßstellung gerade jener
gesellschaftlichen Heuchelei, die von ihr erfordert, daß sie eine
Rolle spielt. Es ist ein Paradox des Lustspiels, daß die Wolffen
stets die Enthüllung der nahen Wahrheit verhindert, uns aber
zur Entdeckung der dahinterliegenden Wahrheiten verhilft.
Naturalistisch wirkt diese Diebskomödie nicht nur wegen der
darin offenbarten gesellschaftlichen Wahrheiten, sondern auch
wegen der darin angedeuteten biologischen — ist doch die Waschfrau eine Wölfin im Schafspelz, die immer wieder beweist, daß
neben ihrer schelmenhaften Schläue auch ihre scheinbar uner-
schöpflichen Kräfte ihr stets den Sieg über die Dümmeren und
Schwächeren sichern. In der Tat wird die Fortsetzung der
Komödie zeigen, daß ihre biologische Stärke ebenso wichtig war
wie ihre geistige Überlegenheit.

Wie Martini im einzelnen darlegt, wird die Handlung weitgehend ersetzt durch die Symmetrie und Wiederholung charak-
teristischer Situationen. Am häufigsten ist die Symmetrie von
Spieler und Gegenspieler im Verhältnis zwischen der Wolffen
und Wehrhahn. Ist die Waschfrau das Urbild der volkstümlichen Schlichtheit und Selbsterkenntnis, so ist Wehrhahn das
Sinnbild der adlig-amtlichen Aufgeblasenheit und Selbsttäu-
schung. Während die Waschfrau das Wesentliche der Lage begreift, verkennt der Amtsvorsteher die Essenz der ihm zur
Beurteilung vorgelegten Fälle. Seine Handlungen und Urteile
bestätigen immer wieder, was Mutter Wolffen über ihn sagt:
»Der Mann is Ihn aber tumm . . . nee, horndumm. Ich seh' durch
mei Hiehnerooge mehr wie der durch sei Glasooge, könn Se mer
glooben.« Ihre Hühneraugen sind seinen (Wehr-)Hahnaugen

überlegen, ein besonders treffliches Bild, denn die Blindheit des Amtsvorstehers gegen sich selbst und seine Funktion führt ihn zur Behauptung, er erfasse sein Amt »als heil'jen Beruf«. Er plustert sich auf wie ein Hahn. Martini weist auf die größte Ironie des Konflikts hin: am Schluß entsteht ein stillschweigendes Bündnis zwischen den beiden gegen einen imaginären Verbrecher. Die Komik der symmetrisch kontrastierenden Gestalten und die satirische Darstellung des Beamtentums finden ihren prägnanten Abschluß in Wehrhahns Fehlurteil über Mutter Wolffens Redlichkeit, zu dem sie mit schelmenhafter Selbstsicherheit bemerkt: »Da weeß ich nu nich . . .«

Naturalistisch erscheint der offene Schluß des *Biberpelz* sowie das Fehlen von »poetischer Gerechtigkeit«. Zeittypisch ist aber vor allem die bis zur letzten Zeile durchgehaltene Lebensechtheit der Charaktere. Je nachdem rühmt oder rügt man die naturalistische »Notizbuchmethode«, zu der auch Hauptmann sich später gewissermaßen bekannte: »Alle Gestalten des ›Biberpelz‹ habe ich in Erkner kennengelernt« (*Die Kunst des Dramas*, S. 104). Dieses Geständnis schmälert keineswegs des Dramatikers Leistung, denn sicherlich haben andere Schriftsteller der Zeit größere Notizbücher vollgeschrieben, ohne daß ein *Biberpelz* daraus geworden ist. Außerdem fand er das Wesentliche dieser »Diebskomödie« überhaupt nicht im Vorbild seiner Heldin vorgezeichnet: »Und was das Original der Wolffen betrifft, es war die Gestalt einer braven und überaus arbeitsamen Frau, die mich auf einen ihr verwandten Typus hinführte, und eine, deren Überstreben wohl auf beinahe genialische Art einen Mann des Gesetzes nasführen konnte« (*Die Kunst des Dramas*, S. 103 f.). Im Diebischen finden wir nicht nur das Erdichtete, das Hauptanliegen des Dichters, sondern auch die Brücke zur tragikomischen Fortsetzung, mit der das Theaterpublikum und die Forschung sich gleichermaßen unzufrieden gezeigt haben. Dementsprechend hat das zweite Stück auf populären und kritischen Erfolg verzichten müssen. In letzter Zeit ist es Oskar Seidlin (Urmythos irgendwo um Berlin. Zu Gerhart Hauptmanns Doppeldrama der Mutter Wolffen. DVjs. 43 [1969], 126—146) jedoch gelungen, wenigstens einen neuen, wichtigen Zusammenhang der beiden Werke befriedigend zu beleuchten — dabei sieht er übrigens bewußt von einer »Ehrenrettung« des *Roten Hahns* ab. Er stellt mit reichlichen Beweisen heraus, daß Hauptmann in der Komödie die Herrschaft und in der Tragikomödie den Un-

tergang des Matriarchats darstellt. Es spielt sich in den beiden
Dramen der Urmythos des Mütterlich-Weiblichen ab, der in der
Insel der großen Mutter unverkennbare Gestalt gewinnt. Auf
dieser Ebene hat Seidlin in seiner detaillierten Studie zweifellos recht. Es bietet sich aber im Folgenden eine seine Interpretation bestätigende und ergänzende Auslegung, die das Die-
bische, das von Hauptmann Erfundene und vom Charakter der
Wolffen Untrennbare mehr berücksichtigt.

Die Handlung dieses selten gespielten Stückes läßt sich in
wenigen Zügen wiedergeben. Über ein Jahrzehnt ist verstrichen,
Julius ist gestorben, und seine Witwe hat den Schuhmachermeister
und Polizeispion Fielitz geheiratet. Mit ihrem zweiten Mann
legt sie in ihrem Haus ein Feuer, um die Versicherung zu kas-
sieren. Gustav, der schwachsinnige Sohn des preußischen Gen-
darmen außer Dienst Rauchhaupt, wird verdächtigt und zur
Irrenanstalt verurteilt. Rauchhaupt weiß aber Bescheid, und er
versucht, die Wahrheit aus der Fielitz zu erpressen. Sie entgeht
jedoch scheinbar wieder ihrer gerechten Strafe durch den Tod:
sie schläft einfach ein. Wie aber schon Kerr erkennt, ist ihr plötz-
licher Tod — den er übrigens als eine Schwäche des Stücks
deutet — die indirekte Folge ihres Verbrechens. Es wird sich
außerdem noch herausstellen, daß ihr Einschlafen einerseits
einfach das Resultat einer allmählichen biologischen Abschwä-
chung darstellt sowie andererseits ihre Kapitulation vor einer
neuen Welt, in der sie sich nunmehr hilflos fühlt.

Obwohl der *Rote Hahn* eine Fortsetzung sein soll, ist keine
wichtige Gestalt aus dem *Biberpelz* unverändert geblieben bzw.
das geworden, was sie zu werden hoffte. Die Wolffen, die ja
verwitwet und mit Fielitz, einem Polizeispion, verheiratet ist,
trägt einen anderen Namen, und obendrein befindet sie sich
durch ihre neue Ehe gleichsam wieder im Bündnis mit der Polizei — diesmal aber nicht mehr im überlegenen, sondern in
einem fast unterwürfigen Sinne. Zu ihrer Tochter Leontine, die
einmal eine berühmte Tänzerin mit »Bildung« und als »Ge-
bildete« der Stolz ihrer Mutter werden sollte, sagt die ehemalige
Wolffen schon im 1. Akt: »Du hast keen Verstand, weil de
ebens zu tumm bist. Du hast a Kind und keen Mann ni derzune;
Adelheid hat kee Kind und an Mann.« Obgleich die jüngere
Tochter nie auftritt, erkennen wir bereits am Anfang, daß sie
wie Leontine hauptsächlich als Symbol der enttäuschten Hoff-
nungen und gescheiterten Bemühungen ihrer Mutter weiter-

existiert, daß der hinter den Diebstählen stehende Ehrgeiz der Wolffen sich keineswegs erfüllt und daß »unrecht Gut« nicht gediehen ist. Wer also die am Schluß des *Biberpelz* angemessene, wenn nicht rechtliche oder finanzielle Strafe vergeblich erwartet, findet sie in den veränderten Umständen im ersten Akt vom *Roten Hahn*, was aber nicht dahin ausgelegt werden soll, daß Hauptmann auf einmal moralisierend hervortritt. Hier geht es statt dessen darum, daß er von Anfang an seine Heldin der amoralischen, jenseits vom Guten und Bösen stehenden, heiteren Welt der Schelmenfigur enthoben hat.

Für die Mutter Wolffen besteht kein Grund mehr zum Stehlen, sind doch die Objekte ihrer mütterlichen Liebe verfehlte Existenzen geworden. Wohl aber existiert für die Frau Fielitz noch Grund dazu. In ihrer neuen Rolle zeigt die Heldin des *Biberpelz* eine zwar früher vorhandene, wenn auch wegen ihrer Mutterliebe und ihres Mutterstolzes übersehene Eigenschaft: ihre Geldgier. In der Steigerung der drei Diebstähle im ersten Drama schreitet die Wolffen von der Versorgung ihrer Lebensnotwendigkeiten zur Verschaffung finanzieller Sicherheit. Bereits im ersten Akt der Diebskomödie äußert sie Julius gegenüber den Wunschtraum einer Kleinkapitalistin: »So fufzig — sechzig Taler uff eemal, wenn ma die uff eemal so hinleg'n kennte. Da wär' doch d'r Grund und Boden bezahlt. Da könnt' ma so hundert bis zwee wieder uffnehmen und vielleicht a paar hibsche Stub'n uffbaun. An Sommergast kenn mer doch so nich uffnehmen: und Sommergäste, die bringen's hauptsächlich.« Mit dem gutmütigen, etwas trottelhaften, aber ihr nicht ganz gefügigen Julius — man denke an die Geschicklichkeit, deren sie bedarf, um ihn zum Stehlen des Biberpelzes zu bewegen — war ihr Traum des kapitalistischen Besitztums nicht zu erreichen, ja, in ihren Diebstählen blieb die vierte Stufe so lange aus, wie sie mit Julius verheiratet war. Es ist gerade die vierte Stufe, die zu ihrem Untergang führt, die das schon immer existierende Tragische die Komödie in eine Tragikomödie verwandelt. Als einfachen kapitalistischen Drang allein soll man die vierte Stufe, ihre Brandstiftung, aber nicht auslegen, denn es geht hier um eine noch umfassendere Erscheinung: um ihre Verstricktheit in eine Welt, der sie einmal als Schelmenfigur überlegen war. Den gewissenlosen Kapitalismus vertritt vor allem ihr Schwiegersohn, der um eines neuen Bauvertrags willen sogar auf einmal sozialistische Phrasen in den Mund nimmt. Sein Name Schmarowski (= Schmarotzer) ist ebenso symbolisch, wie es der der Wolffen war. Der von ihm verkörperten Welt fällt sie zum Opfer, nachdem sie einen Herrn Fielitz (vgl. »Filz« als ostdeutsche Umgangssprache für einen Geizigen) geheiratet hat. Wie Seidlin zeigt, verliert sie biologisch und symbolisch die Kräfte, die die Welt im *Biberpelz* zum Matriarchat geprägt haben. Darüber hinaus steht sie nicht mehr abseits von den anderen Gestalten, deren falsche Werte sie sich überlegen zunutze machen kann, sondern sie befindet sich mittendrin in einer Welt, die unendlich ernster geworden ist. Spuren von dem, was sie einmal darstellte, finden wir jetzt in Langheinrich, dem Schmiedemeister, der allein als Sieger aus dem zweiten Stück hervorgehen wird. Hiermit ist weiterhin ein Parallelismus zwischen den beiden Dramen angedeutet, der schon technisch leicht nachzuweisen wäre, der sich inhaltlich hauptsächlich in den Figuren von Fleischer und Boxer äußert. Fleischer, der Sozialist und Idealist, erleidet keine Schäden, denn sein »Verbrechen« nehmen wir nicht ernst. Über Wehrhahns negative Einstellung gegenüber Boxer, dem jüdischen Arzt, können wir dagegen nicht hinwegsehen: das Verhältnis Wehrhahn-Boxer erscheint viel seriöser als das zwischen dem Amtsvorsteher und dem Sozialisten, wird doch in der Tragikomödie der Charakter der Menschen, der eigentliche Tragpfeiler der naturalistischen Komödie, von einer unangenehmen Seite beleuchtet. Und in der Fortsetzung wird gerade die Häßlichkeit der zwei komischen Helden des ersten Stückes, Mutter Wolff und Wehrhahn, gezeigt. Wie ernst die Situation geworden ist, läßt sich darin erkennen, daß wir in der Komödie noch über Wehrhahns Behauptung eines »heil'jen« Berufs lachen konnten, daß wir aber jetzt eine beängstigende, dem Fanatiker ziemende Überbetonung des Religiösen in seinen Reden vernehmen.

Wie haben wir ohnehin über die Dummheit im *Biberpelz* gelacht, und wie anders sehen wir das Los des Dummen im *Roten Hahn*. Rauchhaupt — auf seine Zentralstellung in einer Erfassung der neuen Umstände weist bereits die auf den Titel bezogene Namenssymbolik hin — wird als Vater eines durch die Fielitz zur ewigen Gefangenschaft verdammten »Dummen« zu einem Selbstmordversuch getrieben. Über Krüger, der eine entsprechende Rolle in der Komödie spielt, lachen wir, aber nicht mehr über Rauchhaupt. Der Dialekt und die grammatischen Fehler in seiner an die Fielitz gerichteten Drohung

muten keineswegs komisch an: »Jott is mein Zeuge! Ich decke
dir uff!« Im vierten Akt des *Biberpelz* findet eine Gerichts-
szene statt, in der Mutter Wolffen ihrer Strafe entkommt; im
vierten Akt des *Roten Hahns* erscheint Rauchhaupt als Anklä-
ger. Hier spielt sich dann ein Konflikt ab zwischen der ehemaligen Mutter Wolffen und dem nunmehr geschädigten Vater,
der diesmal das früher von der Frau beanspruchte elterliche
Recht beansprucht. Überhaupt erinnert dieser Konflikt zwischen
der gesunden Rachsucht und der geschwächten Schuld in seinem
versteckten Haß und Zynismus eher an das Ringen zwischen
Pauline und Meister Oelze als an das zwischen Krüger und
Frau Wolffen. Dr. Boxer sagt über die zuletzt Eingeschlafene:
»Na gut! Von jetzt ab schweigt sie sich aus.« Wie Meister Oelze
nimmt sie ihr Geheimnis — das schon längst keines mehr ist —
mit ins Grab. Vielleicht noch brutaler wirkt der Schluß der
Hauptmannschen Tragikomödie: »Im Hintergrund steht Fielitz, ohne Interesse für den Vorgang, und betrachtet seine
Augen scharf und vertieft in einem Handspiegel.« Seidlin deutet
diese abschließende Geste als das Erwachen des männlichen Be-
wußtseins, wozu man hinzufügen müßte, daß die Fielitz als
Frau wie die Wolffen als Mutter schon lange nicht mehr existiert.
   Der eigentliche Grund dafür, daß der *Rote Hahn* nicht an-
nähernd den Erfolg der Komödie genießt, liegt nicht in einer
eventuell mangelhaften Übernahme der bewährten naturalistischen Eigenschaften seines Vorgängers. Im Gegenteil: Frau Fielitz fällt einer determinierten Welt zum Opfer, deren Einfluß
auf Mutter Wolffen nur im Hintergrund erkennbar bleibt. Auch
hier wird das Charakterliche statt der Handlung ins Zentrum
gerückt — aber mit einer entgegengesetzten Wirkung, denn von
einer Komik der Gestalten kann kaum noch die Rede sein. Alle
haben unangenehme Züge, die zu dicht unter der Oberfläche
liegen, als daß wir über sie hinwegsehen könnten, z. B. Lang-
heinrichs Verhalten gegenüber seiner Frau. Daß die Männer
Leontine nachjagen — und hier hätten sich Gelegenheiten genug
zur Herausarbeitung von komischen Effekten geboten —, heitert
uns kaum auf, denn wir erkennen darin den Spott auf die verlorene Hoffnung der Wolffen: die Tochter wird nur zum ein-
fältigen Objekt der Männer. Es fehlt ein Krüger, und dadurch,
daß sie einen »Motes« geheiratet hat, hebt die Wolffen bzw.
Fielitz das Lächerliche der entsprechenden Verhältnisse im
Biberpelz weitgehend auf. (Von allen Gestalten im ersten Stück

war der Spitzel Motes wohl die widerlichste.) Selbst bei Wehrhahn tritt das Häßliche nunmehr stark hervor. Mit anderen
Worten: wir müssen den *Roten Hahn* stilistisch und motivisch
als Fortsetzung des *Biberpelz* auffassen, aber so verstanden
wirkt in ihm die Umkehr ins Häßliche, Nichtkomische, dennoch Nichttragische zu stark, als daß wir ihn gattungsmäßig als
befriedigenden Ausgang des ersten Stücks akzeptieren können.
Ohne die Komödie zu kennen, könnte man die Tragikomödie
kaum verstehen. Kennt man sie aber, dann wirkt der *Rote Hahn*
weder komisch noch tragisch genug als Darstellung einer solch
unvergeßlichen Gestalt wie der Wolffen.

Wilhelm von Polenz
Der Büttnerbauer

Der Büttnerbauer, der allgemein als Polenz' Meisterwerk
anerkannt wird, erscheint 1895 bei F. Fontane in Berlin und
erlebt schon 1909 seine 14. Auflage als der 1. Band der von
demselben Verlag herausgebrachten, von Adolf Bartels einge-
leiteten Gesamtausgabe der Werke. Nicht nur wegen der dichterischen Leistung gehört dieser Roman aber in einen Überblick
der Zeit, sondern auch wegen seiner Stellung im Schaffen Polenz'. Bartels schreibt in seiner Einleitung zum 1. Band: »*Der
Büttnerbauer* darf Polenz' naturalistischster Roman heißen,
aber mit Zolas *La Terre* hat er denn doch zuletzt nichts gemein;
Polenz sieht das Landleben nicht mit den karikierenden Augen
des Städters, sondern mit den Augen der treuen Liebe des Land-
bewohners, der seinesgleichen empfindet, mag auch der soziale
Unterschied noch so groß sein.« In diesem Werk also können
wir die Kunst des wohl größten naturalistischen Romanciers
beobachten (bei dieser Wertung sieht man offensichtlich von
Thomas Manns *Buddenbrooks* ab, zwar einem in vielen Hin-
sichten naturalistischen Roman, aber zugleich einem Zeugnis
dafür, daß der Verfasser nie mit ganzem Herzen dem Naturalismus verpflichtet war).

Wie weit Bartels berechtigt ist, einen zu ausgeprägten Unterschied zwischen Polenz und Zola zu sehen, sei dahingestellt.
Aber auf alle Fälle deutet er durch seinen Vergleich mit *La Terre*
(1887) eine wichtige Verbindung zwischen der »neuen« Literatur und der bereits seit Immermann vorhandenen deutschen

Tradition der Dorfliteratur an. Zola, der sich nicht auf eine gleichmäßig eingebürgerte Tradition stützen kann, läßt seinen Rougon-Macquart-Zyklus sich zum Teil in einer ländlichen Umgebung abspielen, um die erwünschte epische Breite seiner Familienchronik zu erreichen. Im deutschen Naturalismus dagegen gehört das Bauerntum zur Überlieferung sowie zur Erneuerung durch ausländische Einflüsse (man denke an den Erfolg von Tolstois Bauerntragödie *Die Macht der Finsternis*, die in den Spielplan der Freien Bühne aufgenommen wird, sowie an die Werke von Björnson, Anzengruber und anderen). Überhaupt ist der österreichische Naturalismus eines Anzengruber, Langmann oder Schönherr eher der Tradition des Volksstücks und der Posse verpflichtet als den künstlerisch-naturwissenschaftlichen Experimenten in Deutschland. *Der Büttnerbauer* erweist sich dementsprechend als charakteristisch für eine wichtige Strömung des Naturalismus, die auch das Werk von Clara Viebig, Anna Croissant-Rust und vielen Lokaldichtern im Norden umfaßt (es sei hier Soergels Bemerkung zu Croissant-Rusts Roman *Die Nann* zitiert: »Man kennt dies Buch — einen der besten Romane des Naturalismus — viel zu wenig« [S. 262]).

Ursula Münchow (*Deutscher Naturalismus*, S. 42 f.) urteilt: »Wilhelm von Polenz' *Der Büttnerbauer*, der wegen seiner Lebensechtheit das Interesse Lenins erweckte, ist die überragende Romanleistung des deutschen Naturalismus« (sie bietet auch einen Vergleich mit Tolstoi, der einmal den *Büttnerbauer* lobt). Abgesehen von der allgemeinen Bewertung, die im großen und ganzen anerkannt werden müßte, weist Münchow indirekt auf ein weiteres Moment des Polenzschen Romans hin, das ihn zeittypisch erscheinen läßt: die Lebensgestaltung wirkt echt, weil sie vom Sozialen her vollzogen wird. Nicht weniger als Kretzers *Meister Timpe* ist der *Büttnerbauer* ein »sozialer Roman«. Ja, wir erkennen, daß Meister Timpes Schicksal sich in der Haupthandlung dieses Werkes auf dem Lande wiederholt, daß ein auf ähnliche Weise klassengeprägter Mensch an den gesellschaftlichen und wirtschaftlichen Umwälzungen seiner Zeit zugrunde geht und daß der Großbauer Traugott Büttner wie der Berliner Drechslermeister Timpe nur im Freitod seine Ruhe finden kann. Nicht nur die größere epische Breite und der Stil stellen diesen Roman aber über den Kretzerschen, sondern auch die Tatsache, daß Polenz einer ähnlichen Fabel weitaus mehr soziale Tiefe hat verleihen können.

Im 3. Kapitel des I. Buches wird die Familiengeschichte dargelegt: Die Büttners bilden eine der ältesten Familien in Halbenau in der Lausitz, und obwohl sie während des Dreißigjährigen Krieges »bis auf vier Augen ausgestorben« waren, beanspruchten sie auch danach eine besondere Stellung im Ort — sogar zur Zeit der Erbuntertänigkeit der Bauern. Unter Traugotts Großvater trat die Bauernbefreiung in Kraft, mit der der an die alten Sitten gewohnte Großvater nie hat fertig werden können, und Traugotts Los bezeugt später die andauernde Macht der Vererbung. Der Vater des jetzigen Büttnerbauern stellte jedoch gewissermaßen den Höhepunkt der Familiengeschichte dar, denn dieser fleißige, kluge, umsichtige Mensch vergrößerte das ohnehin ansehnliche Gut. Traugotts Vater erwartete, daß alles nach seinem Tode genauso weitergehen würde, wie er es wünschte. Deshalb unterließ er die Festlegung seines Willens in einem Testament. Traugott, der älteste Sohn, erklärte sich bereit, das Erbe anzutreten und die anderen Erben mit einer geringen Auszahlung abzufinden, was der verstorbene Vater oft als seinen Wunsch ausgesprochen hatte. Aber Traugotts Vater »hatte da mit einer Gesinnung gerechnet, die wohl in seiner Jugend noch die Familie beherrscht hatte: der Gemeinsinn, der aber dem neuen Geschlechte abhanden gekommen war. Zugunsten der Einheitlichkeit des Familienbesitzes wollte keiner der Erben ein Opfer bringen«. Hier wie in *Meister Timpe* tritt eine neue Einstellung in der jüngeren Generation hervor, die von Anfang an die Werte der älteren unterminiert. Es geht hierbei nicht allein um andere Menschen, sondern um andere Zeiten. Demzufolge sieht sich Traugott gezwungen, Hypotheken aufzunehmen, um das Gut vor der Versteigerung zu retten.

Von den Schulden und hohen Zinsen, die er auf sich nehmen mußte, erholt sich der Büttnerbauer nie — nicht zuletzt, weil er auf alle neuen landwirtschaftlichen Mittel verzichtet und den Boden zwar gewissenhaft, aber engstirnig altmodisch bewirtschaftet. Vielleicht wäre ihm trotzdem ein gewisser Erfolg beschieden, wären seine Bemühungen nicht stets von Kaschelernst, seinem Schwager, heimtückisch vereitelt worden. Als Wirt und Spekulant, Tratschmaul und Betrüger ist Kaschel ebenso das Symptom der neuen, anscheinend nur den Nutznießern und Opportunisten günstigen Zeit, wie der Büttnerbauer das Überbleibsel einer überholten, unwiederbringlichen, redlicheren Zeit zu sein scheint. Was Traugott Büttner als abgerundete Gestalt erschei-

nen läßt, ist vor allem die Wechselbeziehung zwischen guten
und schlechten Eigenschaften, zwischen seiner Stärke und seiner
Schwäche, die alle einen gemeinsamen Ursprung haben: sein
Familienstolz grenzt an Blindheit und Borniertheit, gibt ihm aber
die charakterliche Standhaftigkeit, die seinem Schwager fehlt. Seine
Haltung bezeugt auf der einen Seite den letzten Trotz eines im
Kampf um eine gerechte Sache Besiegten, auf der anderen Seite
seine Starrheit und sein Verharren im alten Denken. Traugott
Büttner liebt seine Familie und will sie zusammenhalten, aber am
Ende bringt sein Verfall ihre Zerstörung und Zerstreuung mit
sich. Er liebt sein Gut und will nicht ein Stück von diesem ihm
anvertrauten Symbol der langjährigen Familieneinheit abgeben, aber durch ihn kommt der Hof in fremde Hände und
wird anschließend noch zerstückelt. Er verschließt sich aus
Stolz seinen Nächsten, dann öffnet er sich Fremden, die ihn
dann demütigen und in den Abgrund treiben. Kurzum: er
symbolisiert das aus der alten Zeit, was wir vielleicht gern
gerettet hätten, was jedoch seinen Untergang in einem »Kampf
ums Dasein« bedingt.

Nur einmal bietet sich eine Rettung für den Büttnerbauer.
Früher hätte Traugott ein Waldstück, das er nicht einmal be-
bauen kann, an die benachbarte Grafschaft verkaufen können,
sein bäuerlicher Stolz ließ den Verkauf an einen Adligen aber
nicht zu. Jetzt scheint der Verkauf als letzte Möglichkeit noch
vorhanden zu sein, doch willigt sein Schwager als Hypotheken-
besitzer nicht ein. Dann gerät der Büttnerbauer Sam Harrasowitz, einem Getreidehändler, Spekulanten und Bodenschacherer,
in die Hände. Nunmehr befindet er sich in einer fremden Welt,
deren Herrschern er restlos ausgeliefert ist. Wie Münchow hervorhebt, ist Polenz der erste deutsche Dichter, der die »Güter-
schlächterei« als Zeiterscheinung erfaßt. Zuletzt wird der Bütt-
nersche Hof durch die Machenschaften von Kaschelernst und
Harrasowitz, die bislang unter einer Decke stecken, zur Versteigerung gebracht, wovon sie entsprechend profitieren. Durch
die gönnerhafte Gnade Harrasowitz' bleibt Traugott zunächst
als Pächter, dann nach dem Verkauf des Hauses als Knecht.
Inzwischen ist seine Frau gestorben, und die Kinder sind ausgezogen. Der Büttnerbauer zieht die einzige Konsequenz, die
sein Charakter und Standesstolz zuläßt: er schaut noch einmal
über die Flächen, die ihm früher gehörten, die bildlich sowie wörtlich sein Nährboden waren, dann erhängt er sich an einem Baum.

Was hat seinen Untergang verschuldet? Richtig, aber zugleich
unvollständig bleibt jede charakterliche, standesmäßige oder
sozio-ökonomische Erklärung. Am Ende des zweiten Buches
zieht Traugott selbst die Bilanz, wobei diese und noch mehr
Erklärungen seiner bislang unrettbaren Situation ihm ins Bewußtsein kommen. Er sehe seinen Eigensinn ein, »aber größere
Fehler als die seinem Stande eigentümlichen, durften ihm mit
Recht nicht vorgeworfen werden«. Er habe weder getrunken
noch gespielt noch Prozesse geführt — wir erinnern uns hier an
Kellers Bauern in *Romeo und Julia auf dem Dorfe* — noch
seine Kinder verzogen — man denke hier an Meister Timpe.
Er fragt sich, ob er überhaupt einen Fehler gemacht habe: »War
es nicht vielmehr eine Kette von tausend winzigen Gliedern,
die ein ganzes Netz von unsichtbaren Maschen, an dem er Zeit
seines Lebens unbewußt gearbeitet, und das ihn jetzt verstricke
zu unrettbarem Untergange? Oder lag die Schuld nicht tiefer
und ferner? Reichte sie nicht zurück über die sechzig Jahre
dieses Lebens in die Zeiten der Väter und Vorväter?« Mit Recht
kann er seinem tüchtigen Vater vorwerfen, er habe den Grund
zum Untergang gelegt, als er die Grenzen erweiterte. Aber hier
machen des Büttnerbauern Überlegungen auch nicht halt. Sei
die Bauernbefreiung selbst nicht zu spät eingetreten? »War
dieser mächtige Ruck nach vorwärts nicht mehr imstande gewesen, das Bauernvolk aus der Jahrhunderte alten Gewöhnung
an Unselbständigkeit und Knechtsseligkeit herauszureißen?«
Schließlich fragt er: »Lag der letzte Grund der Unbilden, die
dem Bauern durch alle Stände widerfahren, mochten sie sich
Fürsten, Ritterschaft, Geistlichkeit, Kaufmanns-, Richter- und
Gelehrtenstand nennen, nicht noch viel weiter zurück in der
Entwicklung? War da nicht in unser Volksleben ein Feind ein-
gedrungen, ... der mit noch so derben Fäusten nicht aus dem
Vaterlande getrieben werden konnte, weil er körperlos war,
ein Prinzip, eine Lehre, ein System, aus der Fremde einge-
schleppt, einer Seuche gleich: der Romanismus. ... Abgezogene
Begriffe, aus einer toten Kultur gesogen, wurden an Stelle des
selbstgeschaffenen, gut erprobten deutschen Rechtes gesetzt.«
Alle anderen Stände haben sich dieses fremden Geistes bedienen
können, nur der Bauer nicht. Isoliert scheinen diese Zeilen die
nationalsozialistische Interpretation dieses Romans als Blut-
und-Boden-Literatur in wenigstens geringem Maße zu rechtfertigen. So liegen die Dinge aber nicht. In diesem Abschnitt

— der übrigens in der Artikulation der Gedanken die Fähigkeiten des nur dialektkundigen Bauern weit überschreitet, also vom Erzähler zur Hälfte herrühren muß — spricht nicht das Deutschtum, sondern das Standesbewußtsein. Noch mehr: das erwachende Geschichtsbewußtsein des Büttnerbauern, dem der Erzähler wohl seine beredten Worte leiht, kennzeichnet nicht weniger das Kernproblem des einzelnen Untergehenden zugleich. Im Grunde genommen vollzieht sich auf realistische Weise das, was die Romantiker mythologisierend anstreben: ein Tiefenblick in die historischen Urgründe der Situation. An dem Aufstieg der Kultur als boden- und volksfremder Erscheinung geht der naive Mensch zugrunde. Diesen Kampf ums Dasein haben die anderen Stände schon hinter sich, nur der altansässige Bauer nicht, denn in seiner Isolierung wurde er bisher geschont, existierte aber als ein Rudiment des gesellschaftlichen Körpers. So gesehen, ähnelt der Büttnerbauer einem anderen Opfer der Lehre, des Systems und des Schriftgeistes: Götz von Berlichingen, der durch den an den neuen Geist seiner Zeit gebundenen Lug und Trug zerstört wurde.

Die determinierte Welt, die sich in einem größeren Zusammenhang in Traugotts Untergang manifestiert, tritt auch in den Schicksalen der anderen Familienmitglieder, die gleichzeitig weitere naturalistische Motive verkörpern, in Erscheinung. Karl, dem ältesten Sohn, mangelt es ohnehin an geistigen Fähigkeiten und Fleiß, aber nach dem Verlust des Hofs und damit seiner Erbschaft kommt er mit seiner zänkischen Frau erst als Pächter auf einen ganz heruntergekommenen, ihm von Harrasowitz zugewiesenen Hof. Allmählich verfällt er dem Alkoholismus, und über die Familienverhältnisse bemerkt Münchow, daß die Streitigkeiten zwischen ihm und seiner Frau mit fast Zolascher Genauigkeit gestaltet werden. Zum Schluß wird Karl in einem Krawall in der Wirtschaft so stark verletzt, daß er als Blödsinniger nur noch hinvegetieren kann. Und Therese, der man nunmehr Mitleid gönnt, die aber ohne Sentimentalität beschrieben wird, muß für den Rest ihres Lebens für zwei arbeiten, damit das Kind alles noch übersteht.

Eine Tochter Toni gebärt ein uneheliches Kind, das später stirbt, und nach der Versteigerung ihres Zuhauses zieht sie nach Berlin. Später kommt sie mit viel Geld wieder zu Besuch: sie ist inzwischen die Mätresse eines Wohlhabenden geworden, der sie zwar gut behandelt und ihr sogar in Halbenau noch Geld zukommen läßt. Der Erzähler betont aber immer wieder Tonis Kurzsichtigkeit, ja Dummheit, und der Leser ahnt, was noch aus ihr werden soll. In ihrem Los erkennen wir also mehrere bei den Naturalisten häufig vorkommende Themen. Jedes sonst übliche Moralisieren bleibt jedoch aus.

In Gustav, dem jüngeren und tüchtigeren Sohn, erscheint als weiteres wichtiges Motiv des Naturalismus der Sozialismus. In der Tat beansprucht unser Interesse Gustavs Werdegang zuletzt fast mehr als seines Vaters nunmehr unaufhaltsam gewordener Untergang. Wir sehen Gustav zunächst als Unteroffizier im Urlaub mit seiner Familie und mit Pauline, die ihm ein uneheliches Kind geboren hat. Bald nimmt er seinen Abschied von der Armee, um seinem Vater zu helfen und Pauline zu heiraten. Aber auch er scheitert in seinen Rettungsversuchen an der Hinterlist von Harrasowitz und Kaschelernst. Obwohl Gustav seinen Vater nicht in Stich lassen will, sieht er ein, daß alles verloren ist, und nach anfänglichem Zögern schließt er sich als Aufseher den sogenannten »Sachsengängern« an, die sich verpflichten, den Sommer auf Höfen im Westen (Sachsen) zu arbeiten. Ihn begleiten seine Frau, seine Schwester Ernestine und ein ehemaliger Kamerad Häschkekarl, der vor kurzem in Halbenau mittel- und arbeitslos auftauchte. Am Ende der Zeit in Sachsen hat Häschke sich mit Ernestine verlobt, die zusammen mit Pauline in die Heimat zurückkehrt, während Gustav und sein künftiger Schwager etwas von den Ersparnissen nehmen und sich nach Arbeit in der Großstadt umsehen. Seiner Mittel entblößt, fährt Gustav nach ein paar Wochen wieder nach Halbenau, aber kurz darauf schreibt Häschke, er habe Arbeit auch für Gustav gefunden. Da sein Vater, der sich nunmehr seine »Lösung«ausgedacht hat, sich weigert, mitzufahren, verläßt Gustav nur schweren Herzens seine Heimat — denn er ist im doppelten Sinne seines Vaters Kind —, um künftig als Vizewirt eines Miets- und Geschäftshauses in der Großstadt zu leben. Ebenso schwer fiel Gustav der frühere Entschluß, seine Laufbahn als Unteroffizier aufzugeben, es rettet ihn aber immer wieder seine Fähigkeit, sich auf eine neue Situation umzustellen.

Im Westen lernt Gustav das Prinzip des Kapitalismus kennen: der Landmann ist lediglich ein Produktionsmittel des Großgrundbesitzers, der kaum noch eine Verbindung mit seinem Gut aufrechterhält. Es bewahrheitet sich das, was der Werbeagent ihm schon in der Heimat sagte: »Der eine gibt die Goldstücke, der andere seine Kräfte. Das ist ein Geschäft, klar und einfach. Alles wird auf Geld zurückgeführt. Das nennt man das moderne Wirtschaftssystem.« Hier erlebt Gustav auch die kapitalistische Ausbeuterei, aber durch Häschke, den »Roten«, wie Gustav ihn zunächst nennt, lernt er gleichzeitig die Waffe der Ausgebeuteten anzuwenden: seine Arbeiter streiken, bis ihre gerechten Forderungen erfüllt sind. Das, was ihm einmal von Zuhause her und durch die Reden der Offiziere so verhaßt erschien, versteht er jetzt als notwendige Konsequenz der wirtschaftlichen und sozialen Umwälzungen, die die neue Zeit mit sich gebracht hat. In der Großstadt wohnt er zusammen mit Häschke einer Volksversammlung bei, und er staunt über die Klarheit, mit der das Volk seine Probleme darlegt, das Volk, das er früher als Lumpenpack und Bettelvolk verachtet hat. Er sieht ein: »Schlecht waren die Menschen nicht. Nicht Bosheit und Niedertracht beherrschte sie; sie trieb ein Streben, das auch ihn beseelte wie jeden anderen Sterblichen: das Verlangen nach Besserung.« Wieder in Halbenau überlegt er sich, ob er das Land verlassen soll, und ihm kommt zum Bewußtsein: »Was er da gesammelt hatte an neuen Erfahrungen und Gedanken, was er damals, weil es zu viel und auf einmal gewesen, nicht hatte verarbeiten können, war doch in ihm geblieben, hatte sich gesetzt und verdichtet zu einer neuen Weltanschauung. So wie er gewesen war, konnte er nie wieder werden; er hatte in geistigem Sinne seine Unschuld verloren. Er fühlte es selbst bei den unbedeutendsten Anlässen, daß er mit anderen Augen in die Welt sehe.« Im persönlichen und sozialen Sinne hat Gustav ein für allemal seine Unschuld verloren. Ursula Münchow bedauert, daß Gustav am Ende sich im Grunde nur noch nach einem Aufstieg ins Kleinbürgertum sehnt, daß er »für sein persönliches Leben keine Schlußfolgerungen aus den neuen Erkenntnissen zieht«. In Anbetracht der späteren Romane Polenz' — Münchow bezieht sich hier auf den *Grabenhäger* und *Thekla Lüdekind* — könnte man mit ihr behaupten, der adlige Dichter habe sich nie zu einer konsequenten Lösung des gesellschaftlichen Problems durchringen können. Es bleibt aber ein Verdienst des Romans um Gustav, daß er den Kampf eines Menschen gegen eine langjährige Erziehung und gegen die Voreingenommenheit seines Standes mit Überzeugung darlegt. Gustav erreicht nie die Stellung eines Führenden, wohl aber die eines bereitwillig Folgenden, und im sozialen Sinne bedeutet dies schon einen Lichtblick für seine, dem Untergang geweihte Klasse.

Wir fragen uns nach dem Wert dieses Romans, der einmal als Glanzleistung galt, der heute aber so gut wie unbekannt ist. Als Dokument naturalistischer Motive ist er zweifellos von historischem Belang. Der naturalistische Stil wird auch mit Meisterschaft gehandhabt: den Dialekt verwendet Polenz (im Gegensatz zu Kretzer) mit möglichst großer Wirkung. Daß die sonst oft störende Sentimentalität von Polenz vermieden wird, liegt in der strengen Objektivität des Erzählers, der ungleich dem des *Meister Timpe* nur selten die Ereignisse oder Gestalten moralisierend kommentiert. Vor allem empfinden wir den unerbittlichen Determinismus, mit dem der Gang der Dinge sich entfaltet. Liegt ein Hauptziel des Naturalismus in der Erzeugung der Macht der Überzeugung, dann gehört dieser Roman zu den besten Produkten der Zeit, überzeugen uns doch die ländlichen Gestalten in höchstem Maße. Wer heute noch nur kurze Zeit auf dem Lande verbracht hat, erkennt die Echtheit der Schilderung der guten und schlechten Eigenschaften dieser Menschen. Nur Harrasowitz droht manchmal ins Karikaturhafte abzugleiten, aber gelegentliche Hinweise auf seine persönlichen Schwächen retten auch ihn als ein Individuum und zugleich als einen sozialen Typ. Was auch noch für Polenz' Leistung spricht, ist die Art, wie er es vermeidet, in Häßlichkeit zu schwelgen, die finanziellen Schwierigkeiten zu vereinfachen oder Partei für das Alte oder das Neue zu ergreifen. Innerhalb der Grenzen, die Polenz sich gesetzt hat, fällt es uns wirklich schwer, Mängel aufzuweisen, woraus wir wiederum folgern, daß die Kurzlebigkeit der Polenzschen Dichtung in der Darbietungsform selbst liegt, nicht in deren Handhabung. Diesen Roman als bloße Heimatkunst abzulehnen würde nicht nur eine Fehlinterpretation voraussetzen — denn er ist schließlich in hohem Grade ein »sozialer Roman« —, sondern es würde auch eine der großen literargeschichtlichen Leistungen des Naturalismus ignorieren: die Befreiung der Kunst von allen stofflichen Vorurteilen. Mit anderen Worten, gerade der *Büttnerbauer* stellt den naturalistischen Stil als Dauerleistung auf die Probe.

Arno Holz
Phantasus

Arno Holz sieht in der »Gestaltung und Formung eines Weltbildes« die größte dichterische Leistung eines Zeitalters. Er sagt
weiter: »Als die beiden letzten, ragenden Typen von solchen
werden heute gewertet: für die heidnische Antike die homeri-
schen Gesänge und für das christliche Mittelalter Dantes ›Di-
vina Commedia‹. Für unser neues, sogenannt ›naturwissenschaft-
liches‹ Zeitalter hat sich ein solches ›Weltgedicht‹ noch nicht
bilden können« (X, 650). Im *Phantasus* glaubt er gerade das
»Weltgedicht« des naturwissenschaftlichen Zeitalters geschaffen
zu haben sowie — wir dürfen hinzufügen — des Naturalismus,
der ja weitgehend aus einer Dichtung nach naturwissenschaftlichen Erkenntnissen und Methoden besteht. Und gerade weil die
Verskunst des *Phantasus* die Verwirklichung der einzigen, rein
auf naturalistischen Ansichten beruhenden Theorie des Lyrischen
sein soll, dient sie gewissermaßen als Prüfstein der Möglichkeit,
das Naturalistische überhaupt ins Lyrische zu übertragen. (Allerdings ist Holz' große Parodie um Dafnis, den fiktiven Barock-
lyriker, ein gelungener Versuch, in der Sprache des 17. Jahrhunderts das zu leisten, was ihm mit Schlaf im Berliner Dialekt
seiner Zeitgenossen gelang, aber da er die passende, historisch
bedingte Strophenform und Bildlichkeit verwendet, bedeuten
die »Freß-, Sauff- und Venus-Lieder« keinen formalen Fortschritt.)
    Holz' Weg zum »Weltbild« des *Phantasus* ist ein mühsamer.
Ihn hier vollständig nachzuzeichnen ist aus Raummangel unmöglich. Es sei aber darauf hingewiesen, daß Arno Holz sich
einmal zu den loyalen Anhängern von Emanuel Geibel bekannte, zu dessen Ehre er ein Gedenkbuch (Berlin/Leipzig, 1884)
herausgab. In seinem Nachwort zur Reclam-Ausgabe der ersten
zwei *Phantasus*-Hefte sagt Gerhard Schulz: »So hat [Holz]
behauptet, die neue Form seiner *Phantasus*-Lyrik unbewußt und
vor aller Theorie gefunden zu haben. Was Holz im Grunde
empfand, war die Unzulänglichkeit der lyrischen Ausdrucks-
weise eines Emanuel Geibel und seiner vielen Jünger und
Schüler.« Mit anderen Worten: die etwas willkürliche Form-
erneuerung, die Holz als Ausdruck des modernen, naturwissenschaftlichen Zeitalters in die Lyrik einzuführen versucht, ist
nicht zuletzt in ihrer strengen Ablehnung alles bisher Gewesenen

eine Reaktion gegen sein eigenes Epigonentum (ohnehin waren die Dichter des Münchner Kreises die beliebtesten Zielscheiben naturalistischer Literaturkritik, und deshalb muß Holz' frühere Verehrung eines so epigonalen, »unmodernen« Dichters im Rückblick besonders schwer zu ertragen gewesen sein). Gerade dieses persönliche Element seiner Konzeption muß neben das naturwissenschaftlich objektive gestellt werden, damit man die später zu erörternde Grundlage der *Phantasus*-Dichtung versteht, damit man begreift, weshalb Holz sich hier vor allem anschickt, das Erfahrungsmäßige in der Lyrik zu retten.

Phantasus, der arme, aus seiner unendlichen Phantasie schöpfende Poet in der Dachstube, erscheint bei Holz zum erstenmal in einem Zyklus von dreizehn Gedichten, die wiederum zum Abschnitt »Großstadtlyrik« im *Buch der Zeit, Lieder eines Modernen*, gehören. Holz rühmt sich später als Erfinder der Großstadtlyrik, und als solcher erntet er auch das Lob von Franz Mehring sowie von Hamann, Hermand und anderen Kritikern der jüngeren Zeit. Im »Phantasus« gibt er die Alltagseindrücke einer Mietskaserne der Großstadt als notwendigen Hintergrund zum allmählichen Hinsiechen des phantasierenden, phantasiereichen, unbeachteten Dichters wieder, befaßt sich der Gedichtzyklus doch hauptsächlich mit des Poeten imaginärer Flucht vor seiner Umgebung. Dennoch klingt trotz des Großstadtmilieus im Leben und Sterben des Mansardenpoeten das Biedermeier leise nach, ja, man denkt unweigerlich an die sogenannten »Sozialballaden« eines Chamisso oder gar an Spitzwegs armen Poeten — selbst wenn Phantasus keinen Regenschirm erwähnt (man erinnere sich auch an die bereits besprochenen Biedermeierzüge von Schlafs Novelle *Ein Tod*, die *Papa Hamlet* zugrunde liegt). Jost Hermand bemerkt in seiner Ausgabe der ersten zwei Hefte des *Phantasus* (New York/London 1968) über die ursprüngliche Gestaltung des Stoffs: »Die Spannung zwischen Welt und Künstler wird also trotz der naturalistisch-milieuhaften Einkleidung noch ganz in romantischer Schablone gesehen. Der Dichter ist der Träumer, fasziniert durch den Reiz des Exotischen, unbehaust in der Welt der bürgerlichen Gegenwart, heimwehsüchtig nach dem Ursprung des Lebens und zugleich mystisch ins All versenkt« (S. XIII). Inhaltlich ist also im Zyklus nichts Umwälzendes zu spüren. Auch formal kündigt sich nichts Revolutionäres im *Buch der Zeit* an. Dieser Mangel an formaler Neuerung soll aber nicht dahin ausgelegt werden,

Holz sei lediglich noch ein Epigone. Wolfgang Kayser urteilt in seiner *Geschichte des deutschen Verses* (Bern/München 1960): »Diese Verse sind von einer seltenen Eleganz, zumeist fließende Verse, viel Liedhaftes klingt auf. Sie sind geschult, wie wir schnell erkennen, an Heinrich Heine, und wir verstehen das Urteil eines Liliencron, der damals schrieb: ›Donnerwetter! Sind das Sachen! Nie, ja nie habe ich so souverän den Reim behandelt gesehen! Holz ist ein Genie‹« (S. 138). Aber Holz setzte seine Ziele viel höher — und gerade seinem bereits bewiesenen Talent entgegengesetzt: ihm schwebte eine totale Revolution der Lyrik vor, die, wie wir oben gesehen haben, im Mittelachsengedicht ohne Reime ihre Verwirklichung erleben sollte.

Die ersten zwei Hefte des Mittelachsen-*Phantasus* erscheinen 1898 und 1899 bei Sassenbach in Berlin. Eigentlich fallen nur die beiden Erstveröffentlichungen in den engeren Zeitraum des Naturalismus, aber weil Holz bis zu seinem Lebensende (1929) immer weiter an diesem Weltbild arbeitet, weil das Evolutionäre sowie Revolutionäre seine Theorie und Dichtung kennzeichnet, und weil die späteren Fassungen das in den ersten zwei Heften angedeutete Naturalistische wirklich befestigen, so muß man die späteren Entwicklungen mit heranziehen, will man den *Phantasus* als naturalistisches Weltgedicht in all seinen Implikationen begreifen. Nach den ersten Heften von jeweils 50 Gedichten, die nur wenig von einem einheitlichen Zyklus aufweisen, folgt 1916 ein neuer, überarbeiteter *Phantasus,* dessen Seitenzahl bis auf 336 angeschwollen ist. Die letzte, zur Lebenszeit des Dichters erschienene Version im *Werk* (1924/25) besteht aus 1345 Seiten. Erst 1961/62 geben Wilhelm Emrich und Anita Holz die Nachlaßfassung von 1591 Seiten heraus.

Die Entstehungsgeschichte des eigentlich nie abzuschließenden *Phantasus* — von den geplanten zwölf Teilen sind nur neun fertig geworden, und die neun lagen schon 1916 vor — vollzieht sich als das zwangsläufige Resultat der dichterisch-naturwissenschaftlichen Voraussetzungen, von denen Holz ausgeht. Über sein Vorhaben unterrichtet uns Holz in Aufsätzen, die er dann zusammen mit seinen anderen theoretischen Schriften gleichsam als den Gipfel seiner lebenslänglichen Arbeit im *Werk* drucken läßt. Zum Problem und zur Form des noch nicht geschaffenen Weltbildes des naturwissenschaftlichen Zeitalters sagt er: »Goethes ›Faust‹, von Übereifrigen dafür [für solch ein Weltgedicht]

gepriesen, scheidet aus. Er war in seiner Voraussetzung, seinem
›Mythus‹, der auf naivem, längst überwundenem Vorväter-
glauben beruhte, zu absurd-abstrus und überdies auch schon
seinem ganzen Wurf nach zu wenig komplex. Ein ›Weltbild‹
heute noch in den Rahmen einer ›Fabel‹ oder ›Handlung‹ span-
nen zu wollen, hätte mir kindlichstes Vermessen geschienen!
Was zu einem Weltbilde heute ›gehört‹, ist in seinen einzelnen
Bestandteilen zu weit auseinanderliegend, in seinen Elementen
zu buntwimmelnd kaleidoskopisch, als daß auch die kompli-
zierteste, raffinierteste ›Legende‹ imstande wäre, für einen solchen ›Inhalt‹ den dazu nötigen Untergrund zu schaffen!« (X,
650 f.) Der Vergleich mit *Faust* deutet überhaupt an, daß Holz
gleichsam einen neuen Faust schreiben will, in dem nicht der
Wissenschaftler-Alchemist den Mittelpunkt bilden soll, sondern
die Wissenschaft-Alchemie selbst — die »Alchemie« der Holzschen Dichtung befindet sich in den Beschwörungen von my-
thisch-exotischen Landschaften und märchenhaften Figuren wie
Drachentötern und verwünschten Prinzen. Überdies müssen wir
uns vor Augen halten, daß Holz von der Lyrik ausgeht, nicht
von der Dramatik. Helen Mustard in *The Lyric Cycle in Ger-*
man Literature, Columbia University Germanic Studies 17
(New York, 1946) bespricht das Wiedererscheinen dieser Form
in Conradis *Lieder eines Sünders*, Avenarius' *Lebe!* Holz' *Phan-*
tasus und *Dafnis* und Momberts *Der Held der Erde* und *Ataïr.*
Es ist gerade Holz' Verzicht auf novellistische Elemente zugunsten der angeblich rein lyrischen, der sein Werk von Avenarius'
unterscheidet (Conradis Zyklus bleibt recht konventionell, und
Holz behauptet mehrmals, er habe Mombert und Dehmel vor-
gegriffen, eine Behauptung, die hier allerdings nicht geprüft
werden kann). Auf alle Fälle kommt bei Holz keine ausgeprägte
Handlung im Sinne des Goetheschen *Faust* oder der Zyklen
von Holz' Zeitgenossen in Frage, keine Handlung, die durch ihr
bloßes Vorhandensein der freien Selbstdarstellung der »buntwimmelnd kaleidoskopischen« Elemente im Wege stünde.

Womit Holz die verschiedenen Teile seiner handlungslosen
Dichtung vereinigen will, ist die Dichterpersönlichkeit: »Ich gestalte und forme die ›Welt‹, sage ich mir, wenn es mir gelingt,
den Abglanz zu spiegeln, den sie mir in die ›Seele‹ geworfen!
Und je reicher, je mannigfaltiger, je vielfarbiger ich das tue,
um so treuer, um so tiefer, um so machtvoller wird mein Werk.«
Aber dieser »Abglanz« wird nicht mehr im Sinne von Goethes

Faust verstanden, der sagt: »Am farbigen Abglanz haben wir das Leben« (4727). In seinem naturwissenschaftlichen Weltgedicht sucht Holz gerade das Gegenteil, denn die letzte Wahrheit des *Phantasus* liegt nicht jenseits, sondern diesseits der Dinge bzw. in den Dingen selbst. Statt der Entdinglichung des *Faust* erstrebt Holz eine restlose Verdinglichung der Welt und des Selbst. Schon im zweiten Heft des *Phantasus* lesen wir: »Horche nicht hinter die Dinge. Zergrüble dich nicht. Suche nicht nach dir selbst. / Du bist nicht! / Du bist der blaue, verschwebende Rauch, der sich aus deiner Cigarre ringelt, / der Tropfen, der eben aufs Fensterblech fiel, / das leise, knisternde Lied, das durch die Stille deine Lampe singt.« Später schreibt er über seinen Schaffensprozeß: »... ich ›will‹, wenn ich gestalte, nie etwas, sondern suche mich immer ganz ›den Dingen‹ zu geben unter möglichster Ausschaltung meines ›Ichs‹.« Wie wir bereits beobachtet haben, gibt der Erzähler des *Papa Hamlet* seinen festen Standort auf und läßt die Gegenstände sich selbst lautlich darstellen, um gleichsam hinter die Dinge zu treten. In seiner Hingabe an die Dinge und in seinem Ichverlust bekennt sich der lyrische Sprecher des *Phantasus* zur bereits bewährten Technik des »konsequenten Realismus«. Dennoch verschwindet der lyrische Sprecher, dessen Gegenwart ja das Lyrische überhaupt kennzeichnet, nicht ganz, sondern äußert sich gerade in dessen von Holz vorausgesetzter Verwandlungsfähigkeit.

Holz behauptet in einem Brief vom 25. Juni 1900 an Karl Hans Strobl: »Das letzte ›Geheimnis‹ der von mir in ihrem untersten Fundament bereits angedeuteten Phantasus-Komposition besteht im wesentlichen darin, daß ich mich unaufhörlich in die heterogensten Dinge und Gestalten zerlege. Wie ich vor meiner Geburt die ganze *physische* Entwicklung meiner Spezies durchgemacht habe, wenigstens in ihren Hauptstadien, so seit meiner Geburt ihre *psychische*. Ich war ›alles‹, und die Relikte davon liegen ebenso zahlreich wie kunterbunt in mir aufgespeichert. Ein Zufall, und ich bin nicht mehr Arno Holz ..., sondern ein beliebiges Etwas aus jenem Komplex. Das mag meinetwegen wunderlich ausgedrückt sein, aber was dahintersteckt wird mir ermöglichen, aus tausend Einzelorganismen nach und nach einen riesigen Gesamtorganismus zu bilden, der lebendig aus ein und der selben Wurzel wächst.« Aber weder wunderlich noch unerhört neu klingt diese Vorstellung im historischen Zusammenhang, erinnern wir uns an Novalis, der einmal schrieb: »Pflanzen sind gestorbene Steine, Tiere gestorbene Pflanzen«, und an anderer Stelle: »Die Phantasie setzt die künftige Welt entweder in die Höhe, oder in die Tiefe, oder in der Metempsychose, zu uns. Wir träumen von Reisen durch das Weltall; ist denn das Weltall nicht in uns? ... In uns oder nirgends ist die Ewigkeit mit ihren Welten, die Vergangenheit und Zukunft.« In der Tat glauben die meisten Kritiker ein ausgeprägt romantisches Moment auch im späteren *Phantasus* zu erkennen — was sich auch darin zu bestätigen scheint, daß Tieck einmal von der Phantasus-Gestalt Gebrauch gemacht hat. Aber im Wesentlichen unterscheidet sich Holz' Vorstellung von Novalis' dadurch, daß der Dichter des naturwissenschaftlichen Weltgedichts nicht von einer romantisch zeitlosen Stellung aus eins wird mit einer sich stets im Fluß befindlichen Welt, sondern verschiedene Zeiten in einer zeitlich begrenzten Verdinglichung als reinste Gegenwart erlebt. Nicht bloß als Betrachter des Dings, sondern als das Ding selbst spricht der Phantasus, denn schon im ersten Heft hören wir: »Im alten Park / steh ich nackt aus weißem Marmor.« Und im Anfang zum zweiten Heft erscheinen die Zeilen, die zum Eröffnungsgedicht der späteren Ausgaben gehören sollen: »Sieben Billionen Jahre vor meiner Geburt war ich eine Schwertlilie. / Meine Wurzeln / saugten sich / in einen Stern.« Nicht als Sucher der »blauen Blume«, sondern gleichsam als einmal eine Blume selbst feiert Holz seine Präexistenz, zu der das Blumensein als notwendiges, unvergeßliches, aber überholtes Stadium gehört. Wohl scheint Holz die unendliche romantische Phantasie in den Vordergrund zu rücken in einem der frühesten Gedichte: »Ich bin der reichste Mann der Welt! / Meine silbernen Yachten / schwimmen auf allen Meeren.« Doch im selben Gedicht muß der Sprecher bekennen: »Und plötzlich weiß ich: ich bin der ärmste Bettler! / Ein Nichts ist meine ganze Herrlichkeit / vor diesem Thautropfen, / der in der Sonne funkelt.« Er kapituliert vor den Dingen der Welt. Überdies merken wir, daß zum einen Bild das Gegenbild gehört: ist der Sprecher das eine Extrem, so muß er gleichzeitig das andere auch sein (in diesem Zusammenhang wundert uns nicht Holz' lebhaftes und einfühlsames Interesse für das Barock, das ja den König-Bettler-Gegensatz zu seinen Lieblingsbildern zählte). Auch in seinen wirrsten Vorstellungen seiner anderen Existenzen herrscht eine Kausalität, die nirgendwo besser zum Ausdruck kommt als in dem Gedichtanfang: »Da so in Hinterindien

rum / muß ich schon mal irgendwie gelebt haben.« Nicht die
Phantasie, sondern die Probabilität bestimmt seine Vorstellung.
Im burschikosen Ton dieser Zeile klingt überhaupt eher der
romantische Skeptiker Heine nach als ein Novalis oder Eichendorff, und wie bei Heine muß sich die Phantasie im naturwissenschaftlichen Gedicht den Bedingungen der materiellen Welt
immer wieder fügen.

Betrachtet man auch das naturwissenschaftliche Schrifttum des
19. Jahrhunderts, dann kann man Holz' Vorstellung wiederum
kaum als »wunderlich« bezeichnen. Im Gegenteil: sie scheint
die radikale Konsequenz vieler neuer Entdeckungen, vor allem
der Darwinschen Entwicklungslehre. Aber noch stärker wirkt
die Entdeckung von Ernst Haeckel, daß der menschliche Fötus
alle Stufen der Evolution vor der Geburt im Mutterleib darstellt. Hierauf gründet sich Holz' Behauptung, er habe vor
seiner Geburt die ganze physische Entwicklung seiner Spezies
durchgemacht. Einen dritten Einfluß finden wir in Ernst Machs
*Die Analyse der Empfindungen und das Verhältnis des Physi-
schen zum Psychischen. 2. verm. Auflage der Beiträge zur
Analyse der Empfindungen,* Jena 1900 ([1]1886), aus der Ingrid
Strohschneider-Kohrs (Sprache und Wirklichkeit bei Arno Holz.
Poetika 2 [1967]) den folgenden Satz unter anderen zitiert:
»Es gibt keine Kluft zwischen Psychischem und Physischem, kein
Drinnen und Draussen, keine Empfindung, der ein äusseres von
ihr verschiedenes Ding entspräche. Es gibt nur einerlei Elemente
. . ., die eben nur, je nach der temporären Betrachtung, drinnen
oder draussen sind. Die sinnliche Welt gehört dem physischen
und psychischen Gebiet zugleich an« (S. 58). Nachklänge dieser
Lehre findet Strohschneider-Kohrs in einem *Blechschmiede-*
Gedicht, das sozusagen »den Gesamtsinn der Phantasus-Idee«
wiedergibt: »Ich war alles, ich bin alles, ich werde sein, / flüch-
tiger als ein Windhauch, gefüger als aus Stein! / Was ich
schreibe, was ich treibe, es flüstert sich mir / Tat twam asi, das
bist du!« In dieser Vorstellung, nämlich daß Phantasus die
psychische Entwicklung seiner Spezies seit seiner Geburt durchgemacht habe, soll sich die Hingabe an die Dinge einer evolutionären Welt mit der unendlichen Erinnerung des lyrischen Ichs
vereinigen. (Es kann übrigens zur Beleuchtung von Holz' Nähe
zur neuen Dichter-Generation erwähnt werden, daß Machs
Lehre auf mehrere Impressionisten und Symbolisten stark
wirkte, z. B. auf Hugo von Hofmannsthal.)

Wie Gerhard Schmidt-Henkel (*Mythos und Dichtung*. Zürich 1967. S. 132—155) darlegt, erscheint der Dichter als ein moderner, doch zeitloser Proteus und der *Phantasus* als ein »proteischer Mythos«. Diese Grundkonzeption bedingt die Form des Gedichts: es muß Fragment bleiben. Schmidt-Henkel umreißt das Problem: »Die Totalität des Erfahrbaren ist niemals, auch nicht sprachlich, abzuschreiten« (S. 154). Das zweite Heft von 1899 schließt: »In rote Fixsternwälder, die verbluten, / peitsch ich mein Flügelross. / Durch! / Hinter zerfetzten Planetensystemen, hinter vergletscherten Ursonnen, / hinter Wüsten aus Nacht und Nichts / wachsen schimmernd Neue Welten — Trillionen Crocusblüten!« Hier geht es nicht darum, daß Holz sich an Riesenzahlen berauscht, sondern darum, daß er als Proteus seine Existenz rein quantitativ in einem Bereich unendlicher Zahlen erlebt, also nie vollenden kann. Trotz des ekstatischen Tons des ganzen *Phantasus* spielt die relative Intensität der verschiedenen Erlebnisse kaum eine Rolle, und die Umwandlungskette kann keinen eigentlichen Höhepunkt oder wirklichen Abklang finden. In diesem Sinne bedeuten die Schlußzeilen der späteren Fassung nur einen zeitlichen Abschluß der Erfahrungskette: »Mein Staub / verstob; / wie ein Stern strahlt mein Gedächtnis.« Denn was zwischen dem Anfang und Ende liegt, kann unendlich ausgedehnt werden. In der Evolution des Gedichts bis zur Nachlaßfassung schwillt es immer mehr an, je mehr Erlebnisse es berücksichtigt. Ein damit entstehendes Problem beschreibt Schmidt-Henkel: »Je zahlreicher die Gestalten und Umstände, Zeiten und Orte sind, in die sich Proteus verwandelt, desto geringer wird das Bestreben des Lesers, ihn festzuhalten und ihm seine Wahrheit abzuverlangen« (S. 154). Daraus läßt sich ein weiteres Paradox des naturalistischen Wahrheitsbegriffs ableiten, der diesem Epos zugrunde liegt: die Wahrheit wird nicht qualitativ, sondern quantitativ erfaßt, aber die komplette, vollständige Wahrheit kann nie erreicht werden, und um so mehr man sich diesem Ziel nähert, desto unsichtbarer wird es. Wie wir gesehen haben, führt gerade sein quantitativer Wahrheitsbegriff den Naturalisten dazu, sich auf Studien und Skizzen zu beschränken, und nicht wenige Schwierigkeiten hätte Holz vermieden, hätte er als bewährter Meister solcher »Studien« erkannt, daß sein *Phantasus*-Stil wie sein »Sekundenstil« notwendig begrenzte Anwendung hat. *Phantasus* ist fast das geworden, was von Hanstein sich unter einem Roman im »Sekundenstil« vorgestellt hatte.

Es gehört weiterhin zur Konzeption des Gedichts, daß die Zahl nicht nur der Erlebnisse, sondern auch der Worte ständig zunimmt. Ja, Holz behauptet stolz von seinem *Phantasus:* »Man wird finden: die Zahl der Worte in ihm, die noch nie bisher in einem deutschen Verse, geschweige denn gar in deutscher ›Lyrik‹, gebracht und gebraucht wurden, ist eine so ungeheuere, die Anzahl der Neubildungen, die sich als solche erst bei näherem Zusehn entpuppen, so sehr gehen sie in den Ton des Übrigen auf, außerdem eine so überraschende, daß ich mich nicht scheue hier niederzuschreiben: kein Wortkunstwerk unserer Sprache kann nach dieser Richtung ... mit ihm ... in Vergleich gezogen werden!« (*Das Werk* X, S. 670) Erlebt man den unaufhörlichen Wortschwall der späteren Fassungen — das »1002. Märchen« enthält schon 1924 einen Satz von 2516 Zeilen auf 70 Seiten —, dann glaubt man in Holz den Grundzug eines Humoristen zu finden, wie es ihn seit Rabelais nicht mehr gegeben hat. Daß ein solcher sprachlicher Humor beabsichtigt ist, bestätigt Holz im Vorwort zu der *Blechschmiede,* in dem er als seine Vorfahren angibt: Heine, Rabelais, Cervantes, Swift und Aristophanes. Aber noch Wesentlicheres verfolgt er auch durch seine Wortaddition, die wiederum auf ein grundlegendes Problem der naturalistischen Gestaltung hindeutet. Holz sucht zugleich das betreffende Wort und die vollständige Beschreibung. Immer wieder wird er dazu gezwungen, neue Worte zu bilden, um ein Phänomen zu beschreiben, ja als Ding heraufzubeschwören. Die Zahl der Attribute wächst auch ständig in seinem Bemühen, Vollständigkeit und Differenzierung gleichzeitig zu erreichen. Dieses paradoxe Bestreben erklärt Holz in einem Brief vom 6. 1. 1917 (*Briefe. Eine Auswahl.* Hrsg. von Anita Holz und Max Wagner. München 1948. S. 233) folgendermaßen: »Sie verwechselten Addition und Division, wo Sie mir ›Häufung‹ vorwarfen, während Differenzierung vorlag.« Um den vollen Sinn seiner Behauptung zu begreifen, berufen wir uns auf seine Bemerkung über Heines Gebrauch vom »Meer« und seinen eigenen: jedesmal, wo Holz durch ein neues Wort unsere Vorstellung unterteilt, glaubt er die Möglichkeit zu reduzieren, daß man unter »Meer« »Amphitrite« verstehen, d. h. in dem Phänomen mehr als das Benannte sehen könnte. Im Grunde genommen wird das Gegenteil der symbolischen Landschaftsbeschreibung angestrebt, die wir etwa in der romantischen Dichtung eines Eichendorff finden, einer Landschaftsbeschreibung also, die durch ihre Vagheit und Schablonenhaftigkeit unserer Phantasie möglichst viel Spielraum läßt. Das Verhältnis zwischen dem von Holz erzielten Effekt und dem Impressionismus, der weitgehend eine suggestive Vagheit vorzieht, können wir uns am besten durch einen Vergleich etwa mit den Werken von Georges Seurat, Holz' französischem Zeitgenossen, vergegenwärtigen, stehen doch seine Gemälde zwischen dem auf möglichst scharfer Beobachtung ruhenden Naturalismus und der auf suggestive Wirkung bedachten Eindruckskunst. Und es besagt nicht wenig, daß Seurat und dessen Anhänger die Bezeichnung »Pointillismus« vermieden haben zugunsten des »divisionisme«.

Gerade in seinen Worthäufungen wird es jedoch offensichtlich, daß das dichterische Wort dem Dichter entgleitet und autonom wird. Jedes neue Wort, das zur Differenzierung beitragen soll, verlangt seine eigene Differenzierung. Das Gebilde scheint sich selbständig zu vermehren, eine Gefahr, auf die I. Strohschneider-Kohrs auch eingeht. Sich dieses Prozesses wohl bewußt, sucht Holz einen Weg, über die verselbständigte Dichtung wieder Herr zu werden, und er meint schließlich eine sich entwickelnde Zahlenarchitektonik zu erkennen, der er den weiteren Verlauf des Gedichts anpassen kann. Es erübrigt sich hier, die daraus entstehende Zahlenmystik ausführlich zu besprechen (das macht Holz im *Werk*, X. Band), denn nur die enthusiastischsten Anhänger des Dichters nehmen sie ernst. Für jeden wird jedoch die Erkenntnis erschreckend, daß Holz letzten Endes doch nicht vor den Dingen kapituliert, sondern vor der Form des Gedichts. Aus seiner — um I. Stohschneider-Kohrs' Bezeichnung zu gebrauchen — »Unmittelbarkeit im Mittel« ist nur das Mittel geblieben, bestimmt doch nicht Holz' Vorstellung von der Welt, sondern seine Auffassung vom Mittel die weitere Evolution des Gedichts.

Über den historischen und inneren Wert der Holzschen Lyrik läßt sich zunächst bemerken, daß sie die von Holz erhoffte Schule nicht hervorgerufen hat — einige Jünger wie Reß haben wohl auch Mittelachsengedichte versucht, aber die sind kaum der Rede wert. Die Kritik ist sich verhältnismäßig einig geblieben: Holz befand sich von Anfang an auf einem »Holz-Weg«. Wolfgang Kayser zum Beispiel bezeichnet den Mittelachsenvers als »gehobene Prosa«, deren Verscharakter »nur optisch bedingt ist«. Auch August Closs (*Die freien Rhythmen in der deutschen Lyrik*. Bern 1947. S. 166) sieht in der Mittelachse »doch nur äußeres Rückgrat, lediglich Druckanordnung, nicht Symmetrie schaffende Mitte«. Das Gedicht aufgrund des Druckbilds abzulehnen, scheint aber ebensowenig Sinn zu haben wie eine Behauptung, ein Gedicht müßte überhaupt im Druck erscheinen, um eines zu sein. Ausschlaggebend für Holz bleibt ohnehin der Rhythmus, der wiederum auf das Gesprochene hindeutet. Viel wesentlicher mutet uns die Kritik Kaysers an, die unseren Zweifel an einer »naturalistischen« Lyrikform schlechthin erweckt: »Arno Holz will jedenfalls einen Rhythmus, der nicht als Fremdes von außen kommt und erfüllt werden soll, sondern der gleichsam in den Worten selbst liegt. Und damit verfehlt er ja das Prinzip des Verses ... Der Vers ist eine Vermählung, eine Vereinigung dieser beiden: der Sprache mit ihrem natürlichen Tonfall und der Ordnung des Rhythmus, die von außen kommt und sich über die Sprache legt und nun den Vers schafft« (S. 140 f.). Holz scheint sich dessen schon bewußt geworden zu sein, als er mit der letzten Fassung anfing, die er dann nach einem rein im Rhythmus verankerten Zahlensystem durchzuführen versucht. Hierin gipfelt ein Prozeß, den I. Strohschneider-Kohrs seit den ersten Fassungen verfolgt: »Das ›außer-logische‹, nur ästhetische Zeichen, die laut-sinnlichen Elemente der Sprache scheinen einer Verabsolutierungstendenz zu gehorchen, — sich im Echo- und Variationsspiel als einer eigenständigen Wirklichkeit zu erfreuen und zuweilen auch zu genügen. Manche Zeile und Wortreihe, manche Wortzusammensetzung verdankt nur ihren ästhetischen Qualitäten in Alliterationen, Lautspielen, Binnenreimen oder rhythmischen Ausgleichsformen ihre Entstehung« (S. 62 f.). (Einen detaillierten Überblick der verschiedenen rhetorischen Figuren bietet Schmidt-Henkel.) Mit deren Verabsolutierung hätte die Sprache sich endgültig durchgesetzt gegen Holz' Versuch, sie seiner Erfahrungswelt restlos unterzuordnen.

Natürlich bedeutet diese Kritik wenig für den künstlerischen Wert des *Phantasus,* denn sie richtet sich im Grunde nur gegen Holz' Versuch, seine Theorie zu verwirklichen (leider unterlassen es viele Kritiker, die beiden Perspektiven auseinanderzuhalten, und dadurch übersehen sie den wirklichen Wert des Werks). Wohl aber muß zu guter Letzt gesagt werden, daß wir

uns an diesem Punkt fragen müssen: ist eine naturalistische
Lyrikform überhaupt möglich? Kein Lyriker der Zeit war be-
gabter als Holz, und keiner bemühte sich beflissentlicher um eine
Reformierung der Lyrik nach naturalistischen Ansichten und
Techniken. Einräumen muß man auch, daß Holz seine Voraussetzung unmittelbar aus dem Gedankengut des Naturalismus
schöpfte. Aus seinem Scheitern dürfen wir also schließen, daß
der konsequente Realismus — jedenfalls wie Holz' Zeit ihn
verstand — sich in der Lyrik nicht verwirklichen ließ. Überdies
verkörpert die Evolution des *Phantasus* die Entwicklung der
Lyrik überhaupt durch den Impressionismus und Jugendstil
zum Symbolismus. Ja, so viele Kritiker scheinen sich so ausschließlich auf das Impressionistische usf. zu konzentrieren, daß
sie vergessen, daß der *Phantasus* als »Weltgedicht« des naturwissenschaftlichen Zeitalters entstand und — ganz abgesehen von
seinem endgültigen Rang als Dichtung — dementsprechend wertvolle Einblicke in die Grenzen der naturalistischen Lyrik gewährleistet.

BIBLIOGRAPHIE

I. Bibliographien und Forschungsberichte zur Epoche

Fifty Years of German Drama: A Bibliography of Modern German Drama, 1880—1930. Based on the Loewenberg Collection in the Johns Hopkins University. Foreword by E. Feise. Baltimore 1941.

Die Frauenfrage in Deutschland. Strömungen und Gegenströmungen 1790—1930. Hrsg., zusammengestellt und mit Anmerkungen versehen von Hans Sveistrup und Agnes von Zahn-Harnack. Burg b. M. 1934.

Goff, Penrith, Wilhelminisches Zeitalter. Handbuch der deutschen Literaturgeschichte. Zweite Abteilung Bibliographien. Band 10. Bern/München 1970.

Kaiser, Gerhard: Realismusforschung ohne Realismusbegriff. DVjs 43 (1969), 147—160.

Körner, Josef: Bibliographisches Handbuch des deutschen Schrifttums. Unveränd. Nachdruck der 3., völlig umgearb. und wesentlich verm. Auflage. Bern/München 1966.

Hoefert, Sigfrid: Das Drama des Naturalismus. Stuttgart 1968 (Sammlung Metzler).

Martini, Fritz: Deutsche Literatur zwischen 1880 und 1950. DVjs 26 (1952), 478—535.

Michael, Friedrich: Geschichte des deutschen Theaters. Stuttgart 1969 (Reclam 8344—47).

Migge, W.: Die Großen und die Vergessenen. Gestalten der deutschen Literatur zwischen 1870 und 1933. Marbach 1958 (Ausstellungskatalog des Schiller-Nationalmuseums).

Schlawe, Fritz: Literarische Zeitschriften 1885—1910. Stuttgart 1961 (Sammlung Metzler).

Schlawe, Fritz: Briefsammlungen des 19. Jahrhunderts: Bibliographie der Briefausgaben und Gesamtregister der Briefschreiber und Briefempfänger 1815—1915. 2 Bände. Stuttgart 1969.

II. Zeitschriften, Jahrbücher und Sammelwerke

1. Zeitschriften

Berliner Monatshefte für Literatur, Kunst und Theater. Hrsg. von Heinrich Hart. Minden, später Leipzig 1885.

Deutsche Dichtung. Organ für Dichtung und Kritik. Vierteljahrschrift. Hrsg. von dem Westfälischen Verein für Literatur (= Albert Gierse, Heinrich Hart). Münster 1877.

Deutsche Monatsblätter. Zentralorgan für das literarische Leben der Gegenwart. Hrsg. von den Brüdern Hart. Bremen 1878—79.

Deutschland. Wochenschrift für Kunst, Literatur, Wissenschaft und soziales Leben. Hrsg. von Fritz Mauthner. Glogau 1889—9c (aufgenommen vom Magazin für Literatur des In- und Auslandes: siehe unten).

Freie Bühne für modernes Leben (Wochenschrift), ab dem 3. Jg.: Freie Bühne für den Entwicklungskampf der Zeit (Monatsschrift), ab dem 5. Jg. (März 1894): Neue deutsche Rundschau, ab dem 15. Jg. (1904): Die neue Rundschau. Redaktion: Otto Brahm, später Wilhelm Bölsche, Julius Hart, O. J. Bierbaum, Oscar Bie u. a. Berlin 1890 —.

Der Frühlingssturm. Monatsschrift für Kunst, Literatur und Philosophie. Hrsg. von Paul Thomas (= Thomas Mann). Lübeck 1893.

Die Gesellschaft. Realistische Wochenschrift für Literatur, Kunst und öffentliches Leben (seit dem 2. Jg.: Monatsschrift, seit dem 3. Jg.: Monatsschrift für Literatur und Kunst, seit dem 7. Jg.: Monatsschrift für Literatur, Kunst und Sozialpolitik, seit dem 17. Jg.: Münchener Halbmonatsschrift für Kunst und Kultur). Hrsg. von Michael Georg Conrad, spätere Mitherausgeber: C. Bleibtreu, H. Merian, L. Jacobowski. München, seit dem 3. Jg.: Leipzig, seit dem 15. Jg.: Minden, seit dem 16. Jg.: Dresden, seit dem 17. Jg.: München. 1885—1902. (Vollständiger Nachdruck: Nendeln/Liechtenstein 1970).

Kritische Waffengänge (eigentlich keine Zeitschrift), geschrieben von den Brüdern Hart. Leipzig 1882—1884 (6 Hefte in unregelmäßigen Abständen). (Vollständiger Nachdruck mit einer Einführung von Mark Boulby. New York/London 1969).

Der Kunstwart. München 1887—1932.

Literarische Volkshefte. Gemeinverständliche Aufsätze über literarische Fragen der Gegenwart. Hrsg. von Leo Berg und Eugen Wolff. Berlin 1888.

Das Magazin für die Literatur des In- und Auslandes. Wochenschrift der Weltliteratur (ab dem 2. Halbjahr 1904 u. d. T.: Das neue Magazin für Literatur, Kunst und soziales Leben; April 1905 vereinigt mit Monatsblätter für deutsche Literatur, hrsg. von A. Tetzlaff; seit Juli 1906 u. d. T.: Das Magazin. Monatsschrift für Literatur, Musik, Kunst und Kultur; 1891 wurde die Zeitschrift Deutschland, hrsg. von Fritz Mauthner aufgenommen). Hrsg. (in unserem Zeitraum) von K. Bleibtreu, Wolfgang Kirchbach, K. von Schlieben, O. Neumann-Hofer, F. Mauthner, R. Steiner, O. E. Hartleben u. a. Berlin 1832—1915.

Die Moderne. Halbmonatsschrift für Kunst, Literatur, Wissenschaft
und soziales Leben. Hrsg. von Leo Berg, Red. J. G. Sallis. Berlin
1891.
Moderne Blätter. Wochenzeitschrift der Münchener »Gesellschaft für
modernes Leben«. München 1891.
Münchener Kunst. Illustrierte Wochenrundschau über das gesamte
Kunstwesen Münchens: Theater, Musik, Literatur und bildende
Künste. München 1889 (entstand aus dem »Münchener Theater-
Journal« unter Julius Schaumberger, wurde später aufgenommen
von den Modernen Blättern).
Die Volksbühne. Organ der »Freien Volksbühne« unter Franz Meh-
ring. Berlin 1892—93.

2. Jahrbücher

Kritisches Jahrbuch. Beiträge zur Charakteristik der zeitgenössischen
Literatur sowie zur Verständigung über den modernen Realismus.
Hrsg. von den Brüdern Hart. Hamburg 1889—90 (insgesamt 2
Hefte).
Neuer Theater-Almanach für das Jahr 1890. Berlin 1890 —.

3. Sammelwerke

Buch der Freiheit. Im Auftrag des Parteivorstandes der SPD zusam-
mengestellt von Karl Henckell. Berlin 1893.
Moderne Dichtercharaktere. Hrsg. von Wilhelm Arent (mit Einlei-
tungen »Unser Credo« von Hermann Conradi und »Die neue
Lyrik« von Karl Henckell). Leipzig 1885.
Modernes Leben. Sammlung der Münchener Modernen. Reihe I.
Hrsg. von Anna Croissant-Rust u. a. München 1891.
Moderne Lyrik. Eine Sammlung zeitgenössischer Dichtungen. Hrsg.
von Leo Berg und Wilhelm Lilienthal. Berlin 1892.
Moderner Musen-Almanach auf das Jahr 1893. Hrsg. von O. J. Bier-
baum. München o. J.

III. Dokumente, Manifeste und Programme

Siehe auch unten: »Sekundärliteratur«. Aus Raummangel können nicht
alle Zeitschriftenaufsätze verzeichnet werden; demzufolge sei der
Leser auf die wichtigsten Zeitschriften verwiesen z. B. *Freie Bühne*
und *Die Gesellschaft* sowie *Kritische Waffengänge.)*

Adler, Georg: F. Nietzsche: Der Socialphilosoph der Aristokratie.
NuS 56 (1891), 224—240.

Alberti, Conrad: Die Bourgeoisie und die Kunst. Gesellschaft 4 (1888), 822—841.

Alberti, Conrad: Karl Frenzel und der Realismus. Gesellschaft 4 (1888), 1032—1042.

Alberti, Conrad: Die zwölf Artikel des Realismus, Ein litterarisches Glaubensbekenntnis. Gesellschaft 5 (1889), 2—11.

Alberti, Conrad: Der moderne Realismus in der deutschen Literatur. Leipzig 1889.

Allen, G.: Darwinismus und Sozialismus. Gesellschaft 7 (1891), 174 bis 182.

Bahr, Hermann: Henrik Ibsen. Wien 1887.

Bahr, Hermann: Zur Kritik der Moderne. Gesammelte Aufsätze, 1. Reihe. Zürich 1890. 2. Reihe: Die Überwindung des Naturalismus. Dresden 1891. 3. Folge: Der neue Stil. Frankfurt 1894.

Bahr, Hermann: Studien zur Kritik der Moderne. Frankfurt 1894.

Berg, Leo: F. Nietzsche. Gesellschaft 6 (1890), 1415—1428.

Berg, Leo: Isten, Asten und Janer. Moderne Blätter 1 (1891), 2—4.

Berg, Leo: Der Naturalismus. Zur Psychologie der modernen Kunst. München 1892.

Berg, Leo: Zwischen zwei Jahrhunderten. Frankfurt/M. 1896.

Berg, Leo: Der Übermensch in der modernen Literatur. Paris/Leipzig/ München 1897.

Bierbaum, Otto Julius: Bemerkungen zu Conrad Albertis »Zwölf Artikeln des Realismus«. Gesellschaft 5 (1889), 670—673.

Bleibtreu, Karl: Andere Zeiten, andere Lieder! Gesellschaft 1 (1885), 891—893.

Bleibtreu, Karl: Zola und die Berliner Kritik. Gesellschaft 1 (1885), 463—471.

Bleibtreu, Karl: Revolution der Literatur. 2. verm. Aufl. Leipzig 1886.

Bleibtreu, Karl: Der Kampf um's Dasein in der Literatur. Leipzig 1888.

Bleibtreu, Karl: Geschichte der Deutschen National-Literatur von Goethes Tod bis zur Gegenwart. Berlin 1912.

Bleibtreu, Karl: Taine. Gesellschaft 9 (1893), 899—913.

Bölsche, Wilhelm: Die naturwissenschaftlichen Grundlagen der Poesie. Prolegomena einer realistischen Aesthetik. Leipzig 1887.

Bölsche, Wilhelm: Charles Darwin und die moderne Ästhetik. Der Kunstwart 1 (1887/88), 125—126.

Bölsche, Wilhelm: Hinaus über den Realismus. Freie Bühne 1 (1890), 1047—1050.

Bölsche, Wilhelm: Charles Darwin. Leipzig 1898.

Bölsche, Wilhelm: Ernst Haeckel. Dresden 1900.

Brahm, Otto: Henrik Ibsen. DRds 49 (1886), 177—190, 257—270.

Brahm, Otto: Zum Beginn. Freie Bühne 1 (1890), 1 f.

Brahm, Otto: Die soziale Frage im Theater. Freie Bühne 1 (1890), 172—176.

Brandes, Georg: Ibsen. NuS 27 (1883), 247—281.

Brandes, Georg: Emile Zola. DRds 54 (1888), 27—44.

Brausewetter, E.: E. Zola als Dramatiker. Gesellschaft 7 (1891), 249 bis 255, 386—397.

Conrad, Michael Georg: Zola und Daudet. Gesellschaft 1 (1885), 746 bis 750, 800—805.

Conrad, Michael Georg: Einführung. Gesellschaft 1 (1885), 1—3.

Conrad, Michael Georg: Die Moderne. Vortrag. München 1891.

Conrad, Michael Georg: Das Recht, der Staat, die Moderne. Vortrag. München 1891.

Conrad, Michael Georg: Die Sozialdemokratie und die Moderne. Gesellschaft 7 (1891), 583—592 (dazu: O. J. Bierbaum, ebenda, 1246—1248).

Conrad, Michael Georg: Die Sozialdemokratie und die Moderne. München 1893.

Conradi, Hermann: Unser Credo. In: Moderne Dichtercharaktere (s. oben »Sammelwerke«).

Conradi, Hermann: Wilhelm II. und die junge Generation. Eine zeitpsychologische Betrachtung. Leipzig 1889.

Diner, J.: Friedrich Nietzsche: Ein Dichterphilosoph. Freie Bühne 1 (1890), 368—371.

Eisner, K.: Friedrich Nietzsche und die Apostel der Zukunft. Gesellschaft 7 (1891), 1505—1536, 1600—1664.

Ernst, Paul: Frauenfrage und soziale Frage. Freie Bühne 1 (1890), 423—426.

Ernst, Paul: Friedrich Nietzsche. Freie Bühne 1 (1890), 489—491, 516—520.

Ernst, Paul: Friedrich Nietzsche. Berlin 1900, ²1904.

Fried, Albert: Der Naturalismus, seine Entstehung und Berechtigung. Leipzig/Wien 1890.

Fulda, Ludwig: Moral und Kunst. Freie Bühne 1 (1890), 5—9.

Grottewitz, Curt: Die Zukunft der deutschen Literatur im Urteil unserer Dichter und Denker. Eine Enquête. Berlin 1892.

Gruber, Hermann, S. J.: Der Positivismus vom Tode Comtes bis auf unsere Tage. Freiburg 1891 (Stimmen aus Maria-Laach).

Hansson, Ola: Friedrich Nietzsche und der Naturalismus. Gegenwart 39 (1891), 275—278, 296—299.

Hanstein, Adalbert von: Die soziale Frage in der Poesie. Leipzig 1897.

Hart, Heinrich: Neue Welt: Deutsche Monatsblätter 1 (1878), 14—23.

Hart, Heinrich: Die realistische Bewegung. Ihr Ursprung, ihr Wesen, ihr Ziel. Kritisches Jahrbuch 1 (1889), 50—56.

Hart, Heinrich: Der Kampf um die Form in der zeitgenössischen Dichtung. Kritisches Jahrbuch 1 (1890), 58—76.

Hart, Heinrich: Die Moderne. Kunstwart 4 (1890/91), 148—149.

Hart, Heinrich und Julius: Kritische Waffengänge 1—6 (1882—84) (alle Aufsätze).

Hart, Julius: Der Zolaismus in Deutschland. Gegenwart 30 (1886), 214—216.

Haushofer, M.: Die sozialen Fragen im Lichte der dramatischen Dichtung. Westermanns Monatshefte 81 (1896/97), 330—342.

Henckell, Karl: Die neue Lyrik. In: Moderne Dichtercharaktere (s. oben »Sammelwerke«).

Hillebrand, Julius: Naturalismus schlechtweg! Gesellschaft 2 (1886), 232—237.

Holz, Arno: Zola als Theoretiker. Freie Bühne 1 (1890), 101—104.

Holz, Arno: Die Kunst. Ihr Wesen und ihre Gesetze. Berlin 1891.

Holz, Arno: Die neue Wortkunst. Eine Zusammenfassung ihrer ersten grundlegenden Dokumente. In: Das Werk von Arno Holz. X. Band. Berlin 1925 (enthält das Wesentliche von all seinen Aufsätzen sowie Ausschnitte aus der zeitgenössischen Kritik).

Kapff-Essenther, Franziska von: Wahrheit und Wirklichkeit. Berliner Monatshefte 1 (1885), 176—178.

Kirchbach, Wolfgang: Was kann die Dichtung für die moderne Welt noch bedeuten? Literarische Volkshefte Nr. 6 (1888).

Röhr, Julius: Das Milieu in Kunst und Wissenschaft. Freie Bühne 2 (1891), 341—345.

Schupp, Falk: Zu früh. Gesellschaft 7 (1891), 359—367.

Starkenburg, H.: Darwinismus und Sozialismus. Gesellschaft 11 (1895), 289—297.

Steiner, R.: Ludwig Büchner. Magazin für die Literatur des In- und Auslandes 68 (1899), Sp. 433—438.

Sterne, C.: Ernst Haeckel. NuS 37 (1886), 196—218.

Suttner, Bertha von: Wahrheit und Lüge. Ein Dialog. Gesellschaft 1 (1885), 3—5, 29—30.

Troll-Borostyani, Irma von: Der französische Naturalismus. Gesellschaft 2 (1886), 215—226.

Troll-Borostyani, Irma von: Die Liebe in der zeitgenössischen deutschen Literatur. Gesellschaft 7 (1891), 1004—1022.

Verein Durch. Facsimile der Protokolle 1887. Aus der Wendezeit des deutschen Naturalismus. Hrsg. vom Institut für Literatur- und Theaterwissenschaft zu Kiel. Kiel 1932 (Nachwort von Wolfgang Liepe).

Wolff, Eugen: Die jüngste deutsche Literaturströmung und das Prinzip der Moderne. Literarische Volkshefte Nr. 5 (1888).

Wolf, Eugen: Zehn Thesen. Deutsche Universitätszeitung 1 (1888).

Weigand, Wilhelm: Essays. München 1891.

IV. Anthologien

Bithell, Jethro: An Anthology of German Poetry. Vol. 2: 1880—1940. New York 1956 (zuerst London 1941).

Friedrich, Wolfgang: Im Klassenkampf. Deutsche revolutionäre Lieder und Gedichte aus der 2. Hälfte des 19. Jahrhunderts. Halle 1962.

Henckell, Karl: Deutsche Dichtung seit Heine. Berlin 1906.

Killy, Walther: 20. Jahrhundert. Texte und Zeugnisse. München 1967.

Knilli, Friedrich und Münchow, Ursula: Frühes Deutsches Arbeitertheater 1847—1918. Eine Dokumentation. München 1970.

Linden, Walther: Deutsche Literatur in Entwicklungsreihen. Vom Naturalismus zur neuen Volksdichtung. Leipzig 1936.

Müller, Artur und Schlien, Hellmut: Dramen des Naturalismus. Emsdetten 1962.

Münchow, Ursula: Naturalismus 1885—1899. Dramen Lyrik Prosa. Anthologie. 2 Bände. Berlin 1970.

Röhl, Hans: Aus Bekenntnis und Dichtung des Naturalismus. Leipzig 1926.

Ruprecht, Erich: Literarische Manifeste des Naturalismus 1880—1892. Stuttgart 1962.

V. Werkausgaben

Anzengruber, Ludwig: Sämtliche Werke. Unter Mitwirkung von K. Anzengruber hrsg. von R. Latzke und O. Rommel. Kritisch durchges. Gesamtausgabe in 15 Bänden. Wien 1920—22.

Bierbaum, Otto Julius: Gesammelte Werke. Hrsg. von M. G. Conrad und H. Brandenburg. München 1912—17 (von 10 Bänden sind nur 1, 4—7 erschienen).

Bleibtreu, Karl: Dramatische Werke. 3 Bände. Leipzig 1889.

Böhlau, Helene: Gesammelte Werke. 9 Bände. Weimar 1929.

Bölsche, Wilhelm: Ausgewählte Werke. Neubearbeitete und illustrierte Ausgabe. 6 Bände. Leipzig 1930.

Conradi, Hermann: Gesammelte Schriften. Hrsg. von Paul Szymank und Gustav Werner Peters. 3 Bände. München/Leipzig 1911.

Dehmel, Richard: Gesammelte Werke. 10 Bände. Berlin 1906—09.

Dehmel, Richard: Dichtungen, Briefe, Dokumente. Hrsg. von P. J. Schindler. Hamburg 1963.

Ernst, Otto: Gesammelte Werke. 12 Bände. Leipzig 1922—23.

Ernst, Paul: Gesammelte Werke. 21 Bände. München 1928—42.

Flaischlen, Cäsar: Gesammelte Dichtungen. 6 Bände. Stuttgart 1921.

Grazie, Marie Eugene delle: Sämtliche Werke. 9 Bände. Leipzig 1903.

Halbe, Max: Sämtliche Werke. 14 Bände. Salzburg 1943.

Halbe, Max: Gesammelte Werke. 7 Bände. München 1917—23.

Hart, Heinrich: Gesammelte Werke. Hrsg. von Julius Hart unter Mitwirkung von W. Bölsche, H. Beerli, W. Holzamer, F. H. Meißner. 4 Bände. Berlin 1907.

Hartleben, Otto Erich: Ausgewählte Werke in drei Bänden. Auswahl und Einleitung von F. F. Heitmüller. Berlin 1909.

Hauptmann, Gerhart: Das Gesammelte Werk. Ausgabe letzter Hand zum 80. Geburtstag des Dichters am 15. November 1942. Abt. 1, Bd. 1—17. Berlin 1942 (Abt. 2: Fragmente Entwürfe, Parerga, nicht erschienen).

Hauptmann, Gerhart: Sämtliche Werke. Centenar-Ausgabe zum hundertsten Geburtstag des Dichters 15. November 1962. Hrsg. von Hans-Egon Haas, fortgeführt von Martin Machatzke und Wolfgang Bungies. 10 Bände. Frankfurt/M. 1962—70.

Heimann, Moritz: Prosaische Schriften. 5 Bände. Berlin 1918—26.

Heimann, Moritz: Nachgelassene Schriften. Hrsg. von O. Loerke. Berlin 1926 (= 5. Band der Prosaischen Schriften).

Heimann, Moritz: Die Wahrheit liegt nicht in der Mitte. Essays. Mit einem Nachwort von Wilhelm Lehmann. Frankfurt 1966.

Heimann, Moritz: Kritische Schriften. Ausgewählt, eingeleitet und erläutert von Helmut Prang. Zürich/Stuttgart 1969.

Henckell, Karl: Gesammelte Werke. Erste kritische Ausgabe eigener Hand. 4 Bände. München/Berlin 1921. 2. wesentlich erweiterte Auflage: 5 Bände. München/Berlin 1923.

Hille, Peter: Gesammelte Werke. Hrsg. von seinen Freunden. 4 Bände. Berlin 1904—05.

Hille, Peter: Gesammelte Werke. Hrsg. von seinen Freunden. Einleitung von J. Hart. Berlin 1916 (veränderte Neuauflage der Ges. Werke von 1904—05).

Hille, Peter: Ausgewählte Dichtungen. Die Auswahl bes. Alois Vogedes. Bearbeitet von Hans D. Schwarze. Ratingen 1961.

Hollaender, Felix: Gesammelte Werke. 6 Bände. Rostock 1926.

Holz, Arno: Das Werk. Erste Ausgabe mit Einführungen von Dr. Hans W. Fischer. 10 Bände. Berlin 1924—25 (im folgenden Jahr erscheint die »Monumental-Ausgabe« in 12 ungebundenen bibliophilen Bänden).

Holz, Arno: Werke. Hrsg. von W. Emrich und A. Holz. 7 Bände. Neuwied und Berlin-Spandau 1961—64.

Holz, Arno: Phantasus. Mit einer Einführung von J. Hermand. New York/London 1968 (Nachdruck der ersten 2 Hefte von 1898—99).

Holz, Arno: Phantasus. Faksimiledruck der Erstfassung. Hrsg. von Gerhard Schulz. Stuttgart 1968 (Reclam 8549/50).

Holz, Arno und Jerschke, Oskar: Deutsche Bühnenspiele. Ausgabe in einem Bande. Dresden [1922].

Holz, Arno und Schlaf, Johannes: Neue Gleise. Gemeinsames von Arno Holz und Johannes Schlaf. In drei Theilen und einem Bande. Berlin 1892.

Kerr, Alfred: Die Welt im Drama. 5 Bände. Berlin 1917 (= Gesammelte Schriften Reihe I).

Kerr, Alfred: Die Welt im Licht. 2 Bände. Berlin 1920 (= Gesammelte Schriften Reihe II).

Keyserling, Eduard Graf von: Gesammelte Erzählungen in vier Bänden. Hrsg. und eingeleitet von E. Heilborn. 4 Bände. Berlin 1922.

Kirchbach, Wolfgang: Gesammelte poetische Werke. 8 Bände. München 1908 ff.

Lienhard, Friedrich: Gesammelte Werke. 3 Reihen. 15 Bände. Stuttgart 1924—26.

Liliencron, Detlev von: Sämtliche Werke. 15 Bände. Berlin 1904—08.

Liliencron, Detlev von: Nachlaß. 2 Bände. Berlin 1909.

Liliencron, Detlev von: Gesammelte Werke. Hrsg. von Richard Dehmel. 8 Bände. Berlin 1911—13, ²1922.

Mackay, John Henry: Gesammelte Werke. 8 Bände. Berlin 1911.

Mackay, John Henry: Werke in einem Band. Im Verein mit John Henry Mackay hrsg. von Leo Kasarnowski. Berlin 1928.

Mann, Heinrich: Ausgewählte Werke in Einzelausgaben. Hrsg. von der Dt. Akademie der Künste in Berlin. Berlin 1951 ff.

Mann, Thomas: Gesammelte Werke. 12 Bände. Frankfurt 1960 (Lizenzausgabe: Berlin 1965).

Mauthner, Fritz: Ausgewählte Schriften. 6 Bände. Stuttgart 1919.

Mauthner, Fritz: Credo: Gesammelte Aufsätze. Berlin 1886.

Panizza, Oskar: Das Liebeskonzil und andere Schriften. Hrsg. und mit einem Nachwort und einer Bibliographie versehen von Hans Prescher. Neuwied 1964.

Polenz, Wilhelm von: Gesammelte Werke. Einleitung von Adolf Bartels. 10 Bände. Berlin 1909.

Rilke, Rainer Maria: Sämtliche Werke. Hrsg. vom Rilke-Archiv. In Verbindung mit Ruth Sieber-Rilke. Besorgt durch E. Zinn. 6 Bände. Wiesbaden 1955—56.

Rosenow, Emil: Gesammelte Dramen. Hrsg. von seiner Frau. Biographische Einleitung von Ch. Gaehade. Berlin 1912.

Schnitzler, Arthur: Die erzählenden Schriften. 2 Bände. Frankfurt/M. 1961.

Schnitzler, Arthur: Die dramatischen Werke. 2 Bände. Frankfurt/M. 1962.

Schönaich-Carolath, Emil von: Gesammelte Werke. 7 Bände. Leipzig 1907.

Schönherr, Karl: Gesamtausgabe. Hrsg. von Vinzenz K. Chiavacci. Band 1: Bühnenwerke. Einführung von Margaret Dietrich. Wien

1967. Band 2: Lyrik und Prosa. Geleitwort von Hans Wiegel. Wien 1969.

Stehr, Hermann: Gesammelte Werke. 12 Bände. Leipzig. 1927—1936.

Sudermann, Hermann: Dramatische Werke. Gesamtausgabe in 6 Bänden. Stuttgart 1923.

Sudermann, Hermann: Romane und Novellen, Gesamtausgabe. 2 Reihen. 6 und 4 Bände. Stuttgart 1930.

Sudermann, Hermann: Litauische Geschichten. Stuttgart 1969.

Suttner, Bertha von: Gesammelte Schriften. 12 Bände. Dresden 1906-07.

Thoma, Ludwig: Gesammelte Werke. Erweiterte Neuausgabe. Textredaktion von Albrecht Knaus. Mit einer Einführung von J. Lachner. 8 Bände. München 1956.

Viebig, Clara: Ausgewählte Werke. 6 Bände. Berlin 1911.

Viebig, Clara: Ausgewählte Werke. 8 Bände. Stuttgart 1922.

Voß, Richard: Ausgewählte Werke. 5 Bände. Stuttgart 1922.

Weigand, Wilhelm: Moderne Dramen. 2 Bände. München 1900.

Wildenbruch, Ernst von: Gesammelte Werke. Hrsg. von B. Litzmann. 3 Reihen. 16 Bände. Berlin 1919—24.

VI. Sekundärliteratur zum Naturalismus

Ackermann, Walter: Die zeitgenössische Kritik an den deutschen naturalistischen Dramen (Hauptmann, Holz, Schlaf). Diss. München 1965.

Alker, Ernst: Über den Einfluß von Übersetzungen aus den nordischen Sprachen auf den Sprachstil der deutschen Literatur seit 1890. In: Stil- und Formprobleme in der Literatur. Hrsg. von Paul Böckmann. Heidelberg 1959, 453—458.

Alker, Ernst: Die deutsche Literatur im 19. Jahrhundert (1832—1914). 2. veränd. Auflage. Stuttgart 1962.

Alst, Theo van: Gestaltungsprinzipien des szenischen Naturalismus. Diss. Köln 1959.

Arnold, Robert F.: Das moderne Drama, Straßburg 1908.

Auerbach, Erich: Mimesis. Dargestellte Wirklichkeit in der abendländischen Literatur. Bern/München ⁴1967 (Sammlung Dalp).

Bab, Julius: Der Naturalismus. In: Das deutsche Drama. Hrsg. von R. F. Arnold. München 1925, 653—708.

Bab, Julius: Das Theater der Gegenwart. Geschichte der dramatischen Bühne seit 1870. Leipzig 1928.

Bachmann, R.: Problematik von Mensch und Wirklichkeit bei Fontane und dem deutschen Naturalismus. Diss. München 1968.

Bahr, Hermann: Wiener Theater (1892—1898). Berlin 1899.

Bahr, Hermann: Premieren. Winter 1900 bis Sommer 1901. München 1902.

Bahr, Hermann: Rezessionen. Wiener Theater 1901—1903. Berlin 1903.
Bahr, Hermann: Selbstbildnis. Berlin 1923.
Baxandall, Lee: The Naturalist Innovation on the German Stage: The Freie Bühne and Its Influence. Modern Drama 5 (1962/63), 454—476.
Becher, H.: Die Verarmung der Sprache im Naturalismus. Stimmen der Zeit 158 (1955/56), 321—332.
Bedwell, Carol E. B.: The Parallelism of Artistic and Literary Tendencies in Germany 1880—1910. Diss. Indiana University 1962.
Benoist-Hanappier, L.: Le Drame naturaliste en Allemagne. Paris 1905.
Berendt, Kurt: Der deutsche Naturalismus (Gerhart Hauptmann) in seinem Verhältnis zur klassischen Dichtung. Diss. Rostock 1924.
Berg, Leo: Gefesselte Kunst. Berlin 1901.
Bernhardt, Rüdiger: Die Herausbildung des naturalistischen deutschen Dramas bis 1890 und der Einfluß Henrik Ibsens. Diss. Halle 1968.
Bernhardt, Rüdiger: Goethe und der deutsche Naturalismus. Wissenschaftliche Zeitschrift der Universität Halle 18 (1969), 213—221.
Bevilacqua, Giuseppe: Letteratura e società nel Seconde Reich. Padova 1965.
Binder-Krieglstein, Karl von: Realismus und Naturalismus in der Dichtung. Ihre Ursachen und ihr Werth. Leipzig 1892.
Bithell, Jethro: Modern German Literature 1880—1938. London 1939, ²1946.
Bleich, Erich Herbert: Der Bote aus der Fremde als formbedingender Kompositionsfaktor im Drama des deutschen Naturalismus. Diss. Greifswald 1936, Druck: 1936.
Bölsche, Wilhelm: Hinter der Weltstadt. Friedrichshagener Gedanken zur ästhetischen Kultur. Jena/Leipzig 1901.
Bohla, K.: Paul Schlenther als Theaterkritiker. Diss. Leipzig 1935.
Boulby, Mark: Optimism and Pessimism in German Naturalist Writers. Diss. University of Leeds 1951.
Brahm, Otto, Kritische Schriften über Drama und Theater. Hrsg. von Paul Schlenther. Berlin 1913. Band 2: Literarische Persönlichkeiten aus dem 19. Jahrhundert. Hrsg. von Paul Schlenther. Berlin 1915.
Brahm, Otto: Kritiken und Essays. Hrsg. von Fritz Martini. Zürich 1964.
Brandenburg, Hans: München leuchtete. Jugenderinnerungen. München 1953.
Brandt, P. A.: Das deutsche Drama am Ende des 19. Jahrhunderts im Spiegel der Kritik. Diss. Leipzig 1932.
Brendle, E.: Die Tragik im deutschen Drama vom Naturalismus bis zur Gegenwart. Diss. Tübingen 1940.
Brodbeck, Albert: Handbuch der deutschen Volksbühnenbewegung. Berlin 1930.

Bürkle, Albrecht: Die Zeitschrift »Freie Bühne« und ihr Verhältnis zur literarischen Bewegung des deutschen Naturalismus. Diss. Heidelberg 1941/45.

Büttner, Ludwig u. a.: Das europäische Drama von Ibsen bis Zuckmayer. Dargestellt an Einzelinterpretationen. Frankfurt/M. 1960.

Cantwell, W. R.: Der Friedrichshagener Dichterkreis. Diss. University of Wisconsin 1967.

Carlson, Harold G.: The Heredity Motif in the German Drama. GR 11 (1936), 184—185.

Carlson, Harold G.: The Heredity Motif in German Prose Fiction. GR 12 (1937), 185—195.

Carlson, Harold G.: Criticisms of Heredity as a Literary Motif, with Special Reference to the Newspapers and Periodicals from 1880—1900. GR 14 (1939), 165—182.

Carlsson, Anni: Vom Idealismus zum Naturalismus; Die neue Wahrheit. In: A. C., Die deutsche Buchkritik von der Reformation bis zur Gegenwart. Bern/München 1969.

Carlsson, Anni: Ibsenspuren im Werk Fontanes und Thomas Manns. DVjs 43 (1969), 289—296.

Cast, Gottlob C.: Das Motiv der Vererbung im deutschen Drama des 19. Jahrhunderts. Madison 1932 (= University of Wisconsin Studies in Language and Literature 33).

Chiusano, I. A.: Il teatro tedesco dal naturalismo all'espressionismo. Bologna 1964.

Claus, Horst: Studien zur Geschichte des deutschen Frühnaturalismus. Die deutsche Literatur von 1880—1890. Diss. Greifswald 1933.

Collins, Ralph S.: The Artist in Modern German Drama (1885—1930). Diss. Johns Hopkins University (Baltimore) 1938 (Druck: Baltimore 1940).

Conrad, Michael Georg: Von Emil Zola bis Gerhart Hauptmann — Erinnerungen zur Geschichte der Moderne. Leipzig 1902.

Correns, Marie-Luise: Bühnenwerk und Publikum. Eine Untersuchung der Struktur von vier erfolgreichen Dramen um die letzte Jahrhundertwende in Berlin (Sudermanns »Heimat«, Halbes »Jugend«, Hauptmanns »Fuhrmann Henschel«, Holz' und Jerschkes »Traumulus«. Diss. Jena 1956.

David, Claude: Von Wagner zu Brecht. Eine Geschichte der neueren deutschen Literatur. Frankfurt/M. 1964.

Deesz, Gisela: Die Entwicklung des Nietzsche-Bildes in Deutschland. Diss. Bonn 1933 (Druck: Würzburg 1933).

Dehmel, Richard: Die neue deutsche Alltagstragödie. Gesellschaft 8 (1892), 475—512.

Dieckmann, Liselotte: Symbols of Isolation in Some Late 19th Century Poets. In: Studies in Germanic Languages and Literatures. In

Memory of Fred O. Nolte. Ed. by Erich Hofacker and Liselotte Dieckmann. St. Louis 1963, 133—148.

Döblin, Alfred: Der Geist des naturalistischen Zeitalters. In: A. D., Aufsätze zur Literatur. Freiburg 1963, 62—83.

Doell, Otto: Die Entwicklung der naturalistischen Form im jüngstdeutschen Drama (1880—1890). Halle a. S. 1910.

Dorner, August: Pessimismus, Nietzsche und Naturalismus mit besonderer Beziehung auf die Religion. Leipzig 1911.

Dosenheimer, Elise: Das deutsche soziale Drama von Lessing bis Sternheim. Konstanz 1949 (photogr. Nachdruck: Darmstadt 1967).

Dreyer, Max: Aus der Frühzeit des deutschen Naturalismus: Jugenderinnerungen. Aufbau 2 (1946), 1259—1262.

Dünhofen, Ingrid: Die Familie im Drama vom Beginn des Naturalismus bis zum Expressionismus um die Zeit des 1. Weltkrieges. Diss. Wien 1958.

Duwe, Wilhelm: Ausdrucksformen deutscher Dichtung vom Naturalismus bis zur Gegenwart. Eine Stilgeschichte der Moderne. Berlin 1965.

Eloesser, Arthur: Die deutsche Literatur von der Romantik bis zur Gegenwart. Berlin 1931.

Engel, Eduard: Das jüngste Deutschland. Sonderdruck aus: E. E., Geschichte der deutschen Literatur. Wien/Leipzig 1907.

Engelmann, G.: Das historische Drama im ausgehenden 19. Jahrhundert unter dem Zeichen des Renaissancismus und der nationalen Einigung. Diss. München 1957.

Ernst, Paul: Jünglingsjahre. München 1931.

Ernst, Paul: Mein dichterisches Erlebnis. Berlin 1933.

Fechter, Paul: Das europäische Drama. Band 2: Vom Naturalismus zum Expressionismus. Mannheim 1957.

Fischer, Lore: Der Kampf um den Naturalismus (1889—1899). Diss. Rostock 1930 (Druck: Borna-Leipzig 1930).

In memoriam S. Fischer. 24. 12. 1959. Frankfurt 1960.

Fischer, Siegfried: Die Aufnahme des naturalistischen Theaters in der deutschen Zeitschriftenpresse (1887—1893). Diss. Berlin 1953.

Freund, C.: Der Sinn des Naturalismus. Die Literatur 39 (1937), 465—467.

Friedell, Egon: Über den Naturalismus. Welt und Wort 5 (1950), 371—372.

Friedmann, S.: Das deutsche Drama des 19. Jahrhunderts in seinen Hauptvertretern. Leipzig 1902.

Fügen, Hans Norbert: Die Hauptrichtungen der Literatursoziologie und ihre Methoden. Ein Beitrag zur literatursoziologischen Theorie. Bonn ³1968.

Gaede, W. R.: Zur geistesgeschichtlichen Deutung des Frühnaturalismus GR 11 (1936), 196—206.

Garten, Hugo F.: Modern German Drama. London 1959.

Geffcken, Hanna: Ästhetische Probleme bei Theodor Fontane und im Naturalismus. GRM 8 (1920), 345—353.

George, David E. R.: Henrik Ibsen in Deutschland. Rezeption und Revision. Göttingen 1968 (= Palaestra 251) (ausführliche Bibliographie).

Gooch, G. P.: Berlin in the »Nineties«. GLL, NS. 9 (1955/56), 56 bis 63.

Gottschall, Rudolf von: Zur Kritik des modernen Dramas. Berlin 1900.

Gray, Ronald: The German Tradition in Literature 1871—1945. Cambridge 1965.

Grimm, Reinhold: Pyramide und Karussell. In: R. G., Strukturen. Essays zur deutschen Literatur. Göttingen 1963, 8—43.

Grimm, Reinhold: Naturalismus und episches Drama. In: Episches Theater. Hrsg. von R. Grimm. Köln/Berlin 1966, 13—35.

Grothe, W.: Die Neue Rundschau des Verlages S. Fischer. Diss. Berlin 1960.

Grube,. M.: Geschichte der Meininger. Berlin/Leipzig 1926.

Günther, M.: Die soziologischen Grundlagen des naturalistischen Dramas der jüngsten deutschen Vergangenheit. Diss. Leipzig 1912.

Guntrum, H.: Die Emanzipierte in der Dichtung des Naturalismus. Diss. Gießen 1928.

Guthke, Karl S.: Geschichte und Poetik der deutschen Tragikomödie. Göttingen 1961, 218—266.

Guttmann, Bernhard: Schattenriß einer Generation, 1888—1919. Stuttgart 1950.

Gwigger, Gerda: Die Probleme der Frauenbewegungen im weiblichen Schrifttum der Zeit von 1880—1930. Diss. Wien 1948.

Haber, Bernd: Die Gestalt des Dichters in der Moderne (Holz, Hauptmann, Rilke). Diss. Münster 1950.

Hack, B.: Buch und Buchhandel im Jahre 1896. Ein Querschnitt. In: Das werck der bucher. Festschrift Horst Kliemann. Hrsg. von Fritz Hodeige. Freiburg 1956, 24—72.

Halbe, Max: Scholle und Schicksal. Geschichte meines Lebens. München 1933.

Halbe, Max: Jahrhundertwende. Geschichte meines Lebens 1893—1914. Danzig 1935.

Halm, H.: Wechselbeziehungen zwischen L. N. Tolstoi und der deutschen Literatur. Archiv für slawische Philologie 35 (1911), 452—476.

Hamann, Richard und Hermand, Jost: Naturalismus. Berlin (Ost) 1959, [2]1968 (Deutsche Kunst und Kultur von der Gründerzeit bis zum Expressionismus. Band 2).

Hammer, William: The German Tolstoy Translations. GR 12 (1937), 49—61.

Hanstein, Adalbert von: Das jüngste Deutschland. Zwei Jahrzehnte miterlebter Literaturgeschichte. Leipzig 1900, ³1905.

Harden, Maximilian: Berlin als Theaterhauptstadt. Berlin 1888.

Harden, Maximilian: Literatur und Theater. Berlin 1896.

Hart, Heinrich: Literarische Erinnerungen. In: H. H., Gesammelte Werke. Band 3. Berlin 1907.

Hartogs, René: Die Theorie des Dramas im deutschen Naturalismus. Dillingen a. D. 1931.

Hathaway, Lillie V.: German Literature of the Mid-Nineteenth Century in England and America as Reflected in the Journals 1840—1914. Boston 1935.

Hauptmann, Gerhart: Das Abenteuer meiner Jugend. Berlin 1937.

Hausmann, Marianne: Münchener Zeitschriften von 1870 bis 1890. Diss. München 1939.

Hedler, F.: Die Heilsbringer- und Erlöseridee im Roman und Drama des Naturalismus. Diss. Köln 1922.

Helms, E. E. Freienmuth von: German Criticism of Gustave Flaubert 1857—1930. New York 1939 (Columbia University Germanic Studies, n.s. 7).

Henze, Herbert: Otto Brahm und das Deutsche Theater in Berlin. Diss. Erlangen 1929. Druck: Berlin 1929).

Hermann, Georg: Der tote Naturalismus. Das literarische Echo 15 (1912/13), 21—29.

Herting, Helga: Der Aufschwung der Arbeiterbewegung um 1890 und ihr Einfluß auf die Literatur. Diss. Berlin (Institut für Gesellschaftswissenschaften beim ZK der SED) 1961.

Heyfelder, Erich: Klassizismus und Naturalismus bei F. Th. Vischer. Berlin 1901.

Heynen, W. (Hrsg.): Mit Gerhart Hauptmann. Erinnerungen und Bekenntnisse aus seinem Freundeskreis. Berlin 1922 (Beiträge von Bahr, Wille, Hirschfeld, Stehr u. a.).

Hirschmann, L.: Das Berliner Residenztheater und das Neue Theater unter der Leitung von Sigmund Lautenburg. Diss. Berlin 1960.

Hlauschek, H.: Der Entwicklungsbegriff in den theoretischen Programmschriften des Frühnaturalismus. Diss. München 1941.

Hoefert, Sigfrid: Das Drama des Naturalismus. Stuttgart 1968 (Sammlung Metzler).

Hoefert, Sigfrid: Realism and Naturalism. In: The Challenge of German Literature. Ed. by Horst S. Daemmrich and Diether H. Haenicke. Detroit 1971, 232—270.

Hohlfeld, A. R.: Statistisches zur deutschen Literatur 1880—1930. MDU 25 (1933), 229—234.

Hölzke, Hermann: Zwanzig Jahre deutscher Literatur. Ästhetische und kritische Würdigung der schönen Literatur der Jahre 1885—1905. Braunschweig 1905.

Holl, Karl: Geschichte des deutschen Lustspiels. Leipzig 1923 (Nachdruck: Darmstadt 1964).

Houben, H. H.: Verbotene Literatur von der klassischen Zeit bis zur Gegenwart. Berlin 1924—28.

Houben, H. H.: Polizei und Zensur. Längs- und Querschnitt durch die Geschichte der Buch- und Theaterzensur. Berlin 1926.

Huber, Irene M.: The Social Position of Woman in the German Naturalistic Novel. Diss. Stanford University 1944.

Hundt, Josef: Das Proletariat und die soziale Frage im Spiegel der naturalistischen Dichtung (1884—1890). Diss. Rostock 1939.

Huysmans, J. K.: Zum Naturalismus. Besinnung 3 (1948), 57—59.

Jacobson, S.: Das Theater der Reichshauptstadt. München 1904.

Jaskulski, K.: Über den Einfluß der sozialen Bewegungen auf das moderne deutsche Drama. Czernowitz 1899.

Johann, Ernst: Die deutschen Buchverlage des Naturalismus und der Neuromantik. Weimar 1935 (Literatur und Leben 7).

Kalisch, Erich: Der Gegensatz der Generationen in der Streitschriftenliteratur des deutschen Naturalismus. Diss. Berlin 1947.

Kalz, Wolf: Gustav Landauer: Kultursozialist und Anarchist. Meisenheim 1967.

Kampmann, T.: Dostojewski in Deutschland. Münster 1931.

Kasten, Helmut: Die Idee der Dichtung und des Dichters in den literarischen Theorien des sogenannten »Deutschen Naturalismus«. Würzburg 1938 (zuerst Diss. Königsberg 1935).

Kauermann, W.: Das Vererbungsproblem im Drama des Naturalismus. Diss. Kiel 1933.

Kayser, Hans C.: Bild und Funktion der Schule in der deutschen Literatur um die Wende zum zwanzigsten Jahrhundert. Diss. Washington University (St. Louis) 1970.

Kayser, Wolfgang: Zur Dramaturgie des naturalistischen Dramas. In: W. K., Die Vortragsreise. Bern 1958, 214—231 (zuerst MDU 48 [1956], 169—181).

Kayser, Wolfgang: Die Wahrheit der Dichter. Wandlungen eines Begriffs in der Literatur. Hamburg 1959 (rowohlts deutsche enzyklopädie 87).

Kienzl, Hermann: Dramen der Gegenwart. Betrachtet und besprochen. Graz 1905.

Kindermann, Heinz: Das europäische Theater der Jahrhundertwende. In: Festschrift für Eduard Castle. Wien 1955, 51—65.

Kirchner, Friedrich: Gründeutschland. Ein Streifzug durch die jüngste deutsche Dichtung. Wien/Leipzig 1893.

Klenze, Camillo von: Naturalism in German Drama from Schiller to Hauptmann. In: C. v. K., From Goethe to Hauptmann. Studies in a Changing Culture. New York 1926 (Nachdruck: New York 1966), 159—220.

Kluckhohn, Paul: Die Wende vom 19. zum 20. Jahrhundert in der deutschen Dichtung. DVjs 29 (1955), 1—19.

Kniffler, C.: Die »sozialen« Dramen der achtziger und neunziger Jahre des 19. Jahrhunderts und der Sozialismus. Diss. Frankfurt/M. 1929.

Knudsen, Hans: Deutsche Theatergeschichte. Stuttgart 1959.

Kohn-Bramstedt, Ernest: Aristocracy and the Middle Classes in Germany. Social Types in German Literature. 1937. 2. Auflage: Chicago 1965.

Koetter, Carl E.: Economics and Finance of the »Gründerjahre« in the German Novel. Diss. University of Virginia 1943.

Kreer, Norbert: Der Aufstieg des Proletariats in der Prosa der Zeitschrift Die Gesellschaft. Diss. University of Michigan 1971.

Kreuzer, Helmut: Die Boheme. Beiträge zu ihrer Beschreibung. Stuttgart 1968.

Kupfer-Kahn, L. M.: Versuch einer Sozialcharakterologie der dichterischen Gestalten des Naturalismus. Diss. Heidelberg 1953.

Kummer, Friedrich: Deutsche Literaturgeschichte des 19. und 20. Jahrhunderts. 2 Bände. Dresden 1908, [3]1922.

Landsberg, Hans: Die moderne Literatur. Berlin 1904.

Lange, Annemarie: Das Wilhelminische Berlin zwischen Jahrhundertwende und Novemberrevolution. Berlin (Ost) 1967.

Lange, Victor: Modern German Literature 1870—1940. Ithaca 1945.

Law-Robertson, Harry: Walt Whitman in Deutschland. Gießen 1935 (Gießener Beiträge zur deutschen Philologie 42).

Leppla, R.: Naturalismus. In: Reallexikon. 2. Auflage: 1958 ff. II, 602—611.

Lessing: Otto Eduard: Die neue Form. Ein Beitrag zum Verständnis des deutschen Naturalismus. Dresden 1910.

Lindemann, M.: Studien und Interpretationen zur Prosa des deutschen Naturalismus. Diss. Münster 1956.

Litzmann, Berthold: Das deutsche Drama in den literarischen Bewegungen der Gegenwart. Hamburg/Leipzig 1894, 3. erweit. Auflage: 1896.

Lublinski, Samuel: Literatur und Gesellschaft im neunzehnten Jahrhundert. Bd 3/4 (in einem Band). Berlin 1900.

Lublinski, Samuel: Die Bilanz der Moderne. Berlin [3]1904.

Lukács, Georg: Deutsche Literatur im Zeitalter des Imperialismus. Eine Übersicht ihrer Hauptströmungen. Berlin 1945.

Lukács, Georg: Skizze einer Geschichte der neueren deutschen Literatur. Berlin 1953.

Lukács, Georg: Erzählen oder beschreiben? Zur Diskussion über Naturalismus und Formalismus. In: Begriffsbestimmung des literarischen

Realismus. Hrsg. von Richard Brinkmann. Darmstadt 1969, 33—85 (Wege der Forschung 212). (Dieser Aufsatz erschien zuerst in G. L., Schicksalswende. Berlin 1948.)

Lüth, Paul E. H.: Literatur als Geschichte. Deutsche Dichtung von 1885—1947. 2 Bände. Wiesbaden 1947 (vgl. dagegen: Paul Rilla: Literatur und Lüth. Eine Streitschrift. Berlin 1948).

Majut, Rudolf: Geschichte des deutschen Romans vom Biedermeier bis zur Gegenwart. In: Deutsche Philologie im Aufriß. Berlin 1960. II, Sp. 1357—1794.

Maleczek, O.: Die Dramaturgie des naturalistischen Trauerspiels. Diss. Wien 1928.

Mamroth, Fed.: Aus der Frankfurter Theaterchronik. 2 Bände. 1889 bis 1907. Berlin 1908.

Manns, Benno: Das Proletariat und die Arbeiterfrage im deutschen Drama. Diss. Rostock 1913.

Markwardt, Bruno: Geschichte der deutschen Poetik. Band 5: Das 20. Jahrhundert. Berlin 1967.

Martens, Kurt: Schonungslose Lebenschronik. Wien 1921—1924 (2 Teile.

Martersteig, M.: Das deutsche Theater im 19. Jahrhundert. Leipzig 1904.

Martin, A. von: Das Bild des ausgehenden 19. Jahrhunderts (nach den Memoiren von H. Uhde-Bernays). Wandlung 4 (1949), 562—581.

Maurer, Warren R.: The Naturalist Appraisal of German Literature. Diss. University of California (Berkeley) 1966.

Maurer, Warren R.: The Naturalist Image of Lessing. GR 44 (1969), 31—44.

Mauthner, Fritz: Zum Streit um die Bühne. Ein Berliner Tagebuch. Kiel/Leipzig 1893.

Mayer, Hans: Von Lessing bis Thomas Mann. Wandlungen der bürgerlichen Literatur in Deutschland. Pfullingen 1959.

McFarlane, J. W.: Hauptmann, Ibsen and the Concept of Naturalism. In: Hauptmann. Centenary Lectures. Ed. by K. G. Knight and F. Norman. London 1964, 31—60.

Mehle, Karl: Die soziale Frage im deutschen Roman während der 2. Hälfte des 19. Jahrhunderts. Diss. Halle 1924.

Mehring, Franz: Aufsätze zur deutschen Literatur von Hebbel bis Schweichel. Berlin (Ost) 1961 (enthält u. a.: Etwas über Naturalismus (1892), Der heutige Naturalismus (1893), Kunst und Proletariat (1896), Naturalismus und proletarischer Klassenkampf (1898), Naturalismus und Neuromantik (1908) sowie Rezensionen von naturalistischen Dramen und Aufsätze über einzelne Dichter der Epoche).

Meixner, Horst: Naturalistische Natur: Bild und Begriff der Natur im naturalistischen deutschen Drama. Diss. Freiburg 1961.

Mensing, E.: Jüngstdeutsche Dichter in ihren Beziehungen zu J. M. R. Lenz. Diss. München 1926.

Mews, Siegfried: Foreign Literature in German Magazines 1870–1890. Yearbook of Comparative and General Literature 18 (1969), 36–47.

Mews, Siegfried: German Reception of American Writers in the Late Nineteenth Century. South Atlantic Bulletin 34 (1969), ii, 7–10.

Meyer, Richard M.: Die deutsche Literatur des 19. Jahrhunderts. Berlin 1900.

Miehle, H.: Der Münchener Pseudonaturalismus der achtziger Jahre. Diss. München 1947.

Miller, A. I.: The Independent Theatre in Europe 1887 to the Present. New York 1931.

Mittner, Ladislao: Naturalismo e simbolismo. Il gusto eclettico dell'età guglielmina. In: L. M., La letteratura tedesca del Novecento e altri saggi. Torino 1960, 161–168.

Mohme, E. T.: Die freireligiösen Anschauungen im Drama und Roman der neueren deutschen Literatur (1885–1914). St. Louis 1927.

Moritzen, J.: Georg Brandes in Life and Letters. Newark 1922.

Motekat, Helmut: Absicht und Irrtum des deutschen Naturalismus. In: H. M., Experiment und Tradition. Vom Wesen der Dichtung im 20. Jahrhundert. Frankfurt 1962, 20–31.

Müller-Dyes, Klaus: Das literarische Leben 1850–1933. In: Berlin und die Provinz Brandenburg im 19. und 20. Jahrhundert. Hrsg. von Hans Herzfeld. Berlin 1968, 701–750.

Münchow, Ursula: Naturalismus und Proletariat. Betrachtungen zur ersten großen Literaturdiskussion der deutschen Arbeiterklasse vor der Jahrhundertwende. WB 10 (1964), 599–617.

Münchow, Ursula: Deutscher Naturalismus. Berlin (Ost) 1968.

Muhle, G.: Geschichte des Residenztheaters in Berlin von 1871–1887. Diss. Berlin 1955.

Munro, Thomas: Meanings of »Naturalism« in Philosophy and Aesthetics. Journal of Aesthetics and Art Criticism 19 (1960/61), 133–137.

Naumann, Hans: Die deutsche Dichtung der Gegenwart, 1885–1923. Stuttgart 1923 [6]1933 (zum Teil neubearbeitet).

Nicholls, Roger A.: Beginnings of the Nietzsche Vogue in Germany. Modern Philology 56 (1958/59), 24–37.

Niemann, Ludwig: Soziologie des naturalistischen Romans. Berlin 1934 (Germanische Studien 148) (Nachdruck: Nendeln/Liechtenstein 1967).

Nöhbauer H.: Literaturkritik und Zeitschriftenwesen 1885–1914. Diss. München 1956.

Osborn, Max: Der bunte Spiegel. Erinnerungen aus dem Kunst-,

Kultur- und Geistesleben der Jahrhunderte von 1890—1919. New York 1945.

Osborne, John: Zola, Ibsen and the Development of the Naturalist Movement in Germany. Arcadia 2 (1967), 196—203.

Osborne, John: The Naturalist Drama in Germany. Manchester 1971.

Osborne, John: Naturalism and the Dramaturgy of the Open Drama. GLL 23 (1969/70), 119—128.

Paslick, Robert Henry: Ethics versus Aesthetics at the Turn of the Century. A Battle in German Literary Periodicals 1895—1905. Diss. Indiana University 1962.

Petersen, Julius: Die Sehnsucht nach dem Dritten Reich in deutscher Sage und Dichtung. Dichtung und Volkstum (Euphorion) 35 (1934), 145—182.

Philipp, Peter: Der Naturalismus in kritischer Beleuchtung. Leipzig 1892.

Pick, Fritz: Die Jüngstdeutschen. Kampfstellung und Geschichtsbild. Diss. Köln 1935.

Piper, Reinhold: Mein Leben als Verleger. Vormittag. Nachmittag. München 1964 (zuerst in zwei Bänden 1947 bzw. 1950).

Praschek, Helmut: Das Verhältnis von Kunsttheorie und Kunstschaffen im Bereich der deutschen naturalistischen Dramatik. Diss. Greifswald 1957.

Praschek, Helmut: Zum Zerfall des naturalistischen Stils. In: Worte und Werte. Festschrift Bruno Markwardt. Berlin 1961, 315—321 (eigentlich über Schlafs Meister Oelze).

Presber, R.: Vom Theater um die Jahrhundertwende. Stuttgart 1901.

Pross, Harry: Literatur und Politik. Geschichte und Programme der politisch-literarischen Zeitschriften im deutschen Sprachgebiet seit 1870. Olten, Freiburg i. Br. 1963.

Przybyszewski, Stanislaw: Erinnerungen an das literarische Berlin. Mit einem Geleitwort von Willy Haas. Aus dem Polnischen von Klaus Staemmler. München 1965.

Pütz, Peter. Friedrich Nietzsche. Stuttgart 1967 (Sammlung Metzler).

Raeck, Kurt: Das Deutsche Theater unter der Direktion von Adolph l'Arronge. Berlin 1928.

Rasch, Wolfdietrich: Eine Beobachtung zur Form der Erzählung um 1900: Das Problem des Anfangs erzählender Dichtung. In: Stil- und Formprobleme in der Literatur. Hrsg. von Paul Böckmann. Heidelberg 1959, 448—453. Auch in: W. R., Zur deutschen Literatur seit der Jahrhundertwende. Stuttgart 1967 (enthält zudem: »Aspekte der deutschen Literatur um 1900« und »Tanz als Lebenssymbol im Drama um 1900«).

Rausch, Lotte: Die Gestalt des Künstlers in der Dichtung des Naturalismus. Diss. Gießen 1931.

Remak, Henry H.: The German Reception of French Realism. PMLA 69 (1954), 410—431.

Remmers, Käthe: Die Proletarierin in der Dichtung des Frühnaturalismus. Diss. Bonn 1931.

Rieder, Heinz: Die Geburt der Moderne in der Literatur der Jahrhundertwende. Begegnung 21 (1966), 15—20.

Roberts, Cecil E.: Handwerk und Handwerker in der deutschen Erzählung vom Ausgang des 18. Jahrhunderts bis zur Gegenwart. Diss. Breslau 1939.

Röhl, Hans: Der deutsche Naturalismus. Leipzig 1927.

Rogers, R. M.: The Anti-Christian Background of German Literary Naturalism. Brigham Young University Studies (Provo, Utah) 5 (1964), 203—218.

Root, Winthrop H. German Criticism of Zola 1875—1893. New York 1931 (Columbia University Germanic Studies) (Nachdruck: New York 1966).

Root, Winthrop H.: An Additional Bibliography of German Translations of Emile Zola's Works. GR 8 (1933), 65.

Root, Winthrop H.: Naturalism's Debt to Scherer. GR 11 (1936), 20—29.

Root, Winthrop H.: The Past as an Element in Naturalistic Tragedy. GR 12 (1937), 177—184.

Root, Winthrop H.: The Naturalist Attitude toward Aesthetics. GR 13 (1938), 56—64.

Root, Winthrop H.: Optimism in the Naturalist Weltanschauung. GR 14 (1939), 54—63.

Root, Winthrop H.: German Naturalism and the »Aesthetic Attitude«. GR 16 (1941), 203—215.

Root, Winthrop H.: German Naturalism and its Literary Predecessors. GR 23 (1948), 115—123.

Rosenhaupt, Hans Wilhelm: Der deutsche Dichter um die Jahrhundertwende und seine Abgelöstheit von der Gesellschaft. Bern/Leipzig 1939 (Sprache und Dichtung 66).

Schäble, Gunter, Burgtheater und Gebrauchsdramatik 1881—1914. Diss. Wien 1962.

Schatzky, B. E.: Stage Setting in Naturalist Drama. GLL, N.S. 8 (1954/55), 161—170.

Schirmer, Mariele R. American Criticism of German Naturalistic Drama. Diss. University of Wisconsin 1929.

Schlaf, Johannes: Aus meinem Leben. Erinnerungen. Halle 1941.

Schlawe, Fritz: Literarische Zeitschriften 1885—1910. Stuttgart 1961 (Sammlung Metzler).

Schleich, Carl Ludwig: Besonnte Vergangenheit. Lebenserinnerungen 1859—1919. 70.—81. Tausend: Berlin 1926.

Schlenther, Paul: Wozu der Lärm? Genesis der Freien Bühne. Berlin 1889.

Schlenther, Paul: Theater im 19. Jahrhundert. Ausgewählte theatergeschichtliche Aufsätze. Hrsg. von Hans Knudsen. Berlin 1930.

Schley, Gernot: Die Freie Bühne in Berlin. Der Vorläufer der Volksbühnenbewegung. Ein Beitrag zur Theatergeschichte in Deutschland. Berlin 1967.

Schlismann, A. R.: Beiträge zur Geschichte und Kritik des Naturalismus, Diss. Zürich 1903.

Schmähling, Walter: Die Darstellung der menschlichen Problematik in der deutschen Lyrik von 1890—1914. Diss. München 1962.

Schönhoff, L.: Kritische Theaterbriefe. Berlin 1900.

Schoolfield, George C.: Scandinavian-German Literary Relations. Yearbook of Comparative and General Literature 15 (1966), 19 bis 35.

Schulz, G.: Naturalism. In: Periods in German Literature. Ed. by James M. Ritchie. London 1966, 199—225.

Schumann, Detlev W.: Motifs of Cultural Eschatology in German Poetry from Naturalism to Expressionism. PMLA 58 (1943), 1125 bis 1177.

Schwerte, Hans: Der Weg ins zwanzigste Jahrhundert. In: Annalen der deutschen Literatur. Hrsg. von Heinz Otto Burger. Stuttgart 1952, 719 ff.

Schwerte, Hans: Deutsche Literatur im Wilhelminischen Zeitalter. WW 14 (1964), 254—270 (auch in: Das Wilhelminische Zeitalter. Hrsg. von H. J. Schoeps. Stuttgart 1967).

Seidlin, Oskar: Georg Brandes, 1842—1927. Journal of the History of Ideas 3 (1942) 415—442.

Selo, H.: Die »Freie Volksbühne« in Berlin. Diss. Erlangen 1930.

Soergel, Albert: Dichtung und Dichter der Zeit. Eine Schilderung der deutschen Literatur der letzten Jahrzehnte. Leipzig 1911.

Soergel, Albert und Hohoff, Curt: Dichtung und Dichter der Zeit. Vom Naturalismus bis zur Gegenwart. 2 Bände. Düsseldorf 1961 (Neubearbeitung vom vorigen Band und von zwei darauffolgenden; wegen der ausführlichen Behandlung des Naturalismus bleibt die erste Fassung jedoch immer noch unentbehrlich).

Spiero, Heinrich: Das poetische Berlin. München 1913.

Spies, Werner: Der literarische Geschmack im Ausgang des 19. Jahrhunderts im Spiegel der deutschen Zeitschriften. Diss. Bonn 1953.

Spohr, Wilhelm: O, ihr Tage von Friedrichshagen! Erinnerungen aus der Werdezeit des deutschen literarischen Realismus. Berlin 1949.

Stammler, Wolfgang: Deutsche Literatur vom Naturalismus bis zur Gegenwart. Breslau 1924, ²1927.

Steiger, Edgar: Der Kampf um die neue Dichtung. Kritische Beiträge zur Geschichte der zeitgenössischen Literatur. Leipzig 1889.

Steiger, Edgar: Das Werden des neuen Dramas. Teil 2: Von Hauptmann bis Maeterlinck. Berlin 1898.

Stein, Ludwig: An der Wende des Jahrhunderts. Freiburg 1899.

Stockum, Th. van: Die Anfänge des Naturalismus. Neophilologus 36 (1952), 215—224.

Striedieck, Werner F.: Paul Heyse in der Kritik der »Gesellschaft«. Diss. University of Michigan 1939.

Strudthoff, Ingeborg: Die Rezeption Georg Büchners durch das deutsche Theater. Berlin 1957.

Suttner, Bertha von: Memoiren. Stuttgart 1909.

Szondi, Peter: Theorie des modernen Dramas. Frankfurt/M. 1959.

Thal, W.: Berlins Theater und die »Freien Bühnen«. Hagen 1890.

Thielmann, H.: Stil und Technik des Dialogs im neueren Drama (vom Naturalismus bis zum Expressionismus). Diss. Heidelberg 1937.

Tillmann, K.: Die Zeitschriften der Gebrüder Hart. Diss. Bern 1922.

Turszinsky, W.: Berliner Theater. Berlin 1906.

Uhde-Bernays, Hermann: Im Lichte der Freiheit. Erinnerungen aus den Jahren 1880—1914. Wiesbaden 1947.

Ullstein, Herman: The Rise and Fall of the House of Ullstein. New York 1943.

Urban, R.: Die literarische Gegenwart 1888—1908. Leipzig 1908.

Utitz, Emil: Naturalistische Kunsttheorie. Zeitschrift für Ästhetik 5 (1910), 87— 91.

Valentin, Veit: Der Naturalismus und seine Stellung in der Kunstentwicklung. Kiel/Leipzig 1891.

Volkert, Johannes: Aesthetische Zeitfragen. München 1895.

Vollmüller C. G.: Die Sturm und Drangperiode und der moderne deutsche Realismus. 1897.

Voß, Richard: Aus einem phantastischen Leben. Erinnerungen. Stuttgart 1920.

Wagner, H.: Münchener Theaterchronik. München 1960.

Wais, Kurt: Zur Auswirkung des französischen naturalistischen Romans in Deutschland. In: K. W., An den Grenzen der Nationalliteratur. Berlin 1958, 215—236.

Walzel, Oskar: Die Geistesströmungen des 19. Jahrhunderts. Leipzig 1924.

Weiermair, H.: Literarische Zeitschriften Österreichs von 1890—1900. Diss. Graz 1967.

Weigand, Wilhelm: Welt und Weg. Aus meinem Leben. Bonn 1940.

Weno, Joachim: Der Theaterstil des Naturalismus. Diss. Berlin 1951.

Wethly, G.: Dramen der Gegenwart. Kritische Studien. 1903.

Wettley, Annemarie: Entartung und Erbsünde. Der Einfluß des medizinischen Entartungsbegriffs auf den literarischen Naturalismus. Hochland 51 (1958/59), 348—358.

Wilcke, Joachim: Das Lessingtheater in Berlin unter Oscar Blumenthal (1888—1893). Eine Untersuchung mit bes. Berücksichtigung der zeitgenössischen Theaterkritik. Diss. F. U. Berlin 1958.

Wille, Bruno: Aus Traum und Kampf. Mein 60jähriges Leben. Berlin 1920.

Windelboth, H.: Das Central-Theater in Berlin (1880—1908). Diss. Berlin 1956.

Wolf, Leo Hans: Die ästhetische Grundlage der Literaturrevolution der 80er Jahre, Diss. Bern 1921 (über die »Kritischen Waffengänge«).

Wolff, Eugen: Zwölf Jahre im literarischen Kampf. Studien und Kritiken zur Literatur der Gegenwart. 1901.

Wolff, Eugen: Geschichte der deutschen Literatur in der Gegenwart. Leipzig 1896.

Wolzogen, Ernst von: Humor und Naturalismus. Freie Bühne 1 (1890), 1244—1250.

Wolzogen, Ernst von: Wie ich mich ums Leben brachte. Erinnerungen und Erfahrungen. Braunschweig 1923.

Wunberg, Gotthart: Utopie und fin de siècle. DVjs 43 (1969), 685 bis 706.

Ziegler, Klaus: Das deutsche Drama der Neuzeit In: Deutsche Philologie im Aufriß. 2. Auflage, Band 2. Berlin 1960, Sp. 1997—2350.

Ziegler, Klaus: Die Berliner Gesellschaft und die Literatur. In: Berlin in Vergangenheit und Gegenwart. Tübinger Vorträge. Hrsg. von Hans Rothfels. Tübingen 1961 (Tübinger Studien zur Geschichte und Politik 14).

Ziel, Ernst: Das Prinzip des Modernen in der heutigen Dichtung. München 1895.

Zitta, Rainer: Bühnenkostüm und Mode vom Naturalismus zum Expressionismus. Diss. Wien 1961.

VII. Sekundärliteratur zu den einzelnen Autoren

Die folgende Auswahl beschränkt sich auf die Dichter, deren hauptsächliches Schaffen im Rahmen des Naturalismus liegt; es werden also die Dichter ausgelassen, die — wie Thomas Mann, Rilke, Schnitzler usw. — zwar anfänglich viele naturalistische Eigenschaften aufweisen, die aber verhältnismäßig früh einen anderen Weg einschlagen. Unauffindbar ist ein wissenschaftliches Schrifttum über die folgenden Autoren: Wilhelm Arent (1864—?), Theodor Duimchen (1853—1908), Ludwig von Ficker (1880—?), Wilhelm Hermann Friedrichs (1854—1911), Felix Hollaender (1867—1931), Hugo Landsberger (= Hans Land) (1861—?), Kurt Martens (1870—1945), Georg Freiherr von Ompteda (1863—1931), Hans Ostwald (1873—1940), Ludwig von

Scharf (1864—?) Maurice von Stern (1860—1938), Heinz Tovote (1864—1946).

Zu *Alberti, Conrad* (= Sittenfeld, Conrad) (1862—1918)

Fechter, Paul: Conrad Alberti. In: Neue Deutsche Biographie, 1953, 141.

Zu *Anzengruber, Ludwig* (1839—1889)

Bibliographie:
Goedeke, Karl: Grundriß zur Geschichte der deutschen Dichtung. Neue Folge. Bd. 1. Hrsg. von Georg Minde-Pouet und Eva Rothe. Berlin 1962.

Blankenagel, J. G.: Naturalistic Tendencies in Anzengruber's *Das vierte Gebot*. GR 10 (1935), 26—34.
Klocke, A.: Die religiöse und weltanschaulich-ethische Problematik bei Ludwig Anzengruber. Diss. Freiburg 1955.
Knight, A. H. J.: Prolegomena to the Study of Ludwig Anzengruber. In: German Studies Presented to W. H. Bruford. London 1962.
Koessler, L.: Louis Anzengruber. Toulouse 1943.
Martin, Werner: Der kämpferische Atheismus Ludwig Anzengrubers. Diss. Institut für Geisteswissenschaften beim ZK der SED. Berlin 1960.
Martin, Werner: Anzengruber und das Volksstück. Neue Deutsche Literatur 9 (1961), Heft 2, 110—121.
Reimann, Paul: Ludwig Anzengruber. WB 6 (1960), 532—550.

Zu *Bahr, Hermann* (1863—1934)

Bibliographien:
Bahr-Mildenburg, Ann: Bibliographie der Werke von Hermann Bahr. Jahrbuch deutscher Bibliophilen 20 (1934), 51—55.
Kindermann, Heinz: Hermann Bahr. Ein Leben für das europäische Theater. Graz und Köln 1954 (mit einer Bibliographie von K. Thomasberger).

August, H.: Der Publizist Hermann Bahr als Theaterkritiker. Ein Beitrag zu seinem kritischen Werk. Diss. F. U. Berlin 1953.
Bahr, Hermann: Theater der Jahrhundertwende. Kritiken. Auswahl und Einführung von Heinz Kindermann. Wien 1963.
Bahr, Hermann: Kulturprofil der Jahrhundertwende. Auswahl und Einführung von Heinz Kindermann. Wien 1962.

Bahr, Hermann: Zur Überwindung des Naturalismus. Theoretische Schriften. Ausgewählt, eingeleitet und erläutert von Gotthart Wunberg. Stuttgart/Berlin/Köln/Mainz 1968.

Bissinger, H.: Die »erlebte Rede«, der »erlebte innere Monolog« und der »innere Monolog« in den Werken von Hermann Bahr, Richard Beer-Hofmann und Arthur Schnitzler. Diss. Köln 1953.

Bogner, Kurt: Hermann Bahr und das Theaterwesen seiner Zeit. Diss. Wien 1947.

Collins, Ralph S.: Hermann Bahr's »Die Mutter«, a Play of Decadence. GR 17 (1942), 62—66.

Daviau, Donald G.: The Misconception of Hermann Bahr as a »Verwandlungskünstler«. GLL, N.S. 11 (1957/58), 182—192.

Daviau, Donald G.: »Dialog vom Marsyas«: Hermann Bahr's Affirmation of Life over Art. Modern Language Quarterly 20 (1959), 360—370.

Daviau, Donald G.: Hermann Bahr as Director of the Burgtheater. GQ 32 (1959), 11—21.

Daviau, Donald G.: The Friendship of Hermann Bahr and Arthur Schnitzler. Journal of the International Arthur Schnitzler Research Association 5 (1966), 4—36.

Gottsmann, Erika: Hermann Bahr als Theaterdichter. Diss. Innsbruck 1950.

Lenz, Piotr: Hermann Bahr und die expressionistische Bewegung. Germanica Wratislaw 11 (1967), 105—117.

Meister und Meisterbriefe um Hermann Bahr. Aus seinen Entwürfen, Tagebüchern und seinem Briefwechsel ausgewählt und eingeleitet von J. Gregor. Wien 1947.

Meridies, W.: Bahr als epischer Gestalter und Kritiker der Gegenwart. 1927.

Nirschl, Karl: In seinen Menschen ist Österreich. Hermann Bahrs innerer Weg. Linz 1964.

Prodinger, C.: Hermann Bahr und seine Zeitkritik. Diss. Innsbruck 1963.

Simmons, R. E.: Hermann Bahr as a Literary Critic. An Analysis and Exposition of His Thought. Diss. Stanford University 1957.

Sprengler, J.: Bahrs Weg in seinen Dramen. Hochland 25 (1927/28), 352—366.

Übleis, Imma: Hermann Bahr als Romanschriftsteller. Diss. Innsbruck 1947.

Wagner, P.: Der junge Bahr. Diss. Gießen 1937.

Widder, Erich: Hermann Bahr. Sein Weg zum Glauben. Linz 1963.

Zu Bernstein, Elsa (Pseudonym: Rosmer, Ernst) (1866—1949)

Wiener, K.: Die Dramen Elsa Bernsteins. Diss. Wien 1923 (Handschr.)

Zu Bertsch, Hugo (1851—1929)

Busse, A.: Hugo Bertsch, ein amerikanischer Erzähler. MDU 22 (1930), 2—9.

Zu Bethge, Hans (1876—1946)

Mathéy, Georg A.: In memorian Hans Bethge. Aussaat 2 (1947/48), 188—190.
Wittko, P.: Hans Bethge. Ostdeutsche Monatshefte 17 (1936/37), 194 f.

Zu Beyerlein, Franz Adam (1871—1949)

Kunze, W.: Franz Adam Beyerlein. In: Neue deutsche Biographie 1955, 207.
Die Treffstunde. Ein Buch vom Leipziger Schrifttum. Zugleich eine Festschrift für Franz Beyerlein. Leipzig 1931.

Zu Bierbaum, Otto Julius (1865—1910)

Bibliographie:
Klement, A. von: O. J. Bierbaum-Bibliographie. Antiquariat 12 (1956), 29—32, 58—62, 96—98, 135—138, 176—180, 217—218, 262—265 (Separatdruck: Wien/Bad Bocklet/Zürich 1957).

Ahl, Herbert: Eitelkeit und Schein. Otto Julius Bierbaum. In: H. A., Literarische Portraits. München/Wien 1962, 325—333.
Lubos, Arno: Otto Julius Bierbaum. Jahrbuch der Schlesischen Friedrich-Wilhelm-Universität zu Breslau 13 (1968), 284—312.
Muschol, Klaus P.: Otto Julius Bierbaums dramatisches Werk. Diss. München 1961.
Schwerte, Hans: Otto Julius Bierbaum. In: Neue deutsche Biographie 1955, 231 f.
Wilkening, William Herbert: Otto Julius Bierbaum's Relationship with the Publishers. Diss. University of Cincinnati 1967.
Yankeedoodle-Fahrt. Nachwort: Martin Gregor-Dellin. Neue durchgesehene Ausgabe. München 1965.

Zu Bleibtreu, Karl (1859—1928)

Biesendahl, Karl: Karl Bleibtreu, Leipzig 1893.
Diederichsen, D.: Karl Bleibtreu. In: Neue deutsche Biographie 1955, 298.

Faber, Gustav: Carl Bleibtreu als Literaturkritiker. Berlin 1936 (Germanische Studien 175) (Nachdruck: Nendeln/Liechtenstein 1967).
Harnack, Falk: Die Dramen Carl Bleibtreus. Berlin 1938 (Germanische Studien 199) (Nachdruck: Nendeln/Liechtenstein 1967).
Oliva, A.: Karl Bleibtreu als Erzähler. Diss. Wien 1937.

Zu Böhlau, Helene (1859—1940)

Nuri, Ali: Helene Böhlau. Frau Omer el Raschid, der Roman ihres Lebens. Istanbul 1933 (dazu: Th. Lessing: Einmal und nie wieder, 1935, S. 91—96).
Schwerte, H.: Helene Böhlau. In: Neue deutsche Biographie 1955, 376 f.
Voß, Richard: Helene Böhlau. In: R. V., Aus einem phantastischen Leben. Erinnerungen. Stuttgart 1920.
Zillmann, Friedrich: Helene Böhlau. Ein Beitrag zu ihrer Würdigung. Leipzig 1919.

Zu Bölsche, Wilhelm (1861—1939)

Bolle, F.: Wilhelm Bölsche. Orion 3 (1948), 170—172.
Hülsen, Hans von: Wilhelm Bölsche. In: H. v. H., Zwillings-Seelen. Denkwürdigkeiten aus einem Leben zwischen Kunst und Politik. 2 Bände. München 1947.
Magnus, Rudolf: Wilhelm Bölsche. Ein biographisch-kritischer Beitrag zur modernen Weltanschauung. Berlin 1909.
Theodor, J.: Wilhelm Bölsche. NuS 100 (1902), S. 170—185.
Urner, Hans: Gerhart Hauptmann und Wilhelm Bölsche in ihren Anfängen (1885—1889). Jahrbuch für Berlin-Brandenburgische Kirchengeschichte 45 (1970), S. 150—176.

Zu Brahm, Otto (1856—1912)

Der Briefwechsel Arthur Schnitzler und Otto Brahm. Hrsg. von Oskar Seidlin. Berlin 1953.
Buth, W.: Das Lessingtheater in Berlin unter der Direktion von Otto Brahm (1904—1912). Diss. F. U. Berlin 1965.
Hering, Gerhard F.: Otto Brahm. In: G. F. H., Der Ruf zur Leidenschaft. 1959, 313—326.
Koplowitz, Oskar: Otto Brahm als Theaterkritiker. Mit Berücksichtigung seiner literarhistorischen Arbeiten. Zürich/Leipzig 1936 (Baseler Beiträge zur deutschen Literatur- und Geistesgeschichte, Bd. 3).
Martini, Fritz: Shakespeare-Aufführungen im Spiegel der Kritik

Otto Brahms und Alfred Kerrs. Deutsche Shakespeare-Gesellschaft. West. Jahrbuch (1967), 123—146.
Newark, M.: Otto Brahm, the Man and the Critic. New York 1938.
Seidlin, Oskar: Otto Brahm. GQ 36 (1963), 131—140.

Zu Bronner, Ferdinand (1867—1948)

Vancsa, K.: Ferdinand Bronner. In: Neue deutsche Biographie 1955, 635.

Zu Conrad, Michael Georg (1846—1927)

Loos, P. A.: Michael Georg Conrad. In: Neue deutsche Biographie 1955, 335 f.
Reisinger, H.: Michael Georg Conrad. Diss. München 1939.
Salzmann, K. H.: Michael Georg Conrad, Wilhelm Friedrich und die »Gesellschaft«. Börsen-Blatt Leipzig 116 (1949).
Stauf von der March, Ottokar: Michael Georg Conrad. Ein Deutscher von echtem Schrot und Korn. Zeitz 1925.
Townsend, S. R.: A Modern Prophecy by Michael Conrad. GQ 31 (1958) (über »In purpurner Finsternis«).
Uhde-Bernays, Hermann: Michael Georg Conrad. In: U.-B., Im Lichte der Freiheit. Erinnerungen aus den Jahren 1880—1914. Wiesbaden 1947.

Zu Conradi, Hermann (1862—1890)

Appel, K.: Hermann Conradi. Diss. München 1922.
Boulby, Mark: Neo-Romanticism in German Naturalist Literatur: the Theme of the »Übergangsmensch« in Hermann Conradi's Novel »Adam Mensch«. GLL, N.S. 6 (1952/53), 306—310.
Kellett, Venon Brown: Hermann Conradi. His Position in Early Naturalism, a Reinterpretation. Diss. University of Michigan 1943.
Loos, P. A.: Hermann Conradi. In: Neue deutsche Biographie 1957, 339.
Szymank, Paul: Das Leben Hermann Conradis. In: Conradi, Gesammelte Schriften, Hrsg. von P. Szymank und G. W. Peters. München/Leipzig 1911.
Witt, Karl: Erlebnis und Gestalt in den Dichtungen Hermann Conradis. Eine Stiluntersuchung. Diss. Kiel 1932.

Zu Croissant, Eugen (1862—1918)

Mehring, Franz: »Hildegard Scholl«. Schauspiel von Bernhard Westenberger und Eugen Croissant. In: F. M., Aufsätze zur deutschen Literatur von Hebbel bis Schweichel. Berlin 1961, 399—403.

Zu Croissant-Rust, Anna (1860—1943)

Oberdorfler, K.: Anna Croissant-Rust. In: Neue deutsche Biographie 1957, 418 f.

Zu Dreyer, Max (1862—1946)

Babendererde, Paul: Max Dreyer, der Dichter der Ostsee. Greifswald 1942.
Lilienfein, Heinrich: Max Dreyer. Ostdeutsche Monatshefte 13 (1932/33), 436.
Wittko, Paul: Max Dreyer. Mecklenburgische Monatshefte 8 (1932), 420—422.
Zerkaulen, Heinrich: Max Dreyer. Der Dichter und sein Werk. Leipzig 1932.

Zu Ernst, Paul (1866—1937)

Ernst, Paul: Jugenderinnerungen. Hrsg. von Karl A. Kutzbach. Gütersloh 1959.
Göpfert, Herbert G.: Paul Ernst und die Tragödie. Leipzig 1932.
Haußmann, W.: Paul Ernst im Unterricht. Deutschunterricht 9 (1957), 76—90.
Heilmann, W.: Nietzsche und Paul Ernst. Diss. Würzburg 1949.
Hugelmann, H.: Paul Ernst. Wirklichkeit, Weltanschauung und Prosaform. Erlangen 1939.
Kükelhahn, K.: Das Weltbild Paul Ernsts. Dresden 1938.
Lange, Rudolf: Theorie und Praxis im Drama bei Paul Ernst. Diss. Göttingen 1948.
List-Speyer, Wolfram: Zu Paul Ernsts Novellen. Dichtung und Volkstum (Euphorion) 11 (1942), 343—351.
Marr, W. M.: Theory and Practice in the Dramas of Paul Ernst. Diss. Indiana University 1956.
Megow, G. F.: Die geistige Entwicklung Paul Ernsts in seinen theoretischen Schriften von den Anfängen bis 1918. Diss. Indiana University 1959.
Potthoff, A.: Paul Ernst. Einführung in sein Leben und Werk. München 1935.

Potthoff, A.: Paul Ernst und der französische Naturalismus. Die neueren Sprachen 14 (1936), 317—338.
Richter, F. K.: Dostojewski im literarischen Denken Paul Ernsts. GQ 17 (1944), 79—87.
Röttcher, G.: Paul Ernst in seiner Auseinandersetzung mit dem deutschen Idealismus. Diss. Heidelberg 1953.
Stolberg-Wernigerode, Hans Peter: Paul Ernsts Ansichten über das Drama. Diss. München 1952.

Zu Flaischlen, Cäsar (1864—1920)

Böck, Amalie: Cäsar Flaischlen. Diss. Wien 1921.
Heuß, Theodor: Cäsar Flaischlen. In: Th. H., Vor der Bücherwand. Skizzen zu Dichtern und Dichtung. Hrsg. von Fr. Kaufmann und Hermann Leins. Tübingen 1961, 230—233.
Roth, Emmy: Erinnerungen an Cäsar Flaischlen. 1924.
Stecher, Gotthilf: Cäsar Flaischlen. Kunst und Leben. Stuttgart 1924.
Zentner, W.: Cäsar Flaischlen. In: Neue deutsche Biographie 1961, 222.

Zu Fulda, Ludwig (1862—1939)

Klaar, Alfred: Ludwig Fulda. Leben und Lebenswerk. Stuttgart 1922
Martini, F.: Ludwig Fulda. In: Neue deutsche Biographie 1961, 727 f.
Mehring, Franz: Fuldas »Talismann«. In: F.M., Aufsätze zur deutschen Literatur von Hebbel bis Schweichel. Berlin 1961, 393—395.

Zu Grazie, Marie Eugene delle (1864—1931)

Bietak, W.: Marie Eugene delle Grazie. In: Neue deutsche Biographie 1966, 14.
Milleker, Felix: Marie Eugene delle Grazie, ihr Leben und ihre Werke. 1922.
Münz, Bernhard: Marie Eugene delle Grazie als Dichterin und Denkerin. Wien 1902.
Nordeck, H.: Marie Eugene delle Grazie. Hochland 24 (1926/27), 661—663.
Wengraf, Alice: Marie Eugene delle Grazie. Versuch eines geistgemäßen biographischen Skizze. Wien 1932 (als Ms. vervielfältigt).
Widmann, Hans: Marie Eugene delle Grazie. Wien 1903. (Randglossen der deutschen Literaturgeschichte. Hrsg. von Anton Breitner. 8. Band).

Zu Halbe, Max (1865—1944)

Bibliographien:
Max Halbe zum 100. Geburtstag: München: Stadtbibliothek 1965.
Ude, Karl: Centenar-Ausstellung für Max Halbe. Welt und Wort 20 (1965), 370.

Emrich, Wilhelm: Max Halbe und die Progressiven. In: W. E. Polemik. Streitschriften, Pressefehden und kritische Essays. Frankfurt/Bonn 1968.
Erdmann, F.: Max Halbe als Heimatdichter. Ostdeutsche Monatshefte 24 (1958), 57—59.
Finckenstein, Otfried Graf: Max Halbe. Merian 4 (1951/52), Nr. 7, 52—56.
Halbe, Anneliese: Zur Gründung des Max Halbe-Archivs und der Max Halbe-Gesellschaft 2. Mai 1953. Ostdeutsche Monatshefte 25 (1958/59), 881—882.
Hoefert, Sigfrid: Max Halbe und die Sprache. Muttersprache 76 (1966), 164—167.
Hoefert, Sigfrid: Zur Nachwirkung Hebbels in der naturalistischen Ära: Max Halbe und Hebbel. Hebbel-Jahrbuch 1970, 98—107.
Kindermann, Heinz: Max Halbe und der deutsche Osten. Mit einer Selbstbiographie von Max Halbe. Danzig 1941.
Kleine, W.: Max Halbes Stellung zum Naturalismus 1887—1900. Diss. München 1937.
Mehring, Franz: Aufsätze zur deutschen Literatur von Hebbel bis Schweichel. Berlin 1961 (über »Amerikafahrer« 360—363, »Eisgang« und »Jugend« 355—359, »Haus Rosenhagen« 375—376, »Die Heimatlosen« 368—370, »Lebenswende« 364—367, »Das tausendjährige Reich« 371—374).
Ostdeutsche Monatshefte 16 (Oktober 1935) = 7. Dichterheft: »Max Halbe« (enthält Walther Taube: Heimat und Schicksal in Halbes »Strom«; Fr. Erdmann: Max Halbe — Dichter der Jugend; Bruno Pompecki: Max Halbes dramatisches Schaffen; u. a.).
Root, Winthrop H.: New Light on Max Halbe's Jugend. GR 10 (1935), 17—25.
Röseler, R. O.: Max Halbe. MDU 37 (1945), 110—113.
Rudorff, Wolfgang: Aspekte einer Typologie der Personen im dramatischen Werk Max Halbes. Diss. Freiburg 1961.
Silzer, Erna: Max Halbes naturalistische Dramen. Diss. Wien 1949.
Ude, Karl: Glanz und Elend des Literaturbetriebs um 1900. Nach Dokumenten aus Max Halbes unveröffentlichtem Nachlaß. Welt und Wort 17 (1962), 271—274.
Weder, H.: Die Stimmungskunst in Max Halbes Gegenwartsdramen. Diss. Halle 1932.
Zillmann, Friedrich: Max Halbe. Wesen und Werk. Würzburg 1959.

Zu Hanstein, Ludwig Adalbert von (1861—1904)

Brümmer, Franz: Adalbert von Hanstein. Biographisches Jahrbuch 9 (1906), 319.
Fanger, Kaethe: Die geistige Entwicklung Adalbert von Hansteins. Diss. Rostock 1922.

Zu Hart, Heinrich (1855—1906)

Arndt, J.: Das kulturgeschichtliche Epos bei Schack, H. Hart und Pape. Diss. Königsberg 1928.
Ribbat, Ernst: Propheten der Unmittelbarkeit. Bemerkungen zu Heinrich und Julius Hart. In: Wissenschaft als Dialog. Studien zur Literatur und Kunst seit der Jahrhundertwende. Hrsg. von Renate von Heydebrand und Klaus G. Just. Stuttgart 1969 (Wolfdietrich Rasch zum 65. Geburtstag), 59—82.
Tillmann, Kurt: Die Zeitschriften der Gebrüder Hart. Diss. München 1924.
Wolf, Leo Hans: Die ästhetische Grundlage der Literaturrevolution der achtziger Jahre (Die kritischen Waffengänge der Brüder Hart). Diss. Bern 1921.

Zu Hart, Julius (1859—1930)
(Siehe oben: zu Heinrich Hart.)

Jürgen, Ingeborg: Der Theaterkritiker Julius Hart. Diss. F. U. Berlin 1956.

Zu Hartleben, Otto Erich (1864—1905)

Behl, C. F. W.: Nachwort. In: Der gastfreie Pastor. München/Wien 1965.
Flaischlen, Cäsar, Otto Erich Hartleben. Beitrag zu einer Geschichte der modernen Dichtung. Berlin 1896.
Hartleben, Selma: Mei Erich. Aus dem Leben Otto Erichs. Berlin [5]1910.
Hock, Fritz: Die Lyrik Otto Erich Hartlebens. Berlin 1931 (Germanische Studien 104) (Nachdruck: Nendeln/Liechtenstein 1967).
Klement, A. von: Die Bücher von O. E. Hartleben: eine Bibliographie. Mit der bisher unveröffentlichten 1. Fassung der Selbstbiographie des Dichters und 100 Abbildungen. Salò 1951.
Landsberg, Hans: Otto Erich Hartleben. Berlin 1905 (Moderne Essays 50).
Lücke, H.: Otto Erich Hartleben. Clausthal-Zellerfeld 1941.

Mehring, Franz: Aufsätze zur deutschen Literatur von Hebbel bis
Schweichel. Berlin 1961 (über »Die Befreiten« 380—382, »Hanna
Jagert« 373—379, »Rosenmontag« 383—386).
Reese, Georg de: Otto Erich Hartleben. Eine kritische Auseinander-
setzung mit dem Leben und Schaffen eines deutschen Naturalisten.
Diss. Jena 1957.
Reif, Hannelore: Das dramatische Werk Otto Erich Hartlebens. Diss.
Wien 1963.
Scheffer, Th. von: Meine Erinnerungen an Otto Erich Hartleben. Bi-
bliophilie (Beilage zu Antiquariat) 7 (1956), 5—7.

Zu Hauptmann, Carl (1858—1921)

Bibliographien:
Goldstein, Walter: Carl Hauptmann. Ein Lebensbild. Schweidnitz
1931 (bibl. Angaben). (Germanistische Abhandlungen 65).
Metelmann, Ernst: Carl-Hauptmann-Bibliographie. Die Neue Literatur 42 (1941), 222—224.
Hinden, Heinrich: Carl Hauptmann als Bühnendichter. Diss. Köln
1957 (bibl. Angaben).

Gerbert, Dorothea: Motive und Gestalten im Werk Carl Haupt-
manns. Diss. Wien 1952.
Carl Hauptmann. Ein schlesischer Dichter. Zur 100. Wiederkehr seines
Geburtstages. Zusammengestellt von Th. Duglor. Troisdorf 1958.
Ischreyt, Heinz: Der »Gebärmensch«. Versuch über die Rolle des
Schöpferischen bei Carl Hauptmann aus Anlaß seines 100. Geburts-
tages. Jahrbuch der Schlesischen Friedrich-Wilhelm-Universität zu
Breslau 4 (1959), 232—258.
Mehring, Franz: Carl Hauptmanns »Ephraims Breite«. In: F. M.,
Aufsätze zur deutschen Literatur von Hebbel bis Schweichel. Ber-
lin 1961, 409—412.
Peuckert, Will-Erich: Carl Hauptmanns soziale Dichtung. Zeitschrift
für deutsche Bildung 11 (1935), 300—307.
Peuckert, Will-Erich: Carl Hauptmanns Anfänge. Zeitschrift für deut-
sche Philologie 77 (1958), 113—130.
Sinden, Margaret: »Marianne« und »Einsame Menschen«. MDU 54
(1962), 311—321.
Stroka, Anna: Carl Hauptmanns Werdegang als Denker und Dich-
ter. Wroclaw 1965.
Weindling, S.: Das autobiographische Element in Carl Hauptmanns
»Einhart der Lächler«. GQ 28 (1955), 122—126.

Zu Hauptmann, Gerhart (1862—1946)

Da ein Kommentar zu Hauptmanns Werken für die vorliegende
Reihe geplant ist, erübrigt sich eine umfangreiche Bibliographie.

Bibliographien:
Reichart, Walter A.: Fifty Years of Hauptmann Study in America
(1894—1944). A Bibliography. MDU 37 (1945), 1—31.
Reichart, Walter A.: Hauptmann Study in America. A Continuation
Bibliography. MDU 54 (1962), 297—310.
Reichart, Walter A.: Gerhart-Hauptmann-Bibliographie. Mit einem
Geleitwort von Johannes Hansel. Bad Homburg v. d. H./Berlin/
Zürich 1969 (Bibliographien zum Studium der deutschen Sprache
und Literatur. Band 5).
Reichart, Walter A.; Kremkus, Manfred; Culbertson, Harold: Biblio-
graphie der gedruckten und ungedruckten Dissertationen über Ger-
hart Hauptmann und sein Werk. Philobiblon 11 (1967), 121—134.
Requardt, Walter: Gerhart Hauptmann-Bibliographie. (Eine Zusam-
menstellung der von und über Gerhart Hauptmann im In- und
Ausland erschienenen Werke . . . seit den 80er Jahren bis Ende 1931.
Eine Ergänzung der Hauptmann-Bibliographie von Max Pinkus
und Viktor Ludwig, 1922 und Walter Requardt, 1930). Band 1—3.
Berlin: Selbstverlag 1931.

Forschungsberichte:
Alker, Ernst: Das Werk Gerhart Hauptmanns in neuer Sicht. Uni-
versitas 2 (1947), 1181—1191.
Behl, Carl F. W.: Gerhart Hauptmann-Literatur zum Centenar-Ju-
biläum. Schlesien 3 (1964), 175—178.
Behl, Carl F. W.: Neues von und über Gerhart Hauptmann. Schlesien
12 (1967), 179—182.
Guthke, Karl S.: Neuere Hauptmann-Editionen. Ein Sammelreferat.
Göttingische Gelehrte Anzeigen 211 (1957), 299—309.
Guthke, Karl S.: Probleme neuerer Hauptmann-Forschung, Göttingi-
sche Gelehrte Anzeigen 214 (1960), 84—107.
Guthke, Karl S.: Hauptmann im Hauptmann-Jahr. Sammelreferat
über neuere Literatur. Göttingische Gelehrte Anzeigen 216 (1964),
215—232.
Guthke, Karl S.: Neue Hauptmann Bücher. Göttingische Gelehrte Anzeigen 218 (1966) 118—128.
Heuser, Frederick W. J.: Stages in Hauptmann Criticism. GR 12
(1937) 106—112. (Deutsche Fassung in: F. W. J. H., Gerhart Hauptmann. Zu seinem Leben und Schaffen. Tübingen 1961, 177—183).
Reichart, Walter A.: The Totality of Hauptmann's Work. GR 21
(1946), 143—149.

Studt, Wilhelm: Gerhart Hauptmann 1945—1947. Gerhart Haupt-mann-Jahrbuch 1948, 236—266.
Voigt, Felix A.: Zur Frage der Gerhart Hauptmann-Forschung. In: F. A. V., Hauptmann-Studien. Untersuchungen über Leben und Schaffen Gerhart Hauptmanns. Band 1: Aufsätze über die Zeit von 1880 bis 1900. Breslau 1936 (mehr nicht erschienen), 9—19.
Voigt, Felix A.: Grundfragen der Gerhart Hauptmann-Forschung. GRM 27 (1939), 271—281.
Voigt, Felix A.: Gerhart Hauptmann-Literatur. Die Ernte des Jahres 1942. GRM 30 (1942) 257—273.
Voigt, Felix A.: Die amerikanische Gerhart Hauptmann-Forschung. Universitas 4 (1949), 405—412.

Eine Auswahl aus der allgemeinen und der die besprochenen Werke betreffenden Sekundärliteratur:
Blankenagel, John C.: The Mob in Zola's »Germinal« und in Haupt-mann's »Weavers«. PMLA 39 (1924), 705—721.
Böckmann, Paul: Der Naturalismus Gerhart Hauptmanns. In: Ge-staltprobleme der Dichtung. Festschrift für Günther Müller. Bonn 1957 239—258 (auch in: Interpretationen. Deutsche Dramen von Gryphius bis Brecht, Band 2. Frankfurt/Hamburg 1965 = Fischer Bücherei 699).
Bytkowsky, Sigmund: Gerhart Hauptmanns Naturalismus und das Drama. Hamburg 1908.
Feise, Ernst: Hauptmanns »Einsame Menschen« und Ibsens »Ros-mersholm«. Zugleich ein Beitrag zum Verständnis des naturalisti-schen Dramas. GR 10 (1935) 145—165 (auch in: E. F., Xenion. Themes, Forms, and Ideas in German Literature. Baltimore 1950.
Fischer, Bruno: Gerhart Hauptmann und Erkner. Quellenkundliche Studien zum »Biberpelz« und anderen Werken. Zeitschrift für deut-sche Philologie 81 (1962), 440—472.
Fischer, Gottfried: Erzählformen in den Werken Gerhart Haupt-manns. Bonn 1957 (Abhandlungen zur Kunst-, Musik- und Lite-raturwissenschaft 2).
Fontane, Theodor: »Vor Sonnenaufgang«. In: Th. F., Causerien über das Theater. Hrsg. von Paul Schlenther. Berlin 1905. Auch in: Th. F., Sämtliche Werke, Bd. 22/2. München 1964.
Gilg-Ludwig, Ruth: Die internationalen Aspekte des deutschen Na-turalismus: Heroismus und Emanzipation bei G. Hauptmann. In: Actes du Ve Congrès de l'Association Internationale de Littérature Comparée. Belgrad 1967 (1969), 261—268.
Guthke, Karl S.: Gerhart Hauptmann. Weltbild im Werk. Göttingen 1961.
Guthke, Karl S.: Alfred Kerr und Gerhart Hauptmann. MDU 54 (1962) 273—290 (auch in: K. S. G., Wege zur Literatur. Bern 1967).

Guthke, Karl S. und Wolff, Hans M.: Das Leid im Werke Gerhart Hauptmanns. Fünf Studien. Bern 1958.

Hauptmann Centenary Lectures. Hrsg. von K. G. Knight und F. Norman. London 1964.

Heuser, Frederick W. J.: Early Influences on the Intellectual Development of Gerhart Hauptmann. GR 5 (1930) 38—57 (auch deutsch in: F. W. J., Gerhart Hauptmann. Tübingen 1961).

Hortenbach, Jenny C.: Freiheitsstreben und Destruktivität. Frauen in den Dramen August Strindbergs und Gerhart Hauptmanns. Oslo 1965 (Germanistische Schriftenreihe der norwegischen Universitäten und Hochschulen 2).

Kaiser, Gerhard: Die Tragikomödien Gerhart Hauptmanns. In: Festschrift für Klaus Ziegler. Hrsg. von E. Catholy und W. Hellmann. Tübingen 1968, 269—289.

Kirsch, Edgar: Proletarier-Gestalten im Frühwerk Gerhart Hauptmanns. Wissenschaftliche Zeitschrift der Universität Halle 11 (1962), 1147—1159.

Kühnemann, Eugen: Schillers »Tell« und Hauptmanns »Weber«. In: E. K., Vom Weltreich des deutschen Geistes. Reden und Aufsätze. München 1914, 421—425.

Kutscher, Arthur: Über den Naturalismus und Gerhart Hauptmanns Entwicklung. In: Gerhart Hauptmann. Kritische Studien. Hrsg. von Otto Reier. Sonderheft der Schlesischen Heimat-Blätter. Hirschberg 1909, 1—7.

Liptzin, Solomon: The Weavers in German Literature. Baltimore 1926 (Hesperia 5).

Martini, Fritz: »Bahnwärter Thiel«. In: F. M., Das Wagnis der Sprache. Interpretationen deutscher Prosa von Nietzsche bis Benn. Stuttgart 1954, 59—98.

Martini, Fritz: Gerhart Hauptmanns »Der Biberpelz«. Gedanken zum Bautypus einer naturalistischen Komödie. In: Wissenschaft als Dialog. Hrsg. von Renate Heydebrand und Klaus Günther Just. Stuttgart 1969 (Wolfdietrich Rasch zum 65. Geburtstag), 83—111.

May, Kurt: »Die Weber«. In: Das deutsche Drama vom Realismus bis zur Gegenwart. Bd. 2. Hrsg. von Benno von Wiese. Düsseldorf 1958, 157—165.

Moore, Charles H.: A Hearing on »Germinal« and »Die Weber«. GR 33 (1958), 30—40.

Müller, Irmgard: Gerhart Hauptmann und Frankreich. Breslau 1939 (Sprache und Kultur der germanischen und romanischen Völker. Romanistische Reihe 18).

Osborne, John: Hauptmann's Later Naturalistic Dramas. Suffering and Tragic Vision. Modern Language Review 63 (1968), 628—635.

Rauhut, Franz: Zola-Hauptmann-Pirandello. Von der Verwandtschaft dreier Dichtungen. GRM 26 (1938), 440—466.

Schlenther, Paul: Gerhart Hauptmann. Sein Lebensgang und seine Dichtung. Berlin 1898. Neue Ausgabe u. d. T.: Gerhart Hauptmann. Leben und Werke. Umgearbeitet und erweitert von Arthur Eloesser. Berlin 1922 (»Die grundlegende Biographie«: W. A. Reichart).

Schrimpf, Hans Joachim: Struktur und Metaphysik des sozialen Schauspiels bei Gerhart Hauptmann. In: Literatur und Gesellschaft vom 19. ins 20. Jahrhundert. Festschrift für Benno von Wiese. Hrsg. von H. J. Schrimpf. Bonn 1963, 274—308.

Schrimpf, Joachim: »Der Biberpelz«. In: Das deutsche Lustspiel. Bd. 2. Göttingen 1969, 25—60.

Schwab-Felisch, Hans: »Die Weber« —. Ein Spiegel des 19. Jahrhunderts. In: H. Sch.-F., Gerhart Hauptmann. Die Weber. Frankfurt 1963 (Dichtung und Wirklichkeit 1).

Seidlin, Oskar: Urmythos irgendwo um Berlin. Zu Gerhart Hauptmanns Doppeldrama der Mutter Wolffen. DVjs 43 (1969), 126-146.

Shaw, Leroy: Hauptmann's Changing View of Society in His Early Works. GQ 28 (1955) 159—167.

Shaw, Leroy R.: Witness of Deceit. Gerhart Hauptmann as Critic of Society. Berkeley/Los Angeles 1958 (University of California Publications in Modern Philology 50).

Silz, Walter: Hauptmann. »Bahnwärter Thiel«. In: W. S., Realism and Reality. Studies in the German Novelle of Poetic Realism. Chapel Hill 1954, [4]1965 (University of North Carolina Studies in the Germanic Languages and Literatures 11), 137—152.

Steffen, Hans: Figur und Vorgang im naturalistischen Drama Gerhart Hauptmanns. DVjs 38 (1964), 424—449.

Stirk, S. D.: Aus frühen »Weber«-Kritiken. Gerhart Hauptmann-Jahrbuch 1948, 190—210.

Voigt, Felix A.: Die Aufnahme von »Vor Sonnenaufgang« in Hauptmanns Freundes- und Bekanntenkreis. In: F. A. V., Hauptmann-Studien. Bd. 1. Breslau 1936, 63—80,

Voigt, Felix A.: Die naturalistischen Anfänge Gerhart Hauptmanns. In: F. A. V., Hauptmann-Studien. Bd. 1. Breslau 1936, 39—62.

Voigt, Felix A. und Reichart, Walter A.: Hauptmann und Shakespeare. Ein Beitrag zur Geschichte des Fortlebens Shakespeares in Deutschland. Breslau 1938. 2. neubearb. Auflage: Goslar 1947 (Gerhart Hauptmann-Schriften 3).

Wiehr, Josef: The Naturalistic Plays of Gerhart Hauptmann. Journal of English and Germanic Philology 6 (1906/07), 1—71, 531—75.

Zander, Rosemarie: Der junge Gerhart Hauptmann und Henrik Ibsen. Diss. Frankfurt 1947.

Zu Hegeler, Wilhelm (1870—1943)

Festner, H.: Wilhelm Hegeler. Leben und Werk. Diss. Freiburg 1954.
Leppla, R.: Wilhelm Hegeler. In: Neue deutsche Biographie 1969, 222 f.

Zu Heimann, Moritz (1868—1925)

Baay, Dirk: Moritz Heimann, Critic and Writer. Diss. University of Michigan 1959.
Haas, Willy: Nachwort. In: Wintergespinst. Eine Auswahl aus seinem Werk. Ausgewählt von G. Mauz. Frankfurt 1958.
Haas, Willy: Moritz Heimann zu seinem 60. Geburtstag, der am 19. Juli '28 gewesen wäre. In: W. H., Gestalten. Essays zur Literatur und Gesellschaft. Mit Einführung von H. Kesten und einem Nachwort von Walter Benjamin. Berlin 1962, 236—241.
Heimann, Moritz: Eine Einführung in sein Werk und eine Auswahl von Wilhelm Lehmann. Wiesbaden 1960.
Heimann, Moritz: Kritische Schriften. Ausgewählt, eingeleitet und erläutert von Helmut Prang. Zürich/Stuttgart 1969.
Lehmann, Wilhelm: Gedenkwort für Moritz Heimann. Neue Deutsche Hefte 6 (1959/60), 1030—1036.
Loerke, Oskar: Worte, gesprochen am Sarge Moritz Heimanns am 25. 9. 1925. In: O. L., Reden und kleinere Aufsätze. Hrsg. von H. Kasack. 1952, 18—20.
Schultze, F.: Moritz Heimann. Aufbau 4 (1948), 1090 f.

Zu Henckell, Karl (1864—1929)

Blei, Franz: Karl Henckell. Ein moderner Dichter. Studie. Zürich 1895.
Hüser, F.: Karl Henckell. In: Neue deutsche Biographie 1969, 519 f.
Kutscher, Arthur: Karl Henckell. Deutsches biographisches Jahrbuch 11 (1932), 129—132.
Schmid, Karl Friedrich: Karl Henckell im Spiegel seiner Umwelt. Aufsätze, Briefe, Gedichte als Gedenkschrift. Gesammelt und hrsg. von K. F. S. Leipzig 1931.

Zu Hille, Peter (1854—1904)

Adolph, R.: Peter Hille-Archiv (Frankfurt). Börsen-Blatt Frankfurt 8 (1952), Red. Tl. 85 f.
Brinkmann, Antonie: Leben und Aphorismenwerk Peter Hilles. Diss. Marburg 1949.
Hart, Heinrich: Peter Hille. Berlin 1904.
Naused, P.: Peter Hille. Eine Einführung in sein Werk und eine Auswahl. Wiesbaden 1957.

Rudolph, A. A.: Ein Leben im Schatten. Heute und Morgen (1953), 909—912.

Seehof, A.: Peter Hille. Vagant und Erzpoet. Neue Deutsche Literatur 4 (1956), Heft 2 126—129.

Vogedes, Alois: Peter Hille, ein Welt- und Gottestrunkener. Mit unveröffentlichten Arbeiten aus dem Nachlaß des Dichters. Paderborn 1947.

Wilk, G. H.: Sokrates in Berlin. Zum 50. Todestag des Dichters Peter Hille. Monat 6 (1953/54), Heft 67, 65—70.

Zu Hirschfeld, Georg (1873—1935)

Bornstein, Paul: Georg Hirschfeld. In: P. B., Die Dichter des Todes in der modernen Literatur. Berlin 1899, 203—215.

Stiglitz, Raimund: Das dramatische Werk Georg Hirschfelds. Diss. Wien 1958.

Zu Holz, Arno (1863—1929)

Bibliographien:

Holz, Arno: Werke. Bd. 7. Hrsg. von Wilhelm Emrich und Anita Holz. Berlin 1964, 474—487.

Scheuer, Helmut: Arno Holz im literarischen Leben des ausgehenden 19. Jahrhunderts (1883—1896). Eine biographische Studie. München 1971 (Winkler-Studien), 308—319.

Avenarius, Ferdinand; Liebermann, Max; und von Schillings, Max (Hrsg.): Arno Holz und sein Werk. Deutsche Stimmen zu seinem 60. Geburtstage. Berlin 1923.

Bartels, Adolf: Zukunftslyrik? Kunstwart 2 (1898), 2. Oktoberheft, 37—41.

Berthold, Siegwart: Der sogenannte »konsequente Naturalismus« von Arno Holz und Johannes Schlaf. Diss. Bonn 1966.

Brachtel, Walter: »Ignorabimus« von Arno Holz. Diss. Wien 1934.

Closs, August: Zur Phantasus-Zeile von Arno Holz. Dichtung und Volkstum (Euphorion) 37 (1936), 498—504.

Closs, August: Die freien Rhythmen in der deutschen Lyrik. Bern 1947, 158—170.

Cohen, Fritz Gerhard: Social and Political Concepts in the Works of Arno Holz. Diss. University of Iowa 1955.

Demler, Leopold: Arno Holz. Kunst und Natur. Diss. Wien 1938.

Dietrich: Arno Holz und die Literatur der neuen Zeit. Das goldene Tor 2 (1947), 214—226.

Döblin, Alfred: Arno Holz. Die Revolution der Lyrik. Eine Einführung in sein Werk und eine Auswahl. Wiesbaden 1951.

Döblin, Alfred: »Grabrede auf Arno Holz«; »Vom alten zum neuen Naturalismus: Akademische Rede über Arno Holz«; »Einführung in eine Arno-Holz-Auswahl: Vornotiz«. In: A. D., Aufsätze zur Literatur. Olten, Freiburg 1963.

Emrich, Wilhelm: Arno Holz. Sein dichterisches Experiment. Neue Deutsche Hefte 10 (1964), 43—58.

Emrich, Wilhelm: Arno Holz und die moderne Kunst. In: W. E., Protest und Verheißung. Studien zur klassischen und modernen Dichtung. Frankfurt/Bonn 1960 (Auch in: Werke. Hrsg. von W. E. und Anita Holz).

Fischer, Hans W.: Arno Holz, Eine Einführung in sein Werk. Berlin 1924.

Funke, Erich: Zur Form des »Phantasus«. GR 15 (1940), 50—58.

Geisendörfer, Karl: Motive und Motivgeflecht im »Phantasus« von Arno Holz. Diss. Würzburg 1962.

Geisendörfer, Karl: Die Entwicklung eines lyrischen Weltbildes im »Phantasus« von Arno Holz. Zeitschrift für deutsche Philologie 82 (1963), 231—248.

Günther, Herbert: Der Arno-Holz-Kreis und das Arno-Holz-Archiv von Max Wagner. Ostdeutsche Monatshefte 23 (1956/57), 665—669.

Haber, Bernd: Die Gestalt des Dichters in der Moderne. Holz-Hauptmann-Rilke. Diss. Münster 1950.

Hennecke, Hans: Arno Holz I und II (1938 und 1943). In: H. H., Dichtung und Dasein. Gesammelte Essays. Berlin 1950, 98—103.

Hermand, Jost: Einführung. In: Phantasus (Reprint der ersten zwei Hefte). New York/London 1968 (mit Bibliographie).

Holm, Kurt: Arno Holz und seine Schule. Gesellschaft 14 (1898), 298—306.

Holm, Kurt: Weiteres aus der Holz-Zunft. Gesellschaft 15 (1899), 379—389.

Kleitsch, Franz: Der »Phantasus« von Arno Holz. Würzburg-Aumühle 1940 (Stadion. Arbeiten aus dem Germanischen Seminar der Universität Berlin 6).

Lichtenstern, Käthe: Der »Phantasus« von Arno Holz in seiner formalen Entwicklung. Diss. Wien 1936.

Lublinski, Samuel: Holz und Schlaf. Ein zweifelhaftes Kapitel Literaturgeschichte. Stuttgart o. J. (1905).

Martini, Fritz: Arno Holz. »Papa Hamlet«. In: F. M., Das Wagnis der Sprache. Stuttgart 1954, [5]1964, 99—132.

Martini, Fritz: Nachwort. In: Arno Holz und Johannes Schlaf. Papa Hamlet. Stuttgart 1963 (Reclam 8853/54).

Martini, Fritz: Nachwort. In: Arno Holz und Johannes Schlaf. Die Familie Selicke. Stuttgart 1966 (Reclam 8987).

Milch, Werner: Arno Holz. Theoretiker — Kämpfer — Dichter. Berlin 1933.

Motekat, Helmut: Arno Holz. Persönlichkeit und Werk. Kitzingen 1953 (Der Göttinger Arbeitskreis. Schriftenreihe H. 37).

Mustard, Helen M,: The Lyric Cycle in German Literature. New York 1946, 183—193.

Rappl, Hans-Georg: Die Wortkunsttheorie von Arno Holz. Diss. Köln 1957.

Regeler, Erich: Das Reich der Seele in den Dichtungen von Arno Holz. Diss. Wien 1943.

Reß, Robert: Arno Holz und seine künstlerische, weltkulturelle Bedeutung. Ein Mahn- und Weckruf an das deutsche Volk. Dresden 1913.

Reß, Robert: Die deutsche Form der Wortkunst und ihre Schöpfung durch Arno Holz. Berlin 1935 (als nachgelassenes Manuskript im Arno-Holz-Archiv Berlin).

Rotermund, Erwin: Die Parodie in der modernen deutschen Lyrik. München 1963 (über Dafnis).

Sauer, Bruno: Arno Holz. Ausstellung zum 100. Geburtstag des Dichters. Aus dem Arno-Holz-Archiv der Amerika-Gedenkbibliothek/ Berliner Zentralbibliothek. Hrsg. von Bruno Sauer. Berlin 1963.

Schär, Oscar: Arno Holz. Seine dramatische Technik. Bern 1926 (zuerst Diss. Bern 1924).

Schaukal, Richard: Arno Holz. Das literarische Echo 5 (1902/03), Sp. 881—887.

Scheuer, Helmut: Arno Holz im literarischen Leben des ausgehenden 19. Jahrhunderts (1883—1896). München 1971.

Schickling, Dieter: Interpretationen und Studien zur Entwicklung und geistesgeschichtlichen Stellung des Werkes von Arno Holz. Diss. Tübingen 1965.

Schmidt-Henkel, Gerhard: Arno Holz und der proteische Mythos des »Phantasus«. In: G. Sch.-H., Mythos und Dichtung. Zur Begriffs- und Stilgeschichte der deutschen Literatur im neunzehnten und zwanzigsten Jahrhundert. Bad Homburg v. d. H./Berlin/Zürich 1967, 132—155.

Schroeder, Paul: Arno Holz, »Die Kunst« and the Problem of 'Isms. Modern Language Notes 66 (1951), 217—224.

Schultz, Hartwig: Vom Rhythmus der modernen Lyrik. Parallele Versstrukturen bei Holz, George, Rilke, Brecht und den Expressionisten. München 1970 (Literatur als Kunst).

Schulz, Gerhard: Nachwort. In: Phantasus. Faksimiledruck der Erstfassung. Stuttgart 1968. (Reclam 8549—50).

Schulz-Behrend, George: Das Fremdwort in Arno Holz' »Buch der Zeit«. MDU 39 (1947), 528—536.

Servaes, Franz: Arno Holz. In: F. S., Praeludien. Berlin/Leipzig 1899, 69—105.

Servaes, Franz: Arno Holz als Dramatiker. Das deutsche Drama 2 (1930), 28—37.

Seubert, Burkhard: »Die Blechschmiede« von Arno Holz. Ein Beitrag zur Geschichte der satirischen Dichtung. Diss. München 1954.

Spitteler, Carl: Die Familie Selicke. In: C. S., Gesammelte Werke. Bd. 9. Zürich 1950, 331—339.

Stoltenberg, Hans Lorenz: Arno Holz und die deutsche Sprachkunst. Zeitschrift für Ästhetik und allgemeine Kunstwissenschaft 20 (1926), 156—180.

Strohschneider-Kohrs, Ingrid: Sprache und Wirklichkeit bei Arno Holz. Poetica 1 (1967), 44—66.

Thompson, Nesta M.: Arno Holz and the Origins of the New Poetry. Washington University Studies. Humanistic Series 8. Part 2 (1920), 61—76.

Turley, Karl: Arno Holz. Der Weg eines Künstlers. Leipzig 1935.

Turner, D.: Die Familie Selicke. In: Periods in German Literature. Texts and Contexts. II. Ed. by J. M. Ritchie. London 1969, 191 bis 219.

Weist, Joachim: Arno Holz und sein Einfluß auf das deutsche Drama. Diss. Rostock 1921.

Zu Kerr, Alfred (= Alfred Kempner) (1867—1948)

Bibliographie:
Bücher von A. Kerr aus den Jahren 1898—1938. In: A. K., Die Welt im Drama. Mit einem Nachwort von G. F. Hering. 1954, ²1964.

Behl, C. F. W.: Alfred Kerr. DRds 74 (1949). 909—912.

Faesi, Robert: Alfred Kerr. NRds 60 (1949), 144—155.

Guthke, Karl S.: Alfred Kerr und Gerhart Hauptmann. MDU 54 (1962) 273—290 (auch in: K. S. G., Wege zur Literatur. Bern/München 1967).

Hirschbach, Frank D.: Alfred Kerr als Lieder- und Operndichter. WW 17 (1967), 165—173.

Hirschbach, Frank D.: Alfred Kerr und der Expressionismus. GQ 40 (1967), 204—211.

Huder, Walther: Alfred Kerrs literarischer Nachlaß. Welt und Wort 17 (1962), 207—208.

Huder, Walther: Alfred Kerr. Ein deutscher Kritiker im Exil. Sinn und Form 18 (1966), 1262—1279.

Körner, Maria Theresia: Zwei Formen des Wertens. Die Theater-
  kritiken Theodor Fontanes und Alfred Kerrs. Diss. Bonn 1952.
Loram, Ian C.: Alfred Kerr's America. GQ 38 (1965), 164—171.
Musil, Robert: Zu Kerrs 60. Geburtstag (1927). In: R. M., Tage-
  bücher, Aphorismen, Essays und Reden. Hamburg 1955 (= Gesammelte Werke. Bd. 2), 755—761.
Rychner, Max: Alfred Kerr. Neue Schweizer Rundschau, N. F. 16
  (1948/49) 411—423 (auch in: Merkur 3, 1949, 330—342).
Spitzer, Leo: Sprachmengung als Stilmittel. In: L. S., Stilstudien. Bd.
  2. München 1928. 84—124.
Strauß, Georg: Narzissische Irrlichter. Über Walt Whitman und Alfred
  Kerr. In: G. S., Irrlichter und Leitgestirne. Essays über Probleme
  der Kunst. Zürich/Stuttgart 1966, 89—96.
Sturzenegger, Yvonne: Alfred Kerr, ein Kritiker der Dramaturgie
  seiner Zeit. Maske und Kothurn 5 (1959), 157—166.

Zu Kirchbach, Wolfgang (1857—1906)

Striedieck, W. F.: Wolfgang Kirchbach und die Jüngstdeutschen. GR
  22 (1947), 42—54.

Zu Kretzer, Max (1854—1941)

Bibliographie:

Angel, Pierre: Max Kretzer. Peintre de la société Berlinoise de son
  temps. Le romancier et ses romans (1880—1900). Paris 1966 (Publications de la Faculté des Lettres et Sciences humaines de
  Poitiers).

Haase, K.: Die Zeit- und Gesellschaftskritik in den sozialen Romanen
  von Max Kretzer. Diss. Würzburg 1953.
Keil, Günther: Max Kretzer. A Study in German Naturalism. New
  York 1928 (Columbia University Germanic Studies).
Kloss, Julius Erich: Max Kretzer. Eine Studie zur neueren Literatur.
  Dresden 1896, 2. Auflage Leipzig 1906.
May, Helmut: Max Kretzers Romanschaffen nach seiner Herkunft,
  Eigenart und Entwicklung. Düren 1931.
Müntefer, Egon: Max Kretzer. Münster 1923.
Ströbel, Hans: Max Kretzers neuestes Werk. Die neue Zeit. Stutt-
  gart 1897/98.
Tschörtner, H. D.: Die Akte Max Kretzer. Weimar 1969 (Veröffent-
  lichungen aus dem Archiv der Deutschen Schillerstiftung Weimar
  14).
Watzke, Helga: Die soziologische Problematik bei Max Kretzer. Diss.
  Wien 1958.

Zu Langmann, Philipp (1862—1931)

Lemmermayer, Fritz: Philipp Langmann. Das literarische Echo 2 (1899/1900), Sp. 679—684.
Riedl, Renate: Philipp Langmann. Leben und Werk. Diss. Wien 1947.

Zu Lienhard, Friedrich (1865—1929)

Enders, Carl: Lienhard als Lyriker. Das literarische Echo 8 (1905/06), Sp. 1572—1576.
Engelhard, C.: Lienhards ästhetische Schriften. Das literarische Echo 10 (1907/08) Sp. 252—254.
Frels, Wilhelm: Lienhard-Bibliographie. Die schöne Literatur 26 (1925), 437—442.
Hallier, Christian: Friedrich Lienhard und Christian Schmitt. Zur 100. Wiederkehr ihrer Geburtstage. Studien der Erwin von Steinbach-Stiftung 1 (1965), 67—104.

Zu Liliencron, Detlev von (1844—1909)

Bibliographie:
In: Liliencron, Detlev von: Ausgewählte Werke. Hrsg. und eingeleitet von Hans Stern. Hamburg 1964.

Assmann, Elisabeth: Die Entwicklung des lyrischen Stils bei Detlev von Liliencron. Diss. Königsberg 1936.
Bierbaum, Otto Julius: Freiherr Detlev von Liliencron. Leipzig 1892.
Boetius, Henning: Liliencron heute. Neue Deutsche Hefte 13 (1966), 125—134.
Braun, H.: Liliencron und der Naturalismus. Diss. Berlin 1923.
Danielsen, Willi: Detlev von Liliencrons Erzählungskunst in ihrer Entwicklung. Diss. Kiel. Teildruck u. d. T.: Detlev von Liliencrons Entwicklung als Prosaschriftsteller. Flensburg 1927.
Elema, J.: Stil und poetischer Charakter bei Detlev von Liliencron. Diss. Groningen 1937. Druck: Amsterdam/Paris 1937.
Heuß, Theodor: Detlev von Liliencron. In: Th. H., Vor der Bücherwand. Tübingen 1961, 202—211.
Jaspersen, Ursula: Detlev von Liliencron. In: Deutsche Dichter des 19. Jahrhunderts. Ihr Leben und Werk. Hrsg. von Benno von Wiese. Berlin 1969, 507—527.
Jürgensen, Wilhelm: Detlev von Liliencron. DRds 85 (1959), 608 bis 611.
Kirsten, Wulf: Die Akte Detlev von Liliencron. Weimar 1968.
Maync, Harry: Detlev von Liliencron. Eine Charakteristik des Dichters und seiner Dichtungen. Berlin 1920.

Meyer-Benfey, Heinrich: Liliencron als Lyriker. In: H. M.-B., Welt der Dichtung. Dichter der Welt, Adel der Menschwerdung. Ausgewählte Schriften. Hrsg. von Fritz Collatz. Hamburg-Wandsbek 1962, 317—323.

Münch, Gotthard: Detlev von Liliencron in Schlesien. Jahrbuch der Friedrich-Wilhelm-Universität zu Breslau 12 (1967), 231—245.

Peters, Friedrich Ernst: Detlev von Liliencron. In: F. E. P., Im Dienst der Form. Göttingen 1947, 28—48.

Puls, Dierk G.: Detlev von Liliencron. In: D. G. P., Dichter und Dichtung in Kiel. Kiel 1962, 24—28.

Royer, Jean: Theodor Storm et Detlev von Liliencron. Etudes Germaniques 22 (1967), 555—563.

Schlaffer, Heinz: Lyrik im Realismus. Studien über Raum und Zeit in den Gedichten Mörikes, der Droste und Liliencrons. Bonn 1966.

Schumann, Detlev W.: Detlev von Liliencron (1844—1909). An Attempt at an Interpretation and Evaluation. MDU 36 (1944) 385—408 und 37 (1945), 65—87.

Spiero, Heinrich: Detlev von Liliencron. Sein Leben und seine Werke. Berlin/Leipzig 1913.

Wichmann, Ilse: Liliencrons lyrische Anfänge. Diss. Kiel. Druck: Berlin 1922 (Germanische Studien 23) (Nachdruck: Nendeln/Liechtenstein 1967).

Zu Mackay, John Henry (1864—1933)

Riley, Thomas A.: Anti-Statism in German Literature. As Exemplified by the Work of John Henry Mackay. PMLA 62 (1947), 828—843.

Zu Mauthner, Fritz (1849—1923)

Kappstein, Theodor: Fritz Mauthner. Der Mann und sein Werk. Berlin 1926 (= Philosophische Reihe. Bd. 79).

Kappstein, Theodor: Fritz Mauthner. Deutsches biographisches Jahrbuch 5 (1930), 261—268.

Zu Polenz, Wilhelm von (1861—1903)

Bartels, Adolf: Wilhelm von Polenz. Dresden 1909 (siehe auch sein Vorwort zum »Büttnerbauer«, Gesammelte Werke, Bd. 1).

Hart, Heinrich: Wilhelm von Polenz. Das literarische Echo 3 (1900/01), Sp. 9—15.

Heuberger, Helmut: Die Agrarfrage bei Roseggers »Jakob der Letzte«, und »Erdsegen«, Frenssens »Jörn Uhl« und Polenz' »Büttnerbauer«. Diss. Wien 1949.

Ilgenstein, Heinrich: Wilhelm von Polenz. Ein Beitrag zur Literaturgeschichte der Gegenwart. Berlin 1904.
Niermeyer, Walter: Das soziale Problem bei Wilhelm von Polenz. Jahrbuch der philosophischen und naturwissenschaftlichen Fakultät Münster (1920), 48—51.
Stern, Adolf: Wilhelm von Polenz. In: A. S., Studien zur Literatur der Gegenwart. Neue Folge. Dresden/Leipzig 1904, 235—251.
Tholen, Wilhelm: Wilhelm von Polenz. Diss. Köln 1924.

Zu Reder, Heinrich von (1824—1909)

Holland, Hyazinth: Heinrich von Reder. Biographisches Jahrbuch 4 (1912), 173.

Zu Reuter, Gabriele (1859—1941)

Gottlieb, E.: Gabriele Reuter. Die Frau 49 (1942), 86—89.

Zu Rosenow, Emil (1871—1904)

Hoefert, Sigfrid: Rosenows »Kater Lampe«. Zur Wirkungsgeschichte Gerhart Hauptmanns. Seminar 5 (1969), 141—144.
Stock, H.: Der Dichter des »Kater Lampe«. Aufbau 3 (1947), 280 bis 281.

Zu Ruederer, Josef (1861—1915)

Bauer, Josef M.: Thoma contra Ruederer. In: Unbekanntes Bayern. Bd. 6: Das Komödien-Spielen. München 1961, 225—241.
Dirrigl, Michael: Die geistige und künstlerische Entwicklung Josef Ruederers. Diss. München 1949.
Gudenrath, Eduard: Das dramatische Werk von Josef Ruederer. Diss. München 1924.
Schrott, L.: Josef Ruederer. In: Bayerische Literaturgeschichte in ausgewählten Beispielen: Bd. 2. Hrsg. von E. Dünninger und D. Kisselbach. München 1967, 326—335.
Steiger, Edgar: Josef Ruederer. Das literarische Echo 18 (1915/16), Sp. 265—271.

Zu Schlaf, Johannes (1862—1941)

Bibliographie:
F. Fink: Johannes Schlaf-Bibliographie. Weimar 1928.
(Siehe auch zu Arno Holz oben.)

Bäte, Ludwig, Kurt Meyer-Rotermund und Rudolf Borch (Hrsg.): Das Johannes-Schlaf-Buch. Rudolstadt 1922.

Bäte, Ludwig und Kurt Meyer-Rotermund (Hrsg.): Johannes Schlaf. Leben und Werk. Querfurt 1933.

Bäte, L.: Johannes Schlaf. DRds 70 (1947), Heft 11, 117—120.

Bäte, Ludwig: Die Akte Johannes Schlaf. Weimar 1966 (Veröffentlichungen der Deutschen Schiller-Stiftung Weimar).

Praschek, Helmut: Zum Zerfall des naturalistischen Stils. In: Worte und Werte. Festschrift Bruno Markwardt. Berlin 1961 (über »Meister Oelze«), 315—321.

Rotermund, Kurt: Johannes Schlaf. Ein Beitrag zur Psychologie der modernen Literatur. Magdeburg 1906.

Sander, Ernst: Johannes Schlaf und das naturalistische Drama. Diss. Rostock 1922. Druck: Leipzig 1922.

Schlaf, Johannes: Aus meinem Leben. Halle 1914.

Schulz, Gerhard: Nachwort. In: Johannes Schlaf: »Meister Oelze«. Stuttgart 1967 (Reclam 8527).

Sperl, Gerfried: Die erste Romantrilogie Johannes Schlafs. »Das dritte Reich«, »Die Suchenden«, »Peter Bojes Freite«. Eine inhaltliche und typologische Untersuchung. Diss. Graz 1969.

Zu Schönaich-Carolath, Emil Prinz von (1852—1908)

Becker, Elsa: Prinz Emil von Schönaich-Carolath. Leipzig 1927.

Klemperer, Viktor: Prinz Emil von Schönaich-Carolath. Biographisches Jahrbuch 13 (1910), 151.

Thiel, Hermann O.: Marginalien zu Prinz Emil von Schönaich-Carolath, Christian Morgenstern und Friedrich Kayssler. Schlesien 14 (1969), 220—222.

Zu Schönherr, Karl (1867—1943)

Bettelheim, H.: Karl Schönherr. Leben und Schaffen. Leipzig 1928.

Chiavacci, Vinzenz K.: Nachwort. In: Karl Schönherr: Erde. Stuttgart 1967 (Reclam).

Cysarz, Herbert: Karl Schönherr. In: Große Österreicher 14. Zürich/Leipzig/Wien 1960, 137—150.

Durstmüller, Anton: Sozialprobleme bei F. Kranewitter und K. Schönherr. Diss. Innsbruck 1948.

Haschek, Gertrud: Karl Schönherr als Erzähler. Diss. Innsbruck 1947.

Hölzl, Norbert: Karl Schönherr zum 25. Todestag. Österreich in Geschichte und Literatur 12 (1968), 159—165.

Kienzl, H.: Schönherr und seine Bühnenwerke. Berlin 1922.

Paulin, K.: Karl Schönherr und seine Dichtungen. Innsbruck 1950.

Sanders, Wilmer D.: Pessimism in the Works of Karl Schönherr. Diss. Indiana University 1963.
Schuh, Toni: Karl Schönherr. Sprache und Sprachstil. Diss. Innsbruck 1967.
Schuh, Toni: Künstlerischer Wert der Mundart in Schönherrs Dramen. In: Germanische Studien. Hrsg. von J. Erben und E. Thurnher. Innsbruck 1969 (Innsbrucker Beiträge zur Kulturwissenschaft 15), 237—247.
Sedlmaier, R.: Schönherr und das österreichische Volksstück. Würzburg 1927.
Seidler, Herbert: Sprachkunst in der Mundart. Zu Karl Schönherrs »Erde« und »Weibsteufel«. In: Mundart und Geschichte. Eberhard Kranzmayer zu seinem 70. Geburtstag zugeeignet. Wien/Graz/Köln 1967, 129—144 (Studien zur österreich-bairischen Dialektkunde 4).
Weigel, Hans: Karl Schönherr. In: H. W., Das tausendjährige Kind. Kritische Versuche eines heimlichen Patrioten zur Beantwortung der Frage nach Österreich. Wien 1965, 172—182.
Weitschacher, Hans Jürgen: Die Bedeutung der Gebärde in Schönherrs Dramenkunst. Diss. Wien 1968.

Zu Siegfried, Walther (1858—1947)

Huber, Alfred: Walther Siegfried. Leben, Werk, Persönlichkeit des Auslandschweizer Dichters. Sarnen 1955.
Sexau, Richard: Walther Siegfried. Die schöne Literatur 29 (1928) (nebst einer Bibliographie von E. Metelmann), 113—123.

Zu Stavenhagen, Fritz (1876—1906)

Becker, Arthur: Stavenhagen und seine Stellung in der Entwicklung des deutschen Dramas. In: A. B., Forschungen zur Literatur-, Theater- und Zeitungswissenschaft. Band 2. 1927.
Lindow, Wolfgang: Das Sprichwort als stilistisches und dramatisches Mittel in der Schauspieldichtung Stavenhagens, Boßdorfs und Schureks. Niederdeutsches Jahrbuch 84 (1961), 97—116.
Plate, Josef: Fritz Stavenhagen als niederdeutscher Dramatiker. Diss. Münster 1923.
Schröder, W. J.: Fritz Stavenhagens Bauernkomödie »De dütsche Michel«. Diss. Rostock 1935.
Stolle, Carl: Fritz Stavenhagens »Mudder Mews«. Nachdruck der Ausgabe Marburg 1926. New York/London 1968.

Zu Strauß, Emil (1866—1960)

Abele, A.: Emil Strauß. Wesen und Werk. Diss. München 1955.

Braun, Hubert: Die Romane und der Roman Emil Straußens. Diss. Bonn 1953.

Fechter, Paul: Emil Strauß. Neue Deutsche Hefte 2 (1955/56), 798 bis 800.

Fischer, Liselotte: Das Menschenbild in den Romanen und Novellen von Emil Strauß. Diss. Freiburg 1951.

Franke, Walter: Emil Strauß: »Der Schleier«. Deutschunterricht 12 (1960), 90—104.

Fritzsch, Robert: Die Beziehungen zwischen Mann und Frau bei Emil Strauß. Diss. Erlangen 1953.

Heiseler, Bernd von: Emil Strauß. In: B. v. H., Ahnung und Aussage. Essays. Neue, erweiterte Ausgabe. Gütersloh 1952, 115—137.

Heiseler, Bernd von: Emil Strauß. Sammlung 15 (1960), 549—558.

Loerke, Oskar: Festgruß für Emil Strauß zum 60. Geburtstag. In. O. L., Reden und kleinere Aufsätze. Wiesbaden 1957, 29—30.

Rilla, Paul: Heimatliteratur oder Nationalliteratur? In: P. R., Essays. Kritische Beiträge zur Literatur. Berlin 1955, 458—490.

Schölch, Werner: Erlebnis, Lebensgefühl und Religiosität bei Emil Strauß. Diss. Freiburg 1951.

Strauß, Emil: Ludens. Erinnerungen und Versuche. München 1955 (Selbstbiographie) (dazu: P. Alverdes. Akzente 3, [1956], 2—7).

Weigert, Sylvia: Dichtungsform und Lebensform in den Werken von Emil Strauß. Diss. Wien 1950.

Zu Sudermann, Hermann (1857—1928)

Bleibtreu, Karl: Die Verrohung der Literatur. Ein Beitrag zur Haupt- und Sudermännerei. Berlin 1903.

Bockstahler, O. L.: Revaluing Values with Nietzsche und Sudermann. Modern Language Journal 18 (1933), 100—108.

Bockstahler, O. L.: Sudermann and Ibsen. GQ 5 (1933), 54—57.

Bockstahler, O. L.: Nietzsche and Sudermann. GQ 8 (1935), 177—191.

Duglor, Thomas: Hermann Sudermann, ein Dichter an der Grenzscheide zweier Welten. Troisdorf 1958.

Feise, Ernst: Stilverwirrung in Sudermanns »Frau Sorge«. GR 5 (1930), 225—237.

Frentz, H.: Der Dichter der »Frau Sorge«. Ostdeutsche Monatshefte 23 (1956/57), 711—712.

Kerr, Alfred: Herr Sudermann. Der D . . . Di . . . Dichter. Berlin 1903.

Landsberg, Hans: Hermann Sudermann. Berlin 1901.

Lind, Edith: Die Szenenbemerkungen bei Hermann Sudermann. Diss. Wien 1961.

Mainland, William F.: Hermann Sudermann. In: German Men of Letters. Ed. by Alex Natan. Vol. 2. London 1963, 33—53.

Mathers, R. H.: Sudermann and the Critics. An Analysis of the Criticism of Sudermann's Works and of His Revolt against Literary Criticism of His Time. Diss. University of Southern California 1951.

Matulis, Anatole C.: Lithuanian Culture in the Prose Works of Hermann Sudermann and Agnes Miegel. Diss. Michigan State University 1963.

Mehring, Franz: Ein Drama von Sudermann (Sodoms Ende). Neue Deutsche Literatur 7 (1959), 116—119.

Mehring, Franz: Aufsätze zur deutschen Literatur von Hebbel bis Schweichel. Berlin 1961 (über »Die drei Reiherfedern« 263—265, »Die Ehre« 244—247, »Es lebe das Leben« 270—273, »Glück im Winkel« 260—262, »Heimat« 252—255, »Johannisfeuer« 266—269, »Die Schmetterlingsschlacht« 256—259, »Sodoms Ende« 248—251, »Stein unter Steinen« 274—276).

Stiefenhofer, Th.: Ein Dichter zwischen den Zeiten. Zum 100. Geburtstag von Hermann Sudermann. Ostdeutsche Monatshefte 23 (1956/57) 705—710.

Umbach, J. P.: Der Konflikt zwischen Gesellschaft und Gemeinschaft im Werke Sudermanns. MDU 33 (1941), 23—26.

Wellner, Elisabeth: Gerhart Hauptmann und Hermann Sudermann im Konkurrenzkampf. Diss. Wien 1949.

Whitaker, Paul K.: The Inferiority Complex in Hermann Sudermann's Life and Works. MDU 40 (1948), 69—81.

Zucker, A. E.: The Ibsenian Villain in Sudermann's »Heimat«. GR 3 (1928), 208—217.

Zu Suttner, Bertha von (1843—1914)

Hofmann, Alois: Bertha von Suttner. Zum 50. Todestag der österreichischen Schriftstellerin. Philologica Pragensia (Prag) 7 (1964), 244—256.

Reike, I.: Bertha von Suttner. Ein Lebensbild. Bonn 1952.

Siemsen, Anna: Der Weg ins Freie. Frankfurt 1950.

Zu Thoma, Ludwig (1867—1921)

Bibliographie:
Heinle, F.: Ludwig Thoma in Selbstzeugnissen und Bilddokumenten. Bibliographie von H. Riege. Hamburg 1963 (Rowohlts Monographien 80).

Bauer, J. M.: Die Erhebung des Bayrischen zur großen Sprache durch
  Ludwig Thoma. In: Bayerische Literaturgeschichte in ausgewählten
  Beispielen. Band 2. Hrsg. von E. Dünninger und D. Kisselbach.
  München 1967, 336—352.
Beyschlag, Siegfried: Ludwig Thomas Romandichtung. Euphorion 47
  (1953), 79—96.
Heilbronner, W. L.: Ludwig Thoma as a Social and Political Critic.
  Diss. University of Michigan 1955.
Heilbronner, W. L.: A Reappraisal of Ludwig Thoma. GQ 30 (1957),
  247—253.
Heiseler, B. von: Ludwig Thoma, der Dichter. Sammlung 12 (1957),
  25—32.
Lehner, R.: Das epische Werk Ludwig Thomas. Diss. München 1953.
Sandrock, James P.: The Art of Ludwig Thoma. Aspects of Thoma's
  Art in Representative Works. Diss. State University of Iowa. 1961.
Thoma, Ludwig: Ein Leben in Briefen 1875—1921. München 1963.
Thumser, Gerd: Ludwig Thoma und seine Welt. München 1966.
White, D. V.: Ludwig Thoma as a Political Satirist. GLL 13 (1959/
  1960), 214—219.

Zu Viebig, Clara (1860—1952)

Coler, Chr.: Clara Viebig als soziale Dichterin. Aufbau 3 (1947), II,
  279.
Fleissner, O. S.: Ist Clara Viebig konsequente Naturalistin: PMLA 46
  (1931), 917—929.
Michalska, Urszula: Clara Viebig. Versuch einer Monographie. Po-
  znań 1968.
Poláček, Josef: Deutsche soziale Prosa zwischen Naturalismus und
  Realismus. Zu Clara Viebigs Romanen »Das Weiberdorf« und
  »Das tägliche Brot«. Philologica Pragensia 6 (1963), 245—257.
Rigaud, D.: Das Land um Mosel und Eifel im Schaffen Clara Viebigs.
  Trierisches Jahrbuch 1956, 47—54.
Schneider, A.: Clara Viebig, esquisse biographie et bibliographie.
  Annales Universitatis Saraviensis (Saarbrücken). Philosophie-Lett-
  res 1 (1952), 392—400.

Zu Walloth, Wilhelm (1856—1932)

Ludwigs, G.: Wilhelm Walloth. Leipzig 1891 (Die moderne Literatur
  in biographischen Einzel-Darstellungen 4).
Wendelberger, D.: Das epische Werk Wilhelm Walloths. Ein Beitrag
  zur Geschichte des Frühnaturalismus. Diss. München 1953.

Zu Weigand, Wilhelm (1862—1949)

Alker, Ernst: Wilhelm Weigand. Dichtung und Volkstum (Euphorion) 41 (1941), 486—495.
Brandenburg, Hans: Wilhelm Weigand. Die neue Literatur 32 (1931) 4—13 (mit einer Bibliographie von E. Metelmann, 13—15).

Zu Wildenbruch, Ernst von (1845—1909)

Fries, Albert: Beobachtungen zu Wildenbruchs Stil und Versbau Berlin 1920 (Germanische Studien) (Nachdruck: Nendeln/Liechtenstein 1967).
Litzmann, Berthold: Ernst von Wildenbruch. 2 Bände. Berlin 1913-16.
Morgan, E. A.: Wildenbruch as a Naturalist. Diss. University of Wisconsin 1930.
Spitteler, Carl: Wildenbruch und die Kritik. In: C. S., Gesammelte Werke. Bd. 9. Zürich 1950, 319—324.

Zu Wolzogen, Ernst Freiherr von (1855—1934)

Brandt, Otto H.: Ernst von Wolzogen. Die schöne Literatur 29 (1928) 465—470 (mit einer Bibliographie von Ernst Metelmann) 470—474).
Martens, Kurt: Ernst von Wolzogen. Das literarische Echo 1 (1898/1899), Sp. 1263—1268.

Abkürzungen

DRds: Deutsche Rundschau.
DVjs: Deutsche Vierteljahrsschrift für Literaturwissenschaft und Geistesgeschichte.
GLL: German Life and Letters.
GQ: German Quarterly.
GR: Germanic Review.
GRM: Germanisch-romanische Monatsschrift.
MDU: Monatshefte für deutschen Unterricht.
NRds: Neue Rundschau.
NuS: Nord und Süd.
PMLA: Publications of the Modern Language Association of America.
WB: Weimarer Beiträge.
WW: Wirkendes Wort.

NAMENREGISTER

Alberti, Conrad (= Sittenfeld, Conrad) 27, 45—47, 55, 57, 72—74, 79, 82, 92, 97, 102 f., 112—115, 117, 119, 121, 156 bis 160, 163
Andersen, Hans Christian 59
Angel, Pierre 133
Anno, Anton 80
Antoine, André 79
Anzengruber, Ludwig 71, 80 f., 215
Arent, Wilhelm 35, 71, 112, 199
Aristophanes 231
Aristoteles 89
Auerbach, Berthold 59
Avenarius, Ferdinand 73, 226

Baginski, Max 191
Bahr, Hermann 63, 79, 86 f., 98, 113 f., 116, 200
Balzac, Honoré de 50, 54
Barny, Ludwig 80
Bartels, Adolf 214
Bebel, August 14
Becque, Henri 80
Berg, Leo 24, 32, 44, 72—74, 77
Bernard, Claude 54 f.
Bernstein, Elsa 81, 120
Bertsch, Hugo 67, 129
Bierbaum, Otto Julius 72, 79, 101, 123
Bismarck, Otto von 12
Björnsson, Björnsterne 45, 59 f., 80, 215
Bleibtreu, Karl 9, 13, 32 f., 35 f., 49, 55—57, 60, 66 f., 72 f., 75, 82, 97, 101—103, 111—116, 164
Blumenthal, Oskar 79 f.
Böckmann, Paul 142

Böhlau, Helene 121 f., 125
Boehme, Margarete 130
Bölsche, Wilhelm 20 f., 56, 58, 75, 77, 102, 116, 170
Boulby, Mark 70
Brahm, Otto 61, 64, 79—83, 87, 156, 189
Brandes, Georg 44, 61 f., 64, 83, 86
Brecht, Bertolt 15, 84, 193
Brion, Friederike 199
Bronner, Ferdinand 125
Büchner, Georg 9, 35 f., 38—44, 55, 65, 68, 76, 109, 145, 150, 162 f., 191, 197
Büchner, Ludwig 21
Bürger, Gottfried August 35, 73
Byron, Lord George 57, 66, 68, 151

Carrière, Moritz 87
Cervantes, Michel de 231
Chamisso, Adalbert von 224
Closs, August 233
Comte, Auguste 20, 30—32, 38, 54, 89
Conrad, Michael Georg 12, 17 f., 24, 44, 55—58, 70 f., 73, 79, 101, 111 f., 114 f., 119, 121
Conradi, Hermann 12, 15, 68, 71 f., 95, 101, 113, 115, 164, 200, 226
Croissant-Rust, Anna 72, 119, 123, 127, 130 f., 215
Csokor, Franz Theodor 105

Dahn, Felix 44, 69, 161
Dante 223
Darwin, Charles 25—28, 39, 53, 58, 64, 77, 229

David, Claude 95
David, Jakob Julius 129
Dehmel, Richard 15, 77 f., 95, 116, 121, 123, 183, 226
Denkler, Horst 105
Dickens, Charles 66
Döblin, Alfred 105, 110
Dostojewski, Fjodor 45, 63—66, 68, 98
Dreyer, Max 100, 116, 120, 122, 125
Dumas, fils 79

Ebner-Eschenbach, Marie von 80 f.
Eichendorff, Joseph von 229, 232
Emrich, Wilhelm 97
Ernst, Otto (s. Schmidt, O. E.)
Ernst, Paul 75, 79, 123—126, 183

Fechter, Paul 43
Feuerbach, Ludwig 20—22, 25, 31
Ficker, Ludwig von 127
Fischer, Samuel 79 f.
Fitger, Artur 80
Flaischlen, Cäsar 117, 121, 123
Flaubert, Gustave 50
Fontane, Theodor 44, 48—50, 59, 73, 80, 83, 92 f., 100, 140, 172, 190, 195, 198
Freiligrath, Ferdinand 37
Frenssen, Gustav 98, 127
Frenzel, Karl 80
Frenzel, H. A. und E. 70
Freytag, Gustav 44, 109
Fulda, Ludwig 80—82, 118

Geibel, Emanuel 42, 223
Goering, Reinhard 193
Goethe, Johann Wolfgang von 13, 25, 27, 34—37, 42, 44 f., 95, 105, 109, 150, 161, 176, 191 f., 199, 219, 225—227
Goll, Yvan 103
Goncourt, Edmond de 50 f., 80
Goncourt, Jules de 50 f., 80

Grabbe, Christian Dietrich 9, 35 f., 41—44, 57, 109, 191, 197
Grazie, Marie Eugene delle 72, 122, 125
Greif, Martin 45
Grillparzer, Franz 72, 203 f.
Grimm, Reinhold 109
Grothe, J. E. 87
Grottewitz, Kurt 87
Gutzkow, Karl 19, 37 f., 51

Haeckel, Ernst 27, 229
Halbe, Max 15, 43, 61, 72, 77, 100, 115 f., 118 f., 122f., 125—127, 164, 198—206
Hamann, Richard 19, 31, 101 f., 224
Hamerling, Robert 69
Hanstein, Ludwig Adalbert von 74—76, 78 f., 108, 230 f.
Harden, Maximilian 79, 86
Hardt, Ernst 81
Hart, Julius 12 f., 32, 49, 56—58, 69, 73 f., 77, 79, 82, 103 f., 113 f., 190 f.
Hart, Heinrich 12 f., 32, 49, 56—58, 69, 73—75, 77, 79, 82, 103 f.
Harte, Bret 67
Hartleben, Otto Erich 37, 72, 77, 80, 95, 99—101, 115 f., 119 f., 123, 125 f.
Hauptmann, Carl 77, 101, 120, 122, 126, 131 f.
Hauptmann, Gerhart 8 f., 13, 15 f., 27, 34, 37, 40, 43, 61, 63, 65 f., 72, 75, 77—83, 86 f., 98—100, 102, 106f., 109, 115f., 118—120, 122, 126f., 129, 131f., 142—147, 150, 153, 156—164, 168 f., 185 f., 189—198, 202, 206—214
Hebbel, Friedrich 35, 42—44, 81, 135 f., 138
Hegel, G. F. W. 14, 42

Hegeler, Wilhelm 99, 119 f., 124, 127, 129
Heine, Heinrich 19, 67, 95 f., 225, 229, 231
Held, Franz 75, 82, 115
Henckell, Karl 15, 71
Herder, Johann Gottfried 32, 59
Hermand, Jost 11 f., 19, 31, 101 f., 224
Herrmann, Klaus 56
Herwegh, Georg 37
Herzog, Rudolf 131
Heyse, Paul 39, 42, 44, 61, 72
Hille, Peter 19, 72, 103, 113
Hillebrand, Julius 43
Hirschfeld, Georg 81, 98, 121 f., 124, 126
Hochhuth, Rolf 110
Hoefert, Sigfrid 43, 63, 192
Hölty, Ludwig Christoph Heinrich 73
Hofmannsthal, Hugo von 81, 91, 229
Hollaender, Felix 19, 65, 97 f., 100, 102, 117—120, 122 f., 126, 128
Holmsen, Bjarne P. (s. Holz, Arno und Schlaf, Johannes)
Holz, Arno 7—9, 13, 15, 19, 22, 24, 28 f., 32—37, 43, 49, 58 f., 61, 63, 67 f., 71 f., 75, 77—80, 83—98, 101 f., 105 f., 108 f., 113, 115 f., 118, 123 f., 128-131, 147—156, 164, 168 f., 172—183, 192, 199, 204, 223—234
Homer, 7, 223
Hugo, Victor 45
Hume, David 20, 29

Ibsen, Henrik 16, 34, 44 f., 48 f., 56, 59—66, 68, 73, 77, 80—82, 84, 87, 98—100, 142, 157
Immermann, Karl 214

Jean Paul 150
Jerschke, Oskar 129—131

Jonas, Paul 79

Kainz, Josef 80
Kant, Immanuel 20, 29, 92
Kayser, Wolfgang 46 f., 77, 155, 176, 181 f., 225, 232 f.
Keil, Günther 134
Keller, Gottfried 20 f., 25, 39, 45—49, 145, 218
Kerr, Alfred 85, 105, 108 f., 171, 204—206, 210
Keyserling, Eduard Graf 81, 127 f., 130
Kielland, Alexander 80
Kierkegaard, Søren 64
Kipphardt, Heinar 110
Kirchbach, Wolfgang 72, 112, 118
Kleist, Heinrich von 20, 35, 42, 170, 191
Klopstock, Friedrich Gottlieb 35, 75
Knilli, Friedrich 16
Kolsen, Hermann 82
Kopernikus 25
Kornfeld, Paul 107
Kretzer, Max 13 f., 17, 38, 43, 66, 71 f., 84, 97—99, 101, 106, 111—118, 121, 123 f., 127, 130, 133—143, 149 f., 160, 164, 180 f., 215 f., 222
Kruse, Iven 79
Küster, Konrad 73—75
Kutscher, Arthur 42

Land, Hans 64, 97, 102, 115, 117, 119, 124
Landau 80
Landauer, Gustav 77
Landsberger, Hugo (s. Land, Hans)
Langbehn, Julius 86
Langmann, Philipp 124, 128, 215
L'Arronge, Adolf 13, 80
Lassalle, Ferdinand 14, 136
Laube, Heinrich 19

Lautenberg, Theaterdirektor 80
Lenin, Wladimir Iljitsch 215
Lenz, J. M. R. 35 f., 40, 65, 94, 199
Lenz, Rudolf 75
Lessing, Gotthold Ephraim 32-34, 43, 89
Liebknecht, Wilhelm 14
Lienhard, Friedrich 115
Liepe, Wolfgang 74
Liliencron, Detlev von 71 f., 79, 95, 112—117, 120, 129, 225
Lillo, George 43
Lindau, Paul 69, 79 f.
Locke, John 29
Ludwig, Otto 44—46, 77
Luther, Martin 34
Lyell, Charles 25

Mach, Ernst 229
Mackay, John Henry 15, 72, 75, 77, 95, 113 f., 116—118, 120, 122
Mänicke, Bernhard 79
Majut, Rudolf 24, 37, 71, 101 f., 105, 150
Mann, Heinrich 97, 127
Mann, Thomas 23, 64, 72, 99, 101 f., 124, 128 f., 151, 200, 202, 214
Markwardt, Bruno 31 f., 34, 37, 60, 64, 69, 77, 88
Marriot, Emil (s. Mataja, Emilie)
Martens, Kurt 124
Martini, Fritz 142, 145, 148 f., 206—209
Marx, Karl 14, 21, 42, 89, 190, 196
Mataja, Emilie 81
Mauthner, Fritz 98, 111, 113-116
May, Kurt 191, 196 f.
McFarlane, J. W. 61
Mehring, Franz 171, 189—191, 224
Mendelssohn, Peter de 80

Menzel, Wolfgang 92
Mill, John Stuart 29—31, 89
Mombert, Alfred 226
Münchow, Ursula 15 f., 22, 61, 95, 100, 160 f., 192, 215, 217, 219, 221
Mustard, Helen 226

Napoleon 57
Nietzsche, Friedrich 12, 22—24, 26, 28, 64, 77, 97, 103
Nordau, Max 18, 72
Novalis (= Hardenberg, Friedrich von) 227—229

Ompteda, Georg von 124, 126, 128
Ostwald, Hans 127 f.

Panizza, Oskar 120, 122
Paulus 27
Percy, Bishop Thomas 35, 68
Platen, August Graf von 45
Polenz, Wilhelm von 16, 38, 77, 98, 101, 106, 116—118, 120 bis 126, 128, 214—222
Praschek, Helmut 183
Przybyszewski, Stanislav 77 f.
Pütz, Peter 22 f.

Raabe, Wilhelm 21, 45
Rabelais, François 231
Rasch, Wolfdietrich 107
Reder, Heinrich von 112, 120
Reicher, Schauspieler 80
Reimarus, Hermann Samuel 20
Remak, Henry H. H. 12, 50 f.
Reß, Robert 232
Reuter, Gabriele 122
Ribbat, Ernst 70
Rilke, Rainer Maria 123—125
Root, Winthrop H. 51 f., 57, 86
Rosenow, Emil 16, 98, 131 f., 198
Rosmer, Ernst (s. Bernstein, Elsa)
Ruederer, Josef 121 f.
Ruprecht, Erich 73

Saint-Simon, Claude Henri de 20, 29 f.
Sander, Ernst 183
Sardou, Victorien 79
Schack, Adolf Friedrich Graf von 70
Scharf, Ludwig von 118
Scherer, Wilhelm 74
Scheuer, Helmut 71, 74, 85, 148
Schiller, Friedrich von 13, 20, 42 f., 60, 109, 176
Schlaf, Johannes 13, 21, 43, 61, 63 f., 66 f., 72, 75, 77—80, 83—85, 94, 96, 98, 100, 106, 108 f., 115 f., 118, 124, 127 bis 129, 147—156, 164, 168 f., 172—188, 199, 204, 213, 223 f.
Schlawe, Fritz 70, 73
Schlegel, Friedrich 150
Schlenther, Paul 79, 81, 156
Schley, Gernot 64, 79—81, 83 f.
Schmidt, Gustav 75
Schmidt, Otto Ernst 121, 125, 127
Schmidt-Henkel, Gerhard 230, 233
Schneer, Alexander 190 f.
Schnitzler, Arthur 72, 99, 107, 121—123, 125 f., 200
Schönaich-Carolath, Emil Prinz von 112, 121
Schönherr, Karl 127 f., 130—132, 215
Schopenhauer, Arthur 22, 44, 93, 195
Schulz, Gerhard 185, 187, 223
Schwab-Felisch, Hans 189 f., 192, 196 f.
Schwarz, Egon 12
Scribe, Eugène 79
Seidlin, Oskar 209 f., 212 f.
Seurat, Georges 232
Shakespeare, William 68, 148 bis 153, 155, 197
Siegfried, Walther 37, 102
Soergel, Albert 45, 56, 60, 64 bis 66, 74, 183, 192, 215

Sorma, Schauspieler 80
Spencer, Herbert 29 f., 89
Spielhagen, Friedrich 44, 91
Spitzweg, Karl 148, 224
Stavenhagen, Fritz 128, 130 f.
Steller, Konrad Gustav 75
Stempel, Max 82
Stendhal (= Beyle, Henri) 50
Stern, Maurice von 112, 114—116
Sternheim, Carl 109
Stettenheim, Julius 79
Stifter, Adalbert 25
Stirner, Max 75, 77, 103
Stockhausen, Theateragent 79
Storm, Theodor 46
Strachwitz, Moritz Graf von 59, 73
Strauß, David Friedrich 19 f., 22, 25, 31
Strauß, Emil 99 f., 130
Strindberg, August 24, 63 f., 68, 80 f.
Strobl, Karl Hans 227
Strohschneider-Kohrs, Ingrid 94, 97, 229, 232 f.
Sudermann, Hermann 43, 80, 85, 101, 113 f., 116—118, 120—123, 127, 129 f., 164—171, 175
Suttner, Bertha von 72, 101, 115, 129
Swedenborg, Emmanuel 64
Swift, Jonathan 231
Szondi, Peter 85, 191, 194

Taine, Hippolyte 31 f., 38, 40, 47, 57, 66, 86, 89
Thoma, Ludwig 128 f., 131 f.
Tieck, Ludwig 145, 228
Toller, Ernst 163
Tolstoi, Leo 45, 59, 63—65, 80, 215
Tovote, Heinz 116
Troll-Borostyani, Irma von 23, 103
Türk, Julius 75

Turgenjew, Iwan 45, 64
Turgot, A. R. T. 30
Turner, David 176

Viebig, Clara 67, 98, 100, 124 bis
127, 129—131, 160, 215
Vischer, Friedrich Theodor 69
Voigt-Diederichs, Helene 99,
125 f., 128—130
Volkmar, Hans 129
Voß, Richard 113, 117

Wackenroder, Wilhelm Heinrich
58
Wagner, Richard 59
Wallace, Alfred Russell 25
Wedekind, Frank 64, 77 f., 100,
104, 117
Weerth, Georg 68
Weigand, Wilhelm 13, 121
Weiss, Peter 110
Welten, Oskar 56
Whitman, Walt 66—68
Wienbarg, Ludolf 19

Wildenbruch, Ernst von 111, 117,
120
Wilhelm II. 189 f.
Wille, Bruno 74, 77, 82, 189
Winckelmann, Johann Joachim
89
Wolff, Eugen 58, 73—76, 87
Wolff, Hans M. 195 f.
Wolff, Theodor 79
Wolff, Wilhelm 190 f.
Wolzogen, Ernst von 118—121
Woolf, Virginia 155
Wundt, Wilhelm 28

Zapp, Arthur 82
Zimmermann, Alfred 191
Zimmermann, Georg 82
Zola, Emile 7, 10, 19 f., 23, 26,
31 f., 38—41, 47, 49—61, 63 f.,
68, 70 f., 73, 76 f., 79, 81, 83,
86—93, 97—99, 103, 107, 134,
138, 140, 143, 189, 202, 214 f.,
219

WERKREGISTER

Abendlied 21
Abendrot 126
Abenteurer 131
Abschied vom Regiment 100, 126
Adam Mensch 68, 115, 200
Adjutantenritte 112
Agnes Bernauer 43
Agnes Jordan 124
Albert Schnell's Untergang 122
Alexandra 113
Am Ende 81
An die Autoritätsklauber 7
Andreas Bockholdt 125
Angèle 80, 117
Anmerkungen übers Theater 36
Anna Hermsdorff 113
Anna Karenina 65
Arma parata fero 114
Ataïr 226
Auf dem Heimwege 80
Aus guter Familie 122
Aus Norwegens Hochlanden 111
Aus unseres Herrgotts Tiergarten 130

Bahnwärter Thiel 23, 78, 86, 102, 106, 118, 142—147, 153, 157, 159
Barbara Holzer 100, 124
Bartel Turaser 124
Berlin Alexanderplatz 105
Berlin. Die Wende einer Zeit in Dramen, 22, 24, 102, 123, 131
Berlin-W. 98, 113 f., 116
Berliner Novellen und Sittenbilder 112
Berliner Skizzen 124
Biology 29
Blau Blut 119
Blüthe und Verfall des Leinengewerbes in Schlesien 191

Bob der Sonderling 129
Brief des Lord Chandos 91
Brot, 74, 114
Brutalitäten 113
Buddenbrooks 99, 106, 128, 214
Bürgerlicher Tod (Kretzer) 114
Bürgerlicher Tod (Schönaich-Carolath) 121
Büxl 131
Bunte Beute 129
Bunte Steine 25

Cäcilie von Sarryn 128
Cécile 48
Clavigo 37
Cours de philosophie positive 30

Dämmerung 81, 120
Dafnis-Dichtungen 34, 129, 223, 226
Dantons Tod 39 f., 109, 150, 162 f., 191, 197
Das Abenteuer meiner Jugend 66, 189
Das Buch der Zeit 7, 59, 113, 181, 224
Das bunte Buch 115
Das »Deutsche Theater« des Herrn L'Arronge 13
Das Dritte Reich 127, 129
Das Ende einer Zeit 123
Das Friedensfest 8, 80, 87, 116
Das Geheimnis von Wagram 113
Das Glück im Winkel 123
Das Kapital 190
Das Kreuz im Venn 131
Das Leben auf der Walze 118
Das Leben Jesu 20
Das letzte Glück 126
Das Liebeskonzil 122
Das Lumpengesindel 118

Das Märchen 121
Das Milieu 87
Das Recht auf Liebe 115
Das Recht der Mutter 122
Das rote Zimmer 63
Das starke Jahr 116
Das tägliche Brot 127
Das tausendjährige Reich 126
Das verlorene Paradies 118
Das Vermächtnis 99, 126
Das vierte Gebot 71, 80
Das Weiberdorf 127
De ruge Hoff 131
De Waber / Die Weber 8, 27, 34,
    37, 43, 61, 81, 98, 109, 118,
    161, 163, 189—198
Der Apostel 65, 102, 106 f., 118,
    142
Der Baßgeiger 118
Der Biberpelz 8, 27, 61, 109, 119,
    206—214
Der blonde Eckbert 145
Der Bua 123
Der Büttnerbauer 16, 122, 214 bis
    222
Der dütsche Michel 130
Der dumme Hans 128
Der Einakter 64
Der Erbe 115
Der erste Schultag 147
Der Freiheitssucher 117
Der Fremde 126
Der Frosch 115
Der Gast 124
Der Grabenhäger 124, 221
Der grüne Heinrich 25
Der Haidegänger 116
Der heilige Staatsanwalt 120
Der Held der Erde 226
Der Hessische Landbote 39
Der Hofmeister 36
Der Hungerpastor 21
Der Idiot 65
Der Kampf um den Mann 130

Der Kampf ums Dasein 114 f.,
    117, 119, 121
Der Katzensteg 101, 116, 164
Der kleine Herr Friedemann 64,
    124
Der Lotse 128
Der Mann ohne Gewissen 130
Der Millionenbauer 117, 133, 160
Der Naturalismus im Frack 87
Der neue Ahasver 111
Der neue Gott 102, 117
Der Pfarrer von Breitendorf 120
Der Pfarrer von Kirchfeld 70
Der Probekandidat 100, 125
Der Rangierbahnhof 121
Der rote Hahn 8, 127, 206—214
Der Sturmgeselle Sokrates 129
Der Thronfolger 119
Der Tod 126
Der Traum 111
Der Übergang 129
Der Vater (Weigand) 121
Der Villenhof 121
Der Weg des Thomas Truck 65,
    100, 102, 128
Der Weibsteufel 132
Des Knaben Wunderhorn 71
Des Meeres und der Liebe Wellen
    203 f.
Deutscher Adel 124, 126, 128
Dichtungen (Mackay) 113 f., 116
Die Alten und die Jungen 115
Die am Wege sterben 115
Die Anarchisten 117
Die Bäuerin 130
Die Befreiten 125
Die Beichte des Narren 119
Die beiden Genossen 71, 111
Die Bergpredigt 116
Die Betrogenen 111
Die Bildschnitzer 127
Die Blechschmiede 128, 229, 231
Die Brüder Karamasow 65
Die Ehre 85, 101, 116, 164—171,
    175

Die Entgleisten 121
Die Erniedrigten und Beleidigten 65
Die erste Bank 115
Die Erziehung zur Ehe 119
Die Fahnenweihe 122
Die Familie Selicke 13, 21, 43, 61, 80, 83, 85, 96, 98, 109, 116, 149, 169, 172—183, 188, 204
Die Fanfare 114
Die Gesellschaft 17
Die Geschichte vom abgerissenen Knopfe 119
Die Geschwister 129
Die göttliche Komödie 223
Die große Sünde 114
Die größte Sünde 121
Die gute Schule 116
Die Haubenlerche 117
Die heilige Ehe 119
Die Heimatlosen 125
Die Hermannschlacht 197
Die im Schatten leben 16, 98, 132, 198
Die Insel der großen Mutter 210
Die Inselbauern 63
Die Kassette 109
Die Kinder der Excellenz 119 f.
Die kleine Emmi 100, 199, 204
Die klugen Jungfrauen 115
Die konventionellen Lügen der Kulturmenschheit 18
Die Kunst. Ihr Wesen und ihre Gesetze 86, 88, 147
Die Leiden des jungen Werthers 35, 37, 161
Die letzte Pflicht 120, 122
Die Lokalbahn 129
Die Lore 126
Die Macht der Finsternis 65, 80, 215
Die Medaille 128
Die Menschen der Ehe 118
Die Mittagsgöttin 102, 116

Die Moderne! zur Revolution und Reform der Literatur 75
Die Mütter 81, 122
Die Nann 131, 215
Die naturwissenschaftlichen Grundlagen der Poesie 20 f., 58, 77, 170
Die neue Zeit 117
Die neuen Menschen 98, 113
Die papierne Passion 84, 94, 108, 172—174
Die Propaganda der That 116
Die Quitzow's 114
Die Raben 80
Die Räuber 191
Die Ratten 8, 99, 131
Die Ritter vom Geiste 38
Die Schmetterlingsschlacht 122
Die schnelle Verlobung 123, 125
Die sittliche Forderung 123, 126
Die Sklavin 118
Die Soldaten 36
Die Sonntage der Baronin 111
Die Sozialisten 19, 103, 113
Die Suchenden 128 f.
Die tolle Komteß 119
Die Überwindung des Naturalismus 87
Die Unschuld 118
Die Verführung 107
Die Verkommenen 112
Die Versuchung 117
Die versunkene Glocke 146
Die vor den Toren 131, 160
Die Waffen nieder! 72, 101, 115, 129
Die Wahrheit im modernen Roman 23
Die Wildente 34, 63
Die zwölf Artikel des Realismus 46, 72
Dies irae 101, 111
Doppelselbstmord 81
Drei 100, 120
Drei Weiber 98, 113

Dreiviertel Stund vor Tag 99, 130

Effi Briest 48
Ein Abschied 109
Ein Dachstubenidyll 148, 154
Ein Ehrenwort 120
Ein Emporkömmling 43, 115
Ein Fallissement 59 f.
Ein Fest auf der Bastille 115
Ein Frühlingsopfer 81, 127
Ein Handschuh 60, 80
Ein Kampf um Rom 161
Ein Liebestraum 116
Ein Meteor 127
Ein Tod 84, 147 f., 224
Ein Unberühmter 121
Ein Verrückter 121
Ein wahrhaft guter Mensch 125
Eine Sommerschlacht 113
Eine Zuflucht 130
Einhart der Lächler 101, 131
Einsame Menschen 8, 27, 80, 99 f., 116
Eisgang 61, 118, 198
Emilia Galotti 43
Ephraims Breite 126
Ephraims Tochter 126
Erde 131
Erlebtes, Erlauschtes und Erlogenes 119
Erlösung 126
Erlösungen 116
Erster Klasse 131
Es war 121
Es waren zwei Königskinder 204
Ethics 29
Evolution der Lyrik 28, 95
Excelsior! 115
Eysen 126

Fahnenflucht 121
Familie 131
Familie Wawroch 125

Familiensklaven 130
Fasching 106
Faust 37, 225—227
Feder-Zeichnungen aus Wald und Hochland 112
Feierabend 119
First Principles 29
Flachsmann als Erzieher 127
Flammen! 111
Florian Geyer (Hauptmann) 8, 13, 34, 122
Florian Geyer (Weigand) 13
Fortgang 114
Fräulein Freschbolzen 130
Fräulein Julie 63 f., 81
Französische Charakterköpfe 111
Frau Ellin Röte 120
Frau Meseck 123
Frau Sorge 114, 164
Frau von Mitleid 123
Frauenwille 120
Frei! 131
Freie Liebe 100, 116
Freiwild 125
Frühlings Erwachen 100, 117
Fünf Novellen (J. Hart) 114
Fuhrmann Henschel 8, 126
Furcht vor dem Heim 124

Gabriel Schillings Flucht 132
Gedichte (Liliencron) 115
Gedichte in Prosa (Croissant-Rust) 119
Gertrud 124, 183
Gesammelte Berliner Skizzen 112
Geschichten aus Moll 112
Geschwister 114
Gespenster 48, 80 f., 83 f., 93, 98
Götz von Berlichingen 34, 36 f., 109, 191, 219
Grau und Golden 130
Grete's Glück 81
Griechischer Frühling 185
Größenwahn 102, 114
Großstadtmenschen 127

Halbtier 125
Halke Hulda 59
Hamlet 148—153, 197
Hamlet in Wittenberg 150
Hanna Jagert 101, 119
Hannele 8, 65, 98, 100, 120, 146
Hannibal 42
Hans Kurt 60
Heimat 43, 120, 164
Heimkehr 129
Heinrich von Kleist 117
Henriette Maréchal 51, 80
Herzensergießungen eines kunst-
   liebenden Klosterbruders 58
Höhenrauch 116
Hofadel 119

Im chambre séparée 123 f.
Im Frühfrost 124
Im Liebesrausch 116
Im Riesennest 113
Im Schlaraffenland 127
Im Sturmwind des Sozialismus
   112
Im Sündenbabel 113
Im Suff! 115, 157
Im Zwielicht 113
In purpurner Finsternis 121
Ingenieur Horstmann 127
Irrungen, Wirrungen 48
Ismael Friedmann 132

Jahrhundertwende 125
Jenseits von Gut und Böse 22
Jesus und Judas 19, 102, 117
Jetzt und in der Stunde unseres
   Absterbens 123
Jörn Uhl 127
Johannisfeuer 127
Jolanthes Hochzeit 118
Jürgen Piepers 128
Jugend 119, 198—206
Jugend von heute 125
Junker und Fröhner 128

Kabale und Liebe 43, 191
Karline 121
Karrnerleut' 130
Kater Lampe 131
Kinder der Eifel 67, 124
Kinder des Reiches 72, 112
Kollege Crampton 8, 102, 118
Korporal Stöhr 128
Kraftkuren 112
Kreuzungen 99 f., 130
Krieg und Frieden (Liliencron)
   117
Krieg und Frieden (Tolstoi) 65
Kritische Gänge 69
Kritische Waffengänge 12 f., 32,
   49, 69—71, 76, 104

La Cousine Bette 54
L'Adultera 48
Landadel 119
Le Nouveau Christianisme 30
Le Roman Expérimental 19,
   54—56
Leaves of Grass 66 f.
Lebe! 226
Leben ohne Lärmen 129
Lebensblätter 121
Lebensstücke 119
Lebenswende 122
Lenz 40, 65, 145
Leonce und Lena 40, 150
Lettre à la Jeunesse 20
L'Histoire de la littérature
   anglaise 31
Liebelei 123
Liebe ist ewig 128
Lieder auf einer alten Laute
   (s. Dafnis)
Lieder aus Tirol 112
Lieder eines Menschen 118
Lieder eines Sünders 113, 226
Lord Byron 112
Luginsland 128
Luischen 64
Lumpenbagasch 124

Lutetias Tochter 111
Lyrisches Skizzenbuch 120
Lyrisches Tagebuch 112

Madame Lutetia! 112
Madonna Dianora 81
Magdalena 132
Magdalene Dornis 118
Maria Magdalena 43 f., 135 f.,
    138
Maria Stuart 109
Marianne 120
Martha's Kinder 129
Martin Lehnhardt 121
Maschinen 121
Masse-Mensch 163
Meine Beichte 65
Meister Balzer 120
Meister Oelze 48, 64, 66, 83, 118,
    148, 183—188, 213
Meister Timpe 13 f., 17, 43, 99,
    101, 114, 133—143, 149, 180,
    196, 215 f., 218, 222
Menschheitsdämmerung 71
Menschliches, Allzumenschliches
    23
Methusalem 103
Michael Kramer 127
Miss Sara Sampson 43
Mode 119
Moderne Dichter-Charaktere 71,
    112
Moderne Romane (Hollaender)
    117 f.
Moderne Stoffe 114
Moral 131
Moralische Walpurgisnacht 122
Mudder Mews 130
Mütterchen 125
Mutter 130
Mutter Bertha 99, 119
Mutter Erde 123
Mutter Maria 81

Nach Damaskus 63
Napoleon (Grabbe) 41 f., 109,
    191
Nathan der Weise 34
Neue Gedichte (Liliencron) 120
Neue Gleise 118, 147, 172
Neues Leben 125
Nora 100
Nordseebilder 96

Offener Brief an den Fürsten
    Bismarck 12 f.
Ohne Liebe 80
Onkel Fifi 117
Origin of Species 25, 29
Ossian 68

Papa Hamlet 37, 78 f., 84, 91,
    98, 100, 106, 115, 142, 147 bis
    156, 174, 181, 224, 227
Paradoxe 18
Parisiana 111
Pastor Klinghammer 129
Pension Fratelli 122
Peter Boies Freite 129
Peter Hawel 130
Phantasus 67, 96, 124, 156
Pharisäer 126
Philosophie de l'art 31
Phrasen 113
Pimpernellche 127
Plebs 102, 113
Prinz Friedrich von Homburg
    170
Professor Hardmuth 123
Proletarier-Lieder 112, 114
Prometheus 37
Psychology 29
Pygmalion 124

Quartett 113

Regine Vosgenau 128
Reinheit 123

Reliques of Ancient English
    Poetry 35
Revolution der Litteratur 13, 33,
    49, 67, 73, 97
Revolution der Lyrik 28, 88
Rheinlandstöchter 124
Riesen und Zwerge 112
Robert Guiskard 191
Roman aus der Décadence 124
Romeo und Julia auf dem Dorfe
    46 f., 145, 218
Rose Bernd 8, 99, 129
Rosenmontag 99, 101, 126
Rosmersholm 65
Rougon-Macquart-Zyklus 39,
    51—58, 86 f., 98, 202, 214 f.

Schatten 113
Schauspielkunst. Ein Glossarium
    104
Schicksal 114
Schlagende Wetter 125
Schlechte Gesellschaft 112
Schleswig-Holsteiner Landleute
    125
Schmelz, der Nibelunge 125
Schröter & Co. 117
Schuld und Sühne 65 f., 98
Schwarzkittel 111
Schwertadel 119
Seeschlacht 193
Sigurd Slembe 59
Sociology 29
Sodoms Ende 117, 164
Sonderbare Schwärmer 111
Sonnenfinsternis 102, 131
Sonnwendtag 128
Sozialaristokraten 22, 24, 123
Stein unter Steinen 130
Steinträger Luise 98, 121
Sterben 107, 122
Stiefkinder der Gesellschaft 64,
    115
Stilpe 101, 123
Stimmen im Sturm 114

Stine 48
Stützen der Gesellschaft 61
Sturm 114
Sturmwind im Westen 98, 123
Sühne 116
Sumpf 82, 113
Sylvester von Geyer 124
Synnöve 59
Système de politique positive 30

Tagebuch einer Verlorenen 130
The Descent of Man 26
The Development Hypothesis 29
Thekla Lüdekind 126, 221
Thérèse Raquin 81
Tino Moralt 37, 102
Tippelschickse 128
Tobias Mindernickel 99, 101 f.
Toni Stürmer 117
Tonio Kröger 23, 151
Tote Zeit 81
Totentanz 63
Totentanz der Liebe 112
Traumspiel 63
Traumulus 100, 130
Tristan 129

Über die Kraft 60
Über die Noth der Leinen-
    Arbeiter 190
Überwindung des Milieus 87
Um ein Nichts 113
Und alles um die Liebe 120
Und Friede den Menschen 127
Und Pippa tanzt 147
Unter flatternden Fahnen 114
Unterstrom 128
Unwiederbringlich 48

Vater 24, 63 f., 80
Väter und Söhne 111
Vagabonden 127
Vaterland 113
Von Gottes Gnaden 80
Vom Müller-Hannes 129

Vor Sonnenaufgang 8, 78, 80 f.,
    99, 115, 147, 156—164, 169
Vor Tau und Tag 125
Vor zwei Erlösern 124

Wald 126
Waldleute 122
Wally, die Zweiflerin 37 f.
Was die Isar rauscht 114 f., 119
Welt und Wille 112
Weltgericht 114
Weltrevolution 115
Wenn Blätter fallen 123, 126
Wer ist der Stärkere? 27, 114
Wer weiß es? 112

Wesen des Christentums 20
Wilhelm Meister 105, 150
Winterschlaf 122
Wir Drei 120
Woyzeck 39 f., 42
Wurzellocker 101, 128

Zola als Theoretiker 49, 86, 89
Zola und die Grenzen von Poesie
    und Wissenschaft 87
Zu Hause 122
Zur Kritik der Moderne 87
Zwanzig Dehmelsche Gedichte
    123

Der vorliegende Band erscheint in der Reihe

WINKLER-GERMANISTIK

die bisher folgendes Programm umfaßt:

Kommentare zu Dichtern und Epochen

Viviani: Das Drama des Expressionismus. 191 Seiten.

Rötzer: Der Roman des Barock. 192 Seiten.

Hillach/Krabiel: Eichendorff-Kommentar. Band 1: Zu den Dichtungen, 230 Seiten. Band 2: Zu den theoretischen und autobiographischen Schriften und Übersetzungen. 224 Seiten.

Viviani: Grillparzer-Kommentar. Band 1: Zu den Dichtungen. Mit einer Einführung von Johannes Kleinstück. 288 Seiten. Band 2: Zu den theoretischen und autobiographischen Schriften. 128 Seiten.

Vordtriede/Schweikert: Heine-Kommentar. Band 1: Zu den Dichtungen, 148 Seiten. Band 2: Zu den Schriften zu Literatur und Politik. 192 Seiten.

Mann/Straube-Mann: Lessing-Kommentar. Band 1: Zu den Dichtungen und ästhetischen Schriften, 218 Seiten. Band 2: Zu den kritischen, antiquarischen und philosophischen Schriften. 178 Seiten.

Wiese/Unger: Mörike-Kommentar. Einführung von Benno von Wiese. 196 Seiten.

Wiese/Koopmann: Schiller-Kommentar. Band 1: Zu den Dichtungen. Einführung von Benno von Wiese, 270 Seiten. Band 2: Zu den historischen, philosophischen und vermischten Schriften. 116 Seiten.

Clemen u. a.: Shakespeare-Kommentar. Zu den Dramen, Sonetten, Epen und kleineren Dichtungen. Einführung von Wolfgang Clemen. 180 Seiten.

Modelle und Methoden

Bruno Hillebrand: Theorie des Romans. Band 1: Von Heliodor bis Jean Paul. 232 Seiten. Band 2: Von Hegel bis Handke. 296 Seiten.

Edgar Marsch: Die Kriminalerzählung. Theorie – Geschichte – Analyse. 296 Seiten.

Reihe Schnittpunkt

Ingrid Kreuzer: Entfremdung und Anpassung. Die Literatur der Angry Young Men im England der fünfziger Jahre. 136 Seiten.

Studien

Manfred Frank: Das Problem „Zeit" in der deutschen Romantik. Zeitbewußtsein und Bewußtsein von Zeitlichkeit in der frühromantischen Philosophie und in Tiecks Dichtung. 488 Seiten.

Bruno Hillebrand: Mensch und Raum im Roman. Studien zu Keller, Stifter, Fontane. Mit einem einführenden Essay zur europäischen Literatur. 332 Seiten.

Paul Michael Lützeler: Hermann Broch – Ethik und Politik. Studien zum Frühwerk und zur Romantrilogie „Die Schlafwandler". Ca. 230 Seiten.

Judith Ryan: Umschlag und Verwandlung. Poetische Struktur und Dichtungstheorie in R. M. Rilkes Lyrik der Mittleren Periode (1907–14). 172 Seiten.

Helmut Scheuer: Arno Holz im literarischen Leben des ausgehenden 19. Jahrhunderts (1883–1896). Eine biographische Studie. 336 Seiten.

Hans Rudolf Vaget: Dilettantismus und Meisterschaft. Zum Problem des Dilettantismus bei Goethe: Praxis, Theorie, Zeitkritik. 262 Seiten.

Texte

Briefwechsel zwischen Schiller und Körner. Hrsg. und komment. von Klaus L. Berghahn. Ca. 352 Seiten.

Gottfried Keller: Aufsätze zur Literatur. Hrsg. und komment. von Klaus Jeziorkowski. 111 Seiten.

Lessing/Mendelssohn/Nicolai: Briefwechsel über das Trauerspiel. Hrsg. und komment. von Jochen Schulte-Sasse. 250 Seiten.

L. Tieck und die Brüder Schlegel: Briefe. Hrsg. und komment. von Edgar Lohner. 275 Seiten.

Bitte fordern Sie Prospekte an vom Winkler Verlag, 8000 München 44, Postfach 26